Autokennzeichen

W0087119

Ewald Lindner

Autokennzeichen

DAS LEXIKON

**Alle 770 Kennzeichen,
die es gibt, gab und wieder
geben könnte**

Bassermann

Wichtiger Hinweis: Um eine bessere Übersichtlichkeit zu gewährleisten und Missverständnissen vorzubeugen, wurden alle alten Kfz-Kennzeichen mit einem (A) gekennzeichnet. Dies bedeutet nur, dass diese Städte und Landkreise heute politisch nicht mehr existent sind, aber in vielen Fällen doch auch wieder als Kennzeichen geführt werden dürfen.

Verlagsgruppe Random House FSC® N001967
Das für dieses Buch verwendete FSC®-zertifizierte Papier *Amber Graphic*
liefert Arctic Papier, Munkedal.

ISBN 978-3-8094-3022-3
2. Auflage 2014

Umschlaggestaltung: Atelier Versen, Bad Aibling
Projektleitung: Martha Sprenger
Herstellung: Sonja Storz

Gesamtproducing: JUNG MEDIENPARTNER GmbH, Limburg/Lahn
Lektorat: Klaus-Dieter Häring, Elbtal und Silvia Bendel, Villmar

Druck und Bindung: CPI – Ebner & Spiegel GmbH, Ulm

Printed in Germany

Inhaltsverzeichnis

Inhaltsverzeichnis

Inhaltsverzeichnis

Inhaltsverzeichnis

Inhaltsverzeichnis

Inhaltsverzeichnis

Inhaltsverzeichnis

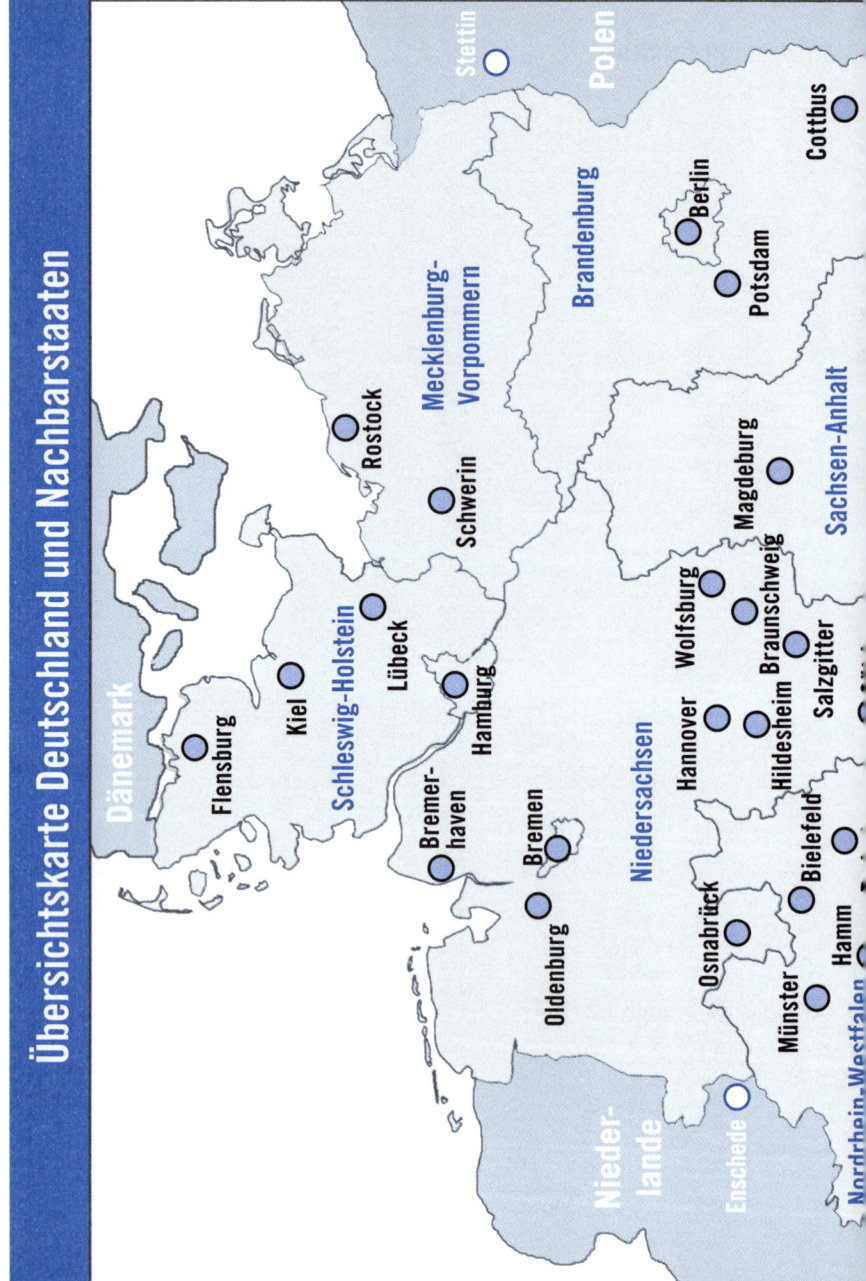

Übersichtskarte Deutschland und Nachbarstaaten

Stettin
Polen
Cottbus
Brandenburg
Berlin
Potsdam
Mecklenburg-Vorpommern
Sachsen-Anhalt
Magdeburg
Rostock
Schwerin
Schleswig-Holstein
Wolfsburg
Braunschweig
Lübeck
Hannover
Hildesheim
Salzgitter
Hamburg
Dänemark
Kiel
Flensburg
Niedersachsen
Bremer-haven
Bremen
Bielefeld
Hamm
Oldenburg
Osnabrück
Münster
Nordrhein-Westfalen
Niederlande
Enschede

Augsburg

Orte im Kreis:
Gessertshausen, Königsbrunn
Bayern

AB

AA

A

➡ Augsburg ist kreisfreie Groß- und Universitätsstadt im bayerischen Regierungsbezirk Schwaben. Mit rund 265.000 Einwohnern ist sie die drittgrößte Stadt Bayerns und eine Wirtschaftsmetropole.

➡ In Augsburg war die weltbekannte Kaufmannsfamilie der Fugger ab dem 14. Jahrhundert lange Zeit beheimatet. Aus dieser Zeit stammen die Fuggerkapelle in der St.-Anna-Kirche sowie die Fuggerei, heute die älteste Sozialsiedlung der Welt. Als Residenz baute die Familie zwischen 1512 und 1515 die heute noch zu bestaunenden Fuggerhäuser in der Maximilianstraße.

➡ Zu den bedeutendsten Söhnen der Stadt gehören u.a. Leopold Mozart (geb. 1719), Komponist von kirchenmusikalischen Werken und Vater des Komponisten Wolfgang Amadeus Mozart. Ebenso Rudolf Diesel (geb. 1858); der Ingenieur entwickelte ab 1893 in der Maschinenfabrik Augsburg, später MAN, den Dieselmotor. Auch Bertolt Brecht (geb. 1898) war ein Sohn Augsburgs und Dramatiker von Weltruf, den er mit Stücken wie der „Dreigroschenoper" (1928), „Mutter Courage und ihre Kinder" (1939) und „Der kaukasische Kreidekreis" (1944) begründete.

Rathausplatz in Augsburg

Quiz In Augsburg gibt es ein weltberühmtes Marionettentheater, das 1948 erstmals seinen Vorhang hob und bis heute mehr als 800 TV-Produktionen und Theaterstücke zur Aufführung gebracht hat. Viele dieser Theaterstücke wurden verfilmt und erfreuen sich weltweiter Beliebtheit. Wie heißt dieses Theater?

Auflösung: Seite 443

➡ Das seit 1991 bestehende Theater der Stadt Aalen im Ostalbkries ist eines der jüngsten und kleinsten städtischen Theater Deutschlands. Dabei erfreut sich das Theater mit jährlich etwa 400 Veranstaltungen größter Beliebtheit.

➡ Im Alten Rathaus befindet sich das Napoleonfenster. So benannt, weil sich Napoleon Bonaparte 1805, der Legende nach, während eines Aufenthalts in Aalen an dem Fenster den Kopf blutig gestoßen haben soll, als er durch plötzlichen Lärm auf der Straße aufgeschreckt wurde und vergaß, das Fenster zu öffnen.

➡ Der schwäbische Dichter und Komponist Christian Friedrich Daniel Schubart (1739–1791) ist in Aalen aufgewachsen. Aufgrund seiner sozialkritischen Schriften wurde er zu zehn Jahren Haft in der Festung Hohenasperg verurteilt. Bekannte Werke sind u.a. die Abhandlung „Zur Geschichte des menschlichen Herzens", das als Quelle für Schillers „Die Räuber" diente, und das Gedicht „Die Forelle", das später von Franz Schubert vertont wurde. ▪

➡ Aschaffenburg (im Lokaldialekt „Aschebersch" genannt) ist kreisfreie Hochschulstadt im bayerischen Regierungsbezirk Unterfranken und mit rund 70.000 Einwohnern die größte Stadt und bedeutendster Wirtschaftsraum der Region am bayerischen Untermain.

➡ In Aschaffenburg wurde 1904 die „Erste deutsche Autolenkerschule" von Rudolf Kemp eröffnet. Zwei Jahre später musste sie allerdings wieder schließen.

➡ Etwa Mitte des 19. Jahrhunderts ließ König Ludwig I. das Pompejanum errichten, ein Nachbau des Hauses von Castor und Pollux in Pompeji, das den Kunstliebhabern in Deutschland als Anschauungsobjekt dienen sollte.

➡ Das Wahrzeichen von Aschaffenburg ist das zwischen 1605 und 1614 aus rotem Sandstein erbaute Schloss Johannisburg (Bild rechts). ▪

Ostalbkreis

Orte im Kreis:
Aalen, Schwäbisch Gmünd
Baden-Württemberg

Marktplatz Aalen

Aschaffenburg

Orte im Kreis:
Alzenau, Kahl am Main
Bayern

Altenburger Land

ABG

Orte im Kreis:
Altenburg, Meuselwitz, Schmölln
Thüringen

➡ Die über tausend Jahre alte Stadt Altenburg war schon früh eine bedeutende Handelsstadt und Sitz vieler Herscher. Heute ist die alte Residenzstadt ein wirtschaftliches Zentrum im Freistaat Thüringen mit rund 35.000 Einwohnern.

➡ Auf Basis der Kartenspiele Tarock, L'Hombre sowie dem wendischen Schafkopf entwickelten zwischen 1810 und 1817 spielfreudige Bewohner Altenburgs das Skatspiel, für das 1927 sogar ein Skatgericht in seiner Geburtsstadt gegründet wurde. Seit über 400 Jahren werden in der Bechstein'schen Spielkartenfabrik, dem größten Spielkartenhersteller Deutschlands, Spielkarten hergestellt.

➡ Aufgrund der häufigen Aufenthalte von Friedrich I. Barbarossa wird Altenburg auch als Barbarossastadt bezeichnet. Dieser Tatsache hat die Stadt auch ihr Wahrzeichen zu verdanken: Die „Roten Spitzen" des Doppelturms, benannt nach dem roten Bart Barbarossas, gehörten einst zur Marienkirche des Augustinerklosters (Bild links). ■

Anhalt-Bitterfeld

ABI

Orte im Kreis:
Bitterfeld-Wolfen, Köthen
Sachsen-Anhalt

➡ In der Region Bitterfeld wurden die ersten praktikablen Farbfilme der Welt von der Firma Agfa hergestellt. Durch die Enteignung kurz nach dem Zweiten Weltkrieg mussten die Fabrikationsstätten der Filmfirma allerdings die Region Bitterfeld verlassen. Das heutige Rathaus der Stadt Bitterfeld-Wolfen war früher Teil der Agfa-Werke (Bild links unten).

➡ Bitterfeld galt lange als europaweit bedeutendster Standort der Chlorchemie. Aufgrund des hohen Braunkohlevorkommens siedelten sich seit Ende des 19. Jahrhunderts viele Chemieunternehmen hier an, bis 1990 wegen der großen Umweltbelastung durch die veraltete Ausstattung der Industrie große Teile stillgelegt wurden. Die nun privatisierten Flächen übernahmen jedoch namhafte Neuansiedler wie Bayer, wodurch Bitterfeld seine Tradition als Chemiestandort fortführen kann. Nahezu alle Aspirin-Tabletten für den europäischen Markt werden hier produziert. ■

➡ Die Geschichte der Stadt Aachen (auch Bad Aachen) reicht zurück bis in die Jungsteinzeit. Der Name kommt vermutlich vom altgermanischen Wort „Ahha" (gesprochen „Acha") und bedeutet „Wasser", was auf die heißen Quellen in Aachen hindeutet. Im Lokaldialekt wird Aachen „Oche" genannt.
Aachen ist kreisfreie Stadt und Kurstadt im Regierungsbezirk Köln, nahe der belgischen Grenze, und seit dem frühen Mittelalter ein bedeutendes kulturelles, religiöses und wirtschaftliches Zentrum.

➡ Seit seinem Tod im Jahr 814 liegt Kaiser Karl der Große im Aachener Dom (Bild unten rechts) begraben. Im Jahr 800 wurde er vom Papst als erster „Imperator Romanum" seit mehr als 300 Jahren gekrönt. Als bedeutendster Herrscher des Mittelalters hatte er großen Anteil an der Entwicklung von Politik, Kirche und Kultur und schaffte die Basis für die kirchliche und weltliche Einheit des Abendlandes. Der Aachener Dom ist aus der früheren Kapelle der Kaiserpfalz entstanden. Hier wurden über 600 Jahre lang die römisch-deutschen Könige bzw. Kaiser gekrönt.

➡ Internationale Bekanntheit wird der Stadt heute durch den Reitsport zuteil. Jedes Jahr findet in dem 50.000 Menschen fassenden Stadion in der Soers der CHIO als weltgrößtes Turnier für Springreiten, Dressur und Wagenfahren statt.

➡ Berühmt sind die „Aachener Printen", die im 15. Jahrhundert von den eingewanderten Kupferschlägern nach Aachen gebracht wurden. Die süßen Brote entwickelten sich zu einer Art Lebkuchen, die mit Zuckerrübensirup hergestellt werden.

➡ Eine Aachener Legende handelt von einem kalbähnlichen Tier mit schuppigem Fell und scharfen Zähnen, „Bahkauv" (Bachkalb) genannt. Das Ungeheuer soll betrunkenen Männern aufgelauert und sich auf ihre Schultern gelegt haben, sodass ihnen der Heimweg erschwert wurde. Gebete der Betroffenen bewirkten nur noch größere Last, fluchen hingegen soll das Gehen erleichtert haben. ◼

Aachen

AC

Orte im Kreis:
Eschweiler, Monschau
Nordrhein-Westfalen

Auerbach

Sachsen

➡ Die Große Kreisstadt Auerbach hat rund 20.000 Einwohner, liegt im sächsischen Vogtland und wird vom Flüsschen Göltzsch durchschnitten. Landschaftlich liegt Auerbach im deutschen Mittelgebirgsraum, in unmittelbarer Nachbarschaft zum Erzgebirge im Osten. Auerbach ist etwa 13 Kilometer von Reichenbach, 20 Kilometer von Plauen und rund 25 Kilometer von Zwickau entfernt.

➡ Auerbach wurde erstmals im Jahr 1282 urkundlich in Zusammenhang mit Conradus de Urbach erwähnt, der auch die Burg Auerbach bauen ließ. Ein Rest davon ist der noch heute als Wahrzeichen sichtbare Schlossturm (Abb. links). Die Stadt mit ihrem gitterförmigen Grundriss wurde im 14. Jahrhundert durch die Baumeister der Vögte von Plauen angelegt. Im 16. Jahrhundert entwickelte sich hier der Zinn- und Eisenerzbergbau. Bis 1995 war Auerbach Kreisstadt des gleichnamigen Landkreises. ◼

Ahaus

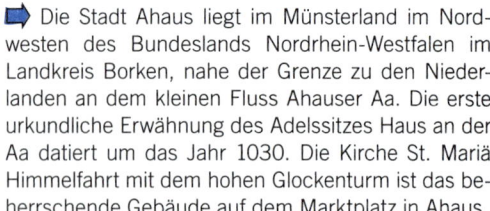

Nordrhein-Westfalen

➡ Die Stadt Ahaus liegt im Münsterland im Nordwesten des Bundeslands Nordrhein-Westfalen im Landkreis Borken, nahe der Grenze zu den Niederlanden an dem kleinen Fluss Ahauser Aa. Die erste urkundliche Erwähnung des Adelssitzes Haus an der Aa datiert um das Jahr 1030. Die Kirche St. Mariä Himmelfahrt mit dem hohen Glockenturm ist das beherrschende Gebäude auf dem Marktplatz in Ahaus.

➡ 1688 wurde die alte Burg Ahaus abgerissen und an gleicher Stelle dann das barocke Wasserschloss nach den Plänen des Ambrosius von Oelde im Jahr 1690 errichtet (Abb. links). Die Gesamtanlage mit Garten und Park wurde 1718 fertig und die Modernisierung im Jahr 1767 abgeschlossen. Das Wasserschloss zählt zu den Sehenswürdigkeiten der Stadt, und im 1996 renovierten Fürstensaal finden regelmäßig Konzerte mit bekannten Interpreten der Kammermusik statt. ◼

➡ Bad Aibling im oberbayerischen Landkreis Rosenheim ist als Kurort mit seinen Moorheilbädern bekannt. Die im Mangfalltal liegende Stadt ist Bayerns ältestes Moorheilbad und seit der Eröffnung der Therme Bad Aibling am 17. September 2007 auch Bayerns jüngstes Thermalbad. Für ihr Wasser aus einer Tiefe von nahezu 2300 Metern hat die Stadt die staatliche Anerkennung als Heilquelle erhalten.

➡ Bad Aibling ist eine der ältesten Städte in Bayern und wurde etwa 500 v. Chr. durch die Kelten gegründet. Im Jahr 15 v. Chr. wurde die Siedlung durch die Römer besetzt und um 470 n. Chr. folgte die Besetzung durch die Bajuwaren. Hier entstand ein Hof auf dem Hofberg, der sogenannte Agilolfinger. Im Jahr 788 war Bad Aibling der Königshof, die Pfalz, der Karolinger. Um 804 n. Chr. erfolgte die erste urkundliche Erwähnung als Epininga. Zwischen 1000 und 1200 n. Chr. war Aibling Verwaltungssitz für die oberbayerischen Ländereien des Bistums Bamberg (Vogtei Aibling). 1180 erwarben die Gaugrafen von Falkenstein-Neuburg die Aiblinger Vogteirechte. Die Beurkundung als Markt wurde 1244 verliehen. Etwa sechs Jahre später, 1250, fiel Aibling von den Falkensteinern an die Wittelsbacher. Fünfzig Jahre später wurde das Pflegamt Aibling eingerichtet. Seit dem 14. Jahrhundert wird Aibling als Stadt bezeichnet.

➡ Eine Besonderheit in der Sportwelt der Neuzeit ist das Deutsche Fußball Internat (DFI) in Bad Aibling. Die Internatsschüler erhalten neben einer ausgezeichneten schulischen Ausbildung eine intensive sportliche Förderung sowie eine gezielte Förderung der Persönlichkeitsentwicklung. Gefördert werden hier sportlich talentierte Kinder und Jugendliche im Alter von 10 bis 18 Jahren mit dem Ziel, diese zu professionellen Sportlern, ggf. auch zu Berufsfußballern auszubilden. Seit 1990 sind viele Bundesliga- und Nationalspieler aus dem DFI hervorgegangen. ◼

Bad Aibling

AIB Ⓐ

Bayern

Aichach-Friedberg

AIC

Orte im Kreis:
Aichach, Friedberg, Mering, Rehling
Bayern

Altenkirchen

AK

Orte im Kreis:
Altenkirchen, Weyerbusch, Hamm
Rheinland-Pfalz

➡ Die Kreisstadt des Landkreises Aichach-Friedberg ist Aichach. Sie wird erstmals um 1078 erwähnt, hat rund 20.000 Einwohner und liegt im bayerischen Regierungsbezirk Schwaben, nordöstlich von Augsburg.

➡ Das bayerische Herrschergeschlecht der Wittelsbacher stammt aus dem Gebiet um Aichach, wo auch Elisabeth von Bayern, genannt Sissi, einen Teil ihrer Kindheit verbrachte. Ihr Vater, der lebenslustige Herzog Max, soll als Bauer verkleidet in Aichacher Wirtshäusern Zither gespielt und die junge Sissi den Lohn in einem Hut eingesammelt haben.

➡ In Rehling lebten einst sieben geizige Bauern, die nach häufigem Streit in je eine Quelle unter dem Kirchberg verwandelt wurden. Da sie auch im Jenseits weiter stritten, hat nach der Sage zur Folge, dass alle 100 Jahre die Friedhofsmauer in Rehling einstürzt. Dies geschah zuletzt im Jahr 1955. ◾

➡ Der größte Teil des Landkreises Altenkirchen gehört zum Westerwald. Eine Spezialität der Region ist der „Döppekooche" (hochdeutsch: Topfkuchen), ein Kartoffelgericht, das im 19. Jahrhundert schierer Armut entsprang. Der herzhafte Kuchen wird aus dicken Kartoffeln, alten Brötchen, vielen Zwiebeln, Eiern und Dörrfleisch oder Mettwurststücken hergestellt und ist ein kulinarischer Leckerbissen der Region.

➡ Ein gewisser Friedrich Wilhelm Raiffeisen (Bild unten) erblickte 1818 in Hamm das Licht der Welt. Von 1845 bis 1852 war er Bürgermeister in Weyerbusch und Flammersfeld. In dieser Zeit gründete er eine Genossenschaft, aus der die Genossenschaftsbanken und die Raiffeisenorganisation hervorgingen. Raiffeisen ist heute Namens- bzw. Markenteil von über 330.000 Unternehmen weltweit, die sich mit landwirtschaftsnahen Produkten und allgemeinen Finanzdienstleistungen befassen. ◾

ROTTMANN BUCHHANDLUNG

Mannheimerstr. 157
55543 Bad Kreuznach
0671-30058

QUITTUNG

Datum: 16.03.16
Zeit: 12:03:12
Kasse: 001

| 1 | LINDNER: AUTOKENNZEICHEN | | | 7.99 |

| | | RECHNUNGSBETRAG | 7.99 |
| | | incl. 7% MwSt= | 0.52 |

USt-IdNr. DE149675787

* Vielen Dank für Ihren Einkauf *
Rottmann-Buchhandlung

Besuchen Sie uns auch auf
facebook.com/buchhandlungrottmann

➡️ Die Stadt Altena liegt im Sauerland im Tal der Lenne. Das heutige Stadtgebiet mit 44,3 Quadratkilometern wird zu rund 60 Prozent von Waldflächen mit vielen seltenen und schützenswerten Spezies der mitteleuropäischen Fauna und Flora eingenommen.

Altena

AL Ⓐ

Nordrhein-Westfalen

➡️ Altena entstand unterhalb der gleichnamigen, im 12. Jahrhundert gebauten Burg, die von einer Seitenlinie der Grafen von Berg errichtet wurde, welche sich dann Grafen von Altena und später Grafen von der Mark nannten. In der Burg wurde 1909 die erste Jugendherberge der Welt gegründet. Das historische Denkmal ist in einem sehr gut erhaltenen Zustand und wird heute noch mit Begeisterung als Jugendherberge genutzt (Abb. rechts). ◼

➡️ Alfeld ist die zweitgrößte Stadt des Landkreises Hildesheim unweit der niedersächsischen Landeshauptstadt Hannover. Bekannt ist Alfeld durch die Papiermühle, ursprünglich 1706 durch die Familie Spies erbaut und seit 1998 in den internationalen Papierkonzern Sappi intergriert. Der Schornstein der Fabrik ist mit 150 Metern eines der Wahrzeichen der Stadt.

Alfeld, Leine

ALF Ⓐ

Niedersachsen

➡️ Im 13. Jahrhundert erhielt Alfeld eine Stadtbefestigung, zunächst eine Stadtmauer mit vier Stadttoren. Diese hießen „Perkdor", „Holzerdor", „Hörserdor" und „Leyndor". Später wurde der Mauer ein Wall vorgelagert. Einer der Stadttürme ist der bis heute erhaltene Fillerturm. Auch wenn der größte Teil der Stadtbefestigung zwischen dem 18. und 19. Jahrhundert abgebrochen und bis auf unbedeutende Reste durch Parkanlagen ersetzt wurde, so ist die Alfelder Altstadt aber mit ihrem Rathaus und der St.-Nicolai-Kirche noch immer sehenswert. ◼

Quiz In einem Stadtteil von Alfeld gibt es das weltweit einzige Museum und wissenschaftliche Institut, das sich mit einer sehr bekannten und oft lästigen, ungesunden Begleiterscheinung des menschlichen Schlafes beschäftigt. Wie heißt der Stadtteil und wie die Institution?

Auflösung: Seite 443

Alsfeld

ALS ^A

Hessen

➡ Alsfeld liegt im nördlichen Vogelsbergkreis am Südwestrand des Knüllgebirges und am Westhang des Alsfelder Beckens. Die Stadt wurde im Jahr 1069 das erste Mal urkundlich erwähnt und Ausgrabungen in der Walpurgiskirche ergaben, dass es sie bereits im 9. bzw. 10. Jahrhundert eine romanische Kirche gegeben hat. Der Ort entstand vermutlich in der Zeit der Karolinger. Von 1180 bis 1190 bauten die Landgrafen von Thüringen die Burg. Die Lage an den Handelswegen förderte die Entwicklung Alsfelds.

➡ Berühmt ist angeblich, wer es auf einen Geldschein oder eine Briefmarke geschafft hat. Demnach ist das Alsfelder Rathaus (Abb. links) eine Berühmtheit. Dass man es auch als Häuschen für die Gestaltung von Modellbahnanlagen kaufen kann, unterstreicht dies noch. Es ist ein gotischer Fachwerkbau, der 1512–1516 erbaut wurde. Zwei Erker werden von Kragsteinen getragen und durch Spitztürme im Dach betont. Das Gebäude steht unter Denkmalschutz. ◼

Alzenau

ALZ ^A

Bayern

Quiz

Auflösung: Seite 443

Der 1920 gegründete Turn- und Sportverein Alzenau hatte zunächst nur eine Fußballabteilung. Diese Abteilung trennte sich aber schon 1924 von dem Verein und gründete sich neu. Man wählte damals den gleichen Namen wie ein berühmter bayerischer Verein aus der 1. Bundesliga. Wie heißt der Fußballverein in Alzenau?

➡ Alzenau ist eine Stadt im Norden des unterfränkischen Landkreises Aschaffenburg. Die früheste urkundliche Erwähnung der Stadt stammt aus dem Jahr 950. Die Stadt war der Hauptort des gleichnamigen Gerichts Alzenau und eines der vier Gerichte, die das Freigericht Alzenau bildeten.

➡ Burg Alzenau (Abb. unten) wurde 1395 bis 1399 von den Mainzer Erzbischöfen errichtet und diente als Amts- und Verwaltungssitz. Der Bau fällt in die Amtszeit der beiden Erzbischöfe Konrad II. von Weinsberg und Johann II. von Nassau. Die Burg ist heute unbewohnt. ◼

➡ Amberg ist eine kreisfreie Stadt und liegt im bayerischen Regierungsbezirk Oberpfalz. Ihre historische Altstadt gehört mit einer fast vollständig erhaltenen Ringmauer und vier Toren zu den besterhaltenen Stadtanlagen in Europa.

➡ In Amberg steht das kleinste Hotel der Welt. Mit nur zweieinhalb Meter Breite bietet es Platz für zwei Personen. Das „Eh'häusl" (Abb. rechts) wurde im Jahr 1728 erbaut, um armen Leuten das Heiraten zu ermöglichen. Damals unterlag eine Hochzeit strengen Bedingungen, um die steigende Geburtenrate zu bremsen. Jedes Paar musste einen „schuldenfreien Haus- und Grundbesitz" vorweisen. So wurde das Haus bis ins 18. Jahrhundert von Paar zu Paar weiterverkauft. ◼

Amberg

AM

Bayern

➡ Ansbach ist eine kreisfreie Stadt in Mittelfranken und wurde 748 gegründet. Die mittelalterliche Residenz der Markgrafen zu Brandenburg-Ansbach erfreut sich Sehenswürdigkeiten wie der St.-Gumbertus-Kirche, der St.-Johannis-Kirche und der Orangerie.

➡ Die Stadt Rothenburg ob der Tauber wurde im Dreißigjährigen Krieg von Tillys Heer belagert. Um Rothenburg vor der Zerstörung zu bewahren, sollte der Bürgermeister Rothenburgs, Georg Nusch, einen Krug mit dreieinhalb Litern Wein in einem Zug leeren. Nusch trank und die Stadt blieb verschont. Noch heute findet alljährlich das Festspiel „Der Meistertrunk" statt. Rothenburg blieb bis heute fast unzerstört und besitzt wohl die romantischste deutsche Altstadt.

➡ Die historische Altstadt von Dinkelsbühl ist ebenso einmalig wie die Rothenburgs, mit großartigen Bauwerken im mittelalterlichen Stadtkern, einer gut erhaltenen Stadtmauer und romantischen Gässchen mit urgemütlichen Gasthäusern. ◼

Ansbach

AN

Orte im Kreis: Ansbach, Dinkelsbühl, Rothenburg ob der Tauber
Bayern

Am Marktplatz von Dinkelsbühl

Annaberg, Erzgebirge

ANA Ⓐ

Sachsen

➡ Die Stadt Annaberg-Buchholz ist eine Stadt im Erzgebirge mit über 21.000 Einwohnern. Sie ist seit der letzten Kreisreform vom 1. August 2008 Verwaltungssitz des Erzgebirgskreises in Sachsen und dessen größte Stadt. Die Innenstädte von Annaberg und Buchholz werden heute von Gebäuden aus der Gründerzeit sowie Wohnhäusern aus dem 18. und frühen 19. Jahrhundert geprägt. Insbesondere an den Hauptgeschäftsstraßen dominieren teils großzügige markante Gebäude aus dem späten 19. und frühen 20. Jahrhundert, teilweise mit Jugendstilelementen.

➡ Die St.-Annen-Kirche (Abb. unten, im Hintergrund) ist das Wahrzeichen von Annaberg. Die 1525 fertiggestellte spätgotische Hallenkirche gehört zu den wertvollsten Beispielen dieser Architektur.

➡ Berühmt und beliebt ist auch der Weihnachtsmarkt in Annaberg-Buchholz (Abb. unten). Kaum eine Landschaft Deutschlands steht so sehr für romantische Weihnachtstraditionen und die Herstellung von weihnachtlicher Handwerkskunst aus Glas und Holz wie das Erzgebirge. ∎

➡ Die uckermärkische Stadt Angermünde liegt etwa 80 km nordöstlich von Berlin in der wasserreichen Landschaft zwischen der Schorfheide und der Oder. Mit 326 km² ist Angermünde eine der flächengrößten Städte Deutschlands. Als Verwaltungssitz des Biosphärenreservates Schorfheide-Chorin liegen Teile dessen im Süden und Westen des Stadtgebietes. Im Süden grenzt Angermünde an den Landkreis Barnim, im Osten an die Republik Polen.

➡ Das Besondere an Angermünde ist die Landschaft, die sie umgibt. Viele westdeutsche Bürger haben keine Vorstellung davon, dass die Schorfheide eines der größten zusammenhängenden Waldgebiete Deutschlands ist. Der Begriff Schorfheide ist allerdings nur ein Sammelbegriff für ein größeres Waldgebiet. Im Einzelnen gliedert sich der Wald in kleinere Abschnitte wie die Innere Schorfheide, Eichheide und Üderheide. Ein Teil der Schorfheide steht auch auf der UNESCO-Weltnaturerbeliste. ◼

Angermünde

ANG Ⓐ

Brandenburg

Wildpferd im Wildpark Schorfheide

➡ Die amtsfreie Hansestadt Anklam ist eine Stadt im Landkreis Vorpommern-Greifswald in Mecklenburg-Vorpommern am Stettiner Haff und wird durch den Peenestrom von der Insel Usedom getrennt. Der Ort entwickelte sich bereits im 12. Jahrhundert im Land Groswin aus einem Marktflecken, bei dem sich flämische und deutsche Siedler niederließen. Im Jahr 1283 trat die Stadt Anklam der Hanse bei und erhielt daraufhin 1292 das Lübische Stadtrecht.

➡ Die Marienkirche in Anklam (Abb. rechts) und die um die Kirche herum entstandene Siedlung waren bereits Anfang des 13. Jahrhunderts vorhanden, wie durch archäologische Ausgrabungen nachgewiesen werden konnte. Im Jahr 1296 wird die Marienkirche erstmals auch urkundlich erwähnt, der Bau dürfte jedoch schon etwa 40 Jahre früher begonnen worden sein. Ursprünglich handelte es sich um eine romanische Kirche mit Doppelturmanlage, die somit noch wesentlich älter einzuordnen ist und später gotisch überbaut wurde. ◼

Anklam

ANK Ⓐ

Mecklenburg-Vorpommern

Altötting

AÖ

Orte im Kreis:
Altötting, Neuötting, Burghausen
Bayern

Quiz

Auflösung: Seite 443

In Altötting beginnt und endet ein 248 km langer Pilger-Rundweg über sieben Stationen im bayrischen Voralpenland. Es sind die Stationen der Kindheit und Jugend des Papstes „Benedikt XVI.", der in der nahegelegenen Gemeinde Marktl geboren wurde. Wie heißt dieser Pilger-Rundweg?

➡ Altötting ist die Kreisstadt des gleichnamigen Kreises in Oberbayern. Sie liegt etwa 90 km östlich von München und hat rund 12.600 Einwohner.

➡ Mit ihrer „Schwarzen Maria von Ötting" und den über 2000 Votivtafeln ist die Gnadenkapelle eine der meistbesuchten Wallfahrtsstätten Europas. Der Grund für die Bekanntheit Altöttings als Wallfahrtsort liegt in einem Wunder, das sich 1489 in dem Ort ereignet haben soll. Ein Junge, der in den Mörnbach gefallen und bereits für tot befunden wurde, kehrte ins Leben zurück, nachdem seine Mutter seinen leblosen Körper auf den Altar der Gnadenkapelle gelegt und für ihn gebetet hatte.

➡ Die größte Stadt im oberbayerischen Landkreis, Burghausen, trägt ihren Namen nicht umsonst: Über der Altstadt erstreckt sich die längste Burganlage der Welt. Sie ist 1051 Meter lang und besteht aus sechs Burghöfen (Abb. oben). ∎

Weimarer Land, Apolda

AP, APD Ⓐ

Orte im Kreis:
Apolda, Bad Sulza, Bad Berka
Thüringen

➡ Apolda ist die Kreisstadt des Landkreises Weimarer Land in Thüringen und hat eine lange Glockenbautradition. Bis 1988 wurden hier mehr als 20.000 Glocken gegossen, zu deren bekanntesten die St.-Peters-Glocke im Kölner Dom als größte freischwingende Glocke der Welt zählt.

➡ Apolda hat auch große Sportler hervorgebracht. Darunter Wolfgang Hoppe, Olympiasieger im Bobfahren 1984, Martin Putze mit Gold im Viererbob 2006, Sybille Schmidt, 1992 im Doppelvierer bestplatziert, sowie Sigrun Siegl und Christine Laser, 1976 mit einem Doppelsieg im Fünfkampf. ∎

➡ Die Stadt Arnsberg ist eine große kreisangehörige Stadt im Sauerland/Nordrhein-Westfalen und Sitz des Regierungsbezirks Arnsberg. Bis zur kommunalen Neugliederung von 1975 war Arnsberg Sitz des Kreises Arnsberg und gehört seitdem zum Hochsauerlandkreis.

➡ Arnsberg liegt nördlich des Rheinischen Schiefergebirges an der Ruhr, die das Gesicht der Stadt von jeher prägt. Innerhalb der Stadt münden auch die Flüsschen Möhne und Röhr in die Ruhr. Besonders einprägend ist die große Ruhrschleife, die die Altstadt von Arnsberg von zwei Seiten begrenzt. Die Flüsse werden von weitläufigen bewaldeten Erhebungen gesäumt. Im Norden der Stadt erheben sich die Anhöhen des Naturparks Arnsberger Wald und im Süden finden sich die Ausläufer des Naturparks Homert als Naherholungsgebiete. ■

Arnsberg

Nordrhein-Westfalen

Arnsberg, Alter Markt

➡ Das thüringische Arnstadt ist eine Kreisstadt und liegt ca. 20 km südlich von Erfurt. Die Stadt ist ein wirtschaftliches Zentrum und der Verwaltungssitz des Ilm-Kreises in der Mitte Thüringens. Mit der ersten urkundlichen Erwähnung im Jahr 704 ist Arnstadt eine der drei ältesten Städte Deutschlands außerhalb der ehemals römischen Siedlungsgebiete. Bis zum 18. Jahrhundert war Arnstadt eine Residenzstadt der Grafen von Schwarzburg.

➡ Arnstadt vereint musikalische Hochkultur und bodenständige leibliche Genüsse: Hier war die erste Wirkungsstätte von Johann Sebastian Bach, und hier ist gleichzeitig die Heimat der weltberühmten Thüringer Bratwurst. Herz, was willst du mehr?

➡ Auch besitzt die Stadt einen sehenswerten und gut erhaltenen historischen Stadtkern. Aufgrund der geografischen Lage am Nordrand des Thüringer Waldes wird Arnstadt auch als das „Tor zum Thüringer Wald" bezeichnet. Von Arnstadt bis nach Oberhof am Rennsteig fährt man mit dem Auto und auch mit öffentlichen Verkehrsmitteln eine halbe Stunde. ■

Arnstadt

Thüringen

Artern

ART

Thüringen

➡ Artern an der Unstrut ist eine Stadt im thüringischen Kyffhäuserkreis. Die an der Unstrut gelegene Stadt befindet sich im äußersten Nordosten des Landes an der Grenze zu Sachsen-Anhalt. 1323 erhielt die Burgsiedlung die Stadtrechte. Die Altstadt von Artern liegt auf der Nordseite der Unstrut. Sie besteht aus zwei Siedlungskernen: der Stadt Artern im Westen und dem Dorf Artern im Osten.

➡ Ab dem 19. Jahrhundert wuchs die Stadt dann vor allem nach Osten zum Bahnhof, wo das Hauptindustriegebiet entstand. Später dehnte sie sich dann auch nach Norden entlang der Straße nach Sangerhausen aus, wo um den Westbahnhof ein zweites Industriegebiet entstand.

➡ Im Salinepark an der Unstrut mit rund 6,5 ha wachsen größtenteils heimische Baumarten wie beispielsweise Ahorn, Buchen, Kastanien, Linden, Weiden und außerdem auch zwei seltene Urweltmammutbäume. ■

Amberg-Sulzbach

AS

Orte im Kreis:
Sulzbach-Rosenberg, Amberg,
Auerbach, Vilseck
Bayern

➡ Der Landkreis Amberg-Sulzbach hat jahrhundertelang von dem hohen Eisenerzvorkommen profitiert. Besonders Auerbach ist hierfür bekannt, weshalb es auch heute noch im Volksmund Berg- oder Bergbaustadt genannt wird. Sulzbach-Rosenberg, Amberg und Auerbach liegen daher auch direkt an der bayerischen Eisenstraße.

➡ Auerbachs Keller, bekannt aus Goethes „Faust", liegt nicht in dem oberpfälzischen Auerbach. Allerdings geht er auf den Auerbacher Ratsherrn und Mediziner Heinrich Dromer zurück, der 1530 eine Gaststätte in Leipzig gründete.

➡ Unter Denkmalschutz steht das historische Rathaus am Marktplatz von Amberg. Nach einem Brand im Jahr 1356 wurde mit dem Bau begonnen. Die westliche Fassade mit dem Giebel im gotischen Stil ist Zeugnis dieser Bauphase. Die Balustrade mit Treppentürmchen wurde 1552 zugefügt (Abb. links). ■

➡ Der Landkreis Aschendorf-Hümmling war ein ehemaliger Landkreis im westlichen Niedersachsen und bestand von 1932 bis 1977. Der wurde bei der Gemeindereform 1977 in den Landkreis Emsland integriert.

➡ Bedeutend ist Papenburg, eine Kanalstadt sowie die längste und älteste Fehnstadt Deutschlands. Kanäle prägen daher das Stadtbild Papenburgs und waren lange Zeit die Hauptentwicklungsachsen. Ursprünglich wurden sie angelegt, um das Moor zu entwässern und so den Torf abbauen zu können und als Brennstoff nutzbar zu machen.

➡ Seit 1795 befindet sich in Papenburg auch die Meyer Werft, eine der ältesten Schiffswerften in Deutschland mit internationalem Ansehen, die heute Kreuzfahrtschiffe mit über 1.600.000 BRZ baut und in die ganze Welt liefert. Eine Publikumsattraktion sind die Stapelläufe dieser Ozeanriesen, wenn sie über die Ems zur Nordsee fahren (Abb. rechts). ■

Aschendorf-Hümmling

ASD Ⓐ

Orte im ehemaligen Kreis:
Dörpen, Lathen, Nordhümmling,
Papenburg, Rhede, Sögel, Werlte
Niedersachsen

➡ Der Landkreis Aschersleben-Staßfurt war ein Landkreis in der Mitte des Bundeslandes Sachsen-Anhalt. Im Jahr 2007 ist er im Rahmen der Kreisgebietsreform in Sachsen-Anhalt in den neuen Landkreisen Harz (Gemeinde Falkenstein im Harz) und Salzlandkreis aufgegangen.

➡ Die Stadt Aschersleben wurde 753 als ein Ort in Thüringen mit Namen „Ascegereslebe" in der Mitte des 12. Jahrhunderts erstmals urkundlich erwähnt. Sie ist eine der wenigen Städte Deutschlands, in denen die Stadtbefestigungsanlage zum großen Teil bis ins 19. Jahrhundert erhalten blieb, auch wenn diese ihre praktische Bedeutung und Zweck zum Ende des Mittelalters verlor. So wurden vor allem im 19. Jahrhundert zahlreiche Stadttore, Mauern und Türme abgebrochen, um Platz für den zunehmenden Handelsverkehr mit Pferdefuhrwerken zu schaffen. Der Johannisturm von 1380 ist der einzige erhaltene Torturm der Stadt (Abb. rechts). ■

Aschersleben-Staßfurt

ASL Ⓐ

Orte im ehemaligen Kreis:
Aschersleben, Staßfurt, Hecklingen
Sachsen-Anhalt

Aue-Schwarzenberg

ASZ

Sachsen

➡ Der ehemalige Landkreis Aue-Schwarzenberg war ein Landkreis im Südwesten des Freistaates Sachsen. Der Landkreis entstand infolge der Kreisreformen von 1994 und wurde 1995 in Landkreis Aue-Schwarzenberg umbenannt. Im Zuge einer erneuten Verwaltungsreform schlossen sich die Landkreise Annaberg, Aue-Schwarzenberg, Mittlerer Erzgebirgskreis und Stollberg am 1. August 2008 zum Erzgebirgskreis zusammen. Die größten Städte im ehemaligen waren Aue (vgl. auch AU) und Schwarzenberg. Schwarzenberg ist mit rund 18.000 Einwohnern eine Große Kreisstadt. Sie wurde im 12. Jahrhundert als Befestigungsanlage zum Schutz eines Handelsweges angelegt und entwickelte sich zum Zentrum der gleichnamigen Herrschaft. Die Altstadt mit Kirche und Schloss wird von einer großen Schleife des Schwarzwassers umflossen und bildet die prägende Ansicht der Stadt (Abb. links). ▪

Altentreptow

AT

Mecklenburg-Vorpommern

➡ Altentreptow hieß bis 1939 Treptow an der Tollense und ist eine Kleinstadt im Amt Treptower Tollensewinkel im Nordosten des Landkreises Mecklenburgische Seenplatte. Bis 2011 gehörte Altentreptow zum Landkreis Demmin, einem Landkreis in der östlichen Mitte von Mecklenburg-Vorpommern. Im Zuge der Kreisgebietsreform 2011 wurde dieser Landkreis aufgelöst und das Gebiet den neuen Landkreisen Mecklenburgische Seenplatte und Vorpommern-Greifswald zugeordnet.

➡ Eines der ältesten Gebäude in Altentreptow ist das gotische Brandenburger Tor. Es ist eines von ursprünglich drei Toren der Stadtmauer, welche die Stadt umgab. Das Gebäude diente aufgrund seiner Höhe und der Grenzlage zu Mecklenburg auch als Wachturm. Der Turm entstand bereits um das Jahr 1450 und ist ein typischer fünfstöckiger Backsteinbau mit Satteldach (Abb. rechts). ▪

➡ Eingebettet zwischen den waldreichen Höhen des westlichen Erzgebirges liegt die Große Kreisstadt Aue an der historischen Silberstraße. Die sächsische Industriestadt im Erzgebirgskreis ist Heimat für rund 18.000 Bürger. Von hier aus sind viele beliebte Ferienzentren und Sehenswürdigkeiten des Erzgebirges schnell und bequem erreichbar.

➡ Bekannt ist Aue auch durch seinen Fußballclub, den FC Erzgebirge Aue. Der FC behauptete sich schon in den 1950er-Jahren in der DDR-Oberliga. Nach dem Ausstieg des Geldgebers SDAG Wismut kämpfte der 1992 neugegründete FC Erzgebirge Aue um seine Existenz. Doch seit 1999/2000 spielt der Verein sehr beständig und erfolgreich in der 3. Liga und der 2. Bundesliga. ◼

Aue

Thüringen

Das Erzgebirgstadion des FC Erzgebirge Aue

➡ Die Kreisstadt Aurich ist mit rund 40.000 Einwohnern die zweitgrößte Stadt in Ostfriesland. Neben Sehenswürdigkeiten wie dem Auricher Schloss, dem Pingelhus und der Stiftsmühle besitzt Aurich auch ein „ungeliebtes" Wahrzeichen. Der 1990 errichtete „Sous-Turm" wurde von der Stadt Aurich als neue Sehenswürdigkeit bei dem Künstler Albert Sous beauftragt. Die Materialien waren Abfälle aus Plexiglas und Stahlrohr. In der Bevölkerung trägt der Turm auch den Beinamen „Auricher Tauchsieder".

➡ Der Landkreis ist mit seiner Nordseeküste eine beliebte Touristenregion. Insbesondere die Insel Norderney erfreut sich mit jährlich über 3 Millionen Übernachtungen großer Beliebtheit.

➡ Mit 30,20 Meter Höhe steht die größte Windmühle Deutschlands und eine der größten Europas im Landkreis Aurich. Sie befindet sich in der Samtgemeinde Hage und wurde 1872–1873 erbaut. Nicht ganz so groß ist die Stiftsmühle in Aurich, in der sich heute auch das sehr interessante Mühlenfachmuseum befindet (Abb. rechts). ◼

Aurich

Orte im Kreis:
Aurich, Norden, Baltrum, Norderney
Niedersachsen

Ahrweiler

AW

Orte im Kreis:
Bad Neuenahr-Ahrweiler, Sinzig,
Remagen
Rheinland-Pfalz

➡ Der Landkreis Ahrweiler erfährt besondere Wertschätzung durch seine hervorragenden Weine und die herrliche Landschaft. Das Weinbaugebiet an der Ahr ist das größte geschlossene Weinbaugebiet für Rotwein und zugleich eines der nördlichsten. Sehr beliebt ist auch der Rotweinwanderweg zwischen Altenahr und Bad Bodendorf, der sich über rund 35 Kilometer erstreckt und allen Rotwein- und Wanderfreunden eindrucksvolle landschaftliche und unvergessliche kulinarische Perspektiven eröffnet.

➡ Der alljährlich an Pfingsten in Ahrweiler stattfindende Weinmarkt ist für viele Weinliebhaber ein fester Bestandteil des Veranstaltungskalenders und bietet neben Weinverkostungen und kulinarischen Genüssen auch viel Musik und gute Unterhaltung.

➡ Die Kreisstadt Bad Neuenahr-Ahrweiler entstand 1969 als Zusammenschluss der beiden Gemeinden Bad Neuenahr und Ahrweiler und zählt heute rund 27.000 Einwohner. Die Stadt ist das Zentrum des Weinbaugebietes an der Ahr und bietet viele touristische Sehenswürdigkeiten. Auch als Kur- und Bäderstadt hat sie mit ihren Heilquellen, Kurkliniken und Badehäusern ein umfassendes Wellness- und Gesundheitsprogramm zu bieten.

➡ Eine der bekanntesten Sehenswürdigkeiten ist die Villa Rustica am Silberberg nahe der Stadt Bad Neuenahr-Ahrweiler. Sie wurde erwiesenermaßen von der Römerzeit bis ins frühe Mittelalter genutzt und ist heute als teilweise restaurierte und rekonstruierte Museumsanlage zu besichtigen.

➡ Rennsportfreunden dürfte der Landkreis Ahrweiler bekannt sein, denn dort liegt auch der weltbekannte und für seine sehr anspruchsvolle Streckenführung berühmte Nürburgring. Er umfasst neben der gut fünf Kilometer langen Grand-Prix-Strecke auch die knapp 21 Kilometer lange Nordschleife, die unter Motorsportliebhabern auch als die „grüne Hölle" bekannt ist, woraus sich eine Gesamtstrecke von 25,4 Kilometern mit 170 Kurven ergibt. ∎

Das Thermal-Badehaus in
Bad Neuenahr-Ahrweiler

➡ Der Landkreis Alzey-Worms ist der größte Weinbaukreis Deutschlands. Wanderfreudige und trinkfeste Weinliebhaber können hier die sogenannte Wingertshäuschenwanderung unternehmen. Anfang September wandern die Teilnehmer von Weinberghäuschen zu Weinberghäuschen, um dort kleine Speisen zum lokalen Wein zu genießen. „Rheinhessen" ist Deutschlands größtes Weinbaugebiet. Viele prämierte Weine führten zu internationalem Ruhm.

➡ Verwaltungssitz des Landkreises Alzey-Worms ist Alzey, eine der Nibelungenstädte, die im Nibelungenlied durch den Spielmann Volker von Alzey erwähnt wird. 1969 wurden die Landkreise Alzey und Worms im Zuge der Gebietsreform zusammengelegt. Die Stadt Worms selbst ist heute kreisfreie Stadt und gehört nicht zum Landkreis.

➡ Die Alzeyer Altstadt präsentiert gut erhaltene Fachwerkhäuser mit historischen Plätzen, wie dem Rossmarkt und dem Fischmarkt (Abb. rechts). ■

➡ Der frühere Landkreis Anhalt-Zerbst war ein Landkreis im Osten des Bundeslandes Sachsen-Anhalt. 2007 wurde er im Zuge der Kreisgebietsreform in Sachsen-Anhalt aufgelöst und auf die neuen Landkreise Anhalt-Bitterfeld, Jerichower Land und Wittenberg aufgeteilt.

➡ Die Stadt Zerbst liegt etwa 13 km nördlich der mittleren Elbe, etwa auf halbem Wege zwischen den Städten Magdeburg und Wittenberg. Der Ort „urbs Zirwisti" findet seine erste urkundliche Erwähnung in der Chronik des Thietmar von Merseburg um 1018. Um 1250 erbaute man die erste Stadtmauer. 1307 erwarb Albrecht I. die Stadt Zerbst von den Herren von Barby. Von 1603 bis 1793 war Zerbst Residenz des Fürstentums Anhalt-Zerbst und eine blühende Stadt. Im April 1945 wurde die Stadt fast komplett durch Bombenangriffe zerstört und nur wenige der mittelalterlichen Gebäude wurden wieder aufgebaut oder restauriert. ■

Alzey-Worms

AZ

Orte im Kreis:
Alzey, Osthofen, Flonheim,
Monsheim, Saulheim
Rheinland-Pfalz

Anhalt-Zerbst

AZE Ⓐ

Sachsen-Anhalt

Die Ruine der Nikolaikirche in Zerbst

Berlin

B

Berlin

Die Kaiser-Wilhelm-Gedächtniskirche

▷ Wie nicht anders zu erwarten, ist Berlin eine Stadt der Superlativen: Mit gut 3,5 Millionen Einwohnern ist Berlin nicht nur die größte Stadt Deutschlands, sondern seit 1990 auch die Hauptstadt des wiedervereinten Deutschlands. Seit 1994 hat auch der Bundespräsident seinen ersten Amtssitz im Schloss Bellevue (Abb. rechts Mitte).

▷ Der Deutsche Bundestag hat seit 1999 ebenfalls seinen Sitz im restaurierten ehemaligen Reichstagsgebäude. Die Besichtigung und Führung durch das Gebäude mit dem spiralförmigen Wandelgang hoch in die neue Glaskuppel und durch den Plenarsaal des Bundestages ist die touristische Attraktion.

▷ Ebenso ist der Bundesrat seit 2000 in Berlin im ehemaligen Preußischen Herrenhaus beheimatet.

▷ 2001 konnte auch der Bundeskanzler im neu errichteten Bundeskanzleramt einziehen. Damit ist Berlin heute das absolute politische Zentrum Deutschlands, wenngleich das Bundeskanzleramt auch noch einen Zweitsitz in Bonn, der ehemaligen Hauptstadt der alten westdeutschen Bundesrepublik, unterhält.

▷ Die Berlinale ist das größte Publikumsfestival weltweit, der Berliner Zoo mit rund 1400 verschiedenen Tierarten der artenreichste Zoo der Welt, und mit der Axel Springer AG ist in Berlin der größte europäische Medienkonzern beheimatet.

▷ Verkehrstechnisch leistete Berlin in der Vergangenheit Pionierarbeit. Nachdem bis 1881 ausschließlich Pferdebahnen und dampfgetriebene Bahnen in Städten zum Einsatz kamen, nahm in Berlin-Lichterfelde die erste, damals noch über die Schienen mit Strom versorgte elektrische Straßenbahn der Welt ihren Betrieb auf, nachdem der Berliner Unternehmer Werner Siemens 1879 eine eigens konstruierte elektrische Lokomotive vorstellte.

▷ Die Kaiser-Wilhelm-Gedächtniskirche (Abb. oben links) ist neben dem Brandenburger Tor eines der bekanntesten Wahrzeichen der Stadt. 1891 bis 1895 erbaut, wurde sie im Zweiten Weltkrieg stark beschädigt. Auf Wunsch der Bevölkerung wurde die Ruine zugunsten eines Neubaus jedoch nicht vollständig abgerissen. Umgeben wurde sie 1961 von einem vierteiligen Bauensemble nach den Plänen des Architekten Egon Eiermann.

➡ Auch die Museumsinsel ist eine der vielen Sehenswürdigkeiten Berlins. Sie ist kulturell sowie architektonisch weltweit einzigartig und gehört deshalb seit 1999 dem Weltkulturerbe der UNESCO an. Historisch betrachtet ist sie die Keimzelle der Museumslandschaft in Berlin.

➡ Die Berliner Mauer bot nach ihrem Fall 1989 Fläche für viele Künstler, die die Ostseite der Mauer in Berlin-Friedrichshain mit über 100 Gemälden schmückten und die politischen Veränderungen von 1989/90 kommentierten. Die East Side Gallery ist mit einer Länge von 1316 Metern die längste dauerhafte Open-Air-Galerie der Welt. Wohl bekanntestes Bild ist Dimitri Wrubels „Mein Gott, hilf mir, diese tödliche Liebe zu überleben" (siehe Abb. unten rechts). ◼

Das Bundeskanzleramt in Berlin

Das Brandenburger Tor

Das Reichstagsgebäude:
Sitz des Deutschen Bundestages

Der erste Amtsitz des Bundespräsidenten:
Schloss Bellevue in Berlin

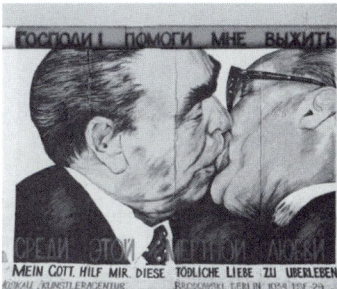

Bamberg

BA

Orte im Kreis:
Hallstadt, Scheßlitz
Bayern

➡ „Fränkisches Rom" lautet der Beiname der Stadt Bamberg. Er leitet sich von der Tatsache ab, dass die Stadt, genauso wie Rom, auf sieben Hügeln errichtet wurde. Stephansberg, Kaulberg, Michelsberg, Abtsberg und Domberg sind Fundamente von verschiedenen geistlichen Bauwerken. Der Jakobsberg liegt zusätzlich an einem der vielen Jakobspilgerwege nach Santiago de Compostela. Nummer sieben ist die Altenburg, die auf der höchsten Erhebung Bambergs steht. Die verschiedenen Stadtteile Bambergs wuchsen mit der Zeit erst allmählich aufeinander zu.

➡ Bamberg besitzt eine große Biertradition. In der Stadt sind von ehemals 68 historischen Brauereien heute noch elf ansässig, davon acht mit alter Tradition. Als eine besondere Spezialität in der Gegend gilt das Rauchbier. 1907 gab es den sogenannten Bamberger Bierkrieg, bei dem die Bevölkerung durch einen Boykott die Brauereien zwang, die Preiserhöhung für 0,5 Liter Bier von zehn auf elf Pfennig rückgängig zu machen.

➡ Die wahrscheinlich bekanntesten Persönlichkeiten der Stadt sind Schriftsteller und Komponist E.T.A. Hoffmann sowie Moderator Thomas Gottschalk. Hoffmann war zu Beginn seiner Karriere als Künstler kurzzeitig als Theaterdirektor in Bamberg tätig, allerdings alles andere als erfolgreich. Heute erinnern noch das E.T.A. Hoffmann Theater sowie das Museum in seinem alten Wohnhaus an sein Wirken. Thomas Gottschalk ist in Bamberg geboren. Seine Jugend verbrachte er jedoch in Kulmbach, ehe es ihn über Kalifornien in das Schloss Marienfels in Remagen am Rhein verschlug.

➡ Mit dem deutschlandweit größten unversehrt gebliebenen Stadtkern und über 1200 Baudenkmälern ist die Stadt nicht nur vom Tourismus geprägt, sondern wurde 1993 von der UNESCO in die Liste des Weltkulturerbes aufgenommen. In dem aufgenommenen Gebiet steht unter anderem das Wahrzeichen der Stadt, das Alte Rathaus. Es ist in die Regnitz hineingebaut und 1387 das erste Mal erwähnt. ∎

➡ Aufgrund seiner Bedeutung als Kurort und der hohen Besucherzahlen von Politikern und europäischem Adel bekam Baden-Baden im 19. Jahrhundert den Beinamen „Sommerhauptstadt Europas". Infolgedessen entstanden viele Luxushotels und das Kurhaus mit der Baden-Badener Spielbank.

➡ Mit 2500 Plätzen ist das Festspielhaus Baden-Baden das größte Konzerthaus Deutschlands und das zweitgrößte in Europa. Daneben ist auch das Kurhaus immer wieder Austragungsort bedeutender Veranstaltungen. Im rechten Flügel des Kurhauses hat außerdem das Casino Baden-Baden seinen Platz, seines Zeichens älteste Spielbank der Bundesrepublik. Schon im Jahr 1801 fanden in Baden-Baden die ersten überwachten Glücksspiele statt. Nachdem 1811 die Spielbank eröffnete und sie aus diversen Gründen mehrere Öffnungs- und Schließungsphasen hinter sich brachte, läuft hier seit 1950 der Spielbetrieb in seiner heutigen Form. ■

Baden-Baden

BAD

Baden-Württemberg

Das Festspielhaus in Baden-Baden

➡ Der Landkreis Barnim hat rund 175.000 Einwohner und liegt in Brandenburg. Die Kreisstadt ist Eberswalde. Der gebürtige Eberswalder Maler, Bildhauer und Grafiker Paul Wunderlich verband in seinen Werken verschiedenste Stilelemente. Bekannt wurde der 2010 in der französischen Provence Verstorbene vor allem mit seinen erotischen Darstellungen.

➡ Nach Paul Wunderlich wurde auch das am 1. Juli 2007 mit einer großen Feier eröffnete Dienstleistungs- und Verwaltungszentrum in Eberswalde benannt, das gleichzeitig die weltweit größe Ausstellung des Künstlers beherbergt. Als sogenanntes Nullemissionshaus wurde das Paul-Wunderlich-Haus 2008 mit dem goldenen Gütesiegel der Deutschen Gesellschaft für seine nachhaltige und umweltschonende Bauweise ausgezeichnet. Diese Auszeichnung bestätigte die Energiestrategie und Zielsetzung des Landkreises, die Klimaschutzvorgaben der Europäischen Union und der Bundesrepublik Deutschland bereits 2011 vorzeitig zu erfüllen (Abb. rechts). ■

Barnim

BAR

Orte im Kreis:
Eberswalde, Niederfinow
Brandenburg

Böblingen

BB

Orte im Kreis:
Böblingen, Leonberg, Sindelfingen,
Weil der Stadt
Baden-Württemberg

➡ Böblingen und Sindelfingen liegen nur wenige Kilometer südlich der Landeshauptstadt Stuttgart. Diese sind wichtige Wirtschaftsstandorte. In Böblingen sind mit IBM, Microsoft, Hewlett Packard und Philips große Softwareunternehmen angesiedelt. Sindelfingen ist vor allem als Heimatort des größten Werks der Daimler AG mit rund 33.000 Beschäftigten bekannt. Bei Daimler heuerte außerdem im April 1918 ein gewisser Hans Klemm an. Er war leitender Konstrukteur im Daimler-Flugzeugbau und konstruierte das erste Leichtmetallflugzeug der Welt.

➡ In Weil der Stadt ist der bekannte Wissenschaftler Johannes Kepler geboren. Das Keplerdenkmal und das Keplermuseum, seinerzeit dessen Geburtshaus, erinnern heute an die Entdeckung der Kepler'schen Fassregel sowie des Kepler'schen Gesetzes, das Gesetz der Planetenbewegung, womit er das Weltbild des Nikolaus Kopernikus bestätigte. Aufsehen erregte zwischen 1615 und 1620 auch seine Mutter Katharina Kepler. Sie wurde in einem der bekanntesten württembergischen Hexenprozesse der Hexerei bezichtigt. Dank der Verteidigung ihres Sohnes und ihrer Standhaftigkeit konnte sie jedoch knapp dem Scheiterhaufen entgehen. ◾

Bernburg

BBG Ⓐ

Sachsen-Anhalt

Quiz

Auflösung: Seite 443

Die Stadt Bernburg wurde am 21. März 1825 aus zwei Stadtteilen zusammengeschlossen. Wie hießen die beiden früheren Stadtteile?

➡ Der Landkreis Bernburg war ein Landkreis im Bundesland Sachsen-Anhalt. Im Jahr 2007 ging er im Rahmen der Kreisgebietsreform im neuen Salzlandkreis auf. Bernburg liegt etwa 45 Kilometer südlich von Magdeburg und 40 Kilometer nördlich von Halle. Die erste Erwähnung der Bernburger Burg findet sich 1138 in zwei Chroniken: der Annalista Saxo und den Magdeburger Annalen.

➡ Ein Denkmal von Schloss Bernburg ist der Eulenspiegelturm. In der 22. Historie des Eulenspiegelbuches von Hermann Bote (um 1450 bis 1520) wird berichtet, dass Till als Turmbläser im Dienst des Grafen von Anhalt stand. Das beliebte alte Kfz-Kennzeichen „BBG" ist seit der Kfz-Kennzeichnungsreform im Herbst 2012 allen Bernburgern wieder verfügbar. ◾

➡ Die Stadt Biberach an der Riß liegt an einer Vielzahl von Tourismus- und Ferienstraßen. Sie ist Station der Oberschwäbischen Barockstraße, der Schwäbischen Dichterstraße, der deutschen Fachwerkstraße sowie der Mühlenstraße Oberschwaben. Daneben verläuft seit dem Mittelalter der süddeutsche Abschnitt des Jakobsweges durch Biberach.

➡ Das Biberacher Schützenfest ist ein historisches Heimatfest, das die Biberacher seit dem Dreißigjährigen Krieg mit Hingabe feiern und pflegen. Es findet jedes Jahr im Juli vor Beginn der Sommerferien statt und wurde erstmals 1668 in einem Ratsprotokoll erwähnt. Während der neuntägigen Dauer präsentiert sich das Schützenfest mit historischen Umzügen und vielfältigen Veranstaltungen. Das sprichwörtliche „Herrgöttle von Biberach" sorgt während dieser Zeit meist für optimale Wetterbedingungen.

➡ In Steinhausen, einem Ortsteil Bad Schussenrieds, steht die Pfarrkirche St. Peter und Paul, die oft als „schönste Dorfkirche der Welt" bezeichnet wird. Als Dorfkirche wäre das Meisterwerk des Baumeisters Dominikus Zimmermann im frühen Rokokostil jedoch deutlich überdimensioniert. Tatsächlich ist sie eine Wallfahrtskirche und trägt auch den Namen Wallfahrtskirche „Unserer Lieben Frau" (Abb. rechts).

➡ Auch das Dorf Winterstettenstadt liegt im südlichen Biberach. Die geographische Lage im Tal der Riß war wohl entscheidend für den Bau der Burg Winterstetten. Nach dem Tod Konrads von Winter-stetten 1243 wurde das Dorf am Fuße der Burg zur Stadt erhoben und erhielt 1376 die Blutgerichtsbarkeit und Marktrechte. Ein Enkel Konrads war der bekannte Minnesänger Ulrich von Winterstetten, über den auch der „Codex Manesse", die Manessische Liederhandschrift, berichtet. Nach ihrem allmählichen Verfall wurde die Burg 1759 abgerissen. Heute existieren nur noch Mauerreste davon. Die Winterstetter sind ein lebenslustiges Völkchen und bekannt für ihren Rosenmontagszug sowie das große Fachwerk-Gemeindehaus (Rief-Haus) aus dem Jahr 1702. ■

Biberach an der Riß

BC

Orte im Kreis:
Biberach, Laupheim, Riedlingen,
Bad Schussenried, Bad Buchau
Baden-Württemberg

Das Rief-Haus in Winterstettenstadt

Buchen

BCH Ⓐ

Baden-Württemberg

▶ Der frühere Landkreis Buchen wurde im Zuge der Kreisreform am 1. Januar 1973 aufgelöst. Die Stadt Buchen wurde anlässlich mehrerer Güterschenkungen an das Kloster im Jahr 773 erstmals im Lorscher Codex als „Buchheim" erwähnt. Der Ort war bereits in vorgeschichtlicher Zeit und während der Zeit der Römer besiedelt und stand zur Zeit der Karolinger unter dem Einfluss des Klosters Amorbach.

▶ Beim der jährlichen „Faschenacht" wird dem Buchener Blecker, einer aus dem Mittelalter stammenden Symbolfigur, pflichtgemäß das Hinterteil geküsst (Abb. links). Im Jahr 1382 gab es tatsächlich eine erfolglose Belagerung Buchens durch die Truppen des Pfalzgrafen Ruprecht I. Während der Belagerung setzten schlaue Bürger eine noch gut genährte Person auf die Mauer, die ihr pralles nacktes Hinterteil den Truppen entgegenstreckte. Die Belagerer erkannten ihr ausweisloses Vorhaben und zogen ab. ■

Beckum

BE Ⓐ

Nordrhein-Westfalen

Die 1853 erbaute Windmühle
auf dem Höxberg in Beckum

▶ Die Stadt Beckum liegt im Warendorf in Nordrhein-Westfalen und hat ca. 37.000 Einwohner. Beckum wurde im Jahr 1134 erstmals urkundlich erwähnt und damals als „parrochia Bikeheim" bezeichnet, gleichbedeutend mit „Beckhem" (Bachheim), was auf die Lage an mehreren Bächen zurückzuführen ist. Seit 1224 besitzt Beckum Stadtrechte. Aufgrund zahlreicher Funde lässt sich eine sehr frühe Besiedlung auf Beckumer Boden feststellen. Drei Steinkistengräber aus der Jungsteinzeit, von denen eines im Süden der Stadt erhalten geblieben ist, gehören zu den ältesten Zeugnissen menschlicher Kultur in Westfalen.

▶ Heute ist der Karneval in Beckum für jeden ein Muss. Die Stadt ist eine Hochburg des rheinisch-westfälischen Karnevals. Bei den traditionellen Umzügen durch die Innenstadt am Rosenmontag und seit dem Jahr 2000 auch an Weiberfastnacht säumen Tausende von Narren die Straßen. Dazu kommt der Kinder-Karnevalszug, der am Karnevalssonntag im Beckumer Osten zu sehen ist. ■

Die Große Kreisstadt Brand-Erbisdorf ist eine Bergstadt im Landkreis Mittelsachsen in Sachsen. Brand-Erbisdorf liegt im nordwestlichen Teil des Osterzgebirges zwischen den Tälern des Münzbaches und der Großen Striegis, beides Nebenflüsse der Freiberger Mulde, etwa 5 km südlich der Kreisstadt Freiberg. Die Umgebung ist durch den Bergbau und ehemalige Bergbauanlagen, wie zum Beispiel Abraumhalden und Kunstteiche, geprägt.

Die Ersterwähnung des Dorfes Erbisdorf als Erlwinesberg datiert vom Jahr 1209. In der ersten Hälfte des 13. Jahrhunderts begann in Erbisdorf der Silberbergbau, der zum Freiberger Bergbaurevier als Brander Grubenfeld zählt. Auf dem benachbarten Berg Brand entstand eine bergmännische Streusiedlung, die Herzog Georg der Bärtige im Jahr 1515 zum Bergflecken erhob. 1620 erhielt Brand Marktrecht und 1834 Stadtrecht.

Brand-Erbisdorf

BED Ⓐ

Sachsen

Die Stadt Beilngries liegt im oberbayerischen Landkreis Eichstätt und ist ein staatlich anerkannter Erholungsort. Die Stadt liegt in der Altmühl-Jura-Region. Die Altmühl fließt am Südrand der Stadt entlang und die Sulz fließt durch die Stadt. Der Main-Donau-Kanal verläuft nördlich der Stadt. Beilngries ist die nördlichste Gemeinde des Regierungsbezirks Oberbayern.

Bereits im Jahr 1007 wurde Beilngries als Bilingriez erstmals urkundlich erwähnt. Der zum Bistum Eichstätt gehörende Ort erhielt auf Veranlassung des Bischofs und späteren Papstes Viktor II. 1053 Markt- und Zollrecht. Um 1300 wurde die Kirche St. Walburga vollendet, außerdem erhielt die Stadt im Spätmittelalter eine Befestigung mit Mauer und Graben, die im Bauernkrieg eine Zerstörung der Stadt verhinderten. Hoch über der Altmühl bei Beilngries liegt Schloss Hirschberg, das ehemalige Jagdschloss der Eichstätter Fürstbischöfe.

Beilngries

BEI Ⓐ

Bayern

Schloss Hirschberg bei Beilngries

Belzig

BEL

Brandenburg

➡ Bad Belzig ist die Kreisstadt des Landkreises Potsdam-Mittelmark im Land Brandenburg. Seit 2009 darf Bad Belzig sich offiziell staatlich anerkanntes Thermal-Soleheilbad nennen. 2010 wurde Belzig in Bad Belzig umbenannt. Die Stadt liegt innerhalb des Naturparks Hoher Fläming, von dem 2005 auch 4500 Hektar als Naturschutzgebiet ausgewiesen wurden. Der Naturpark Hoher Fläming ist ein Großschutzgebiet mit 860 km² im Brandenburger Landkreis Potsdam-Mittelmark. ◾

Bernau

BER

Brandenburg

➡ Die Stadt Bernau liegt etwa zehn Kilometer nordöstlich von Berlin und ist eine Große kreisangehörige Stadt im Landkreis Barnim in Brandenburg. Sie hat rund 37.000 Einwohner. Beim alljährlichen Hussitenfest lassen die Bernauer und ihre Gäste fast 900 Jahre Geschichte lebendig werden. Am zweiten Juni-Wochenende zieht das Fest jedes Jahr rund 20.000 Besucher in die Stadt. Der Ursprung dieses Festes geht ins 15. Jahrhundert zurück. ◾

Burgsteinfurt

BF

Nordrhein-Westfalen

➡ Mit der kommunalen Neugliederung sind die ehemals eigenständigen Städte Borghorst und Burgsteinfurt 1975 zur Stadt Steinfurt zusammengelegt worden. Steinfurt ist heute Kreisstadt des Kreises Steinfurt in Nordrhein-Westfalen und gehört zum Regierungsbezirk Münster.

➡ Das Schloss Burgsteinfurt ist ein Wasserschloss am Rande der Altstadt von Burgsteinfurt in der münsterländischen Stadt Steinfurt. Es ist die älteste Wasserburganlage Westfalens und steht auf einer fast kreisrunden Insel, die von der Steinfurter Aa umflossen wird (Abb. rechts). ◾

➡ Die Marktgemeinde Berchtesgaden liegt im Landkreis Berchtesgadener Land im äußersten Südosten des bayerischen Regierungsbezirks Oberbayern. Urkundlich erstmals erwähnt als Klosterstiftung
„berthercatmen" im Jahr 1102, wurde dem Stift
1156 die Forsthoheit und damit verbunden auch die
Schürffreiheit auf Salz und Metall gewährt. Salz- und
Metallgewinnung sorgten für einen ersten wirtschaftlichen Aufschwung und ließen den kleinen Ort zu einem Markt heranwachsen. Bereits in der Mitte des
19. Jahrhunderts wurde Berchtesgaden dank seiner
landschaftlich herrlichen Lage, Berge und Natur-
denkmale zu einem Touristenziel mit rapide wachsenden Besucherzahlen. Der Tourismus ist noch heute
der wichtigste Wirtschaftszweig des Ortes. Weltbekannt ist die Ansicht von Berchtesgaden vor dem
Massiv des Watzmann (Abb. rechts). ∎

Berchtesgaden

Bayern

➡ Das Berchtesgadener Land ist ein beliebtes Aus-
flugziel in der traumhaften Berglandschaft rund um
den 2713 Meter hohen Watzmann und ist seit dem
19. Jahrhundert bereits ein Paradies für Bergwande-
rer, Bergsteiger und romantische Naturfreunde.

➡ Ganz in der Nähe vom Massiv des Watzmann liegt
auch der romantische dunkelgrüne Königssee mit der
Wallfahrtskapelle St. Bartholomä auf der Halbinsel
Hirschau. Die Halbinsel ist nur per Schiff bequem erreichbar. Ansonsten kann sie nur zu Fuß über lange,
teils hochalpine Wege erreicht werden. Das Kirchlein
stammt in Teilen aus dem 12. Jahrhundert und wurde
im Stil des Barock neu gestaltet. Bei der Kapelle liegt
das ehemalige Jagdschloss mit Fischerhaus aus dem
14. Jahrhundert, das heute als Gaststätte dient.

➡ Auch die Stadt Bad Reichenhall dürfte vielen ein
Begriff sein – allerdings eher aus dem Supermarkt.
Das Reichenhaller Markensalz ist weltbekannt und
wird in der hiesigen Saline gesiedet. Das Salz machte
den Ort bereits im Mittelalter zu einem reichen Wirtschaftszentrum, was auch zu Begehrlichkeiten und
kriegerischen Auseinandersetzungen führte. ∎

Berchtesgadener Land

BGL

Orte im Kreis:
Berchtesgaden, Bad Reichenhall
Bayern

Wallfahrtskapelle St. Bartholomä am Königssee

Bühl

BH

Baden-Württemberg

➡️ Die Stadt Bühl in Baden-Württemberg, rund zehn Kilometer südwestlich von Baden-Baden, ist nach der Kreisstadt Rastatt die zweitgrößte Stadt des Landkreises Rastatt und bildet ein Zentrum für die umliegenden Gemeinden. Das Bühler Stadtgebiet gliedert sich in die Kernstadt und zehn Stadtteile, von denen neun im Rahmen der Gemeindereform der 1970er-Jahre eingemeindet wurden.

➡️ Bühl liegt in 123 bis 1038 Meter Höhe in einer wunderschönen Landschaft. Diese erstreckt sich von der Rheinebene mit ihren Ackerbauflächen über die Vorgebirgszone, wo Wein- und Obstbau dominieren, bis hoch zu den forstwirtschaftlich genutzten Bergen des Schwarzwalds (Abb. links).

➡️ Bühl ist überregional bekannt durch den Weinbau und die „Bühler Zwetschgen". Sie werden im Umland von Bühl angebaut und auf den Märkten im weiteren Umland angeboten. ◾

Bielefeld

BI

Nordrhein-Westfalen

➡️ Schon im 9. Jahrhundert wurde Leinenweberei in der Stadt betrieben. Bielefelder Leinen war lange ein Qualitätsbegriff und die Stadt bis zum Zweiten Weltkrieg das Zentrum der Textilindustrie. Berühmtheit erlangte Bielefeld Ende des 19. Jahrhunderts auch durch den Apotheker und Bäckermeistersohn August Oetker. Dieser hatte die Idee, Backpulver in Tüten abzufüllen. Vor allem aufgrund der cleveren Werbestrategie entwickelte sich so ein Unternehmen von Weltruf. Heute profilieren sich die Helden des Fußballs bei der Arminia mit wechselndem Erfolg zwischen 1. Bundesliga und 3. Liga auf der traditionsreichen „Bielefelder Alm" (heute Schüco Arena).

➡️ Die Stadt Bielefeld liegt teilweise im Naturpark TERRA.vita sowie im Naturpark Teutoburger Wald/ Eggegebirge. In diesem wurde spätestens ab 1250 die im heutigen Bielefeld-Mitte gelegene Sparrenburg errichtet, die ein markantes Wahrzeichen der Stadt ist und das Zentrum von weitem sichtbar um rund 60 Meter überragt (Abb. links). ◾

➡ Biedenkopf ist ein Luftkurort im Norden Mittelhessens, an der Grenze zu Nordrhein-Westfalen am Oberlauf der Lahn gelegen, und war bis zur Zusammenlegung mit dem Landkreis Marburg im Jahr 1974 Kreisstadt des Landkreises Biedenkopf.

➡ Neben dem Hinterlandmuseum im Schloss Biedenkopf gehören der Schartenhof in Eckelshausen sowie das Textilmuseum „Schenkbarsches Haus" zu den Museen Biedenkopfs.

➡ Mit 18 anderen Kommunen gehört Biedenkopf zum Naturpark Lahn-Dill-Bergland, der 2007 gegründet wurde. Die etwa 88.000 Hektar große Region zwischen den Flüssen Lahn und Dill bildet eine idyllische Mittelgebirgslandschaft. Viele naturnahe Bachläufe und ein stark wechselnder geologischer Untergrund prägen die Natur des Lahn-Dill-Berglandes und bilden den Lebensraum für seltene Pflanzen und eine große Vielfalt an Tierarten. ◾

Biedenkopf

BID Ⓐ

Hessen

➡ Bingen am Rhein ist eine große kreisangehörige Stadt im Landkreis Mainz-Bingen in Rheinland-Pfalz. Bingen befindet sich südöstlich des Rheinknies am Binger Wald, der sich westlich der Stadt erhebt. Im Norden ragt auf der anderen Rheinseite das Rheingaugebirge, der südwestlichste Ausläufer des Taunus, auf. In Bingen endet der Oberrhein mit dem Zufluss der Nahe. Hier beginnt mit dem Stadtteil Bingerbrück der Mittelrhein und das UNESCO-Weltkulturerbe Oberes Mittelrheintal. Dieses schließt auch Bingen mit ein.

Bingen

BIN Ⓐ

Rheinland-Pfalz

➡ Bingen wurde 1165 im Streit um seine Unabhängigkeit durch kriegerische Kampfhandlungen zwischen den Söldnern des Erzbischofs von Mainz und denen des Kaisers zerstört. Im 13. Jahrhundert wurde Bingen Mitglied des Rheinischen Städtebundes. Der Bau der Burg Klopp Mitte des 13. Jahrhunderts ist im Zusammenhang um das Streben nach Unabhängigkeit zu sehen. Ihre heutige Form erhielt die Burg im 19. Jahrhundert in der Zeit der Rheinromantik. ◾

Birkenfeld

BIR

Orte im Kreis:
Birkenfeld, Idar-Oberstein
Rheinland-Pfalz

➡ Deutschlandweit einmalig fließt der Fluss Nahe unterirdisch unter der Stadt Idar-Oberstein hindurch. Der Grund hierfür liegt in der Verkehrsführung, die durch die sehr enge Altstadt hindurchführte. Um dem entgegenzuwirken, wurde 1980 bis 1986 eine Nahe-überbauung errichtet. Der Fluss wurde dabei in einen zwei Kilometer langen Flusstunnel gefasst und mit der vierspurigen Bundesstraße 41 überbaut. 1988 errang die Stadt aufgrund dieser Überbauungsmaßnahmen den unrühmlichen ersten Platz beim „Wettbewerb um die konsequenteste Verschandelung eines histori-schen Stadtbildes".

➡ Idar-Oberstein gilt als Edelstein- und Garnisons-stadt. Ab Mitte des 19. Jahrhunderts entwickelte es sich zu einem der Schmuckzentren Deutschlands. Begründet liegt dies in den Achat-, Jaspis- und Berg-kristallvorkommen in der Region. Zu diesem Anlass befinden sich in der Stadt das Deutsche Edelstein-museum sowie die im Jahr 1974 eröffnete Deutsche Diamant- und Edelsteinbörse e.V., die weltweit erste Börse ihrer Art. ◾

Eifelkreis Bitburg-Prüm

BIT

Orte im Kreis:
Bitburg, Prüm
Rheinland-Pfalz

➡ Bitburg im Eifelkreis Bitburg-Prüm ist weltbekannt durch die ansässige Brauerei (Abb. links unten). Seit 1817 wird hier das Bitburger Bier, ein Marktführer der Fassbiere, gebraut. Die Stadt liegt rund 30 Kilometer nördlich von Trier in der Eifel.

➡ Die erste Siedlung auf Bitburger Gebiet wurde etwa um 330, zur Zeit Kaiser Konstantins, zu einem Straßenkastell ausgebaut, welches noch heute den Stadtkern bildet. Die älteste gesicherte Erwähnung des Ortsnamens „Beda" findet sich auf der „Peutin-ger-Karte" (Tabula Peutingeriana) aus dem 4. Jahr-hundert. Erstmals urkundlich erwähnt wird Bitburg erst nach dem Ende der römischen Besatzung um 715 als „castrum bedense". Im 8. Jahrhundert be-fand sich hier eine „villa regia" der fränkischen Köni-ge. Bitburg war gleichzeitig Hauptort des großen Bid-gaues. Mitte des 10. Jahrhunderts kam die Stadt zur Grafschaft Luxemburg. ◾

➡ Bischofswerda ist eine Kreisstadt im Landkreis Bautzen und liegt rund 30 Kilometer östlich von Dresden. 1227 wird Bischofswerda erstmals urkundlich erwähnt. 1229 wird bereits eine Pfarrkirche genannt. Im Jahr 1286 wird der Stadtturm (Fronfeste) und auch das erste Rathauses erbaut. Im Jahr 1288 erhielt Bischofswerda seine erste Stadtmauer, aber erst 1361 wird es in einer Urkunde als Stadt bezeichnet. 1429 brannten die Hussiten die Stadt nieder. 1596 brannte die Stadt erneut nieder und nur sechs Häuser und ein Gasthof blieben erhalten. Das Wappen der Stadt Bischofswerda basiert auf einem Siegel von 1392 mit Bischofsstab und zwei Sternen. Seit 1559 führt die Stadt das neue, bis heute gültige Stadtwappen mit den sich kreuzenden Bischofsstäben und inzwischen vier sechsstrahligen Sternen (Abb. rechts). Einige Stadtchronisten führen Namen und Siegel der Stadt auf den Bischof Benno zurück, der Bischofswerda gegründet haben soll, als er das Meißnische Land missionierte. ◼

Bischofswerda

Sachsen

➡ Der Landkreis Backnang war ein Landkreis in Baden-Württemberg, der am 1. Januar 1973 aufgelöst wurde. Größte Gemeinde des Landkreises war die Große Kreisstadt Backnang. Sie wurde im Jahr 1067 erstmals als „Baccananc" urkundlich erwähnt. Besonders sehenswert sind die vielen schönen Fachwerkhäuser der Altstadt mit dem Rathaus, dem Stadtturm und der Stiftskirche. Der Stadtturm und die Stiftskirche sind das Wahrzeichen der Stadt Backnang. ◼

Backnang

Orte im Kreis:
Geildorf, Murrhardt, Sulzbach/Murr
Baden-Württemberg

➡ Der Bördekreis war ein Landkreis im Westen des Bundeslandes Sachsen-Anhalt. Im Juli 2007 wurde der im Rahmen der Gebietsreform in Sachsen-Anhalt mit dem Ohrekreis zum neuen Landkreis Börde zusammengefasst.

➡ Im Süden des Landkreises befindet sich der Colbitzer Lindenwald, größter geschlossener Lindenwald Europas. Er hat den Status eines Naturschutzgebietes und ist ein beliebtes Ausflugsziel. ◼

Landkreis Börde

Orte im Kreis:
Oschersleben (Bode), Haldensleben
Sachsen-Anhalt

Bernkastel-Kues

BKS Ⓐ

Rheinland-Pfalz

Bernkastel-Kues an der Mosel

➡ Bernkastel-Kues liegt direkt am Lauf der Mosel etwa 50 Kilometer nordöstlich von Trier im Landkreis Bernkastel-Wittlich in Rheinland-Pfalz. Sie ist staatlich anerkanntes Heilbad und Sitz der Verbandsgemeinde Bernkastel-Kues.

➡ Als Besucher kann man hier die romantische Atmosphäre einer malerischen Altstadt voller Geschichte und Kultur erleben und die prämierten Weine aus berühmten Lagen in einer der gemütlichen Weinstuben genießen. Weinproben bei einem der örtlichen Winzer gehören ebenso zum Programm eines Besuchs wie eine Führung durch die Steillagen der Weinberge oder eine Wanderung auf den vielen Weinwanderwegen. Für Wanderungen oder Radtouren ist Bernkastel-Kues ein idealer Ausgangspunkt. Eine flotte Schiffsfahrt auf der Mosel gehört ebenfalls dazu und bietet viele verschiedene Perspektiven von der mäandernden Mosel aus auf die Weinberge. ◼

Zollernalbkreis

BL

Orte im Kreis:
Albstadt, Balingen, Hechingen
Baden-Württemberg

Burg Hohenzollern

➡ Nahe Hechingen auf der Schwäbischen Alb liegt die Burg Hohenzollern (Abb. links unten), die als das Wahrzeichen der Stadt gilt. Der älteste Teil der Burg stammt aus dem 11. Jahrhundert, ist allerdings fast vollständig zerstört. Nach mehreren Baumaßnahmen hält sie ihren heutigen Bautenstand seit Mitte des 19. Jahrhunderts. Die Burg befindet sich heute noch in Privatbesitz und ist mit jährlich über 300.000 Besuchern ein starker Touristenmagnet der Region.

➡ Claus Schenk Graf von Stauffenberg, bekannt durch das Hitlerattentat am 20. Juli 1944, und sein ebenfalls beteiligter Bruder Berthold verbrachten Teile ihrer Jugend im Stauffenberg-Schloss im Albstädter Stadtteil Lautlingen. Das Schloss ist heute ein Denkmal für die Stauffenbergbrüder, der Gefallenen und Vermissten des Zweiten Weltkrieges wird ebenfalls gedacht. Im Gedenken an die Brüder finden auch beide Namen ihren Platz auf dem Grabstein der Stauffenberg-Grabstätte in Lautlingen. ◼

➡ Bad Berleburg liegt im Siegen-Wittgenstein, mitten im Rothaargebirge in Nordrhein-Westfalen. Die erste Besiedelung des Stadtgebietes wird auf das 7. Jahrhundert v. Chr. datiert. Spuren von Ringwallanlagen aus dieser Zeit finden sich auf den Burgbergen bei Aue, Dotzlar und Wemlighausen.

➡ Bereits 1935 wurde Berleburg wegen seines milden Klimas als Luftkurort anerkannt. Mit der staatlichen Anerkennung als Kneipp-Kurort wurde 1971 der Namenszusatz „Bad" verliehen, und 1974 erfolgte dann auch die staatliche Ernennung zum Heilbad.

➡ Das Schloss Berleburg (Abb. rechts) ist das Wahrzeichen der Stadt und Residenz der fürstlichen Familie zu Sayn-Wittgenstein-Berleburg. Hier werden auch Teile aus der fürstlichen Kunstsammlung präsentiert, und man kann sich einer der regelmäßigen Führungen durch das Schloss anschließen. ■

Wittgenstein (Berleburg)

Nordrhein-Westfalen

➡ Naumburg an der Saale liegt im Burgenlandkreis und in der Weinregion „Saale-Unstrut" in Sachsen-Anhalt. Das Wahrzeichen Naumburgs ist der Dom St. Peter und Paul. Die spätromanisch-frühgotische Basilika mit vier Türmen und einem Kreuzgang wurde schon vor dem Jahr 1213 begonnen und der frühgotische Westchor wurde um 1250 erbaut. Die romanische Krypta unter dem Ostchor ist etwa um 1170 entstanden und war Teil einer früheren Kirche. Der Südwestturm wurde erst 1884 vollendet.

Der Naumburger Dom

Burgenlandkreis

BLK

Orte im Kreis:
Naumburg, Weißenfels, Zeitz
Sachsen-Anhalt

➡ Die Zeitzer Altstadt ist von weitläufigen mittelalterlichen Gängen unterbaut. Dieses System von Gängen verläuft in verschiedenen Ebenen mehrfach über- und untereinander. In weiten Teilen sind die ursprünglich als Bierlager gebauten Katakomben heute für Touristen zugänglich. ■

Rhein-Erft-Kreis

BM

Orte im Kreis:
Bergheim, Brühl, Kerpen
Nordrhein-Westfalen

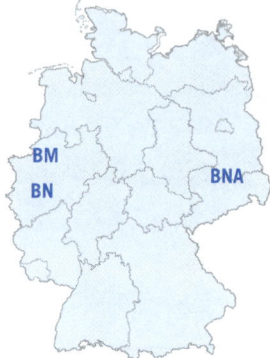

➡ Der Rhein-Erft-wurde im Rahmen der Kreisreform 1975 unter der Bezeichnung Erftkreis aus den ehemaligen Kreisen Bergheim und Köln sowie der Stadt Erftstadt neu formiert.

➡ Berühmte Zeitgenossen sind die Formel-1-Rennfahrer Michael und Ralf Schumacher, die beide in Hürth geboren und in Kerpen aufgewachsen sind. Michael Schumacher errang 1994 als erster Deutscher den Formel-1-Weltmeistertitel. Schumacher gewann von 2000 bis 2004 fünfmal in Folge die Weltmeisterschaft und brach damit sämtliche Rekorde. Insgesamt hat er sieben Weltmeistertitel gewonnen.

➡ Die Schlösser Falkenlust und Augustusburg, mit dem berühmten Treppenhaus im Rokokostil, gehören mit dem 40 Hektar großen Schlosspark seit 1985 zum Weltkulturerbe der UNESCO.

➡ Brühl ist bekannt durch den beliebten Freizeitpark Phantasialand. Er ist einer der ältesten Europas und kann alljährlich mehrere Hunderttausend Besucher verzeichnen. ▪

Bonn

BN

Nordrhein-Westfalen

➡ Bonn ist eine der ältesten Städte Deutschlands und geht auf eine frühe römische Siedlung im Jahr 12 v.Chr. zurück. Aufgrund ihrer verkehrsgünstigen Lage spielte sie, neben den Nachbarstädten Köln und Aachen, von jeher auch eine große Rolle bei den Herrschern aller Epochen. So wurde sie 1949 auch „provisorische" Hauptstadt mit Sitz des Bundestages. Nach der Wiedervereinigung am 3. Oktober 1990 wurde schließlich 1991 der Umzug des Bundestages nach Berlin beschlossen. Das Bundeshaus wird seitdem als Konferenzzentrum mit dem Namen World Conference Center Bonn benutzt, das ehemalige Abgeordnetenhaus, der „Lange Eugen", der in der Nähe des Post Towers, dem höchsten Bürogebäude Nordrhein-Westfalens, steht, wird seit 2002 von der UN benutzt. Bis heute haben der Bundespräsident und der Bundeskanzler hier einen Zweitsitz und sechs der Bundesminister ihren ersten Dienstsitz.

Plenarsaal des Bundestages in Bonn bis 1999

➡ Der Komponist Ludwig van Beethoven wurde 1770 in Bonn geboren und später in der St.-Remigius-Kirche getauft. Bereits sein Großvater und sein Vater waren Musiker am kurfürstlichen Hof, er selbst wurde bereits im Alter von 14 Jahren zweiter Hoforganist. In der Bonner Beethovenhalle gibt das Beethoven-Orchester Bonn regelmäßig Konzerte und alljährlich im Herbst findet auch das Beethovenfest mit vielen Veranstaltungen rund um Bonn statt. Im Geburtshaus des Komponisten in der Bonngasse befindet sich heute das Museum Beethoven-Haus.

➡ 1981 wurde in Bonn das weltweit erste Frauen-Museum gegründet. Es fördert die Kunst der Frauen mit dem Gedanken, sie zu einem Teil der Kunstgeschichte zu machen. Bis heute wurden seit Eröffnung über 500 Ausstellungen gezeigt. Auch sonst verfügt Bonn über eine Vielzahl an Museen. Die Bundeskunsthalle und das Haus der Geschichte gehören mit jeweils über 500.000 Besuchern jährlich zu den zehn meistbesuchten Museen Deutschlands. ◾

Quiz Die Stadt Bonn ist schon seit langer Zeit eine Stadt der Kunst und Musik. Neben Ludwig van Beethoven, der in Bonn geboren ist, gab es einen weiteren weltberühmten Komponisten, der im Jahr 1856 in Bonn verstarb und auf dem alten Friedhof beigesetzt wurde. Wie heißt dieser Komponist?

Auflösung: Seite 443

Skulptur „BEETHON", von Klaus Kammerich

➡ Borna, die Große Kreisstadt, liegt etwa 30 Kilometer südlich von Leipzig und ist Verwaltungssitz des Landkreises Leipzig (früher auch Landkreis Borna) in der Leipziger Tieflandsbucht im Braunkohlenrevier. Die ersten Siedlungen auf dem Stadtgebiet Bornas waren Altstadt und Wenigborn. Bereits seit dem 9. Jahrhundert stand hier eine Wasserburg. Die erste urkundliche Erwähnung der Stadt Borna verweist auf das Jahr 1251.

➡ In den Kriegen des Mittelalters wurde Borna jedes Mal schwer zerstört und brannte fünfmal nieder. Im 14. Jahrhundert wurden das Rathaus, die Stadtkirche St. Marien und die Stadtmauer mit ihren vier Toren errichtet. Von den Toren (Reichstor, Pegauer Tor, Rossmarktsches Tor, Altenburger Tor) blieb allein das Reichstor erhalten, in dem sich heute das Städtische Museum befindet. ◾

Borna

BNA 🅐

Sachsen

Rathaus und alte Wache in Borna

Bochum

BO

Nordrhein-Westfalen

Das Schauspielhaus in Bochum

➡ Mitten im Ruhrgebiet, zwischen Dortmund und Essen, begann 1841 der industrielle Aufstieg Bochums, als außerhalb der Stadt der erste Schacht abgeteuft wurde. Neben der Stahlindustrie prägte der Bergbau das Gebiet und dessen Wirtschaft vor allem gegen Ende des 19. Jahrhunderts. Einen Meilenstein der Industriegeschichte erreichte 1842 der Bochumer Verein, dem es gelang, Stahl in Formen zu gießen. Heute erinnert eine 15 Tonnen schwere Glocke auf dem Rathausplatz an diese Zeit. Kunst und Kultur sind von der Berg-, Kohlen- und Stahlindustrie geprägt.

➡ Das Bermuda-Dreieck befindet sich in Bochum. In diesem Falle ist es allerdings ein Areal mit einer hohen Dichte an Gastronomiebetrieben. Über 80 Betriebe sind über eine Fläche von zwei Quadratkilometern verteilt, die über 12.000 Plätze für Gäste bieten. Begünstigt wurde die Entwicklung des Gebiets zwischen Südring und Konrad-Adenauer-Platz durch die Nähe zum Union-Kino, dem Hauptbahnhof und dem berühmten Schauspielhaus. Im Bermuda-Dreieck findet jedes Jahr das „Bochum Total" statt, eines der größten Musikfestivals Europas, dessen Musik von Jazz bis Hardrock reicht.

➡ Einer der bekanntesten Besuchermagneten der Stadt ist Andrew Lloyd Webbers Musical „Starlight Express" (Abb. links). Das Publikum sitzt bei den Aufführungen inmitten der Laufbahn, die die Darsteller mit Rollschuhen als Züge und Lokomotiven befahren. Mit über 13 Millionen Besuchern in der eigens errichteten Starlight-Halle, wo das Musical seit der deutschen Uraufführung 1988 aufgeführt wird, ist es das erfolgreichste Musical der Welt an einem Standort.

➡ Herbert Grönemeyer (Abb. links) ist in Bochum aufgewachsen. Sein fünftes Studioalbum „4630 Bochum" kam 1984 bei den meistverkauften Alben in Deutschland auf den dritten Platz und brachte ihm den Karrieredurchbruch. Das 2002 erschienene Album „Mensch" belegte mit 3,1 Millionen Exemplaren in dieser Rangliste den ersten Platz. ◾

➡ Der Landkreis Börde entstand 1994 durch die Zusammenlegung der Landkreise Oschersleben und Wanzleben. Am 1. Juli 2007 wurde der neue Landkreis Börde aus den bisherigen Kreisen Ohrekreis und Bördekreis gebildet (siehe Kennzeichen BK).

➡ Der ehemalige Bördekreis erstreckte sich von der Magdeburger Börde im Osten über das Tal der Bode bis hin zu den Höhen des Lappwaldes im Nordwesten von Sachsen-Anhalt. Der Verwaltungssitz des Kreises befand sich in der Stadt Oschersleben. ◼

Bördekreis

BÖ

Orte im Kreis:
Oschersleben (Bode), Haldensleben, Wanzleben-Börde
Sachsen-Anhalt

➡ Der Landkreis Bogen gehörte bis zur Auflösung 1972 zum Regierungsbezirk Niederbayern. Die größten Orte waren Bogen, Wiesenfelden, Hunderdorf und Schwarzach. Zwei verschiedene Landschaftsgebiete prägen den Straubing-Bogen. Von der Donau werden die beiden grundverschiedenen Teile „Wald" und „Gäu" getrennt. Die Besonderheit der Landschaft nördlich der Donau liegt in der Schönheit des Bayerischen Waldes und einem starken Fremdenverkehr. Der Teil südlich der Donau gliedert sich in Donauebene und Donau-Isar-Hügelland. Heimat des bayerischen Rautenwappens. ◼

Bogen

BOG Ⓐ

Orte im Kreis:
Bogen, Wiesenfelden, Hunderdorf, Schwarzach
Bayern

➡ Die Stadt Bocholt liegt im Münsterland im Nordwesten Nordrhein-Westfalens und ist die größte Stadt des Kreises Borken. Die früher kreisfreie Stadt Bocholt wurde 1975 als größte Stadt in den Borken integriert. Im Zweiten Weltkrieg wurden 85 Prozent der Gebäude in Bocholt durch Bomben zerstört. Das Historische Rathaus (Abb. unten) blieb größtenteils von der Zerstörung verschont. Es ist im Stil der Niederländischen Renaissance erbaut und das Wahrzeichen der Stadt. Seit dem Umzug der Stadtverwaltung in ein neues Gebäude im Jahr 1977 wird es fast ausschließlich zu repräsentativen Zwecken und für standesamtliche Hochzeiten genutzt. ◼

Bocholt

BOH Ⓐ

Nordrhein-Westfalen

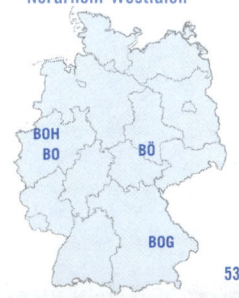

53

Borken

BOR

Orte im Kreis:
Borken, Bocholt, Gronau, Ahaus
Nordrhein-Westfalen

➡ Auf Gronauer Gemarkung steht die einzige Uran-anreicherungsanlage Deutschlands. Momentan leistet sie ungefähr 3200 Tonnen Urantrennarbeit. Die Leistung soll auf 4500 Tonnen gesteigert werden, um 31 große Kernkraftwerke zu versorgen.

➡ Die Stadt Gronau mit 46.000 Einwohnern erfreut sich einer lebendigen Musikkultur. Nach dem Ersten Weltkrieg entwickelte sich mit dem niederländischen Enschede eine enge kulturelle Kooperation, woraus viele verschiedene musikalische Institutionen hervorgingen, unter anderem das seit 1989 stattfindende, international bekannte Jazzfest. Geprägt von dieser Musikkultur wurde auch der gebürtige Gronauer Udo Lindenberg, der die deutschsprachige Rockmusik ab den 70er-Jahren etablierte. Auch ihm ist es wohl zu verdanken, dass 2004 das in Europa einzigartige Rock'n'Pop-Museum (Abb. links) seine Pforten in Gronau öffnete. ◼

Bottrop

BOT

Nordrhein-Westfalen

➡ Bottrop ist eine der wenigen Städte des Ruhrgebiets, in denen mit dem Bergwerk Prosper-Haniel heute noch eine Zeche betrieben wird. Mit einer Förderung von 3,9 Millionen Tonnen und 4000 Bergleuten ist sie die größte Zeche Deutschlands. Aufgrund des Steinkohlefinanzierungsgesetzes steht allerdings auch hier die Stilllegung für 2018 bereits fest.

➡ Unter dem Motto „Hollywood in Germany" wurde 1996 die Warner Bros. Movie World bei Bottrop-Kirchhellen auf dem ehemaligen Gelände des Bavaria Filmparks eröffnet. 2005 wurde der Freizeitpark in Movie Park Germany umbenannt, womit einige Umgestaltungen folgten, der thematische Schwerpunkt Film aber erhalten blieb.

➡ Wahrzeichen der Stadt ist eines der modernen Art. Das „Haldenereignis" Emscherblick ist ein in Form einer dreiseitigen Pyramide aufgebauter Aussichtsturm auf der Halde Beckstraße (Abb. links). Aufgrund der Form wird er auch „Tetraeder" genannt. ◼

Bruchsal

BR [Ⓐ]

Orte im Kreis:
Kirrlach, Oberhausen, Wiesental
Baden-Württemberg

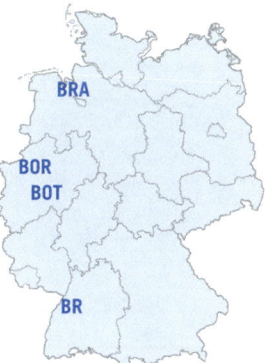

Der frühere Landkreis Bruchsal, der 1973 im Zuge der Kreisreform aufgelöst wurde, lag in der nordbadischen Rheinebene und reichte bis zum Kraichgau. Während anderswo die Bevölkerungszahlen sinken, hatte die Stadt Bruchsal bis 2011 noch stetig steigende Einwohnerzahlen zu verzeichnen. Ein Grund dafür könnte das milde Klima der Region sein, das auch den Obst- und Spargelbauern zugute kommt.

Das architektonische Wahrzeichen der Region ist das Bruchsaler Barockschloss (Abb. oben). Als ehemalige Residenz der Fürstbischöfe zu Speyer ist es die einzige geistliche Residenz der Barockzeit am Oberrhein. ■

Wesermarsch

BRA

Orte im Kreis:
Nordenham, Brake, Elsfleth
Niedersachsen

Eine Sehenswürdigkeit der besonderen Art befindet sich in einem Stadtteil Nordenhams: Das historische Kaufhaus Abbehausen vereint ein klassisches Kaufhaus mit einem Museum, in dem alte Geschäftspapiere, Herstellerkataloge und verschiedenste Originalwaren aus über 150 Jahren Geschichte des Kaufhauses ausgestellt sind. Die Einrichtung verfügt außerdem über ein Archiv, in dem alle Gegenstände wissenschaftlich ausgewertet werden, und eine Bibliothek.

Wahrzeichen der Stadt Brake ist der optische Telegraf, der 1846 errichtet wurde. Der Backsteinturm war Bestandteil einer auf optischen Zeichen basierenden Telegrafenlinie zwischen Bremen und Bremerhaven. Seit 1960 befindet sich in dem Gebäude das Schifffahrtsmuseum Unterweser, das zwei weitere Außenstellen in Brake und Elsfleth hat. ■

Brandenburg

BRB

Brandenburg

➡ In Brandenburg an der Havel, rund 30 Kilometer westlich von Potsdam, steht das Industriemuseum, das im ehemaligen Stahl- und Walzwerk Brandenburg SWB um den letzten Siemens-Martin-Ofen Westeuropas entstand und 1993 stillgelegt wurde.

➡ Ein Wahrzeichen der Stadt ist der Brandenburger Roland. Nachdem die Statue 1474 auf dem Marktplatz der Neustadt aufgestellt wurde, bekam sie 1717 einen Platz vor dem Rathaus, da sie auf dem Marktplatz die Garnisonstruppen beim Exerzieren störte. Von der Zerstörung des Rathauses im Zweiten Weltkrieg war die Sandsteinfigur nicht betroffen, da man sie rechtzeitig in Sicherheit brachte.

➡ Im Ort Caputh am Templiner See, unweit von Brandenburg, baute der geniale Wissenschaftler Albert Einstein sein Sommerhaus. Das Haus liegt an einem Hang direkt am Waldrand und mit Blick auf den nur 300 Meter entfernten Templiner See. ◾

Burg

BRG Ⓐ

Sachsen-Anhalt

➡ Rund 30 Kilometer südwestlich der Stadt Brandenburg (siehe oben) beginnt auch der frühere Landkreis Burg in Sachsen-Anhalt mit Sitz in der Stadt Burg an der Havel.

➡ Bereits mit der Gründung des Bistums im Jahr 948 wird die Stadt Burg erstmals urkundlich erwähnt. Um ihren Einfluss zu sichern, zogen vor allem Albrecht der Bär und Erzbischof Wichmann flämische Siedler in das Burger Land. Diese gründeten in Burg die Unterstadt, erbauten die St.-Nicolai-Kirche (Abb. links) und führten sehr erfolgreich die Tuchmacherei ein. Sie brachten darüber hinaus auch fortschrittliche Wirtschaftsformen und weitreichende Handelsbeziehungen mit. Durch umfangreiche Deichbauten an der Elbe und Entwässerungen der Niederungen vergrößerte man die landwirtschaftlichen Nutzflächen um die Stadt. Die Viehzucht, die Kunst des Bierbrauens und die Herstellung von feinen Wolltuchen wurden zur Grundlage einer florierenden Wirtschaft in der Stadt Burg. ◾

➡ Der frühere Brilon lag im Sauerland mit der Stadt Brilon als Verwaltungssitz. 1975 wurde der aufgelöst. Die Stadt Brilon gehört heute zum Hochsauerlandkreis im Osten Nordrhein-Westfalens.

➡ Brilon ist anerkannter Luft- und Kneippkurort, und mit fast 80 Quadratkilometern Stadtwald hat die Stadt den größten kommunalen Waldbesitz in Deutschland. Die erste urkundliche Erwähnung stammt von Kaiser Otto II. aus dem Jahr 973. Um 1220 erhielt Brilon Stadtrechte und eine Stadtmauer.

➡ Auf dem Marktplatz in Brilon steht der Petrusbrunnen (Abb. rechts). Er war früher ein wichtiger Teil der zentralen Wasserversorgung der Stadt. Die heutige Form erhielt er 1726 durch eine Brunnenschale aus Sandsteinplatten, auf denen inzwischen stark verwitterte Wappen zu sehen sind. In der Mitte des Brunnens thront eindrucksvoll das Standbild des hl. Petrus. ◼

Brilon

BRI Ⓐ

Nordrhein-Westfalen

➡ Der frühere Landkreis Bad Brückenau in Unterfranken im Norden Bayerns bestand bis 1972.

➡ Eine der 25 Gemeinden im ehemaligen Landkreis ist der Kurort Bad Brückenau, ein anerkanntes bayerisches Staatsbad. Es liegt westlich der bayerischen Rhön. Bereits im 15. Jahrhundert war rund vier Kilometer südwestlich der Stadt eine Quelle bekannt, deren Wasser eine heilende Wirkung zugesprochen wurde. 1747 wurde die Heilquelle eingefasst. Der Kurbetrieb sorgte zwischen 1759 und 1788 für eine erste Blütezeit. Die Prachtbauten König Ludwigs I. von Bayern und der Fürstäbte von Fulda finden sich rund um den Kurpark. Besonders eindrucksvoll ist auch der klassizistische Kursaal (Abb. rechts) im Kurpark. ◼

Bad Brückenau

BRK Ⓐ

Bayern

Blankenburg

BRL

Orte im Kreis:
Hasselfelde, Timmenrode,
Walkenried
Niedersachsen

Blick auf den Wurmberg

➡ Der frühere Landkreis Blankenburg existierte bis 1972 in Niedersachsen. In den Jahren 1815 bis 1945 war Blankenburg Kreisstadt des gleichnamigen Kreises.

➡ Der Wurmberg (Abb. links) erhebt sich als ein weithin sichtbares Wahrzeichen der Region mit einer Höhe von 971 Metern über dem Meeresspiegel an der Grenze zum Naturpark Harz rund drei Kilometer nördlich von Braunlage. Sein Gipfel liegt rund fünf Kilometer südlich vom Brocken, der als höchster Berg im Harz 1141 Meter über dem Meer liegt.

➡ Eisenbahnfreunde können vom nur 25 Kilometer entfernten Wernigerode aus mit der Harzer Schmalspur-Dampfeisenbahn auf den Brocken fahren. Der Harz ist ein sehr waldreiches Mittelgebirge und einmaliges Naturschutzgebiet; er hält eine Fülle von Naturschönheiten und Naturerlebnissen bereit. ■

Bremervörde

BRV Ⓐ

Orte im Kreis: Zeven, Groß Meckelsen, Groß Sittensen
Niedersachsen

➡ Der Landkreis Bremervörde war bis 1977 ein Landkreis in Niedersachsen. Die namensgebende Kreisstadt war Bremervörde.

➡ Der Moorexpress ist eine Eisenbahnverbindung im Elbe-Weser-Dreieck im nördlichen Niedersachsen zwischen den Städten Stade und Osterholz-Scharmbeck über Bremervörde, Gnarrenburg und Worpswede. Seinen Namen erhielt er, weil die Strecke durch das Teufelsmoor führt. 1978 wurde der reguläre Personenverkehr auf der Strecke eingestellt. Heute verkehrt der Moorexpress von Mai bis September an den Wochenenden und Feiertagen nach festem Fahrplan; im Winterhalbjahr finden nur Sonderfahrten statt. Der

Betrieb wird mit mehreren historischen Diesel-Triebwagen und Schienenbussen aus dem letzten Jahrhundert durchgeführt (Abb. links). ■

➡ Die kreisfreie Stadt Braunschweig liegt im Süd-osten Niedersachsens und ist die zweitgrößte Stadt dieses Bundeslandes. Das Wahrzeichen der Stadt ist der Braunschweiger Löwe auf dem Platz vor der Burg Dankwarderode (Abb. oben) und dem Dom. Heinrich der Löwe baute es 1166 als Herrschaftszeichen.

➡ Zu den kulinarischen Spezialitäten der Stadt ge-hört die Braunschweiger „Mumme", ein Bier, das schon im 14. Jahrhundert gebraut wurde und auf-grund seines hohen Zucker- und Alkoholgehalts um einiges haltbarer war als andere Biere und daher schon bald zum Exportschlager wurde. Später wurde das Getränk lange Zeit ohne Alkohol produziert und als magenstärkend beworben. Erst seit 2008 ist die alkoholhaltige Version wieder verfügbar.

➡ Fußballfans ist der Fußballverein Eintracht Braun-schweig aufgrund der Tatsache bekannt, dass er bundesweit die erste Fußballmannschaft war, die mit Trikotwerbung auflief. Eine halbe Million Mark spülte die Werbung für einen Kräuterlikör damals in die Kassen des deut-schen Fußballmeisters von 1967. Allerdings musste aufgrund des noch gültigen Verbots für Trikot-werbung seitens des DFB ein Trick angewendet werden. So wurde kur-zerhand das Logo des Sponsors auch zum Bestandteil des Vereins-wappens erklärt, und somit war die Werbung legalisiert. ■

Braunschweig

BS

Niedersachsen

Quiz

Braunschweig ist eine Stadt mit großer sportli-cher Tradition. So war es auch ein Braunschwei-ger Gymnasiallehrer, der im Jahr 1874 den Fuß-ball nach Deutschland brachte und ein erstes Regelwerk für diesen neuen Sport festlegte. Wie war der Name die-ses Gymnasiallehrers?

Auflösung: Seite 443

Das Braunschweiger Rathaus mit Marktplatz

Bersenbrück

BSB

Orte im Kreis:
Bersenbrück, Bramsche, Quakenbrück
Niedersachsen

➡ Der Landkreis Bersenbrück ist ein ehemaliger Landkreis im südwestlichen Niedersachsen. Kreisstadt war die Stadt Bersenbrück.

➡ Wahrzeichen von Bersenbrück ist die im Jahr 1700 errichtete Klosterpforte mit dem Torhaus (Abb. links) des ehemaligen Zisterzienserinnenklosters, das direkt am Marktplatz liegt. Nach Auflösung des Klosters im Jahr 1787 verblieb im Nordflügel des Porthauses ein Wohnbereich für den Pförtner und Nachtwächter. Das 1231 von Otto II. von Ravensberg gestiftete ehemalige Kloster beherbergt heute das Amtsgericht und das Kreismuseum.

➡ Das Kreismuseum wurde 1924 von dem damaligen Landrat des Kreises Bersenbrück, Hermann Rothert, gegründet. Zum Kennenlernen der kulturellen Sehenswürdigkeiten gibt es eine romantische „Nachtwächterführung". ■

Beeskow

BSK

Orte im Kreis:
Beeskow, Märkisch Buchholz, Storkow
Brandenburg

➡ Der Beeskow war in der DDR ein Landkreis im Bezirk Frankfurt an der Oder. Von 1990 bis 1993 bestand der Landkreis Beeskow im Bundesland Brandenburg.

➡ Die Stadt Beeskow entstand an der Straße von Frankfurt an der Oder nach Leipzig, wo diese die Spree kreuzt. Stadtgründer und erste Stadtherren waren im 13. Jahrhundert die Ritter von Strele. Im Schutze der 1316 erstmals erwähnten Burg wurde die Stadt planmäßig angelegt. Burg und Stadtmauer sind bis heute weitgehend erhalten.

➡ Die gotische St.-Marien-Kirche ist die protestantische Pfarrkirche von Beeskow (Abb. links). Die heutige Marienkirche wurde im 15. Jahrhundert an der Stelle eines archäologisch nachgewiesenen kleineren Vorgängerbaus errichtet. Sie ist eine dreischiffige Hallenkirche, an die sich südlich ein niedrigeres Seitenschiff anschließt. Der achteckige Turm mit Zinnen und Dachwehrgang bekam erst im Jahr 1511 sein Spitzhaubendach. ■

➡ Der Komponist Richard Wagner kam 1870 nach Bayreuth, da er die große Bühne des Markgräflichen Opernhauses als geeignete Spielstätte für sein Bühnenfestspiel „Der Ring des Nibelungen" erachtete. Nach der Erkenntnis, dass Orchestergraben und Zuschauerraum zu klein waren, ließ er mit Otto Brückwald und Unterstützung der Stadt das Richard-Wagner-Festspielhaus bauen, das 1876 eröffnet wurde. Die Spielstätte gilt unter vielen Fachleuten als das wichtigste Opernhaus der Welt, welches außerdem zu denen mit der weltweit besten Akustik gehört. Seither finden hier ausschließlich die alljährlichen Richard-Wagner-Festspiele statt, deren künstlerische Leitung bis heute in den Händen der Familie Wagner liegt.

➡ In Bayreuth gründeten 1878 die Brüder Hans und Eberhardt Maisel die Brauerei Gebrüder Maisel, die 1955 das Weißbier unter dem Namen „Champagner-Weizen" einführte. Das eigene Betriebsmuseum ging mit seiner großen Sammlung an Gläsern, Krügen und Bierdeckeln 1988 als umfangreichstes Biermuseum der Welt ins Guinnessbuch der Rekorde ein. ◼

➡ Der Landkreis Bitterfeld war ein Landkreis im Südosten des Bundeslandes Sachsen-Anhalt. Die Stadt Bitterfeld ist ein Zentrum der chemischen Industrie. Bis Juni 2007 war Bitterfeld eigenständige Kreisstadt des Landkreises Bitterfeld. 1839 begann der Braunkohlentagebau südlich von Bitterfeld. Der Ort nahm einen starken wirtschaftlichen Aufschwung und die über den Kohlefeldern lagernden Tonschichten begünstigten die Steinzeugindustrie.

➡ Die Villa am Bernsteinsee, auch Biermann'sche Villa genannt, ist ein Baudenkmal vom Ende des 19. Jahrhunderts bei Bitterfeld-Wolfen. Die ehemalige Fabrikantenvilla wird heute als Hotel und Restaurant genutzt. ◼

Bayreuth

BT

Orte im Kreis:
Bayreuth, Bad Berneck, Hollfeld
Bayern

Das Richard-Wagner-Festspielhaus in Bayreuth

Bitterfeld

BTF Ⓐ

Orte im Kreis:
Bitterfeld, Brehna, Greppin, Roitzsch
Sachsen-Anhalt

BSB
BSK
BTF
BT

Burgdorf

BU Ⓐ

Orte im Kreis: Burgdorf, Burgwedel,
Lehrte, Sehnde
Niedersachsen

➡ Der Landkreis Burgdorf war bis 1974 ein Landkreis im mittleren Niedersachsen bei Hannover mit
Verwaltungssitz in Burgdorf.

➡ Das Bild der Stadt Burgdorf ist durch ein Ensemble denkmalgeschützter historischer Fachwerkbauten geprägt, die in den 1990er-Jahren mit großem
Aufwand und Originaltreue restauriert wurden. Dazu
gehört auch das Schloss von 1643, das an der Stelle des bereits im 13. Jahrhundert erwähnten „castrum burgtorfe" steht. Im Jahr 1805 entstand das ursprünglich klassizistische Rathaus,
das später mit einem Satteldach und
einem Glockenspiel versehen wurde.
Sehenswert ist auch die Sorgenser
Bockwindmühle. Sie stammt aus
dem 17. Jahrhundert und befindet
sich im Besitz der Stadt Burgdorf. ∎

Büdingen

BÜD Ⓐ

Orte im Kreis: Büdingen, Gedern,
Nidda, Schotten
Hessen

➡ Der frühere Landkreis Büdingen liegt im östlichen
Mittelhessen in der Wetterau. Die Stadt Büdingen war
Namensgeber und Sitz der Kreisverwaltung.

➡ Der aus Basaltsteinen erbaute Bismarck-Turm auf
dem 772 Meter hohen Taufstein ist Wahrzeichen und
höchste Erhebung des früheren Kreises.

➡ Das Schloss Büdingen (Abb. rechts) war im
12. Jahrhundert eine Wasserburg der Staufer. Innerhalb der Ring-
mauer befindet
sich neben der
Hauptburg auch
ein sehr mäch-
tiger zweiteiliger
Bergfried sowie
eine gotische Ka-
pelle. Der frühere

Wassergraben ist heute verlandet. Nur ein schmaler
Wasserlauf und ein kleiner See hinter dem Schloss erinnern noch an das frühere Wasserschloss. Hier liegt
auch ein schöner Park. ∎

➡ Der Landkreis Burglengenfeld in Bayern gehörte bis 1972 zum Regierungsbezirk Oberpfalz und wurde dann zusammen mit den Kreisen Nabburg, Neunburg vorm Wald und Oberviechtach zum heutigen Landkreis Schwandorf zusammgeschlossen.

➡ Die Stadt Burglengenfeld nahm als kleine Siedlung im Schutz der Burg vermutlich im 9. Jahrhundert ihren Anfang. Die Burg Lengenfeld ist heute eine der besterhaltenen Burganlagen in Bayern aus der Zeit zwischen dem 10. und 12. Jahrhundert. Sie umfasst fast zwei Hektar Fläche, die von einer 800 Meter langen Ringmauer eingefasst werden. Innerhalb des Rings befinden sich zwei sehr gut erhaltene Wohntürme, ein breiter rechteckiger Wehrturm und ein kleinerer Pulverturm sowie diverse Wirtschaftsgebäude, in denen heute ein heilpädagogisches Zentrum untergebracht ist. ■

Burglengenfeld

Orte im Kreis:
Burglengenfeld, Maxhütte-Haidhof,
Teublitz, Wackersdorf
Bayern

➡ Der Landkreis Büren in Nordrhein-Westfalen gehörte bis 1974 zum Regierungsbezirk Detmold und wurde dann in den neuen Landkreis Paderborn eingegliedert. Der Verwaltungssitz war in der Kreisstadt Büren.

➡ Büren (Buranon) wurde 1095 erstmals erwähnt. Davor existierte auf dem Gebiet der Stadt aber schon etwa 300 Jahre lang eine Bauernsiedlung.

➡ 1123 errichtete Graf Friedrich von Arnsberg die Wewelsburg auf dem Schlossberg im Stadtteil Büren-Wewelsburg (Abb. rechts). Sie liegt über dem Tal der Alme und ist eine der wenigen Burgen mit dreieckigem Grundriss. Später hatten die Grafen von Waldeck und die Fürstbischöfe von Paderborn hier ihren Sitz. Heute befinden sich in der Wewelsburg ein Museum des Hochstifts Paderborn und eine Jugendherberge. ■

Büren

Orte im Kreis: Büren, Verne,
Wünneberg, Wewelsburg
Nordrhein-Westfalen

Büsingen

BÜS

Baden-Württemberg

➡ Büsingen ist eine ganz besondere Gemeinde. Sie gehört zum Landkreis Konstanz in Baden-Württemberg. Der Ort ist gänzlich umgeben von den schweizerischen Kantonen Schaffhausen, Zürich und Thurgau und somit ist Büsingen die einzige Gemeinde der Bundesrepublik Deutschland, die als Exklave außerhalb des übrigen Bundesgebietes liegt. Büsingen war seit 1465 österreichisches Staatsgebiet, wurde 1805 durch Neuordnungen des Pressburger Friedensvertrags zwischen Österreich und Frankreich dem Königreich Württemberg zugeschlagen und blieb so bis heute württembergisches Staatsgebiet. 1918 wurde eine Volksabstimmung durchgeführt, in der sich 96 Prozent der Büsinger Bürger für eine Angliederung an die Schweiz aussprachen. Da die Schweiz dem damaligen Deutschen Reich kein geeignetes Austauschgebiet anbieten konnte, blieb es bei Deutschland. Landschaftlich ist Büsingen am Hochrhein wunderschön gelegen und sehr sehenswert (Abb. links). ▪

Bützow

BÜZ ⒶⒶ

Orte im Kreis:
Bützow, Schwan

Mecklenburg-Vorpommern

➡ Der Bützow war bis 1990 ein im Bezirk Schwerin in Mecklenburg-Vorpommern und wurde 1994 dem neugegründeten Landkreis Güstrow zugeordnet.

➡ Kreisstadt des Landkreises war bis 1994 die namensgebende Stadt Bützow. Die Stadt hat einige architektonisch sehr bemerkenswerte Gebäude vorzuweisen. Hier sind vor allem das Bahnhofsgebäude, das Rathaus, das Bützower Schloss und die Stiftskirche zu nennen.

➡ Der Bützower Bahnhof nahm 1850 den Betrieb auf. Bereits bis 1849 wurden das erste Empfangsgebäude, ein Lok- und Wagenschuppen, ein Wasserhaus und zwei Wartehäuser errichtet. Das erste Empfangsgebäude wurde bereits 1879 durch einen neu errichteten und 1893 erweiterten Neorenaissance-Bau ersetzt. In den Eckgebäuden befanden sich die Wohnungen der Beamten, im Mittelteil Diensträume, die Schalterhalle und die nach Klassen getrennten Warteräume. ▪

Der Bautzen war von 1952 bis 1990 eine Verwaltungseinheit im Bezirk Dresden der Deutschen Demokratischen Republik. Von 1990 bis 1994 war er als Landkreis Bautzen eine Verwaltungseinheit im Freistaat Sachsen. 1994 wurde im Rahmen einer sächsischen Kreisreform der Bautzen um den größten Teil des Kreises Bischofswerda vergrößert. Er wurde durch eine erneute Reform 2008 mit dem Landkreis Kamenz und der bis dahin kreisfreien Stadt Hoyerswerda zum neuen Landkreis Bautzen vereinigt.

Die Stadt Bautzen liegt etwa 50 Kilometer östlich von Dresden im „Oberlausitzer Gefilde", einem Naturraum an der Grenze zu Tschechien und Polen. Die Stadt wurde 1002 erstmals als „civitas Budusin" erwähnt und verfügt über eine gut erhaltene Altstadt mit vielen historischen Gebäuden (Abb. oben).

Der Landkreis Bergzabern war ein Landkreis in Rheinland-Pfalz, der 1969 durch eine Verwaltungsreform aufgelöst wurde.

Bad Bergzabern ist eine Kleinstadt mit rund 7600 Einwohnern im heutigen Landkreis Südliche Weinstraße in Rheinland-Pfalz. Sie ist ein staatlich anerkanntes Heilbad an den östlichen Ausläufern des Pfälzer Waldes. Das Schloss Bergzabern ist das Wahrzeichen der Stadt. Hier residierten einstmals die Herzöge der Wittelsbacher aus der Adelslinie Pfalz-Zweibrücken.

Die Stadt Annweiler am Trifels ist ein staatlich anerkannter Luftkurort im südlichen Pfälzer Wald. Auf drei Bergen südlich der Stadt liegen die Burgen Trifels, Anebos und Münz.

Bautzen

BZ

Orte im Kreis:
Bautzen, Königswartha, Wilthen
Sachsen

Bergzabern

BZA Ⓐ

Orte im Kreis:
Bad Bergzabern,
Annweiler am Trifels
Rheinland-Pfalz

Chemnitz

Sachsen

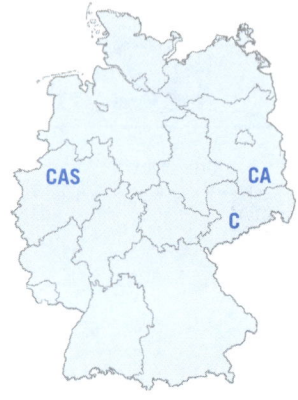

Karl-Marx-Monument in Chemnitz

➡ Eine Stadt der Moderne, die mit vielen großen Namen glänzen kann, die vor allem im Sport zu finden sind. Namen wie Katharina Witt und Gaby Seiffert im Eiskunstlauf und Michael Ballack als ehemaliger „Capitano" der deutschen Fußball-Nationalmannschaft können mit der ehemaligen Karl-Marx-Stadt in Verbindung gebracht werden. Die Fußballmannschaft des Chemnitzer FC spielt derzeit in der 3. Liga des Deutschen Fußballbundes. Der Club kann auf große Erfolge in der Vergangenheit verweisen. Dazu zählen unter anderem der Titel des DDR-Meisters im Jahr 1967 sowie der Einzug ins Achtelfinale des UEFA-Pokals in der Saison 1989/90. Hier musste man sich Juventus Turin geschlagen geben. In Turin verlor das Team mit 2:1 und das Heimspiel mit 0:1.

➡ Kann die Stadt mit der Moderne glänzen, hat sie auch viel Tradition zu bieten. Im Jahr 1143 wurde unter Kaiser Lothar III. in diesem Gebiet ein Kloster am Fluss Chemnitz errichtet. Ganz in der Nähe gründete dann Kaiser Barbarossa im Jahr 1170 eine Siedlung, die stetig ausgebaut wurde.

➡ Die Stadt bekam ihren Namen vom gleichnamigen Fluss Chemnitz, der durch die Stadt fließt. Durch einen Beschluss der damaligen DDR-Regierung wurde die Stadt am 10. Mai 1953 in Karl-Marx-Stadt umbenannt. Mit der Wende wurde dies wieder rückgängig gemacht. Um der Stadt einen neuen Namen zu geben, wurde am 23. April 1990 eine Volksabstimmung abgehalten. Dabei stimmten 76 Prozent der Wähler für den alten Namen „Chemnitz" und am 1. Juni 1990 erhielt die Stadt ihren alten Namen wieder. ∎

Quiz Eine kulinarische Spezialität in Chemnitz sind spezielle Kartoffelküchlein, die es in verschiedenen Varianten gibt und die mit unterschiedlichen Beilagen serviert werden. Wie nennt man diese Kartoffelküchlein?

Auflösung: Seite 443

➡ Die Kleinstadt liegt im südbrandenburgischen Landkreis Oberspreewald-Lausitz, hat fast 9000 Einwohner und liegt 25 Kilometer westlich von Cottbus.

➡ Das Wort Kalauer soll seinen Ursprung in Calau haben. „Mit Kalauern kommst du durch die ganze Welt", hieß es früher. Doch bezog sich dies nicht auf eine heitere Lebensphilosophie, sondern auf solides Schuhwerk, das in Calau hergestellt wurde. Calau war vom 15. bis 19. Jahrhundert eine Stadt der Stiefel- und Schuhmacher. Die Schuster sollen sich nun bei der Arbeit manche Anekdote oder Geschichte, aber vor allem Wortspiele erdacht haben. Dies müssen nun Wandergesellen in die weite Welt getragen haben.

➡ Zu den Söhnen der Stadt gehört Joachim Gottschalk. Der in Calau geborene Schauspieler gehörte in den 30er-Jahren des vergangenen Jahrhunderts zu den gefragtesten UFA-Darstellern. ▪

Calau

Brandenburg

Burglehnhaus in Calau

➡ Castrop-Rauxel im Ruhrgebiet lieg südöstlich von Recklinghausen und hat über 75.000 Einwohner.

➡ Gleich mehrere Fußballspieler haben Castrop-Rauxel in ihrem Personalausweis als ihren Geburtsort eingetragen. Darunter Klaus Fichtel (Schalke 04), Mathias Schipper (Schalke 04), Christian Schreier (VfL Bochum), Wolfram Wuttke (Schalke 04) und Trainer Dieter Hecking (seit 2013 VfL Wolfsburg).

➡ Passend zur Bergbaugeschichte der Stadt gehört der Hammerkopfturm zu den herausragenden Bauwerken der Stadt. Im Stadtteil Bladenhorst ist auch noch das Schloss Bladenhorst zu bewundern, das erstmals 1266 erwähnt wurde. Am „Tag des offenen Denkmals" ist das Schloss in jedem Jahr zu besichtigen. ▪

Castrop-Rauxel

Nordrhein-Westfalen

Altes Rathaus in Castrop-Rauxel

Cottbus

CB

Brandenburg

Der Branitzer Park in Cottbus

➡ Die mit rund 100.000 Einwohnern zweitgrößte Stadt Brandenburgs kann, an der Spree gelegen, auf eine langjährige Tradition im Bereich der Textilindustrie verweisen. Seit dem 13. Jahrhundert, als flämische Tuchhändler ihr Handwerk in die Lausitz brachten, war die Textilindustrie hier heimisch, Zeugnis davon gibt das Textilmuseum bei Cottbus.

➡ Die Siedlungsgeschichte kann auf über 2000 Jahre rückdatiert werden. Germanische Siedler haben ihre Spuren dann im 3. und 4. Jahrhundert im heutigen Altstadtbereich hinterlassen. Slawische Stämme ließen sich dann im 6. Jahrhundert in diesem Gebiet nieder. Die erste urkundliche Erwähnung wird auf den 30. November 1156 datiert. Seit dem Jahr 1445 steht die Stadt unter brandenburgischer Herrschaft, und beim Wiener Kongress 1815 wurde die Stadt dem Königreich Sachsen angegliedert.

➡ Ein großer Name, der mit der Stadt Cottbus in Verbindung gebracht werden kann, ist der von Fürst von Pückler-Muskau, der unter anderem Schloss Branitz bei Cottbus im Jahr 1845 erwarb. ■

➡️ Die nördlich von Hannover gelegene Kreisstadt ist die mit 70.000 Einwohnern größte niedersächsische Stadt zwischen Hannover und Hamburg. Erstmals erwähnt wurde Celle in Urkunden aus dem Jahr 985. Fürsten und Herzöge haben in der Stadt zahlreiche Gebäude errichtet, die noch heute zu den Touristenattraktionen gehören. Dazu zählt unter anderem das Alte Rathaus aus dem Jahr 1579.

➡️ Die Stadt kann auf eine lange Militärtradition verweisen. Die im Jahr 1842 errichtete Cambridge-Dragoner-Kaserne ist heute Sitz eines der größten Jugendzentren in Niedersachsen. Die in den Jahren 1869 bis 1872 erbaute Infanteriekaserne ist nach einer umfangreichen Restaurierung Sitz der Stadtverwaltung. Rund um das neue Rathaus wurden Wohnmöglichkeiten sowie ein neuer Stadtpark errichtet.

➡️ Ganz in der Nähe der Stadt Celle wurden bis ins Jahr 1859 die ersten Erdölbohrungen durchgeführt. ■

Celle

CE

Niedersachsen

Altes Rathaus in Celle

➡️ Das „Tor zum Bayerischen Wald" oder auch die „Stadt am Regenbogen" hat ihren Namen vom kleinen Fluss Chamb, der in der Nähe der Chamer Altstadt in den Fluss Regen fließt und auf keltische Einflüsse zurückzuführen ist. So wird der Name vom keltischen Wort „kambos" (krumm oder gewunden) abgeleitet. Der Fluss Chamb fließt in vielen Bögen und Windungen durch das Land, bevor er in den Regen mündet.

➡️ Erstmals erwähnt wird die Stadt im Jahr 976, die zu dieser Zeit auf einem Höhenzug bei dem Dorf Altenstadt gelegen haben soll. An ihren heutigen Standort kam die Stadt dann zwischen dem 12. und 13. Jahrhundert.

➡️ Bei einem Spaziergang durch die Stadt am Regenbogen können unter anderem das Geburtshaus von Anton Bruckner und das Biertor besichtigt werden. ■

Cham

CHA

Orte im Kreis:
Cham, Bad Kötzing, Furth i.W.
Bayern

Cham mit Biertor

Cloppenburg

CLP

Orte im Kreis:
Cloppenburg, Barßeln, Böseln
Niedersachsen

➡ Das größte und älteste Freilichtmuseum Deutschlands (Abb. oben) ist mitten in der Stadt Cloppenburg zu finden und bildet zusammen mit der Stadthalle den kulturellen Mittelpunkt der gesamten Region. Ein weiterer überregional bedeutender Anziehungspunkt ist der nördlichste Marienwallfahrtsort Europas: Bethen.

➡ Mit der Gründung der Pfarrei Krapendorf im Jahr 819 sind die Wurzeln der Stadt in der Missionszelle Visbek zu finden. Die Cloppenburg wurde dann im Jahr 1297 durch Graf Otto III. von Tecklenburg erbaut. Im gleichen Jahr wurde Cloppenburg urkundlich erwähnt.

➡ Reizvoll ist auch das Gebiet rund um Cloppenburg. Hier kann die wunderschöne Landschaft mit Wald, Heide und Moor erwandert werden. Die einzige Talsperre Norddeutschlands, die Thülsfelder Talsperre, liegt rund 15 Kilometer von der Stadt entfernt. Für Wanderer auch reizvoll sind Abstecher zum romantischen, leicht düsteren Galgenmoorsee oder den Bührener Tannen mit ihren abwechslungsreichen Wander-, Rad- und Reitwegen. Die urtümliche Natur ist auch in den Moorgebieten Molsberger Dose und im „Urwald" Baumweg mit den Ahlhorner Fischteichen zu finden. ■

➡ Die Stadt mit ihren knapp 15.000 Einwohnern liegt im Landkreis Goslar im Oberharz. Über viele Jahrhunderte beherrschte der Silber-Bergbau das Gesicht der Stadt.

➡ Die Bergstadt hat eine Universität mit über 4000 Studenten, die in Clausthal unter anderem Berufsfelder wie Maschinenbau, Verfahrenstechnik und Werkstoffwissenschaften studieren können. Die Wurzeln der Technischen Universität reichen bis in die Zeit Goethes zurück.

➡ Der Ortsteil Buntenbock ist der touristische Geheimtipp des Harzes. Das Dorf liegt abseits und ohne Durchgangsverkehr inmitten von Wäldern, Bergwiesen und Teichen. Wanderer können hier neben der herrlichen und reizvollen Harzer Landschaft auch den Buntenböcker Ziegenkäse genießen. ■

Clausthal-Zellerfeld

CLZ Ⓐ

Niedersachsen

Fördergerüst des Ottiliae-Schachts von 1876

➡ Coburg ist eine kreisfreie Stadt im nordbayerischen Oberfranken. Das weithin sichtbare Wahrzeichen ist die Veste Coburg. Sie erhebt sich rund 170 Meter über der Stadt und gehört zu den größten und am besten erhaltenen Burganlagen Deutschlands. 1225 wurde die Burg erstmals urkundlich erwähnt und im 17. Jahrhundert mit einem dreifachen Mauerring zur Landesfestung ausgebaut.

➡ Zwischen 1586 und 1633 war Coburg erstmals Residenz und Hauptstadt des Herzogtums Sachsen-Coburg. In dieser Zeit entstanden in Coburg einige Renaissancebauten, die noch heute das Stadtbild prägen. 1735 wurde Coburg Residenzstadt der Herzöge von Sachsen-Coburg-Saalfeld und ab 1826 von Sachsen-Coburg und Gotha. Kein Wunder also, dass in der Stadt noch immer ei-

Coburg

CO

Orte im Kreis:
Coburg, Rödental, Bad Rodach
Bayern

Die Veste von Coburg

Der Coburger Weihnachtsmarkt

ne große Zahl sehenswerter historischer Bauten erhalten sind. Genannt seien hier nur Schloss Hohenfels, Schloss Callenberg, Schloss Ehrenberg, Schloss Neuhof, Schloss Hohenstein und das Wasserschloss Rosenauerburg. Rund um den Marktplatz steht ein wunderschönes Altstadtensemble von historischen Fachwerkhäusern. In diesem romantischen Umfeld findet auch alljährlich der beliebte Weihnachtsmarkt mit seinen berühmten Coburger Bratwurstständen statt.

➡ Der heilige Mauritius, der einzige Heilige, der im Mittelalter mit dunkler Hautfarbe dargestellt wurde, ist auch im Stadtwappen der kreisfreien Stadt mit ihren über 41.000 Einwohnern zu finden.

➡ Zu den architektonischen Besonderheiten der Stadt gehört der „Coburger Erker" aus dem Jahr 1593. Insgesamt fünf Erker entstanden Anfang des 17. Jahrhunderts am Schloss Ehrenburg, dem Rathaus, der gegenüberliegenden Kanzlei und am Haus Markt 6. Den „Coburger Erker" am Rathaus erschuf Hans Schlachter im Jahr 1575. ■

Cochem-Zell

COC

Orte im Kreis:
Cochem, Kaisersesch, Ulmen, Zell
Rheinland-Pfalz

➡ Ganz modern gibt sich der Landkreis Cochem-Zell, der schon heute den gesamten Strombedarf seiner 65.000 Einwohner aus erneuerbaren Energien bereitstellt. Dazu wurde durch den Kreistag das Ziel erklärt: „Cochem-Zell wird Null-Emissions-Landkreis." Geplant ist, bis 2020 rund 50 Prozent der CO_2-Emissionen bezogen auf das Jahr 1990 zu kompensieren. Dies soll durch Energieeinsparungen sowie den Einsatz erneuerbarer Energien bei der Strom- und Wärmeversorgung erfolgen.

➡ Das heutige Kreisgebiet kann schon auf eine über 200-jährige preußische Geschichte zurückblicken. So bildeten sich zwischen Eifel und Hunsrück im Jahr 1816 die beiden Kreise Cochem und Zell im damaligen Regierungsbezirk Coblenz. Der heutige Landkreis Cochem-Zell bekam sein Gesicht mit dem Zusammenschluss der beiden Kreise Cochem und Zell im Jahr 1969.

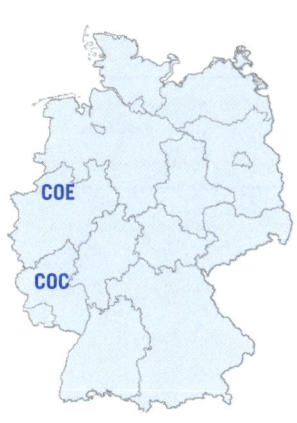

➡ Der Tourismus gehört im Landkreis zu den Haupteinnahmequellen und zu den größten Arbeitgebern. Wanderer, die den Weg auf die Eifel- und Hunsrückhöhen finden, haben einen weiten Ausblick auf

die Landschaft. Im Radius von 25 Kilometern rund um die Reichsburg in Cochem (Abb. links) können insgesamt 22 Schlösser, Burgen und Burgruinen gefunden werden. ▪

➡ Der Kreis Coesfeld liegt im Münsterland in Nordrhein-Westfalen. Dem Kreis gab man bei seiner Gründung nicht viele Überlebenschancen. Doch ein Anstieg der Einwohner auf fast 22.000 Menschen ließ die Pessimisten verstummen. Den eigentlichen Ursprung des Landkreises Coesfeld findet man in der Einteilung der Kreise Coesfeld und Lüdinghausen von 1816, die im Wesentlichen bis zur kommunalen Neugliederung von 1975 Bestand hatte. Wichtige territoriale Änderungen bewirkte danach die kommunale Neugliederung von 1967 bis 1975.

➡ Zahlreiche Wasserschlösser und Burgen sowie Herrensitze kann man im Kreis Coesfeld finden. Dazu zählen unter anderem Burg Vischering in Lüdinghausen, die 1271 als Landesburg erbaut wurde und heute das Münsterlandmuseum beheimatet.

➡ Pferdefreunde kommen im Gebiet um Dülmen voll auf ihre Kosten. So befindet sich das größte Wildpferdegestüt Europas im Meerfelder Bruch. Erstmals erwähnt wurde eine Herde wilder Pferde 1316. ▪

Coesfeld

COE

Orte im Kreis:
Coesfeld, Dülmen, Lüdinghausen
Nordrhein-Westfalen

Dülmener Wildpferde

Crailsheim

CR Ⓐ

Baden-Württemberg

➡ Im Nordosten von Baden-Württemberg liegt die Stadt Crailsheim mit ihren 33.000 Einwohnern 32 Kilometer östlich von Schwäbisch Hall und 40 Kilometer südwestlich von Ansbach.

➡ Die Geschichte der Stadt lässt sich bis 1136 zurückverfolgen. In diesem Jahr wurde Crailsheim erstmals urkundlich erwähnt.

➡ Das Fränkische Volksfest, das immer im September vor dem zweitletzten Montag stattfindet, wurde 1840 gegründet und ist das zweitgrößte Volks- und Heimatfest in Baden-Württemberg. In jedem Jahr werden 25.000 Besucher zu dieser Veranstaltung erwartet. ◼

Cuxhaven

CUX

Orte im Kreis:
Cuxhaven, Langen, Loxstedt
Niedersachsen

➡ Watt und Meer bestimmen das Bild der Kreisstadt, die im Verhältnis zu ähnlichen Städten noch jung an Geschichte ist. So wird das Gründungsjahr des Seebades auf das Jahr 1816 datiert. Der Hafen von Cuxhaven wird heute noch von vielen Kreuzfahrtschiffen angesteuert, die im Anschluss weiter nach England oder in Richtung Skandinavien fahren.

➡ Das Landschaftbild ist aber trotzdem vielseitig. So sind neben Watt und Meer noch rund um Cuxhaven eine Küstenheide, Salzwiesen, die Marsch, das Moor, die Geest und Wald zu finden. Alles zusammen lädt zum Wandern und Radfahren ein.

➡ Das in die Jahre gekommene Wahrzeichen der Stadt, die Kugelbake (Abb. links), die auch im Stadtwappen zu finden ist, wurde im Jahr 1703 erstmals erwähnt. Dabei handelt es sich um ein aus Holz errichtetes, 30 Meter hohes Seezeichen. Damals noch als Leuchtturm im Einsatz, wird es heute nur noch nachts als Touristenattraktion angestrahlt. ◼

Der Marktplatz von Calw

Calw

CW

Orte im Kreis:
Altensteig, Calw, Bad Herrenalb,
Bad Liebenzell, Bad Wildbad
Baden-Württemberg

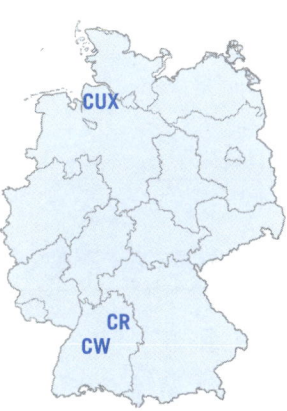

➡ Die Geschichte des kleinen Städtchens an der Nagold ist auf das Jahr 1075 datiert. Durch die Lage im engen Nagoldtal mussten sich die Menschen wirtschaftlich immer etwas einfallen lassen. So besann sich die Bevölkerung im Mittelalter auf Handwerk und Handel. Begünstigt durch die verkehrsgünstige Lage wurde Calw mit Holz- und Salzhandel sowie der Textilherstellung zeitweilig zum bedeutendsten Wirtschaftszentrum Württembergs. Davon geblieben ist heute eine malerische Fachwerkstadt mit über 200 denkmalgeschützten Häusern.

➡ Die Stadt Calw hat sich der Kultur, der Kunst und der Literatur verschrieben. In Calw ist eine umfangreiche Sammlung zum Leben und Schaffen eines berühmten Nobelpreisträgers in einem Museum zu Hause (siehe Quiz). Zudem laden das Museum der Stadt „Palais Vischer", ein Gerbereimuseum und ein Bauernhausmuseum neben der mittelalterlichen Fachwerkstadt zu einem Bummel ein.

➡ Über ein musikalisches Aushängeschild verfügt die Stadt mit den Aurelius-Sängerknaben. Der Chor wurde 1983 von Hans-Jörg Kalmbach gegründet. Die Aurelius-Sängerknaben pflegen geistliche und weltliche Chormusik. Das Repertoire reicht von A-cappella-Stücken bis zu Werken aller Epochen und Stilrichtungen. ■

Quiz Am 2. Juli 1877 wurde in Calw ein berühmter Schriftsteller, Dichter und Maler geboren. Im Jahr 1946 wurde ihm der Nobelpreis für Literatur verliehen. Als Sohn eines deutsch-baltischen Missionars hatte er die russische Staatsangehörigkeit, doch seine Werke verfasste er überwiegend in deutscher Sprache. Wie hieß er?

Auflösung: Seite 443

Düsseldorf

D

Nordrhein-Wesfalen

➡ Düsseldorf, die Landeshauptstadt von Nordrhein-Westfalen, liegt im Zentrum des Niederrheinischen Tieflands – überwiegend am rechten Ufer des Rheins und an der Mündung des Flüsschens Düssel. Sie genießt den Ruf, „die längste Theke der Welt" zu besitzen. Gemeint ist die Altstadt mit über 250 Lokalen, die teilweise von Brauhäusern betrieben werden und in denen das berühmte Düsseldorfer Altbier gebraut und ausgeschenkt wird.

➡ Düsseldorf genießt auch den Ruf einer Modestadt. Auf der weltberühmten Königsallee, der Prachtstraße der Stadt, haben sich internationale Marken wie JOOP, Jil Sander, Prada, Armani und viele mehr niedergelassen. In der Altstadt sind kleine Boutiquen und Secondhand-Läden zu finden, in denen für jeden Geldbeutel etwas zu haben ist.

➡ In der Stadt und ihrem Umland stehen viele Schlösser und Burgen. Im Stadtteil Benrath ist das bekannteste Schloss Düsseldorfs zu finden: Schloss Benrath (Abb. links) aus dem 18. Jahrhundert, das von Kurfürst Carl Theodor von der Pfalz erbaut wurde. Am Rhein gelegen ist die Kaiserpfalz Kaiserwerth, die im Jahr 1180 von Kaiser Friedrich I., Kaiser Barbarossa, errichtet wurde. Vom alten Stadtschloss, das 1882 ausbrannte, ist noch der Schlossturm erhalten. Heute befindet sich darin das Schifffahrt-Museum. Das Goethe-Museum ist im Schloss Jägerhof, das am östlichen Rand des Hofgartens steht. ◾

Düsseldorfer Altstadt mit St. Lambertus und Schlossturm

➡ Die südlich von Frankfurt und Wiesbaden gelegene kreisfreie Stadt hat sich zu einem Mekka der Wissenschaften gemausert. Nicht nur, dass die Stadt mit ihren knapp 145.000 Einwohnern Sitz der Technischen Universität ist, sie bekam dazu auch im Jahr 1997 vom Innenministerium des Landes Hessen den Titel „Wissenschaftsstadt". Zahlreiche Forschungsinstitute und Hochschulen locken jährlich mehrere Tausend Studenten nach Darmstadt.

➡ Die Mathildenhöhe und die Rosenhöhe bilden zusammen mit den Jugendstilhäusern und dem Hochzeitsturm eine einzigartige Stätte der Kunst. Als Landschaftspark wurde die Rosenhöhe im Jahr 1810 angelegt. Die Mathildenhöhe ist allgemein bekannt als Künstlerkolonie mit ihren im Jugendstil in den Jahren 1899 bis 1914 Häusern.

➡ Das Wahrzeichen der Stadt ist der Hochzeitsturm. Aus einer Höhe von fast 50 Metern haben Besucher des Turms einen herrlichen Blick über die Stadt. Ebenfalls eine markante Anlaufstelle ist die Russische Kapelle auf der Mathildenhöhe, deren mit Blattgold belegte Kuppeln weithin sichtbar sind. Ein Großvater von Peter Ustinov, der Architekt Louis N. Benois, erbaute die Kapelle 1899 im Stil einer russischen Kirche aus dem 16. Jahrhundert. Der Grund, warum Darmstadt in den Besitz einer russischen Kapelle kam, war die Hochzeit von Zar Nikolaus I. mit der Darmstädter Prinzessin Alix von Hessen-Darmstadt, der späteren Zarin Alexandra.

➡ Etwa 10 km nordöstlich von Darmstadt befindet sich die Grube Messel. In der früheren Schiefergruppe wurden bedeutsame Fossilien aus der Zeit des Eozäns gefunden und daher zum UNESCO Weltnaturerbe erklärt. ▪

Darmstadt-Dieburg

DA

Orte im Kreis:
Darmstadt, Babenhausen,
Dieburg, Griesheim, Groß-Umstadt,
Pfungstadt, Weiterstadt
Hessen

Die Mathildenhöhe mit Hochzeitsturm und Russischer Kapelle

Dachau

DAH

Orte im Kreis:
Dachau, Karlsfeld, Markt Indersdorf
Bayern

➡ Der Name Dachau ist verbunden mit dem Konzentrationslager, das 1933 von den Nazis errichtet wurde. Den 200.000 in Dachau inhaftierten und 41.000 umgekommenen Häftlingen wurde 1965 eine Gedenkstätte errichtet.

➡ Zu den Sehenswürdigkeiten Dachaus gehört die Altstadt, deren Entstehung auf die Zeit Karls des Großen zurückzuführen ist und die erstmals urkundlich im Jahr 805 erwähnt wurde. Auch das Dachauer Schloss (Abb. links) auf dem Giglberg in Mitterndorf ist einen Besuch wert. Um das Jahr 1100 wurde an dieser Stelle eine erste Burg errichtet, deren Grafen sich nach dem Dorf Dachau benannten.

➡ Ein Sohn der Stadt ist Hans-Jürgen Bäumler, der gemeinsam mit Marika Kilius 1963/64 Weltmeister im Eiskunstlauf wurde.

Lüchow-Dannenberg

DAN

Orte im Kreis:
Lüchow, Dannenberg, Gorleben
Niedersachsen

➡ Immer wieder in die Schlagzeilen und die Nachrichten kommt der Landkreis Lüchow-Dannenberg durch Gorleben mit seinem Salzbergwerk. Unweit der Stadt Gorleben befindet sich seit dem Jahr 1983 ein umstrittenes Zwischenlager für radioaktive Abfälle.

➡ Der Landkreis selber, mit seinen größeren Orten Dannenberg, Lüchow, Hitzacker und Gorleben, gehört zu den an Einwohnern kleinsten Landkreisen in Deutschland und als ehemaliges Zonenrandgebiet zu den am dünnsten besiedelten Landkreisen der alten Bundesländer.

➡ Besuchern präsentiert sich der Landkreis mit der Biosphärenregion Elbtalaue-Wendland, die eine Vielzahl von Urlaubsaktivitäten anbietet. Dazu zählen gut ausgeschilderte Rad-, Wander- und Reitwege. Spaß und Erholung erlebt man auch beim Angeln oder während einer Kanutour auf Elbe, Jeetzel und dem Gartower See. ■

➡ Schon der Name des Landkreises verrät alles. Vulkane und die Eifel bestimmen das Landschaftsgebiet rund um die kleine Stadt Daun. Es gibt in ganz Deutschland kein jüngeres Vulkangebiet als die Eifel mit ihrem einzigen Kratersee nördlich der Alpen, dem Laacher See, im benachbarten Landkreis Mayen-Koblenz. In dem Gebiet der Vulkaneifel sind 240 Vulkankegel und -stümpfe, 60 Maare, Lavaströme, Quellen, roter Sandstein und tropische Riffe zu finden.

➡ Das Gebiet der Vulkaneifel wird bestimmt von der Natur, was sich in vier großen Schutzgebieten widerspiegelt. So können Besucher des Landkreises hier Naturschutzgebiete, Landschaftsschutzgebiete, Vogelschutzgebiete und FFH-Gebiete erkunden. Im Juni 2010 wurde der neue Natur- und Geopark Vulkaneifel eröffnet. ■

Vulkaneifel

DAU

Orte im Kreis:
Daun, Gerolstein, Hilleshaim
Rheinland-Pfalz

Das Meerfelder Maar in der Vulkaneifel

➡ Die Gründung des Seebades Heiligendamm zog zahlreiche Badegäste in das mitten in unberührter Natur gelegene Fleckchen. Eine problemlose Verkehrsanbindung an die Ostseeküste gab es damals noch nicht. Aus diesem Grund wurde 1886 eine Bahnverbindung nach Bad Doberan über eine Strecke von 15,4 Kilometern gebaut. Auch heute noch bringt die mecklenburgische Bäderbahn „Molli" (Abb. rechts unten) ihre Fahrgäste schnaufend und bimmelnd durch enge Straßen, vorbei an Wiesen und Feldern.

➡ Zwischen Bad Doberan und Heiligendamm liegt Deutschlands älteste Pferderennbahn. Zu Ehren der Erzgroßherzogin Alexandrine wurde im August 1822 das erste Rennen veranstaltet. Es folgte die Gründung des Doberaner Rennvereins. Er veranstaltete seit der Errichtung der Bahn 1823 alljährlich die Doberaner Renntage, von denen besonders der Wettbewerb um die „Goldene Peitsche" und die Bauernrennen bekannt sind. Nachdem die Rennen 1961 eingestellt wurden, baute man anlässlich der 200-Jahr-Feier die neue Rennbahn 1993 auf altem Gelände. ■

Bad Doberan

DBR

Mecklenburg-Vorpommern

Dresden

DD

Sachsen

Dresden nach dem 14.2.1945,
Blick vom Rathausturm

Dresdener Altstadt bei Nacht

➡ Mit dem Zusammenschluss der beiden deutschen Staaten und der damit verbundenen Vergabe der Kfz-Kennzeichen ergab sich ein Problem. Da das an und für sich für Dresden vorgesehene Kennzeichen „D" an Düsseldorf vergeben war, entschied man sich bei Dresden für „DD".

➡ In der jüngsten Geschichte der Stadt mussten die Stadtväter einen selbst verschuldeten Rückschlag hinnehmen. Der Stadt an der Elbe, auch vielerorts „Elbflorenz" genannt, wurde der Status „Weltkulturerbe" durch die UNESCO aberkannt, der ihr 2004 verliehen worden war. Als die Stadt Pläne bekannt machte, eine vierspurige Elbbrücke zu bauen, geriet der Status „Weltkulturerbe" zunächst auf die Rote Liste, und als dann mit dem Bau begonnen wurde, hat die UNESCO die Konsequenzen gezogen. Ein weltweit einmaliger und für viele Menschen nicht nachvollziehbarer Vorgang.

➡ Zu den wohl bedeutendsten Sehenswürdigkeiten der Stadt gehören die Frauenkirche, die Semperoper, der Zwinger und das „Grüne Gewölbe". Dazu gibt es eine Fülle an Sehenswürdigkeiten mit Museen, Kirchen und Ausstellungen. Bei einem Bombenangriff in der Nacht vom 13. auf den 14. Februar 1945 wurde die Stadt fast vollständig zerstört, aber vieles nach dem Krieg wieder aufgebaut. Als Synonym für den Wiederaufbau steht die 200 Jahre alte Frauenkirche. Mit der Gründung einer Wiederaufbaugesellschaft 1989 begann auch der Wiederaufbau der Frauenkirche. Die Frauenkirche wurde 2005 in einem feierlichen Gottesdienst wieder eröffnet. ∎

➡ Die Städte Dessau und Roßlau schlossen sich im Juli 2007 im Rahmen der Gebietsreform zusammen und bilden heute die drittgrößte Stadt im Bundesland Sachsen-Anhalt. Sie können auf eine lange Tradition und eine innovative Entwicklung zurückblicken.

➡ Dazu zählt der Name Hugo Junkers, der seine Flugzeuge in Dessau baute und die Luftfahrtentwicklung revolutionär weiterentwickelte. Er konstruierte unter anderem die berühmte „Tante JU" in den Junkers-Werken.

➡ Otto Gropius steht dann für das Bauhaus, das in der Geschichte von Kultur, Architektur, Design und Kunst des 20. Jahrhunderts eine besondere Rolle einnimmt. 1924 siedelte das Bauhaus, das 1919 in Weimar gegründet wurde, nach Dessau um und wurde später zur Hochschule für Gestaltung. Das Bauhaus kann auf so berühmte Künstler wie Paul Klee oder Wassily Kandinsky verweisen. ◼

Dessau-Roßlau

DE

Sachsen-Anhalt

Dessau mit Mulde

➡ Im Landkreis Deggendorf gibt es für den Urlaub nicht nur Kultur und Museen. Auch einzigartige Naturerlebnisse wie das Isarmündungsgebiet in Moos, der Skulpturengarten Sonnenwald oder ein Feng-Shui-Park mitten im Bayerwald locken. Im Deggendorfer Land befinden sich dazu zahlreiche Schlösser und Burgen. Hier zu finden ist die Ritterburg Schloss Egg, die unter anderem in einem Bibi-Blocksberg-Film zu sehen ist.

➡ 2006 entstand das Gut Aiderbichl Bayern in Eichberg, nahe Deggendorf. Die Hauptgebäude und ein Dutzend Pferde, die den Kern des Gutes bilden, sind eine Hinterlassenschaft von Dr. Hatto Egerer, der hier zwölf, geretteten Pferden Schutz und Unterkunft gab. Mittlerweile leben auf Gut Aiderbichl Bayern mehr als 300 Tiere. Der neu errichtete Hofstall ist das Zuhause von Kühen und Rindern; auch die weltberühmte Kuh Yvonne, die 2011 vor dem Schlachthaus floh und wochenlang ihre Jäger narrte, hat hier eine neue Heimat gefunden. ◼

Deggendorf

DEG

Orte im Kreis:
Deggendorf, Osterhofen, Plattling
Bayern

Delmenhorst

DEL

Niedersachsen

➡ Die kreisfreie Stadt Delmenhorst kann auf eine lange Geschichte verweisen. Ihr Name fand erstmals 1254 in einer Urkunde Erwähnung. So begann 1247 bereits der Ausbau einer damaligen Befestigung zu einer Wasserburg, der Burg Delmenhorst. Die Burg wurde im 18. Jahrhundert abgerissen, weil sie einer Erweiterung der Stadt weichen musste.

➡ Eng verbunden mit der Stadt ist auch die Tradition der Tuchmacherei. Die Zunft wurde in Delmenhorst im Jahr 1651 gegründet. Diese Tradition sollte sich bis in die heutige Zeit fortsetzen. Der Name „Nordwolle", ein Konzern in der Wollverarbeitung, der 1884 gegründet wurde, steht für die Beschäftigung von bis zu 30.000 Menschen. Die Geschichte des Unternehmens, damit verbunden die Verschrottung der Maschinen, ging dann 1981 zu Ende. An das Unternehmen erinnert heute das Nordwestdeutsche Museum für Industriekultur, das inmitten des europaweit einmaligen Komplexes der ehemaligen norddeutschen Wollkämmerei und Kammgarnspinnerei klassische und moderne Industriegeschichte präsentiert. ◾

Dingolfing-Landau

DGF

Orte im Kreis:
Dingolfing, Landau a. d. I.
Bayern

Die Landauer Spitalkirche

➡ Der Landkreis Dingolfing-Landau liegt in der Mitte des Regierungsbezirks Niederbayern. Sitz der Verwaltung ist die Stadt Dingolfing.

➡ Vieles, was vier Räder hat, kommt oder kam aus Dingolfing. Die Älteren können sich noch an so bekannte Marken wie Glas oder Goggomobil erinnern, die in den 1950er-Jahren auf den Straßen fuhren. In Dingolfing hat Hans Glas ein Werk für den Glas und das Goggomobil erbaut. Auch für die Traktormarke Eicher wurde dort ein Landmaschinenwerk errichtet, in dem bis 1972 auch Eicher-Lastwagen und später Magirus-Deutz-Lastwagen vom Band gingen. Heute sind die BMW-Werke mit über 19.000 Beschäftigten der Hauptarbeitgeber in der Stadt Dingolfing. Im Museum kann man auf 1000 m² Ausstellungsfläche die industrielle Entwicklung der Stadt von der Sämaschine bis zum Hightech-Automobil bestaunen.

➡ Sagen erzählen von zwei Schlössern, die in Dingolfing gestanden haben sollen. Ein unterirdischer Gang soll vom Schloss auf dem Höhengraben zum Storchenturm geführt haben. Das zweite Schloss am Schleifmühlweiher ist ebenfalls verschwunden.

➡ Die Stadt Landau, eine der ältesten Städte im Land der Wittelsbacher, hat eine über 775-jährige Geschichte hinter sich. Die schwerste Bedeutung für Landau war im 20. Jahrhundert der Verlust der Zentralität im Zuge der Gebietsreform 1972. Damals verlor sie ihren seit Jahrhunderten angestammten Sitz des Landkreises an die Stadt Dingolfing. ■

➡ Noch heute lebt hier das Diepholzer Grafengeschlecht, dem sich auch im 21. Jahrhundert die Grafenstadt Diepholz als ihren Namensgeber aus dem Mittelalter eng verbunden fühlt. Als Reminiszenz an die Stadtgeschichte erscheint der Diepholzer Graf mit seinem Gefolge regelmäßig bei festlichen Veranstaltungen und schaut nach dem Rechten.

➡ Viele Tiere werden mit dem Namen der Stadt in Verbindung gebracht. Darunter die Diepholzer Moorschnucke, die in den umliegenden Moorniederungen gehalten wird. Das Gebiet umfasst ca. 125.000 Hektar und wird von großen Moorlandschaften durchzogen. In diesem Gebiet sind viele vom Aussterben bedrohte Tier- und Pflanzenarten zu finden. Darunter der bodenbrütende Brachvogel oder der Sonnentau.

➡ Auch Vollblut-Araber haben hier eine Heimat gefunden. In der Gemeinde Ströhen befindet sich auf einer Fläche von 200 Hektar das größte Vollblut-Araber-Gestüt Europas. Das Gestüt Ismer liegt auf dem gleichen Gelände wie der 1959 gegründete Naturtierpark Ströhen. ■

Diepholz

Orte im Kreis:
Bassum, Diepholz, Stuhr, Sulingen
Niedersachsen

Tigerbabys im Tierpark Ströhen

Dieburg

DI Ⓐ

Hessen

Der Marktplatz in Dieburg

➡ Dieburg liegt mit seinen über 15.000 Einwohnern im Süden von Hessen und etwa 15 Kilometer von Darmstadt entfernt. Der Name der Stadt wurde in einer Urkunde erstmals 1169 als „Castrum Dieteburg" erwähnt.

➡ An der Deutschen Fachwerkstraße gelegen, kann man in der Stadt zahlreiche historische Sehenswürdigkeiten erkunden. Dazu zählen der Marktplatz und die angrenzenden Gassen, die seit dem 12. Jahrhundert das Zentrum der Stadt bilden.

➡ Ein Sohn der Stadt ist Jörg Roßkopf, der zu seiner Zeit einer der weltbesten Tischtennisspieler war. Er wurde unter anderem mehrmals Europameister und an der Seite von Steffen Fetzner 1989 Weltmeister im Doppel, mit dem er bei den Olympischen Spielen 1992 in Barcelona auch die Silbermedaille gewann. Vier Jahre später holte er in Atlanta Bronze im Einzel. Den Weltcup gewann er 1998. ◾

Dillkreis

DIL Ⓐ

Orte im Kreis:
Dillenburg, Herborn
Hessen
Der Altstadt von Dillenburg

➡ Der ehemalige Landkreis in Hessen lag mit seiner Kreisstadt Dillenburg zwischen Siegen und Gießen.

➡ Viele Sehenswürdigkeiten gibt es in und rund um Dillenburg zu entdecken. Darunter die reizvolle Altstadt, die zu einem Spaziergang einlädt. Oder aber auch der Besuch des Wilhelmsturms.

➡ Auch Herborn gehört zum alten Dillkreis. Von Herborn aus können Wanderer sich auf den 235 Kilometer langen Westerwald-Steig machen. Hier beginnt die „Erlebnis-Ader" durch eines der schönsten Mittelgebirge Deutschlands. Der Weg geht durch acht abwechslungsreiche Naturräume mit schattigen Wäldern und sonnigen Höhen, vorbei an Flüssen, stillen Seen und Felsenlandschaften, mitten durch eine gesunde, sattgrüne Natur, bis nach Bad Hönningen am Rhein. ◾

➡️ Dinslaken liegt am unteren Niederrhein und hat 69.000 Einwohner. Sie gehört dem Kreis Wesel an.

➡️ Mitten im Dinslakener Park liegen die Ursprünge der Burg, deren Geschichte bis ins 12. Jahrhundert zurückgeht. Eine damalige Motte wurde zu einer Festung ausgebaut. Reste dieser ursprünglichen Burganlage sind in den Grundmauern enthalten. Unmittelbar im Schatten der Burg unterhalb des Ostflügels wurde 1934 die Freilichtbühne errichtet, die auch heute noch ein zentraler kultureller Veranstaltungsort der Stadt ist.

➡️ Rund um das ehemalige Landgut Haus Bärenkamp wurde im Jahr 1954 Deutschlands einzige Halbmeilen-Trabrennbahn errichtet. Sie gehört mit ihren 800 Metern Streckenlänge zu den kürzesten in Deutschland. ◾

➡️ Die ehemalige Residenzstadt Diez liegt an der Lahn und grenzt unmittelbar an die hessische Stadt Limburg. In der Stadt leben mehr als 10.000 Einwohner. Das Stadtbild wird beherrscht vom alten Grafenschloss, dessen ältester Teil aus dem 11. Jahrhundert stammt. Über die Nutzung als nassauisches Amtshaus und Zuchthaus hinweg ist heute in den historischen Räumlichkeiten eine ganz moderne Jugendherberge untergebracht.

➡️ Hoch über der Lahn, am Rande der Stadt, liegt das zweite Schloss in Diez: Schloss Oranienstein (Abb rechts). Es wurde von 1672 bis 1681 als Witwensitz für die damalige Diezer Gräfin Albertine Agnes von Oranien-Nassau auf den Ruinen des ehemaligen Benediktinerinnenklosters Dierstein erbaut. Es ist eines der Stammschlösser des niederländischen Königshauses. Heute befindet sich im Schloss neben dem Museum Nassau-Oranien auch noch die Bundeswehr mit dem Sanitätskommando II. ◾

Dinslaken

DIN Ⓐ

Nordrhein-Westfalen

Unterlahnkreis

DIZ Ⓐ

Orte im Kreis:
Diez, Bad Ems, Nassau
Rheinland-Pfalz

Dinkelsbühl

DKB

Bayern

Historisches Festspiel „Die Kinderzeche"
in Dinkelsbühl

➡ Die Stadt in Mittelfranken hat über 11.000 Einwohner und liegt im Landkreis Ansbach.

➡ Ein fränkischer Königshof zur Sicherung zweier wichtiger Handelswege gilt als Zelle der Ansiedlung an der Wörnitzfurt im 8. Jahrhundert. Erstmals erwähnt wurde der Name 1188 in einer Urkunde Kaiser Friedrichs I. Barbarossa, der ein „burgum tinkelspuhel" an seinen Sohn Konrad von Rothenburg übergibt.

➡ Jährlich findet im Juli das historische Festspiel „Die Kinderzeche" statt. Seit 1897 zählt die Stadt damit zu den ältesten und farbenprächtigsten Festspielorten in Deutschland. Als 1632 schwedische Heerhaufen unter dem Obristen von Sperreuth die Stadt belagerten, war es der Sage nach die Türmerstochter Lore, die mit den Kindern der Stadt um Gnade flehte und so Dinkelsbühl vor Plünderung und Zerstörung rettete. Die Festwochen erstrecken sich über 10 Tage und bieten ein vielfältiges Rahmenprogramm. ■

Döbeln

DL

Sachsen

Quiz

In der „Stiefelstadt Döbeln" gibt es regelmäßig Stiefelfeste, bei denen auch Stiefelparaden abgehalten werden. Einmal im Jahr wird hier, im Zusammenhang mit der Stiefelproduktion, einer jungen Frau auch ein besonderer „Adelstitel" verliehen. Wie nennt man diesen Titel?

Auflösung: Seite 443

➡ Die Stadt mit ihren 21.000 Einwohnern liegt im Dreieck Chemnitz, Dresden und Leipzig.

➡ Dass es in einer Stadt von der Größe Döbelns ein eigenes Theater mit einem festen Ensemble gibt, ist fast schon ein Wunder. Die Vorstellungen sind breit gefächert, vom Kinderstück bis zur Oper, von Lesungen bis zum Sinfoniekonzert wird vieles jährlich angeboten.

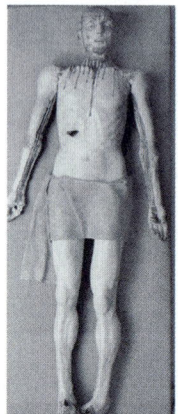

➡ Zu den Sehenswürdigkeiten der Stadt gehört der Döbelner Mirakelmann. Dabei handelt es sich um eine lebensgroße hölzerne Christusfigur mit beweglichen Gliedmaßen, die um 1510 gefertigt wurde (Abb. links). Sie befindet sich in der Kirche St. Nicolai und ist einzigartig in Europa. ■

➡ Der Kreis Dillingen an der Donau liegt idyllisch im nördlichen bayerischen Regierungsbezirk Schwaben an der Grenze zu Baden-Württemberg. Der Verwaltungssitz ist die Stadt Dillingen. Das Kreisgebiet wird geprägt durch die Donau, die es von Südwesten nach Nordosten auf einer Länge von 27 km durchfließt. Die Donau schuf eine heute unter Naturschutz stehende Auenlandschaft mit Wäldern.

➡ Durch die günstigen Voraussetzungen im wasserreichen Gebiet ist die Population der Biber in den letzten Jahren erfreulicherweise ständig gestiegen. Damit verbunden sind auch gestiegene Fraßschäden an Feldfrüchten sowie Uferunterhöhlungen an Flüssen. Dies war für den Landrat des Landkreises Dillingen Grund genug, den Artenschutz durch eine Allgemeinverfügung vom 23.11.2012 außer Kraft zu setzen und zu verfügen, dass vom 1. September bis zum 15. März jeden Jahres Biber gejagt werden dürfen. Der Bund Naturschutz konnte durch eine Klage gegen diese Verfügung für 8 von 15 betroffenen Teilgebieten diese Außerkraftsetzung wieder aufheben. Hoffentlich sagt man den Bibern, wo sie weiterhin Schutz genießen. ∎

Dillingen an der Donau

DLG

Orte im Kreis:
Dillingen, Gundelfingen, Lauingen
Bayern

Der Biber in freier Natur

Demmin

DM

Mecklenburg-Vorpommern

➡️ Die Hansestadt Demmin ist eine Kleinstadt im Bundesland Mecklenburg-Vorpommern und war bis 2011 Kreisstadt des aufgelösten Landkreises Demmin. Aufgrund der nachgewiesenen Hanse-Mitgliedschaft der Stadt in der Zeit von 1283 bis 1615 konnte die Stadt im Jahr 1992 dem Hansebund der Neuzeit wieder beitreten und darf den Titel „Hansestadt" wieder führen.

➡️ Eingebettet in fünf Landschafts- und Naturschutzgebiete liegt die Stadt Demmin am größten zusammenhängenden Niedermoorgebiet Deutschlands.

➡️ Zu den bedeutendsten Bauwerken Demmins gehört die Stadtkirche St. Bartholomaei (Abb. links) in der Altstadt. Erstmals 1269 erwähnt, ist sie die Hauptkirche des Superintendenten des Kirchenkreises Demmin. Als dreischiffige Hallenkirche im Stil der Backsteingotik im 14. Jahrhundert errichtet, wurde sie 1676 bis auf die Umfassungswände zerstört. Nach dem Wiederaufbau 1706 und der Restauration um 1867 erhielt sie ihre heutige neugotische Form. ◼️

Düren

DN

Orte im Kreis:
Düren, Jülich, Linnich, Nideggen
Nordrhein-Westfalen

Leopold-Hoesch-Museum

➡️ Im Landkreis Düren im Westen von Nordrhein-Westfalen im Regierungsbezirk Köln kommen Erholungssuchende auf ihre Kosten. Er bietet viel Platz zum Wandern, für Sport zu Land, im und auf dem Wasser, zu Pferde oder in der Luft. Die Stadt Düren ist mit etwa 93.000 Einwohnern Verwaltungssitz des Kreises und liegt zwischen Rhein und Maas in der Niederrheinischen Bucht. Südwestlich der Stadt liegen die Rureifel mit Deutschlands zweitgrößter Talsperre, der Rurtalsperre, und der Nationalpark Eifel, der 2004 eingerichtet wurde und eine Fläche von 10.700 Hektar hat.

➡️ Zwei Museen in der Stadt Düren beschäftigen sich mit dem Werkstoff Papier und befinden sich in unmittelbarer Nachbarschaft. Zum einen das Papiermuseum Düren, in dem die historische Entwicklung der Papierproduktion dokumentiert wird. Daneben kann das Leopold-Hoesch-Museum besucht werden, dessen prächtiger Bau 1905 eingeweiht wurde. ◼️

➡ Die Stadt Dortmund ist eine Großstadt in Nord-rhein-Westfalen. Sie ist das Wirtschafts- und Handels-zentrum und mit rund 580.000 Einwohnern die be-völkerungsreichste Stadt Westfalens. Der Alte Markt ist historisches Zentrum der Stadt. Ihn umgeben seit dem Mittelalter die historischen Zunft- und Gilde-häuser der Dortmunder Hanse-Kaufleute.

➡ Der Fußball beherrscht die Stadt seit Jahrzehnten und hat Dortmund international berühmt gemacht. Nach großen Erfolgen der Mannschaft in den 1960er-Jahren stieg sie 1972 in die 2. Liga ab und 1976 wie-der auf. Seitdem spielen die Borussen ununterbro-chen erstklassig. So wurden die „Gelb-Schwarzen" von der Borussia 1997 der erste deutsche Sieger in der europäischen Champions League überhaupt. Die Teilnahme an der Champions League gelang auch 2011 und 2012 unter Trainer Jürgen Klopp. DFB-Po-kal-Sieger wurde der BVB in den Jahren 1989, 1995, 1996, 2008 und 2012 (Abb. unten).

➡ Eine weitere große Sportlerin ist Annegret Rich-ter, eine der erfolgreichsten Sprinterinnen überhaupt. Sie gehörte in ihrer Zeit zu den weltweit schnellsten Läuferinnen und erreichte bei den Olympischen Spie-len in München 1972 mit der 4 x 100 Meter-Staffel und in Montreal 1976 über 100 Meter jeweils Gold. In Montreal errang sie über 200 Meter und mit der 4 x 100 Meter-Staffel Silber. Weiterhin gewann sie Gold in Helsinki bei den Europameisterschaften mit der 4 x 100 Meter-Staffel.

➡ Dortmund ist auch als Bierstadt bekannt. Nicht nur das Denkmal „Bierträger", sondern auch das gro-ße „U" der „Union Brauerei" auf der Westfalenhalle zeugen von einer langen Bierbrauertradition. ◼

Dortmund

DO

Nordrhein-Westfalen

Alter Markt und Reinholdikirche

Donau-Ries

DON

Orte im Kreis:
Donauwörth, Harburg, Nördlingen,
Oettingen, Rain, Wemding
Bayern

Fuggerhaus in Donauwörth

➡️ Das Ferienland Donau-Ries wird geprägt von Donau und Lech mit ihren Urstromtälern. Höhepunkt ist zweifellos das Nördlinger Ries, einer der besterhaltenen und besterforschten Meteoritenkrater der Welt und seit 2006 anerkannter Nationaler Geopark.

➡️ Kreisstadtsitz ist Donauwörth, die „Bayerisch-schwäbische Donauperle an der Romantischen Straße" mit einer wunderbar erhaltenen und restaurierten Altstadt. Wahrzeichen der Stadt sind u.a. die Heilig-Kreuz-Kirche und das prächtige Fuggerhaus (heute Landratsamt) mit seinem eindrucksvollen Renaissancegiebel.

➡️ In der Zeit der Hexenprozesse wurde die Wirtin Maria Holl in Nördlingen zwischen 1589 und 1598 der Hexerei beschuldigt. Im Laufe des Prozesses und selbst nach 62 Folterungen legte sie kein Geständnis ab. Auf Drängen musste sie einen Urfehdebrief unterschreiben, der sie verpflichtete, ihr Haus nicht zu verlassen und sich an niemandem zu rächen. Sie überlebte ihre Peiniger und starb im Alter von 85 Jahren. Das Stück „Die Hexe von Nördlingen" wird oft auf der Freilichtbühne Alte Bastei gespielt. ◾

Donaueschingen

DS Ⓐ

Baden-Württemberg

Quiz

Auflösung: Seite 443

Wie lautet ein bekannter Merk-Reim zur Entstehung der Donau durch ihre Quellflüsse?

➡️ Donaueschingen liegt westlich von Freiburg und hat 22.000 Einwohner.

➡️ Die Residenzstadt bietet ein facettenreiches Freizeitangebot, vom Loipennetz und der Eiswiese im Winter über einen 18- und einen 9-Loch-Golfplatz bis zum Badesee mit Campingplatz. Sportlich aktive Menschen finden hier ein gut ausgeschildertes Radwegenetz mit Beginn des berühmten Donauradwanderweges vor.

➡️ Das Donaueschinger Schloss ist nach französischem Vorbild im Stil des Historismus erbaut worden. Es ist von einem prächtigen Park umgeben, an dessen Nordwestseite sich die historische Donaubachquelle befindet. Sie geht in die Brigach über und vereint sich dann mit der Breg zur Donau. ◾

➡ Die Stadt Detmold liegt mit ihren 73.000 Einwohnern etwa 30 Kilometer östlich von Bielefeld. Über 600 Baudenkmäler prägen das Stadtbild Detmolds. Der Stadtkern blieb von den beiden Weltkriegen weitgehend verschont und ist durch die Epochen Spätes Mittelalter, die Biedermeierzeit (1830-1860) sowie die sogenannte Gründerzeit (seit etwa 1875) geprägt.

➡ Eines der besonderen Wahrzeichen der Stadt ist das Fürstliche Residenzschloss Detmold (Abb. rechts). Der Ursprung des Schlosses ist eine alte Burg, die bereits im Jahr 1366 erstmals urkundlich erwähnt wurde.

➡ Im südwestlich angrenzenden Wald steht das Hermannsdenkmal. Die 26,5 Meter hohe Figur erinnert an die Schlacht im Teutoburger Wald und ist Deutschlands größtes Denkmal. ■

Detmold

DT[Ⓐ]

Nordrhein-Westfalen

➡ Duisburg ist die westlichste Großstadt des Ruhrgebiets, und eine Universitätsstadt am Niederrhein mit knapp 500.000 Einwohnern.

➡ Duisburg ist eine vielseitige Stadt: Innenhafen, Forum, Casino, Landschaftspark und Zoo. Auf der Homepage der Stadt heißt es: „Sehenswürdigkeiten bestaunen, Sonne und Wasser erleben, Natur und Tiere entdecken und die internationale Gastronomie genießen."

➡ International bekannt ist die Stadt durch den größten Binnenhafen der Welt, den Rhein-Ruhr-Hafen. Von hier aus fahren Schiffe auf den Flüssen zu fast 100 Häfen in der ganzen Welt.

➡ Zu einer der Hauptattraktionen Duisburgs zählt zweifelsohne der Zoo, der unter anderem das erste Delfinarium in Deutschland hatte. In den vergangenen Jahren hat sich das Bild des Zoos enorm gewandelt. Weg von einer Anhäufung von engen Gehegen und Käfigen, hin zu einer attraktiven Einheit aus Landschaftsgestaltung, biotoporientierter Präsen-

Duisburg

DU

Nordrhein-Westfalen

Watussirinder im Duisburger Zoo

tation sowie Haltung zumeist bedrohter Tierarten in großräumigen, attraktiven Behausungen und großzügig in die Landschaft eingebetteten Freigehegen.

➡ Einen bundesweiten Bekanntheitsgrad bekam die Stadt durch die Krimiserie „Tatort". Einer der beliebtesten Kommissare, Horst Schimanski, dargestellt von Götz George, spielte jahrelang in der Stadt am Rhein. ◼

Duderstadt

Niedersachsen

➡ Die ehemalige Kreisstadt Duderstadt liegt mit seinen 22.000 Einwohnern im Landkreis Göttingen in der Kulturlandschaft des Eichsfeldes und wurde bereits 929 erstmals urkundlich erwähnt. Duderstadt zählt sowohl durch sein in einmaliger Geschlossenheit erhaltenes mittelalterliches Stadtbild als auch durch seine Baudenkmäler und Sehenswürdigkeiten zu den schönsten Fachwerkstädten Deutschlands.

➡ Der Westerturm ist das letzte von Duderstadts mittelalterlicher Stadtbefestigung erhaltene Stadttor und neben dem Rathaus das markante Wahrzeichen der Stadt. Man rätselt, ob der Turm aufgrund eines Konstruktionsfehlers den gedrehten Dachstuhl bekam (Abb. links) oder ob es die Genialität des mittelalterlichen Baumeisters so gewollt hat. Die Legende erzählt von einem Pakt des Baumeisters den er mit dem mit dem Teufel schloß, aber nicht einhielt, was zur gedrehten Turmspitze geführt haben soll. ◼

Bad Dürkheim

Orte im Kreis:
Bad Dürkheim, Grünstadt
Rheinland-Pfalz

➡ Sitz des Landkreises Bad Dürkheim ist die Kur- und Kreisstadt Bad Dürkheim in der Region Rhein-Neckar am Rande des Pfälzer Waldes an der Deutschen Weinstraße.

➡ Weitere Sehenswürdigkeiten locken zu Wanderungen in die Stadt und ihr Umfeld. Dazu gehören die Klosterruine Limburg, die Römervilla Weilberg, der Römersteinbruch, die Burgruine Hardenberg und natürlich die weitläufigen Weinberge die sich direkt an den Pfälzer Wald anschließen.

➡ Das größte Weinfass Deutschlands auf dem über 500 Jahre alten Wurstmarkt hat die Stadt Bad Dürkheim international bekannt gemacht. Der Dürkheimer Wurstmarkt ist ein Volksfest, das mit über 600.000 Besuchern als größtes Weinfest der Welt gilt. ■

Das größte Weinfass Deutschlands in Bad Dürkheim

Weißeritzkreis

Orte im Kreis:
Freital, Dippoldiswalde, Wilsdruff, Bannewitz, Schmiedeberg
Sachsen

➡ Seit 2008 gibt es den Landkreis Weißeritz nicht mehr. Das Gebiet im Freistaat Sachsen gehört seit der Gebietsrefom zum Landkreis Sächsische Schweiz-Osterzgebirge.

➡ Der Name des früheren Kreises beschreibt seine geographische Lage – er lag an der Roten und Wilden Weißeritz, südlich der Landeshauptstadt Dresden im östlichen Erzgebirge. Darüber hinaus umfasste der Landkreis auch Teile der Täler von Müglitz (Geising und Glashütte), Lockwitzbach (Reinhardtsgrimma und Kreischa) sowie Wilde Sau (Wilsdruff).

Delitzsch

➡ Die ehemalige Kreisstadt, liegt mit ihren 27.000 Einwohnern im Landkreis Nordsachsen und ist nach Leipzig, Halle und Merseburg die viertgrößte Stadt im Gebiet Leipzig-Halle.

Sachsen

➡ Von besonderem Reiz ist die gesamte Altstadtlage, die heute unter Denkmalschutz steht. Delitzsch kann auf viele Sehenswürdigkeiten verweisen, doch lockt es seine Besucher meist mit seiner wohlschmeckenden Schokolade oder aber mit einer riesigen und einmalig schönen Seenlandschaft.

➡ Eines der schönsten und ältesten Schlösser im Land Sachsen ist Schloss Delitzsch. Das Schloss und der Park sind in die planmäßig angelegte Altstadt von Delitzsch harmonisch integriert. Bestehend aus einem Herrenhaus und einem Schlossturm, wurde das Schloss in mehreren Bauphasen errichtet. Vom ursprünglichen Gebäude aus dem 12. Jahrhundert sind nur noch Fundamente erhalten. ■

Essen

E

Nordrhein-Westfalen

➡️ Mit einer Bevölkerungsdichte von über 570.000 Einwohnern ist die kreisfreie Stadt Essen inmitten des Ruhrgebietes die viertgrößte Stadt von Nordrhein-Westfalen. In Essen gibt es einiges zu entdecken. So kann unter anderem das Welterbe Zollverein bewundert oder im Ruhr-Museum in die Vergangenheit des Steinkohlenbergbaus eingetaucht werden.

➡️ Die Geschichte der Stadt Essen ist untrennbar verknüpft mit der Geschichte der Stahlkocher-Familie Krupp, die inmitten einer 28 Hektar großen Parklandschaft mit Blick über den Baldeneysee die Villa Hügel errichtete. 1868 war es der Industrielle Alfred Krupp, der die Villa entworfen hatte und 1873 fertigstellte. Die Villa diente bis 1945 der Unternehmerfamilie Krupp als Wohnsitz.

➡️ Die Stadt im Ruhrpott ist „umringt" von Fußball-Bundesliga-Vereinen wie Schalke 04 (Gelsenkirchen), Borussia Dortmund oder Zweitligisten wie der MSV Duisburg oder der VfL Bochum. Ihren Ursprung Essen können aber auch Spieler der ersten Liga vorweisen. Dazu zählen der ehemalige Nationaltorhüter Jens Lehmann und Oliver Bierhoff. Aus den Reihen von Rot-Weiß Essen kommen so bekannte Namen wie Helmut Rahn, Willi „Ente" Lippens, Horst Hrubesch und Frank Mill.

➡️ Das Aalto-Theater ist seit 1988 das Opernhaus der Stadt Essen (Abb. links). Bereits 1959 stellte der finnische Architekt Alvar Aalto im Rahmen eines Ideenwettbewerbs die ersten Entwürfe für den organischen Bau vor, doch erst 1988 wurde das Gebäude dann fertiggestellt. Neben Oper und Operette werden im Aalto-Theater auch Musicals, Konzerte und Ballettes aufgeführt. ■

➡ Die Stadt in Thüringen liegt zwischen Bad Hersfeld und Erfurt und hat knapp 43.000 Einwohner. Eisenach mit der Wartburg, die seit 1999 zum UNESCO-Weltkulturerbe zählt, ist die Geburtsstadt von Johann Sebastian Bach. In der Wartburg (Abb. rechts) lebte die heilige Elisabeth, und Martin Luther übersetzte hier das Neue Testament.

➡ Nördlich von Eisenach liegt ein UNESCO-Weltnaturerbe. Der Nationalpark Hainich führt seit 1997 diesen Titel und verfügt über einen enormen Buchenbestand. In dem Nationalpark lässt sich erahnen, wie der Urwald Mitteleuropas zu Beginn unserer Zeitrechnung ausgesehen haben mag. Bäume unterschiedlichen Alters, mächtige Baumveteranen, umschirmen den Nachwuchs, gelegentlich in skurriler Gestalt. Dazwischen liegendes und stehendes Totholz, bewachsen mit Moosen, Flechten und Pilzen. ◼

Eisenach

Thüringen

➡ Die ehemalige Kreisstadt liegt mit ihren rund 17.000 Einwohnern im Nordwesten Sachsens und ca. 20 Kilometer nordöstlich von Leipzig.

➡ Der Eilenburger Tierpark lockt jedes Jahr über 50.000 Besucher an. Inmitten des Stadtparks existiert der Tierpark seit 50 Jahren. Auf einem Gebiet von vier Hektar, das inmitten des Stadtparks liegt, können die Besucher über 250 Tiere aus 40 Arten bewundern. Neben dem Warmhaus „Tropicana" gibt es auch heimische Haustiere. Ein Naturlehrpfad führt dazu durch Feucht- und Waldgebiete, wo Kraniche, Luchse und Damwild angetroffen werden.

➡ Im Stadtteil Berg befindet sich die kleine, aber nicht unbedeutende Marienkirche. Die evangelische Bergkirche Sankt Marien geht auf einen romanischen Bau aus dem 12. Jahrhundert zurück, der von 1516 bis 1522 in eine spätgotische Hallenkirche umgestaltet wurde. Ab 1522 predigte nachweislich auch der Reformator Martin Luther hier. ◼

Eilenburg

Sachsen

Innenraum der Marienkirche

Ebersberg

EBE

Orte im Kreis:
Ebersberg, Gräfing bei München
Bayern

Damwild im Ebersberger Forst

➡ Die Stadt Ebersberg, östlich zwischen München und Wasserburg gelegen, hat derzeit knapp 11.400 Einwohner. Das Rathaus der Stadt kann auf eine bewegte Geschichte zurückblicken. Im Jahr 1529 wurde das Haus unter Abt Leonhard II. durch den Klosterbaumeister Ulrich Randke als Hofwirtshaus auf den Grundmauern und Gewölben der bereits bestehenden „Unteren Taverne" errichtet. Der Bau mit seinen Rippengewölben dient heute als Rathaus.

➡ Kristina Berger aus Ebersberg ist eine sehr erfolgreiche Sportschützin, die es mit der Pistole und dem Bogen zu internationalen Erfolgen gebracht hat. 2011 schoss sie mit dem Bogen, den sie 2009 erstmals als Sportgerät für sich entdeckte, mit 353 Ringen Weltrekord.

➡ Der Ebersberger Forst ist mit rund 90 Quadratkilometern eines der größten zusammenhängenden Waldgebiete Deutschlands und ein herrliches Naherholungsgebiet im Voralpenland. ∎

Ebern

EBN Ⓐ

Bayern

➡ Im unterfränkischen Landkreis Haßberg in Bayern liegt die ehemalige Kreisstadt Ebern mit ihren 7200 Einwohnern. Die gut erhaltene Altstadt wird noch von großen Teilen der mittelalterlichen Stadtmauer umgeben.

➡ Mit die schönste Fassade in Ebern ist am Rathaus zu finden. Das Rathaus ist in der Nähe des Marktplatzes in eine Häuserreihe eingebaut. Es ist ein dreistöckiger Fachwerkbau, der alle Nachbarhäuser überragt. Das Rathaus wird auch heute noch für Empfänge und Festlichkeiten der Stadt Ebern genutzt.

➡ Etwa einen Kilometer nördlich von Ebern liegt das Schloss Eyrichshof in Unterfranken. Das ehemalige Wasserschloss ist seit dem 14. Jahrhundert im Besitz der Freiherren von Rotenhan und wird noch von den Eigentümern selbst bewohnt. ∎

Das Rathaus von Ebern

➡ Die Kleinstadt Ebermannstadt liegt mit ihren 6800 Einwohnern im oberfränkischen Landkreis Forchheim. Ihre schönsten Sehenswürdigkeiten sind die Marienkapelle mit Strahlenmadonna aus dem 13. Jahrhundert, das Wasserschöpfrad an der Wiesent, der Marktplatz mit Marienbrunnen, die Scheunenviertel und die Fachwerkhäuser im Stadtgebiet.

➡ Der in Ebermannstadt-Gasseldorf geborene Johann Georg Lahner (1772–1845) erfand das weltberühmte Wiener Würstchen, als er in Wien als Metzgermeister arbeitete.

➡ Die Dampfbahn Fränkische Schweiz e.V., Frankens erste Museumsbahn, fährt im Sommer regelmäßig mit historischen Dampf- und Dieselloks zwischen Ebermannstadt und Behringersmühle (Abb. rechts). Die 16 Kilometer lange Strecke durch das herrliche Wiesenttal wird seit 1930 bis heute erhalten. ∎

➡ Eckernförde liegt rund 25 Kilometer nordwestlich von Kiel in Schleswig-Holstein.

➡ Das Gründungsjahr der Stadt Eckernförde ist nicht bekannt. Der Name ist zuerst aus den Jahren 1197, 1222 und 1288 im Zusammenhang mit den Namen „Godescalcus de Ekerenvorde" und „Nikolaus de Ekerenvorde" überliefert.

➡ Eckernförde ist seit 1831 ein anerkanntes Ostseebad mit vier Kilometer langem sauberen Sandstrand und einem Unterkunftsangebot von ca. 1700 Betten.

➡ Nur wenige Schritte vom Strand entfernt wartet die Altstadt. ∎

Ebermannstadt

EBS Ⓐ

Bayern

Eckernförde

ECK Ⓐ

Schleswig-Holstein

ECK

EBN
EBS

EBE

Erding

ED

Bayern

EE

EF

ED

Elbe-Elster

EE

Orte im Kreis:
Bad Liebenwerda, Finsterwalde,
Herzberg
Brandenburg

➡ 36 Kilometer nördlich von München liegt die Stadt Erding mit 34.500 Einwohnern. Der Name der Stadt wird oft verbunden mit dem bayerischen Nationalgetränk, dem Bier, und speziell mit dem Weißbier. Die Tradition des Bierbrauens in Erding ist bis ins Jahr 1886 zurückzuverfolgen.

➡ Gleich zwei Feste locken im Sommer viele Hundert Besucher in die Stadt. Zum einen ist dies das Sinnflut-Kulturfestival und Ende August das Herbstfest. Nach München und Rosenheim ist das Herbstfest das drittgrößte Volksfest in Oberbayern.

➡ Erding wurde bundesweit durch sein Moorgebiet bekannt. Bis zu Beginn des 20. Jahrhunderts wurde das Erdinger Moos, das sich am nordöstlichen Stadtrand von München befindet, zum Torfbau genutzt. Als im Oktober 1967 das Moorgebiet für den Bau des Münchener Großflughafens auserkoren wurde, zog dies zahlreiche Protestbewegungen und viele Schlagzeilen in allen Zeitungen nach sich. ◼

➡ Ganz im Süden des Landes Brandenburg ist der Landkreis Elbe-Elster zu finden.

➡ In Herzberg ist der Tierpark zu finden, der ursprünglich als Tiergehege bezeichnet wurde und eine parkähnliche Anlage am Rande der Stadt ist. Die Geschichte des Parks ist auf einen Herzberger Bürger zurückzuführen, der Anfang der 70er-Jahre des vorherigen Jahrhunderts auf seinem Grundstück Bergziegen und Schafe hielt. Durch Beschwerden von Anwohnern wurde dem Tierliebhaber ein Grundstück für ein Gehege im Grochwitzer Park zur Verfügung gestellt.

➡ Die älteste Brikettfabrik Europas ist heute im Landkreis Domsdorf als Industriedenkmal zu bewundern. Die Anlage wird von den Bewohnern liebevoll „Louise" genannt und wird geprägt von ihrem Wahrzeichen, dem 68 Meter hohen Schornstein. 1991 wurde „Louise" stillgelegt und 1992 zum Technischen Denkmal erklärt. ◼

➡ Erfurt ist die Landeshauptstadt von Thüringen, liegt genau zwischen Gotha und Weimar und hat 206.000 Einwohner.

➡ Zu den Sehenswürdigkeiten der Stadt gehören die Cyriaksburg und der Petersberg als einzige weitgehend erhaltene barocke Stadtfestung Mitteleuropas. Die Cyriaksburg hat ihren Ursprung im Mittelalter. Vorläufer der seit dem Jahr 1480 militärisch genutzten Burg war ein Kloster, das im Jahr 1123 von den Benediktinerinnen vom Erfurter Domberg auf den Hügel vor die Stadt verlegt wurde. Das Kloster wurde 1478 abgebrochen und erneut verlegt. Die Burg wurde im 17. Jahrhundert ausgebaut und in der Preußenzeit verstärkt. Seit dem Jahr 2000 ist auf einem der beiden Festungstürme eine Aussichtsplattform zugänglich.

➡ Wegen seiner zahlreichen Kirchen und Klöster erhielt Erfurt im Mittelalter den Beinamen „Thüringisches Rom". Heute gibt es in der Altstadt 22 Kirchen und fünf freistehende Kirchtürme ehemaliger Kirchen. Wahrzeichen der Stadt ist das Ensemble von Dom und Severikirche am Domplatz (Abb. unten). ■

Erfurt

EF

Thüringen

Quiz

Die Erfurter sind in ihrer Region auch unter einem Spitznamen bekannt, der sich aus dem Namen einer Feldfrucht ableitet, die bereits im Mittelalter auf den Feldern um Erfurt angebaut und als sättigendes Nahrungsmittel geschätzt wurde. Der Name der Feldfrucht und der Spitzname sind gleich. Wie lautet er?

Auflösung: Seite 443

Eggenfelden

EG Ⓐ

Bayern

➡ Die Stadt Eggenfelden ist mit ihren 12.800 Einwohnern die zahlenmäßig größte Stadt im niederbayerischen Landkreis Rottal-Inn.

➡ Einst verfügte die Stadt über vier Stadttore, von denen nur noch das Grabmeiertor erhalten ist. Der Stadtplatz wird vom Marienbrunnen beherrscht.

➡ Der südöstlichste Flugplatz Deutschlands ist in Eggenfelden in Form eines Verkehrslandeplatzes zu finden. Der Flugplatz befindet sich zwei Kilometer südlich von Eggenfelden. ▪

Eisenhüttenstadt

EH Ⓐ

Brandenburg

➡ Eisenhüttenstadt ist mit ihren 30.000 Einwohnern eine amtsfreie Stadt an der Oder im Bundesland Brandenburg, unmittelbar an der polnischen Grenze. Sie ist die jüngste Stadt Deutschlands und wurde im Jahr 1950 auf dem III. Parteitag der SED nach einem Beschluss auf dem Reißbrett als reine Planstadt gegründet. 1950 erfolgte der symbolische erste Axthieb zum Baubeginn des Eisenhüttenkombinats, und 1951 legte Minister Fritz Selbmann den Grundstein für den ersten Hochofen. Eisenhüttenstadt war somit die erste „sozialistische Stadt" der DDR.

Der historische Teil von Eisenhüttenstadt, das frühere Fürstenberg an der Oder

➡ Bereits nach 1251 wurde auf dem heutigen Stadtgebiet vom meißnischen Markgrafen Heinrich dem Erlauchten die Stadt Fürstenberg im Verband der Niederlausitz gegründet. Sie wird erstmals 1286 als „Civitas" und Zollstätte bezeugt. ▪

➡ Ehingen liegt mit seinen 25.000 Einwohnern an der Donau. Die Stadt ist 23 Kilometer von Ulm und 67 Kilometer von Stuttgart entfernt.

➡ Europaweit bekannte Unternehmen haben in den Grenzen der Stadt ihre Zentralen. So wie die ehemalige Drogeriekette Schlecker oder Liebherr als Hersteller von Fahrzeugen und Kränen. Dazu gesellen sich Bierbrauereien und eine große Zellstofffabrik, die zum internationalen Sappi-Papierkonzern gehört.

➡ Drei große Feste bestimmen den Veranstaltungskalender der Stadt. Dazu gehören die Ehinger Kirbe, ein Stadtfest, das immer am zweiten Septemberwochenende stattfindet, die Fasnet mit dem Fastnachtsumzug am Fastnachtsdienstag und die Bürgerwache. Dabei wird der Große Zapfenstreich immer am Vorabend des Fronleichnamstages auf dem Marktplatz gespielt. ■

➡ Der Landkreis befindet sich in der Mitte zu den beiden bayerischen Städten Weißenburg im Norden sowie Ingolstadt im Süden und wird beherrscht vom Naturpark Altmühltal. 80 Prozent des Kreises liegen im Naturpark und bieten einen bevorzugten Erholungs- und Freizeitraum.

➡ Die Stadt Eichstätt liegt an der Altmühl im Dreieck der größten bayerischen Oberzentren München, Nürnberg und Augsburg. Die um 1353 errichte Willibaldsburg thront hoch über der Stadt. Sie war bis ins 18. Jahrhundert Sitz der Eichstätter Fürstbischöfe.

➡ Zahlreiche Funde zeigen, dass der Neandertaler vor mehr als 60.000 Jahren hier lebte und Mammuts, Höhlenbären, Rentiere und Wollnashörner jagte. Knochen und Steinwerkzeuge fanden sich zum Beispiel in der Höhle „Hohler Stein" im Schambachtal bei Arnsberg. Auch bei Dollnstein, Breitenfurt und Obereichstätt suchten die Menschen zwischen 100.000 und 5000 v. Chr. in Höhlen Unterschlupf. ■

Ehingen

Baden-Württemberg

Eichstätt

Orte im Kreis:
Beilngries, Eichstätt, Kösching
Bayern

Eichsfeld

EIC

Orte im Kreis:
Heilbad Heiligenstadt,
Leinefelde-Worbis
Thüringen

Eichstätt

EIH

Bayern

➡ Der Landkreis Eichsfeld liegt im Nordwesten Thüringens zwischen dem Harz, der Werra, dem Osthessischen Bergland und dem Thüringer Becken. Der Sitz der Kreisverwaltung ist das Heilbad Heiligenstadt, der Stadt des Bildschnitzers Tilman Riemenschneider, der hier geboren wurde. Zu den berühmtesten Werken des Künstlers gehört das Kaisergrab im Bamberger Dom.

➡ Auch wenn Heiligenstadt bereits 1929 Kneippbad wurde, so begann die Stadtverwaltung 1990 den Kurbetrieb auszubauen und nutzte die Zeit und den relativ rechtlosen Raum kurz nach Vollendung der Deutschen Einheit. Eineinhalb Jahre später präsentierte man sich als Heilbad Heiligenstadt.

➡ Die Geschichte des namensgebenden Eichsfeldes liegt in der Jungsteinzeit um 5000 v. Chr. Funde von Bandkeramiken am Euzenberg bei Duderstadt belegen dies. ◼

➡ Die Stadt liegt in Bayern zwischen Weißenburg und Ingolstadt und hat ca. 13.000 Einwohner.

➡ Bereits im Jahr 908 erhielt „Eihstat" Markt-, Münz- und Zollrecht sowie das Recht zur Ummauerung der Stadt.

➡ Im Krieg unversehrt kann die Stadt mit Sitz einer Universität mit vielen historischen Gebäuden aufwarten. Dazu zählen die Residenz, die Altmühlbrücke, die Willibaldsburg sowie zahlreiche Kirchen und Klöster.

➡ Weltberühmt ist das Jura-Museum in Eichstätt mit einem Original des Urvogels Archaeopteryx (Abb. links), der in den Steinbrüchen oberhalb Eichstätts gefunden wurde. ◼

➡️ Die Stadt Eisleben liegt im Harz in Sachsen-Anhalt zwischen Quedlinburg und Halle/Saale. Hier wurde am 10. November 1483 der Reformator Martin Luther geboren. Doktor der Theologie wurde er im Jahr 1512. Fünf Jahre später kam es in Wittenberg zum berühmten Anschlag der 95 Thesen an die Tür der Schlosskirche. Am 18. Februar 1546 starb Luther in Eisleben.

➡️ Mehr als 800 Jahre wurde rund um Eisleben Kupfer abgebaut und prägte mit Bergbau und Verhüttung die Gegend rund um die Stadt.

➡️ Luther und der Kupferbergbau wurden in Form eines Denkmals gewürdigt. Das Lutherdenkmal steht am Platz des mittelalterlichen Stadtgerichts (Abb. rechts). Für den Bergbau wurde schon 1590 die Figur „Kamerad Martin" auf dem Sockel vor dem Neustädter Rathaus als Sinnbild des Bergbaus errichtet. ■

Eisleben

Sachsen-Anhalt

➡️ Die ehemalige Hansestadt Einbeck liegt zwischen Paderborn und Wernigerode in Niedersachsen. Bekannt ist Einbeck als Heimat des Bockbiers. Die Geschichte der Braukunst in Einbeck lässt sich bis ins 14. Jahrhundert zurückverfolgen. Darüber hinaus gehört sie zu den schönsten Fachwerkstädten Deutschlands – vor allem wegen des Wahrzeichens der Stadt, dem Rathaus. Der heute noch bestehende Bau beruht auf einem Vorgängerbau aus dem 13. Jahrhundert.

➡️ Für Till Eulenspiegel, der hier gelebt haben soll, wurde im Brunnen am Marktplatz ein Denkmal errichtet (Abb. rechts).

➡️ Bis in die zwanziger Jahre des letzten Jahrhunderts lässt sich die Senfherstellung in Einbeck zurückverfolgen. Die Einbecker Senfmühle hat diese Tradition wiederbelebt und produziert in der Einbecker Altstadt in traditionellem Steinmahlverfahren Senf in verschiedenen Geschmacksrichtungen. ■

Einbeck

Niedersachsen

Eisenberg

EIS Ⓐ

Thüringen

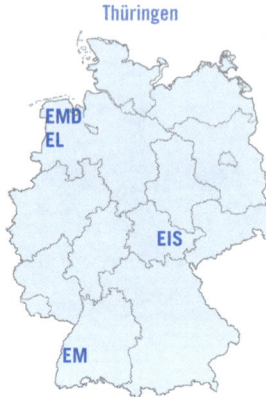

Emsland

EL

Orte im Kreis:
Lingen, Papenburg, Meppen
Niedersachsen

▶ Die thüringische Kreisstadt Eisenberg mit 11.000 Einwohnern liegt zwischen Jena und Gera. Über dem Stadtwappen ist ein Mohr mit verbundenen Augen zu sehen. Dies geht auf eine Sage zurück, wonach ein Mohr im Mittelalter die Kette einer Herzogsgemahlin gestohlen haben soll. Er sollte daher enthauptet werden. Die Gräfin hatte die Kette aber wiedergefunden und schickte rechtzeitig vor der Hinrichtung einen Boten zum Richtplatz. Zur Wiederherstellung seiner Ehre thront seither der Kopf des Mohren über dem Stadtwappen.

▶ Die prunkvollste barocke Kirche in Thüringen ist die Schlosskirche in Eisenberg. Ihr Erbauer war Herzog Christian von Sachsen-Eisenberg, der die Stadt 1675 zu seiner Residenz machte. Er ließ das vorhandene Schloss umbauen und mit der Schlosskirche die schönste Barockkapelle Thüringens errichten. ■

▶ Der Landkreis Emsland liegt in Niedersachsen im Nordwesten Deutschlands. Der einzige Seehafen des Landkreises ist in Papenburg zu finden, da die Ems von Papenburg aus als Seewasserstraße ausgewiesen ist.

▶ Von internationaler Bedeutung ist der Naturpark Moor. Das Bourtanger Moor, Mitte des 19. Jahrhunderts kultiviert, gehörte davor zu den größten zusammenhängenden Hochmooren im Norden Europas. Dieses wird nun durch den Internationalen Naturpark Bourtanger-Moor-Bargerveen (Abb. links), der Erholungsangebote in einer faszinierenden Moorlandschaft entwickelt, renaturiert. Auf einer Fläche von fast 4000 Hektar spielt es eine maßgebliche Rolle für den Naturschutz und als Naturerlebnis in der Region.

▶ Im Funpark, unweit von Meppen, ist die größte Weltkarte der Welt vom Schweizer Künstler Christoph Rihs gezeichnet worden. Sie ist auch im Guinnessbuch der Rekorde eingetragen. ■

➡ Der Landkreis Emmendingen liegt in Baden-Württemberg und gehört zum Regierungsbezirk Freiburg.

➡ Freunde des Wanderns und Radfahrens finden im Landkreis optimale Voraussetzungen. Dazu gehören Wanderwege vom Rhein bis in den Schwarzwald und 900 Kilometer Radwanderwege.

➡ Der Emmendinger Landbaumeister Carl Friedrich Meerwein gab ein Buch heraus mit dem Titel „Der Mensch! Sollte der nicht auch mit Fähigkeiten zum Fliegen geboren sein?". Meerwein entwarf darin ein Flugmodell und stellte Berechnungen an, unter welchen Bedingungen sein Flugapparat auch tatsächlich fliegen konnte. Ihm soll, nach einigen Fehlschlägen, im Jahr 1784 ein 150 Meter weiter Flug vom Schlossberg in Emmendingen aus gelungen sein. ■

Emmendingen

EM

Orte im Kreis:
Emmendingen, Waldkirch
Baden-Württemberg

Emmendinger Schlossplatz mit ev. Kirche

➡ Die Stadt Emden liegt in Ostfriesland unweit der holländischen Grenze und hat 51.000 Einwohner.

➡ Der große Seehafen und das VW-Werk bilden eine Symbiose. So hat sich der Emdener Hafen zu einem der größten Autoverladehäfen Europas entwickelt.

➡ Große Namen sind mit Emden verbunden. Zu den international bekannten Söhnen der Stadt gehört auch Filmregisseur Wolfgang Petersen, der sich mit Filmen wie „Das Boot", „Der Sturm" und die „Unendliche Geschichte" einen Namen machte. Auch Komiker Otto Waalkes hat in seiner Heimatstadt ein Museum gegründet.

Emden

EMD

Niedersachsen

➡ Ein Kleinod für Heiratswillige ist das historische Feuerschiff, das im mittelalterlichen Hafenbecken vor Anker liegt (Abb. rechts). Die an Bord frisch getrauten Paare bekommen nach der Zeremonie ihre Heiratsurkunde vom Kapitän. ■

Rhein-Lahn-Kreis

EMS

Orte im Kreis: Bad Ems, Diez, Nassau, St. Goarshausen
Rheinland-Pfalz

➡️ Die Stadt Bad Ems im Tal der Lahn liegt im Norden des Rhein-Lahn-Kreises, der hier auch seinen Verwaltungssitz hat, und hat knapp 8900 Einwohner.

➡️ Alljährlich im August wird in Bad Ems der Bartholomäus-Markt begangen. Darin eingebunden ist der größte rollende Blumenkorso Deutschlands, der auch zu den größten der Welt zählt. Das Lahntal prägt das Landschaftsbild des Kreises von Diez im Norden bis zum Rhein im Süden und bietet viele Gelegenheiten der Freizeitgestaltung.

➡️ Das Heilbad kann zudem auf viele bauliche Kostbarkeiten verweisen. Dazu zählen das barocke Badeschloss, Deutschlands älteste Spielbank aus dem 19. Jahrhundert (Abb. links), das Kursaalgebäude mit Marmorsaal und Kurtheater und die russisch-orthodoxe Kirche. ◾

Ennepe-Ruhr-Kreis

EN

Orte im Kreis: Schwalm, Ennepetal, Hattingen, Witten
Nordrhein-Westfalen

➡️ Der Ennepe-Ruhr-Kreis ist im Ruhrgebiet in der Mitte von Nordrhein-Westfalen zu finden.

➡️ Die größte Naturhöhle Deutschlands ist die Kluterthöhle. Mit ihren fast sechs Kilometer langen, erforschten Höhlengängen hat sie sich zu einer anerkannten Naturheilstätte für Asthmakranke entwickelt. Die Höhle hat 300 Gänge, unterirdische Seen und Bäche. Zu sehen gibt es Fossilien von Lebewesen, die vor rund 370 Millionen Jahren die Erde bevölkert haben.

➡️ Die Region um Ennepe-Ruhr hat sich in den letzten Jahren zu einer beliebten Adresse für den „kleinen Urlaub zwischendurch" entwickelt. Der Kreis liegt zentral im Fünf-Städte-Eck Wuppertal, Essen, Bochum, Dortmund und Hagen.

➡️ In Schwelm, der Kreisstadt des Ennepe-Ruhr-Kreises, wurde Gustav Heinemann 1899 geboren. Der SPD-Politiker wurde 1969 zum dritten Bundespräsidenten der Bundesrepublik Deutschland gewählt. ◾

➡ Die Stadt, nördlich von Nürnberg in Bayern gelegen, hat über 100.000 Einwohner und gehört zu den acht Großstädten des Freistaats Bayern.

➡ Seit 1984 findet alle zwei Jahre das bedeutendste Comic-Festival im deutschsprachigen Raum statt. Aus aller Welt treffen sich die Freunde und Zeichner zum internationalen Comic-Salon in Erlangen.

➡ Der Fußball-Nationalspieler Lothar Matthäus, in Erlangen geboren, hält mit 150 Länderspielen den Rekord aller Nationalspieler. Er spielte bei den Weltmeisterschaften 1982, 1986, 1990, 1994 und 1998 und wurde 1990 Fußball-Weltmeister.

➡ Das 1702 als markgräfliche Residenz fertiggestellte Erlanger Schloss liegt im Zentrum der Stadt und wurde ab 1817 der Universität zur Nutzung gewidmet (Abb. rechts). In ihm sind heute neben der Aula die Hochschulleitung und ein Teil der Universitätsverwaltung untergebracht. ▪

Erlangen

ER

Bayern

➡ Der Odenwaldkreis liegt südlich von Frankfurt, zwischen Darmstadt und Heilbronn.

➡ In der Kreisstadt Erbach ist die über 200 Jahre alte Tradition der Elfenbeinschnitzerei anzutreffen. Dabei werden unter anderem über 30.000 Jahre alte Mammutstoßzähne aus Sibirien importiert und weiterverarbeitet.

➡ In Michelstadt, der größten Stadt des Odenwaldkreises mit rund 16.000 Einwohnern, sind neben der historischen Altstadt auch zahlreiche Museen als sehr sehenswert zu bezeichnen.

➡ Das Michelstädter Fachwerk-Rathaus ist eines der berühmtesten Fachwerkhäuser Deutschlands und weltbekannt (Abb. rechts). Es wurde im Jahr 1484 im Stil der Spätgotik errichtet, und von Beginn an wurde das offene Erdgeschoss als überdachte Markthalle genutzt. ▪

Odenwaldkreis

ERB

Orte im Kreis:
Bad König, Erbach, Michelstadt
Bayern

Erlangen-Höchstadt

ERH

Orte im Kreis:
Höchstadt, Herzogenaurach
Bayern

➡ Der Landkreis Erlangen-Höchstadt liegt in Bayern zwischen Bamberg im Norden und Nürnberg im Süden.

➡ Der Landkreis ist Heimat von zwei internationalen Sportartikelherstellern – die Rede ist von „Adidas", gegründet von Adolf Dassler, und dem Unternehmen seines Bruders Rudolf Dassler, „Puma", die beide ihre Firmen in Herzogenaurach gründeten.

➡ In Höchstadt an der Aisch zu finden ist der Kellerberg, der mit seiner Kellervernetzung zu den größten Europas gehört. In der fast 400 Jahre alten Anlage sind 24 Kellerhäuschen mit 218 Kellern, 26 Eingängen und in Sandstein gehauene Gänge mit einer Länge von über zwei Kilometern zu finden. Die meisten Keller wurden von ortsansässigen Brauereien zur Kühlung und Lagerung der Bierfässer geschaffen. Hier lagert man zum Teil noch heute das Bier in Holzfässern. ◾

Erkelenz

ERK

Nordrhein-Westfalen

➡ Am Nordrand der Kölner Bucht gelegen, liegt die Stadt mit einer Bevölkerungszahl von 44.000 Einwohnern im Dreieck Mönchengladbach, Grevenbroich und Geilenkirchen.

➡ Sieben Brunnen zieren den Stadtkern. Zwei von ihnen, der „Stadtbrunnen" auf dem Markt (Abb. links) und die „Pumpe" auf dem „Reifferscheidtsplätzchen" an der Brückstraße stehen in unmittelbarer Nähe von Standorten, an denen sich auch früher Brunnen und Pumpen befanden, die durch Jahrhunderte – später zusammen mit zahlreichen privaten Pumpen – bis zum Jahr 1903 die Wasserversorgung in der Stadt sichergestellt haben. Weitere Brunnen im Stadtkern sind der Franziskusbrunnen auf dem Franziskanerplatz, der Spielbrunnen an der Nordpromenade vor der Stadtmauer, der Berliner Trinkbrunnen auf dem Markt, der Brunnen auf dem Sparkassenvorplatz sowie der Reliefbrunnen an der Kölner Straße vor dem Amtsgericht. Verdursten musste hier sicher niemand. ◾

➡️ Der Erzgebirgskreis liegt im Süden Sachsens direkt an der Grenze zu Tschechien.

➡️ Bekanntester Ort im Fichtelgebirge ist Oberwiesenthal mit der Fichtelbergschanze. Der bekannteste Sohn des Ortes ist wahrscheinlich Jens Weißflog, der mit drei Gold- und einer Silbermedaille bei Olympischen Spielen brillierte. Er war auch auf der 70-Meter-Normalschanze viermal Weltmeister und errang dreimal den Gesamtsieg der Vierschanzentournee.

➡️ Im Jahr 1168 stießen Kaufleute in der Nähe des heutigen Freiberg auf Silber. Das Silber zog Bergleute, Handwerker und Händler in die Region, die eine stürmische Entwicklung nahm. Anfang des 14. Jahrhunderts verebbte der Run auf das Silber. Der zweite „Bergkgeschrey" löste in der Region Schneeberg einen zweiten Run auf das Silber aus, bei dem man die größte zusammenhängende Silbererzmasse Europas mit 14 Tonnen Gewicht fand. ◼

➡️ Der Landkreis Esslingen grenzt südöstlich an Stuttgart und liegt in Baden-Württemberg.

➡️ In Leinfelden-Echterdingen ist Europas größtes Spielkartenmuseum angesiedelt, dessen Ursprung in Altenburg zu finden ist, wo seit 1923 bis zum Ausbruch des Krieges 6000 Kartenspiele aller Epochen zusammengetragen wurden.

➡️ Das St.-Paul-Münster in Esslingen ist eine sehr imposante, dreischiffige Säulenbasilika der Frühgotik aus dem 13. Jahrhundert und die älteste erhaltene Bettelordenskirche in Deutschland (Abb. unten). Sie steht an der Westseite des Marktplatzes und gehört zusammen mit der Stadtkirche St. Dionys und der Frauenkirche zu den prägenden Wahrzeichen der Stadt Esslingen. ◼

Erzgebirgskreis

ERZ

Orte im Kreis:
Annaberg-Buchholz, Aue, Stollberg
Sachsen

Esslingen

ES

Orte im Kreis:
Esslingen, Filderstadt, Kirchheim/
Teck, Leinfelden-Echterdingen
Baden-Württemberg

Eisenach

ESA Ⓐ

Thüringen

➡ 1990 wurde der Kreis in Landkreis Eisenach umbenannt. Bis 1990 gehörte der Landkreis zum Bezirk Erfurt, danach zum neu gebildeten Land Thüringen. Ab 1994 wurden die Landkreise Eisenach und Bad Salzungen zusammen mit den Gemeinden Behringen, Craula, Tüngeda, Reichenbach und Wolfsbehringen des ehemaligen Landkreises Langensalza zum neuen Wartburgkreis vereinigt.

➡ Eisenach mit der Wartburg, die seit 1999 zum UNESCO-Weltkulturerbe zählt, ist die Geburtsstadt von Johann Sebastian Bach. Berühmt ist die Stadt auch durch historische Bauten, wie Bachhaus, Stadtschloss, Nikolaikirche, Annenkirche, Landestheater, „Schmales Haus", Lutherhaus, Georgenkirche, Rathaus und auch die Reutervilla.

➡ Nördlich von Eisenach liegt ein UNESCO-Weltnaturerbe. Der Nationalpark Hainich ist seit 1997 Nationalpark und verfügt über einen enormen Buchenbestand. ▪

Eschenbach in der Oberpfalz

ESB Ⓐ

Bayern

Marienplatz in Eschenbach

➡ Die ehemalige Kreisstadt Eschenbach bei Bayreuth liegt an der Grenze zu Tschechien mit rund 4000 Einwohnern.

➡ Entstanden ist die Stadt in der Oberpfalz aus einer germanischen Siedlung heraus in der 1. Hälfte des 10. Jahrhunderts. Anfang des 15. Jahrhunderts gelangte Eschenbach in pfälzischen Besitz; die Stadt wurde 1430 von den Hussiten, 1641 von den Schweden zerstört und 1757 von den Preußen geplündert.

➡ Die katholische gotische Pfarrkirche St. Laurentius ist etwa 1440 erbaut, der Kirchturm mit fünf quadratischen und zwei zylindrischen Aufsätzen wurde 1541 vollendet. Im Altarraum sind ein spätgotisches Epitaph und ein im gotischen Stil gehaltener Flügelaltar zu bewundern. Die Mariensäule und das spätgotische Rathaus – beide stehen auf dem langgezogenen Stadtberg – sind von 1720 bzw. 1570. Reste der Stadtmauer sind heute in der unteren Altstadt zu sehen. ▪

➡ Der Werra-Meißner-Kreis grenzt im Westen direkt an die hessische Großstadt Kassel. Aus der Zusammenlegung der ehemals selbstständigen Landkreise Eschwege und Witzenhausen entstand 1974 der Werra-Meißner-Kreis.

➡ Im Werratal ist das größte Kirschenanbaugebiet Europas anzutreffen. In der Kirschen- und Universitätsstadt Witzenhausen wird alljährlich die Kirschenkönigin gewählt und es wird der Meister im „Kirschkern-Weitspucken" gesucht.

➡ Schloss Berlepsch – ein Märchenschloss, das traumhaft auf einem Felsen bei Witzenhausen liegt (Abb. rechts). Umringt von dichten Wäldern, abwechselnd mit Wiesen im hügeligen Gelände des hessischen Berglandes, könnte es die Vorlage für eines der Grimm'schen Märchen gewesen sein. Die Schlosstaverne bietet am Wochenende bodenständige deutsche Küche zu moderaten Preisen an. ■

Werra-Meißner-Kreis

ESW

Orte im Kreis:
Bad Soden-Allendorf, Eschwege,
Witzenhausen
Hessen

➡ Der Kreis Euskirchen liegt in Nordrhein-Westfalen zwischen den beiden Städten Aachen im Westen und Köln im Nordosten mit Verwaltungssitz in Euskirchen.

➡ Hier liegt der Nationalpark Eifel, wo die für Westeuropa typischen Buchenwälder geschützt werden sollen. Von 100 km² Gesamtfläche sind etwa 70 km² Wald. Davon unterliegen bis 2034 nur 50% einem bedingten Naturschutz. Davon wiederum sind nur knapp 3%, also 1,5% der Gesamtfläche, als Totalreservat ausgewiesen, sodass bis 2034 noch sehr viele Bäume gefällt werden dürften. Armer Nationalpark.

➡ 1852 wurde in Euskirchen Emil Fischer geboren, der 1902 den Nobelpreis für Chemie erhielt. Er wurde für bahnbrechende Arbeiten auf dem Gebiet der Zuckerchemie ausgezeichnet.

➡ Das größte vollbewegliche Radioteleskop der Welt mit einem Parabolreflektor von 100 Meter Durchmesser ist bei Bad Münstereifel zu sehen (Abb. rechts). ■

Euskirchen

EU

Orte im Kreis:
Bad Münstereifel, Euskirchen,
Merchernich, Zülpich, Weilerswist
Nordrhein-Westfalen

Eutin

EUT^A

Schleswig-Holstein

Die Eutiner Freilichtbühne

➡ Die Stadt Eutin liegt zwischen Ostsee und Plön und hat über 17.000 Einwohner.

➡ Die Eutiner Festspiele in der Freiluftoper im denkmalgeschützten Schlossgarten haben den Namen der Stadt weit über die Grenzen hinweg getragen (Abb. links). Das „Weimar des Nordens", wie die Stadt auch noch genannt wird, hat in ihren Mauern auch noch den Konzertsommer im Jagdschlösschen.

➡ 1786 wurde Carl Maria von Weber in Eutin geboren, der einige Reformen in der Musikszene auf den Weg brachte. So wurden unter seiner Anleitung Neuordnungen an Opernhäusern wie die Sitzordnung des Orchesters, der Probenablauf der Sänger von der Soloprobe bis hin zur Ensembleprobe durchgeführt. Auch dass der Taktstock sich durchsetzte, wird dem Komponisten und Dirigenten zugesprochen. Zu den bekanntesten Werken von Carl Maria von Weber gehört „Der Freischütz", der 1821 uraufgeführt wurde. ∎

Eberswalde

EW^A

Brandenburg

➡ Rund 50 Kilometer nordöstlich von Berlin liegt Eberswalde mit knapp 41.000 Einwohnern inmitten großer Wälder, was ihr den Beinamen „Waldstadt" einbrachte. Die angrenzende Schorfheide gehört zu den größten Waldgebieten Deutschlands.

➡ Der Eberswalder Zoo wurde 1795 gegründet und entwickelte sich zu einer Publikumsattraktion. Im Bild (unten) ein Weißbüschelaffenbaby aus der Aufzucht des Zoos. Diese Affen werden nur maximal 25 Zentimeter groß (ohne Schwanz) und rund 400 Gramm schwer. Sie stammen aus dem Urwald Nordbrasiliens. Leider gibt es weltweit viele „private Züchter", die einen Schwarzmarkt-Handel mit diesen Tieren betreiben und sie meist nicht artgerecht halten. In

natürlicher Lebensweise entwickeln diese Äffchen eine starke soziale Gemeinschaft und beschenken ihre Artgenossen mit Früchten, ohne eine Gegenleistung dafür zu erwarten. ∎

➡ Die am Main liegende Großstadt Frankfurt im Bundesland Hessen hat über 704.000 Einwohner.

➡ Die Stadt gehört zu den größten Zentren Deutschlands und wurde 794 erstmals urkundlich erwähnt. 1562 war Frankfurt die Krönungsstadt des römisch-deutschen Kaisers. Heute ist Frankfurt ein bedeutender Finanzstandort und Börsenplatz und zählt als Weltstadt zu den wichtigsten Finanzzentren. Die meisten national und international tätigen Banken wie die Europäische Zentralbank, die Deutsche Bundesbank oder die Frankfurter Wertpapierbörse haben in der Stadt ihren Sitz oder eine Filiale. In „Mainhattan", wie die City auch liebevoll genannt wird, stehen einige der größten Hochhäuser Europas.

➡ In Frankfurt gibt es so viele international führende Unternehmen aus den verschiedensten Branchen wie in keiner anderen deutschen Stadt. Durch die Hoechst AG galt Frankfurt jahrelang als „Apotheke der Welt". Der Industriepark Höchst ist einer der drei größten Standorte der chemischen und pharmazeutischen Industrie in Europa.

➡ Drei der wichtigsten Sehenswürdigkeiten befinden sich in der Altstadt: Kaiserdom, Römerberg und Paulskirche. Der Eiserne Steg, eine 1869 eröffnete Fußgängerbrücke, ist eines der Wahrzeichen der Stadt.

Frankfurt am Main

Hessen

Frankfurt am Main: Stadtansicht von der Deutschherrnbrücke aus

Der Römer ist Frankfurts Rathaus und ein Wahrzeichen der Stadt

Der Kaiserdom St. Bartholomäus

➡ Einer der größten Söhne der Stadt Frankfurt ist Johann Wolfgang von Goethe. Er wurde im Großen Hirschgraben, im heutigen Goethe-Haus geboren und arbeitete unter anderem als Advokat in der Stadt (1771). Zwei Jahre später (1773) vollendete er als Mitglied des Darmstädter Dichterkreises das Drama „Götz von Berlichingen".

➡ Frankfurt ist auch die Messestadt Deutschlands. Große Messen wie die Frankfurter Buchmesse und die Internationale Automobilmesse „IAA" locken jährlich Tausende Besucher aus aller Welt an.

➡ Da der Deutsche Fußballbund (DFB) seinen Sitz in der Metropole hat, wird die Stadt auch gern als Sportstadt bezeichnet. Mit der Frankfurter Eintracht hat sie auch einen Fußball-Bundesligisten. Die einstigen American Footballer der Frankfurt Galaxy waren führend in Europa. Der Eishockeyclub „Frankfurt Lions" gewann 2004 die Deutsche Meisterschaft.

Flughafen Frankfurt am Main

➡ Zu einem der weltgrößten Flughäfen hat sich der Frankfurter Airport entwickelt. Er ist in Sachen Passagieraufkommen der drittgrößte und für Luftfracht der zweitgrößte Verkehrsflughafen in Europa. Der Flughafen Rhein-Main ist immer wieder mit verschiedenen Themen in den Schlagzeilen der Presse. Angefangen von der Startbahn West über den Ausbau der neuen Startbahn Nord-West und den Diskussionen über das Nachtflugverbot.

Quiz

Nach einer Sage aus dem 16. Jahrhundert. soll ein im Eschenheimer Turm in Frankfurt eingekerkerter Wilderer mit neun Schüssen die Ziffer 9 in die blecherne Wetterfahne des Turms geschossen haben. Wie war der Name des Wilderers in der Sage?

Auflösung: Seite 443

➡ Eine weltweit einzigartige Konstruktion, die auf 86 Säulen über dem Fernbahnhof am Flughafen steht, ist „The Squaire". Das 660 Meter lange und 65 Meter breite Gebäude ist für die MIPIM Awards 2013 in der Kategorie „Best Office & Business Development" nominiert und zählt zu den spektakulärsten Immobilien der Welt. ■

➡️ Bad Fallingbostel, das seit 2002 den Zusatz „Bad" tragen darf, liegt in Niedersachsen zwischen Bremen und Wolfsburg und hat ca. 11.000 Einwohner.

➡️ In der Grünanlage der Stadt ist der „Megalithpark Osterberg" eingerichtet. Große Gesteinsblöcke, die von Gletschern gemeinsam mit Kies, Sand und Ton von Skandinavien aus in den Norden Deutschlands transportiert wurden, sind Zeugen eines erdgeschichtlichen Vorgangs, der vor ca. 200.000 Jahren diese Landschaft prägte. Die „Sieben Steinhäuser", eine Gruppe von Großsteingräbern in der Lüneburger Heide auf dem Truppenübungsplatz Bergen bei Fallingbostel, wurden im 3. Jahrhundert v.Chr. von ersten Siedlern errichtet (Abb. rechts).

➡️ Die Brüder Friedrich und August Freudenthal aus Fallingbostel sowie Hermann Löns gehören zu den bedeutendsten Heimatdichtern Niederdeutschlands. 🔷

Fallingbostel

FAL (A)

Niedersachsen

➡️ Der Wetteraukreis, mit der Kreisstadt Friedberg, ist ein 1972 entstandener Landkreis in Hessen, geografisch zwischen Gießen und Frankfurt gelegen.

➡️ Die Wetterau ist eine Region zwischen den Ausläufern des Vogelsberges und den Hängen des Taunus und war zu Zeiten des „Heiligen Römischen Reiches Deutscher Nation" die Kornkammer der Region. Im Taunus befinden sich viele Mineral- und Thermalquellen (Bad Nauheim, Bad Vilbel, Rosbach v.d. Höhe).

➡️ Eng verbunden mit dem Stadtnamen Bad Nauheim ist der von Elvis Presley, der zwischen 1958 und 1960 während seines Militärdienstes in Deutschland hier wohnte.

➡️ In der Stadt Butzbach befindet sich eine der ältesten Kasernen der Welt, die Schloss-Kaserne. Sie wurde 1818 gegründet und von 1950 bis 1991 von amerikanischen Regimentern, Bataillonen und der Militärpolizei genutzt. 🔷

Wetteraukreis

FB

Orte im Kreis:
Bad Nauheim, Bad Vilbel, Butzbach, Büdingen, Friedberg, Karben
Hessen

Kuranlage mit Sprudelhof in Bad Nauheim

Fulda

FD

Orte im Kreis:
Fulda, Gersfeld, Hünfeld, Tann
Hessen

➡ Der Landkreis Fulda liegt nordöstlich von Frankfurt in Osthessen. Er umfasst das Fuldaer Becken und das Mittelgebirge Rhön mit Hessens höchstem Berg, der Wasserkuppe.

➡ 1992 zeichnete die UNESCO das Biosphärenreservat Rhön aus. Die Wasserkuppe wurde als Geburtsstätte des Segelflugs und als Standort der ältesten Segelflugschule der Welt bekannt. Durch Flughafen und Segelflugmuseum, die Segel- und Gleitschirmschule, die Skilifte und die Sommerrodelbahn ist ein ganzjähriges Freizeitangebot garantiert.

➡ Der Dom St. Salvator (Abb. links) in der Bischofsstadt Fulda ist die bedeutendste Barockkirche Hessens und durch das Grab des heiligen Bonifatius bekannt.

➡ 1850 wurde in Fulda der Pionier des Fernsehens, Ferdinand Braun, geboren. Der Physiker wurde 1909 mit dem Nobelpreis für Physik ausgezeichnet. Nach ihm wurde die „Braun'sche Röhre" der alten Röhrenfernseher benannt. ▪

Friedberg

FDB Ⓐ

Orte im Kreis:
Friedberg, Dasing, Mering, Kissing
Bayern

➡ 1939 wurde überall im Deutschen Reich die Bezeichnung „Landkreis" eingeführt und somit wurde aus Bezirksamt der Landkreis Friedberg. Im Jahr 1972 wurden im Zuge der bayerischen Gebietsreform auch der Landkreis Friedberg, einzelne Gemeinden der Landkreise Fürstenfeldbruck, Neuburg an der Donau und Schrobenhausen und dem Landkreis Aichach zum neuen Landkreis Augsburg-Ost zusammengeführt.

➡ Friedberg besitzt eine gut erhaltene historische Altstadt mit Stadtmauer und Wehrtürmen. Besonders sehenswert sind das Rathaus und die Wallfahrtskirche „Herrgottsruh" (Abb. rechts). ▪

➡️ In der Region Nordschwarzwald gelegen, ist der Landkreis Freudenstadt mit 122.000 Einwohnern der zweikleinste Landkreis in Baden-Württemberg.

➡️ Freudenstadt ist ein anerkannter Kurort und durch den größten Marktplatz Deutschlands bekannt. Der Platz mit seinen Arkaden und den 50 Wasserfontänen ist im Sommer ein Besuchermagnet (Abb. rechts). Zusätzlich interessant wird die Stadt durch ihre über 100 Brunnen in der Innenstadt.

➡️ Die Schwarzwaldhochstraße ist die älteste Ferienstraße Deutschlands und verbindet Freudenstadt mit der Bäderstadt Baden-Baden und Wander- und Skigebieten des Nordschwarzwalds.

➡️ Auf dem Skulpturen- und Naturpark Kienberg, dem Hausberg Freudenstadts, ist Deutschlands höchstgelegener öffentlicher Rosenweg mit über 1000 Strauchrosen zu bewundern. ◾

Freudenstadt

Orte im Kreis:
Alpirsbach, Dornstetten, Freudenstadt, Horb am Neckar
Baden-Württemberg

➡️ Feuchtwangen gehört zu Bayern und liegt zwischen Nürnberg und Heilbronn.

➡️ Sehenswert sind der eiserne Röhrenbrunnen von 1726, die Stiftskirche und der romanische Kreuzgang aus dem 12. Jahrhundert. In seinem Obergeschoss befinden sich original eingerichtete alte Handwerkerstuben.

➡️ Die ehemalige Kreisstadt Feuchtwangen rühmt sich, obwohl es urkundlich nicht nachzuweisen ist, der Geburtsort des berühmten Dichters und Sängers Walther von der Vogelweide (ca. 1170 bis 1230) zu sein.

➡️ Die Feuchtwanger Bürger werden auch „Zeiselesfänger" genannt. Nach einer Sage ist einst dem Bürgermeister sein Zeisig aus dem Käfig entflogen. Er erteilte daraufhin die Anordnung, die Stadttore zu schließen. Alle Bürger jagten den Vogel, der aber flog über die Stadtmauer, und die „klugen Feuchtwanger" hatten das Nachsehen. ◾

Feuchtwangen

Bayern

Frankfurt (Oder)

FF

Brandenburg

Das Rathaus in Frankfurt an der Oder

➡ Als östlichste Grenzstadt Deutschlands liegt Frankfurt (Oder) in Brandenburg direkt an der polnischen Grenze. Die Oder bildet die Stadt- und auch die Staatsgrenze zu Polen.

➡ Von Macht und Reichtum der Handels- und Hansestadt zeugen noch heute das gut erhaltene Rathaus und die größte Hallenkirche der norddeutschen Backsteingotik aus dem Jahr 1253.

➡ Zu den Persönlichkeiten der Stadt gehört Heinrich von Kleist, der zu Lebzeiten für seine Dramen und Erzählungen keinen Ruhm erntete. Zu seinen bekanntesten Werken gehören „Der zerbrochene Krug", „Die Marquise von O." und „Michael Kohlhaas".

➡ Der Naturforscher Alexander von Humboldt und der Gelehrte und Staatsmann Wilhelm von Humboldt waren als Studenten in der Universität der Stadt eingetragen. ◾

Fürstenfeldbruck

FFB

Orte im Kreis:
Fürstenfeldbruck, Germering, Olching, Puchheim
Bayern

➡ Der Landkreis Fürstenfeldbruck grenzt östlich an München und gehört zu den am dichtesten besiedelten Kreisgebieten Bayerns. Die hohe Einwohnerzahl geht auf die Nähe von München zurück.

➡ Die Stadt München und das Fünf-Seen-Land, mit dem Starnberger See und dem Ammersee, sowie die Alpen mit ihren Wintersportgebieten laden zu unterschiedlichsten Aktivitäten ein.

➡ Die ersten urkundlichen Erwähnungen von Fürstenfeldbruck, der Siedlung am Amperübergang, gehen auf die Mitte des 12. Jahrhunderts zurück. Bedeutung erlangte das einstige „Bruck" durch die Salzstraße, welche die Amper überquerte. 1263 gründete der Wittelsbacher und Landesherr Ludwig II., als Sühne für die Hinrichtung seiner Gemahlin Maria von Brabant, das Kloster Fürstenfeld. 1286 wird zum ersten Mal eine der heiligen Maria Magdalena geweihte Ortskirche urkundlich erwähnt (Abb. links). ◾

➡ Der Landkreis Mittelsachsen befindet sich zwischen Chemnitz und Dresden in Sachsen. Er liegt zwischen Thüringen und der Sächsischen Schweiz an der Grenze zu Tschechien. Die Kreisstadt Freiberg hat über 41.000 Einwohner.

➡ Der gesamte historische Stadtkern Freibergs steht unter Denkmalschutz. Die Universitätsstadt wurde bis 1969, rund 800 Jahre lang, durch Bergbau und Hüttenindustrie geprägt. Hier findet man das größte und älteste Silberbergwerk Sachsens.

➡ Im Freiberger Dom ist eine Silbermannorgel zu hören. Diese große Domorgel wurde zwischen 1711 und 1714 auf der Westempore von dem Orgelbaumeister Gottfried Silbermann erbaut.

➡ Im Jahr 1791 wurde in Freiberg das Stadttheater eröffnet, das damit das älteste heute noch bespielte Stadttheater der Welt ist. ◾

➡ Frankfurt-Höchst ist seit 1928 ein Stadtteil der Metropole Frankfurt am Main in Hessen und liegt direkt am Main, nahe der Niddamündung.

➡ Im Jahr 790 wurde Höchst zum erstenmal als „Hostat" urkundlich erwähnt. Weltweit bekannt wurde Höchst durch die Farbwerke Hoechst. Heute wird die Stadt vom Industriepark Höchst beherrscht.

➡ Höchst wird von vielen Frankfurtern als Ausflugsziel genutzt. Sehenswert ist nicht nur die Altstadt mit den Fachwerkbauten, sondern auch der Bolongaro-Palast (Abb. rechts). Er ist der größte Privatbau der Barockzeit und heute Sitz der Stadtverwaltung. Ein weiterer Höhepunkt ist die Justinuskirche, die um 850 als frühromanische Basilika geweiht wurde. Im Dalberger Haus hat die weltbekannte, 1746 gegründete Höchster Porzellanmanufaktur ihren Sitz. ◾

Mittelsachsen

FG

Orte im Kreis:
Döbeln, Frankenberg, Freiberg
Sachsen

Frankfurt-Höchst

FH Ⓐ

Hessen

Finsterwalde

FI

Brandenburg

Frankenberg/Eder

FKB

Hessen

Quiz

Auflösung: Seite 443

Nachdem die Eder den Edersee durchflossen hat und an der Staumauer wieder austritt, fließt sie bereits nach etwa 1200 Metern in einen weiteren Stausee. Wie heißt dieser weitere Stausee der Eder?

➡ Die ehemalige Kreisstadt Finsterwalde liegt im südlichen Brandenburg zwischen Leipzig und Cottbus und hat 17.000 Einwohner.

➡ „Wir sind die Sänger von Finsterwalde, wir leben und sterben für den Gesang…" sind die ersten Zeilen eines Sängerliedes, das der Stadt den Titel „Sängerstadt" einbrachte. Alle zwei Jahre findet in Finsterwalde ein großes Sängerfest statt.

➡ Am Rande von Finsterwalde liegt das Hochmoor „Eierspieler". Es laufen Bemühungen, das Moorgebiet als Heidemoor zu erhalten. ◾

➡ Die Stadt Frankenberg unweit des Edersees liegt in Hessen zwischen Siegen und Kassel und hat knapp 19.000 Einwohner.

➡ Eines der historischen Kleinode ist das Rathaus, ein wahres Schmuckstück der Frankenberger Altstadt (Abb. rechts).

➡ Im Norden von Frankenberg liegt der Naturraum Kellerwald, am südlichen Rande des Edersees und mitten in dem gleichnamigen Naturpark Kellerwald-Edersee. Die letzten großen und naturnahen Rotbuchenwälder Westeuropas findet man auf den sogenannten „Ederhöhen", einem Gebiet von Bergen und Schluchten, das weder von Straßen noch von Siedlungen durchschnitten ist. Seit 2011 ist das Buchenwald-Gebiet des Nationalparks Teil des UNESCO-Weltnaturerbes. ◾

➡ Die Stadt Flensburg an der dänischen Grenze ist die nördlichste Stadt Deutschlands mit rund 90.000 Einwohnern.

➡ Vielen Autofahrern ist der Stadtname durch die Verkehrssünderkartei des Kraftfahrt-Bundesamtes ein Begriff.

➡ Der historische Hafen mit Schifffahrtsmuseum, das Rum-Museum und die Museumswerft geben einen Einblick in vergangene Zeiten. Der letzte seegehende Passagierdampfer Deutschlands „Salondampfer Alexandra" gilt als maritimes Wahrzeichen Flensburgs.

➡ Die Stadt Flensburg wurde auch international durch die Spielgemeinschaft Flensburg-Handewitt bekannt. Der Handballverein wurde mehrfacher Deutscher Meister und auch Europapokalsieger.

➡ Ab 1951 baute Beate Uhse in Flensburg den größten Fachhandel für Erotikartikel auf und eröffnete 1962 den weltweit ersten Sexshop in der Stadt. ◾

Flensburg

Schleswig Holstein

Flensburger Hafen und St.-Marien-Kirche

➡ Die ehemalige Kreisstadt Flöha in Sachsen liegt direkt am östlichen Stadtrand von Chemnitz und hat ca. 10.000 Einwohner.

➡ Nach der ersten urkundlichen Erwähnung im Jahr 1346 entwickelte sich das Gebiet, am Rand des Erzgebirges und dem gleichnamigen Fluss Flöha, zu einer Industriegemeinde, welche 1933 zur Stadt erhoben wurde.

➡ Jedes Jahr findet am ersten Juniwochenende das Flusspiratentreffen in Flöha statt. Mit Phantasiebooten können Privatpersonen an diesem Spektakel teilnehmen. 2012 siegte der Nachbau der Titanic.

➡ Sportliches Aushängeschild von Flöha ist der Kanusportverein, der mit seinen Mitgliedern an zahlreichen Regatten teilnimmt. ◾

Flöha

Sachsen

Stadt und Fluss Flöha mit Georgenkirche

Bodenseekreis

FN

Orte im Kreis:
Friedrichshafen, Markdorf, Meersburg, Tettnang, Überlingen
Baden-Württemberg

➡ Namensgeber des Kreises ist der 540 m² große Bodensee in Baden-Württemberg im Süden Deutschlands.

➡ Ferdinand Graf von Zeppelin verlegte die Produktion seiner Luftschiffe in die heutige Kreisstadt Friedrichshafen. 1900 wurde der erste Zeppelin über dem See gesichtet. Ferdinand Graf von Zeppelin baute über 100 Luftschiffe und gründete so die Ära des Passagier-Luftverkehrs. Das Zeppelin-Museum dokumentiert diese Geschichte.

➡ Meersburg ist eine Kleinstadt im Bodenseekreis und liegt zwischen Friedrichshafen und Überlingen am nördlichen Ufer des Bodensees gegenüber der Stadt Konstanz. Eine traumhaft schöne Altstadt mit romantischen Gassen und Gebäuden ist ebenso sehenswert wie die Burg Meersburg (Abb. links). Von hier aus fahren Schiffe auch zur Insel Mainau und nach Konstanz. ■

Forchheim

FO

Orte im Kreis:
Forchheim, Gräfenberg, Neunkirchen am Brand
Bayern

Die Burg Forchheim

➡ Der oberfränkische Landkreis liegt am Main-Donau-Kanal in Bayern zwischen den Städten Bamberg im Norden und Nürnberg im Süden.

➡ Nach einer mittelalterlichen Sage und der Chronik des Klosters Petershausen ist die Stadt Forchheim Geburtsort von Pontius Pilatus. An der Stadtmauer soll noch im 19. Jahrhundert eine Inschrift zu lesen gewesen sein: „Forchemiinatus est Pontius ille Pilatus, Teutonicae gentis, crucifixor omnipotentis", die übersetzt heißt: „Zu Forchheim ist jener Pontius Pilatus deutscher Abstammung geboren, der Kreuziger des Herrn."

➡ Die Forchheimer Altstadt verfügt über einen außergewöhnlichen und gut erhaltenen Bestand an Fachwerkhäusern, der bis ins 14. Jahrhundert zurückreicht. Hier hat man die Gelegenheit, die verschiedenen Entwicklungsepochen der Fachwerkbaukunst und deren Besonderheiten auf engstem Raum zu studieren. ■

➡ Die Kreisstadt Forst des Landkreises Spree-Neiße liegt in Brandenburg östlich von Cottbus in unmittelbarer Nähe zur polnischen Grenze und hat über 21.000 Einwohner.

➡ Das seit 1418 privilegierte Tuchmacherhandwerk prägte die Wirtschaft der Stadt. Das Textilmuseum Forst, das in einer stillgelegten Tuchfabrik eröffnet wurde, zeigt die Geschichte des Tuchmacherhandwerks.

➡ Internationales Prestige erwarb sich die Stadt mit ihrer Radrennbahn, die 1906 eingeweiht wurde und zu den ältesten in Deutschland gehört. Das erste Rennen auf der 400 Meter langen Bahn gewann Hugo Rabe. Auf der Bahn trainieren unter anderem Olympiasieger, Welt- und Europameister wie Lutz Heßlich, Jürgen Geschke oder Carsten Podlesch. Damit die Bahn multifunktionell genutzt werden kann, wurde der Innenraum zum Reitstadion umgebaut. ▪

Forst

FOR [Ⓐ]

Brandenburg

Breisgau-Hochschwarzwald

FR

➡ Die Stadt Freiburg im Breisgau liegt im südwestlichen Baden-Württemberg, nördlich von Basel, und hat 230.000 Einwohner. Die südlichste Großstadt Deutschlands ist Sitz des Landkreises Breisgau-Hochschwarzwald mit ca. 252.000 Einwohnern. Sie wird von diesem Landkreis umschlossen, dem sie selbst aber nicht angehört.

➡ Die Wahrzeichen Freiburgs, die Altstadt mit dem Freiburger Münster und seinem 116 Meter hohen Turm und das Schwabentor (Abb. rechts), ziehen jährlich Tausende Besucher an. Die Bächle sind mit Wasser gespeiste Wasserläufe in den Straßen und Gassen der Altstadt und waren im Mittelalter Teil des Wasserversorgungssystems Freiburgs. Die Gesamtlänge der Bächle beträgt 15,5 Kilometer.

➡ Mehrere Naturräume kennzeichnen das sich in West-Ost-Richtung erstreckende Gebiet des Landkreises Breisgau-Hochschwarzwald. Dies sind der Oberrheingraben, der Hochschwarzwald mit dem

Orte im Kreis:
Bad Krotzingen, Breisach, Müllheim, Neuenburg, Titisee-Neustadt
Baden-Württemberg

Historisches Kaufhaus in Freiburg

Feldberg und das Baar-Wutach-Gebiet. Der Rhein bildet im Westen des Kreises die Staatsgrenze zum Elsass in Frankreich. Wichtige Wirtschaftszweige sind der Fremdenverkehr, insbesondere die Thermalquellen und der Weinbau in der Rheinebene. Hinzu kommt der Hochschwarzwald als beliebtes Urlaubsziel für Wintersportler und Wanderer.

➡ In Freiburg soll der Mönch Berthold Schwarz gewirkt haben. Nach nicht bestätigten Quellen soll er 1354 oder 1380, bei Versuchen mit Salpeter, Schwefel und anderen Chemikalien, das Schwarzpulver erfunden haben. ◼

Freyung-Grafenau

FRG

Orte im Kreis:
Freyung, Grafenau, Waldkirchen
Bayern

➡ Der Landkreis Freyung-Grafenau ist der östlichste Kreis Bayerns und grenzt an die Länder Tschechien und Österreich.

➡ Ein wichtiger Wirtschaftsbereiche ist der Tourismus. Im ersten Nationalpark Deutschlands, dem Nationalpark Bayerischer Wald, wurde der weltweit größte Baumwipfelpfad errichtet. Die 44 Meter hohe Holzkonstruktion in Form eines Eies ermöglicht den Besuchern ein Naturerlebnis mit herrlichen Blicken auf den Bayerischen Wald und bis in die Alpen (Abb. links).

➡ Über Freyung und Grafenau führt die Deutsche Glasstraße, die in der Stadt des Bleikristalls Neustadt a.d. Waldnaab beginnt und bis Passau geht. In Grafenau kann das Schnupftabakmuseum besucht werden. Schloss Wolfstein in Freyung beherbergt eine Kunstsammlung mit zeitgenössischer Kunst aus dem ostbayerischen Raum und das Jagd- und Fischereimuseum. ◼

➡ Der Landkreis im Nordwesten von Niedersachsen hat eine direkte Verbindung zum Wattenmeer der Nordsee.

➡ Die Kreisstadt Jever wird oft mit dem Bier gleichen Namens in Verbindung gebracht. Das Stadtrecht hat Jever, auch „Marienstadt" genannt, dem „gnädig Fräulein Maria" zu verdanken, das sich vor über 450 Jahren dafür einsetzte. Maria war eine Tochter des Friesen-Häuptlings Edo Wiemken. Das tägliche abendliche Mariengeläut erinnert daran.

➡ Durch die direkte Lage an der Nordsee spielt der Tourismus eine wichtige Rolle. Zum Landkreis gehört auch die im Wattenmeer gelegene, neun Kilometer lange, autofreie Nordseeinsel Wangerooge, die über eine 200 Jahre alte Seebad-Geschichte verfügt (Abb. rechts). Als Nordseeheilbad gehört sie zu den Ostfriesischen Inseln und ist Teil des Nationalparks Niedersächsisches Wattenmeer. ◾

Friesland

FRI

Orte im Kreis:
Bockhorn, Jever, Sande, Schortens,
Varel, Wangerland, Zetel
Niedersachsen

➡ Die ehemalige Kreisstadt Bad Freienwalde liegt in Brandenburg nordöstlich von Berlin an der polnischen Grenze und hat über 12.000 Einwohner.

➡ Innerhalb des Stadtgebiets gibt es einen Höhenunterschied von 155 Metern. Diesen nutzte man für das Skisprungzentrum am Papengrund. Im Jahr 1929 wurde hier die erste Skisprungschanze in Betrieb genommen. Bad Freienwalde ist mit vier Skisprungschanzen das nördlichste Skisprungzentrum Deutschlands.

➡ Unweit der Stadt liegt das Naturschutzgebiet Hutelandschaft Altranft-Sonnenburg, in dem bedeutende Tier- und Pflanzenarten zu finden sind.

➡ Viele Wege führen nach Bad Freienwalde, warb bereits Theodor Fontane. Der Freienwalder Heimatdichter Julius Dörr schwärmte ebenfalls von der Stadt. Und auch Mascha Kaléko, eine deutschsprachige Dichterin, weilte 1928 hier. ◾

Bad Freienwalde

FRW ®

Brandenburg

Freising

FS

Orte im Kreis:
Freising, Moosburg
Bayern

Der Freisinger Marienplatz

➡ Der Landkreis Freising liegt, wie die Kreisstadt Freising, nördlich von München in Bayern.

➡ Das Kreisgebiet umfasst im Wesentlichen die Moorgebiete Freisinger und Erdinger Moos. Auf einem Teil des Erdinger Mooses befindet sich heute der Münchner Flughafen, der zu den größten Arbeitgebern der Region gehört.

➡ Das Hopfenanbaugebiet Hallertau ist das größte zusammenhängende Anbaugebiet der Welt. Die Hopfenstangen prägen im Sommer das Bild der Region.

➡ Die Dom- und Bischofsstadt Freising, Zentrum für 46.000 Einwohner, ist die älteste Stadt zwischen Regensburg und Bozen. Sie verfügt über eine gut erhaltene, historische Altstadt mit eindrucksvollen Baudenkmälern, vor allem auf dem Domberg. Auch als Schul-, Wissenschafts- und Wirtschaftsstandort hat Freising eine besondere Tradition. ■

Frankenthal

FT

Rheinland-Pfalz

➡ Frankenthal liegt in Rheinland-Pfalz, nördlich von Ludwigshafen, am Rhein und hat knapp 47.000 Einwohner.

➡ Das Wormser Tor ist das nördliche und das Speyerer Tor das südliche triumphbogenartige Stadttor der ehemaligen Stadtbefestigung.

➡ Zwischen den Jahren 1755 und 1800 wurde in einer Porzellanmanufaktur kostbares Porzellan hergestellt, das heute noch als wertvolle Antiquität in aller Welt gesammelt wird.

➡ Die TG Frankenthal wurde 1922 gegründet und ist eine der erfolgreichsten Hockeymannschaften. Sie wurden mehrfach Deutscher Hallen- und Feldhockeymeister sowie 1984 Europapokalsieger der Landesmeister.

➡ Eines der größten Straßenfeste ist das Strohhutfest, das regelmäßig vier Tage lang gefeiert wird. ■

➡ Die ehemalige Kreisstadt Freital, mitten in Sachsen, grenzt unmittelbar an die Grenze zu Dresden und hat 40.000 Einwohner.

➡ Zu den Touristenattraktionen der Region gehört die Weißeritztalbahn, Deutschlands dienstälteste dampfbetriebene Schmalspurbahn, die täglich im Zwei- bis Dreistundentakt zwischen Freital-Hainsberg und Dippoldiswalde verkehrt (Abb. rechts).

➡ Im Museum Schloss Burgk kann man die erste elektrische Grubenlok der Welt „Dorothea" bewundern. Zusätzlich gibt es Ausstellungen, die einen Einblick in die Geschichte des Steinkohlenbergbaus geben. Die älteste Gebirgsbahn Deutschlands, die Windbergbahn, diente vor rund 150 Jahren der Erschließung der umliegenden Steinkohlenschächte. Die Bahn sowie die technischen Anlagen sind als technisches Denkmal erhalten und können besichtigt werden. ◼

➡ Die bayerische Stadt Fürth ist eine kreisfreie Stadt in Mittelfranken und liegt direkt neben Nürnberg.

➡ Wirtschaftlich bedeutend für die Stadt Fürth ist die Spielwarenindustrie. Das Brauwesen der Bierstadt Fürth rangierte um das Jahr 1900 sogar vor München. Die Quelle GmbH, einst das größte Versandhaus Europas, hatte hier ihren Hauptsitz. Auch Max Grundig gründete in der Stadt, mit der Eröffnung eines Radiogeschäfts, sein heutiges Imperium. Das Rundfunkmuseum Fürth dokumentiert diese Geschichte.

➡ Das zwischen 1840 und 1850 erbaute Fürther Rathaus (Abb. rechts) erinnert an einen Palazzo im italienischen Stil und ist das Wahrzeichen der Stadt.

➡ Der 1897 in Fürth geborene Ludwig Erhard war von 1949 bis 1963 Bundesminister für Wirtschaft, auch „Vater des deutschen Wirtschaftswunders" genannt, und von 1963 bis 1969 zweiter Bundeskanzler der Bundesrepublik Deutschland.

Freital

Sachsen

Fürth

Orte im Kreis:
Langenzenn, Oberasbach, Stein, Zirndorf
Bayern

➡ Der Landkreis Fürth liegt im bayerischen Mittelfranken und hat 115.000 Einwohner.

➡ Neben den großen internationalen Unternehmen wie Playmobil mit dem playmobil FunPark in Zirndorf, Faber-Castell, Metz, Riegelein oder Cadolto befinden sich im Landkreis Fürth neben vielen mittelständischen Betrieben auch viele innovative Kleinbetriebe. Etliche Museen und Heimathäuser laden ebenfalls zum Verweilen ein.

➡ Sportlich gesehen ist die Fußballmannschaft „Greuther Fürth" das Aushängeschild. ■

Füssen

Bayern

➡ Füssen liegt zwischen Kempten im Allgäu und Garmisch-Partenkirchen am Forggensee in Bayern.

➡ Die Stadt gilt als Wiege des europäischen Lautenbaus. Ende des 14. Jahrhunderts erstmals in den Archiven erwähnt, gründeten die Lautenmacher 1562 die erste Lautenmacherzunft Europas.

➡ In der Nachbargemeinde von Füssen steht das Märchenschloss Neuschwanstein. Das 1869 für den bayerischen König Ludwig II. errichtete Schloss ist eines der berühmtesten Schlösser Deutschlands und liegt in unmittelbarer Nähe von Schloss Hohenschwangau am Alpsee bei Schwangau (Abb. links). Zeitgleich mit dem Bau von Schloss Neuschwanstein brach in Füssen, mit dem Bau der mechanischen Seilerwarenfabrik, das Industriezeitalter an.

➡ Füssen ist auch der Geburtsort des Biathleten Michael Greis und des bekannten früheren Eishockey-Bundestrainers Xaver Unsinn. ■

➡ Die Stadt Fürstenwalde/Spree liegt im Bundesland Brandenburg zwischen der Bundeshauptstadt Berlin und Frankfurt a.d. Oder und hat über 32.000 Einwohner.

➡ In Fürstenwalde kann man das alte Handwerk der Töpferkunst erlernen. Die Freizeitkeramikwerkstadt ist die größte ihrer Art in Berlin und Brandenburg. Hier kann man ohne Vorkenntnisse kreative Töpferideen verwirklichen.

➡ Im Stadtpark wurde 1969 durch Günter Bohr ein Heimattiergarten errichtet. Gegründet wurde der Heimattiergarten mit drei Volieren für Waldohreulen und Waldkäuze, für Mäusebussarde und Jagdfasane. Neben vielen heimischen Tieren wie Rehwild oder Füchsen sind auch exotische Tiere, wie Affen, zu finden. ■

Fürstenwalde/Spree

FW

Brandenburg

Quiz

Auflösung: Seite 443

Im Jahr 2005 gründeten in Fürstenwalde interessierte Technikfreunde einen Oldtimerclub, der sich mit der Erhaltung und Wiederherstellung von Personen-, und Lastkraftwagen sowie Traktoren beschäftigt. Wie heißt dieser Club?

➡ Der frühere Landkreis Fritzlar-Homberg wurde 1974 mit den beiden Landkreisen Ziegenhain und Melsungen zum Schwalm-Eder-Kreis zusammengefasst. Der Verwaltungssitz war in der Stadt Fritzlar.

➡ Neben dem Dom hat die Stadt Fritzlar noch viele weitere historische Gebäude zu bieten. Dazu zählt der Graue Turm, der mit seinen 38 Metern Höhe der größte erhaltene städtische Wehrturm Deutschlands ist (Abb. rechts). Oder aber das Rathaus der Stadt, das zu den ältesten Rathäusern Deutschlands gehört und bereits 1109 urkundlich erwähnt wurde.

➡ Das Gebiet um Fritzlar ist ein Hauptanbaugebiet für Weißkohl. Ein großer Arbeitgeber ist die weltgrößte Sauerkrautfabrik, die Firma Hengstenberg. ■

Fritzlar-Homberg

FZ

Orte im Kreis:
Borken, Fritzlar, Gudensberg, Homberg
Hessen

Quiz

Auflösung: Seite 443

Am Rathaus von Fritzlar gibt es ein Relief aus dem 15. Jahrhundert, das einen Mann auf einem Pferd zeigt, der seine Kleidung zerschneidet, um sie mit einem Bedürftigen zu teilen. Später wird er heilig gesprochen. Wie ist sein Name?

Gera

G

Thüringen

Theater in Gera

➡️ Die Stadt Gera in Thüringen liegt im Dreieck Erfurt-Leipzig-Chemnitz.

➡️ Heike Drechsler wurde 1964 in Gera geboren. Die Olympiasiegerin im Weitsprung holte sich, neben mehreren Deutschen Meisterschaften, 1993 den Weltmeistertitel. Bei den Weltmeisterschaften und Olympischen Spielen gewann sie auch auf den 100- und 200-Meter-Sprintstrecken mehrere Medaillen.

➡️ Mitten im Stadtwald, vor den Toren der Stadt, liegt der Tierpark. Dort leben über 500 Tiere in zirka 80 verschiedenen Arten. Die Tiere stammen überwiegend aus Europa, aus Afrika und Südamerika.

➡️ Der 1891 in Gera geborene Maler und Grafiker Otto Dix gilt als einer der bedeutendsten Maler des 20. Jahrhunderts. Seine Zeichnungen und Skizzen sind in verschiedenen Museen und auch in Gera zu bewundern. ◼️

Gardelegen

GA Ⓐ

Sachsen-Anhalt

Rathaus in Gardelegen

➡️ Die Hansestadt Gardelegen liegt in der Altmark in Sachsen-Anhalt, nördlich von Magdeburg, zwischen Hannover und Berlin.

➡️ Die Stadt Gardelegen erhielt 1314 vom Markgrafen Waldemar das Braurecht. Seine historische Blüte- und Glanzzeit erlangte das Städtchen zwischen 1500 und 1630 durch das Brauen und Exportieren eines besonderen Kräutertrunkes, dem „Garley"-Bier. „Garley" ist der älteste durchgehend bestehende Markenname der Welt und die älteste bekannte Biersorte. Durch das Biergeld, das eine Ausfuhrsteuer war, entstanden im 16. Jahrhundert imponierende Bauten.

➡️ 1870 wurde der Komiker, Sänger und Schauspieler Otto Reutter in Gardelegen geboren. Eines seiner berühmtesten Lieder ist das über den Überzieher. ◼️

➡ Bad Gandersheim im Landkreis Northeim liegt zwischen Hildesheim und Kassel in Niedersachsen und hat über 10.000 Einwohner.

➡ Im Jahr 990 erhielt das Stift durch Kaiserin Theophanu das Markt-, Münz- und Zollrecht, die Grundlage zur Entwicklung der Stadt. Die Äbtissin Elisabeth Ernestine Antonie von Sachsen-Meiningen, die von 1713 bis 1766 dort Hof hielt, ließ den Barockflügel der Abtei erbauen, dessen festlicher Kaisersaal mit Gemälden, Fresken und Wappen ein Beispiel für diese Epoche ist.

Die Stiftskirche

➡ Vor mehr als 1000 Jahren lebte in Bad Gandersheim die Frau, die als erste nachantike Dichterin in die Geschichte eingegangen ist: die Kanonisse Roswitha oder Hrotsvith von Gandersheim. Sie soll einem sächsischen Adelsgeschlecht entstammen. ◼

➡ Die Marktgemeinde liegt in Bayern und stößt an die österreichische Grenze. Bekannt wurde sie als Austragungsort der Olympischen Spiele (1936) und vielen weiteren wintersportlichen Veranstaltungen wie das Neujahrsspringen auf der Olympiaschanze im Rahmen der Internationalen Vierschanzentournee.

➡ In unmittelbarer Nähe zu Garmisch-Partenkirchen liegen das Schloss Linderhof, das Geigenbauerdörfchen Mittenwald, der Riessersee, die Partnachklamm und der höchste Berg Deutschlands, die Zugspitze.

➡ Der Komponist Richard Strauss verstarb 1949 in der Stadt. Zu seinen großen Opern gehören „Der Rosenkavalier" und „Elektra". Einige Persönlichkeiten der Stadt sind Christian Neureuther, Armin Bittner, Felix Neureuther, Maria Höfl-Riesch, Franz Reindl, „Peppi" Heiß, Martina Beck, Magdalena Neuner, Miriam Gössner und Hans-Joachim Stuck. ◼

Bad Gandersheim

GAN ⒶA

Niedersachsen

GA
GAN
G
GAP

Garmisch-Partenkirchen

GAP

Bayern

Die Zugspitze

Chemnitzer Land

GC

Orte im Kreis:
Glauchau, Hohenstein-Ernstthal,
Lichtenstein, Limbach-Oberfrohna
Sachsen
Die Stadtseite des Schlosses in Glauchau

➡ Der Landkreis Chemnitzer Land, mit seinem Verwaltungssitz in Glauchau, war ein von 1994 bis 2008 bestehender Landkreis im Westen des Freistaates Sachsen. Im Zuge der Kreisreform 2008 wurde er mit dem Landkreis Zwickauer Land und der kreisfreien Stadt Zwickau zum neuen Landkreis Zwickau zusammengelegt.

➡ Der bekannteste Sohn der Stadt ist Georgius Agricola (1494 bis 1555). Als Arzt und Montanwissenschaftler gilt er als Mitbegründer der Renaissance.

➡ Das Glauchauer Doppelschloss stellt architektonisch eine Einmaligkeit in Sachsen dar. Es beherbergt das Museum und die Kunstsammlung mit einem bedeutenden Bestand an Plastiken und Gemälden, Zinn und Porzellan, Militaria, Möbeln sowie alter Grafik (Dürer, Cranach d.Ä., Breughel, Rembrandt). ∎

Schwäbisch Gmünd

GD

Baden-Württemberg

➡ Die ehehmalige Kreisstadt Schwäbisch Gmünd, rund 50 Kilometer östlich von Stuttgart, hat über 60.000 Einwohner.

➡ Seit 1989 wird im Rahmen des „Festival Europäische Kirchenmusik" jährlich ein Preis für besondere Leistungen im Bereich der geistlichen Musik vergeben.

➡ Der Gmünder Münsterschatz ist der größte Kirchenschatz in Baden-Württemberg und im „Münster zum Heiligen Kreuz" und im städtischen Museum zu besichtigen. Das kostbarste Stück ist das Heilig-Kreuz-Reliquiar mit dem in Gold eingefassten Stück Holz, das vom Kreuz Christi stammen soll. ∎

Heilig-Kreuz-Münster in Schwäbisch Gmünd,
Altarraum und Chorgestühl

➡ Die ehemalige Kreisstadt liegt zwischen der Hansestadt Lübeck, Wismar und Schwerin in Mecklenburg-Vorpommern und hat knapp 6000 Einwohner.

➡ Im Ortsteil Wakenstädt befindet sich ein Schauplatz der großen Feldschlachten des Nordischen Krieges von 1712. Eine Gedenkstätte erinnert an dieses Ereignis. Mit dem Sieg der Schweden über die Dänen endete die kriegerische Auseinandersetzung auf dem Schlachtfeld bei Wakenstädt/Gadebusch.

➡ Im Landkreis Nordwestmecklenburg gelegen, bietet Gadebusch viele Möglichkeiten, Kultur und Geschichte zu erkunden. Dem Biosphärenreservat Schaalsee wurde im Jahr 2000 dieser Titel von der UNESCO zuerkannt. Es repräsentiert naturnahe Buchen- und Bruchwälder, Moore, zahlreiche Seen und Kleingewässer. Die Westseite des Sees wurde schon 1960 als Naturpark „Lauenburgische Seen" unter Schutz gestellt. ■

➡ Gelsenkirchen ist eine Großstadt mitten im Ruhrgebiet in Nordrhein-Westfalen und hat 260.000 Einwohner.

➡ Die Steinkohle war eine der zentralen Voraussetzungen für die Industrialisierung der Region. 1850 wurde im Bereich der „Emscherzone" mit dem Bergbau begonnen. Die Bergbaugeschichte Gelsenkirchens begann erst 1924 mit der Eingemeindung von Rotthausen. Die Stadt stieg zu einer der bedeutendsten Montanstädte auf. Trotz des Strukturwandels ist die Zechengeschichte Gelsenkirchens, mit ehemals 14 Zechen und über 60 Schächten, im Stadtgebiet als Industriedenkmal noch präsent.

➡ Freizeitangebote bieten die ZOOM Erlebniswelt, ehemaliger Ruhr-Zoo, und die bis 2001 größte Modellbahnausstellung der Welt, „Der Deutschland-Express". Der Nordsternpark bietet Informationen über das ehemalige Zechengelände sowie die industrielle

Gadebusch

GDB Ⓐ

Mecklenburg-Vorpommern

Gelsenkirchen

GE

Nordrhein-Westfalen

Im Nordsternpark Gelsenkirchen

Vergangenheit der Region und ist gleichzeitig ein Landschaftspark auf dem Gelände der ehemaligen Zeche Nordstern (Abb. links). 1997 fand hier die Bundesgartenschau statt.

➡ Die meisten Gelsenkirchener sind entweder Mitglieder oder zumindest Fans des FC Schalke 04. Der größte Erfolg des FC Schalke 04 war, neben zahlreichen Deutschen Meisterschaften und Pokalsiegen, der Erfolg im UEFA-Cup 1997 mit zwei Siegen im Endspiel gegen Inter Mailand.

➡ Altdeutsche Möbel, von 1930 bis 1950 hergestellt, werden wegen ihrer Herstellung und Optik auch als Möbel des „Gelsenkirchener Barock" bezeichnet. ■

Geldern

GEL Ⓐ

Nordrhein-Westfalen

➡ Die Stadt Geldern liegt im Nordwesten von Nordrhein-Westfalen und westlich von Duisburg, direkt an der holländischen Grenze, und hat knapp 34.000 Einwohner.

➡ Geldern richtet jährlich einen internationalen Straßenmalerwettbewerb aus, zu dem Künstler aus der ganzen Welt anreisen (Abb. links unten). Die zweitägige Kulturveranstaltung hat sich zum Gelderner Markenzeichen entwickelt. Ein weiterer Höhepunkt im Veranstaltungskalender ist zweifellos die Gelderner Pfingstkirmes, die größte Straßenkirmes am Niederrhein.

➡ Mehrere Mühlen rund um Geldern bestimmen die Landschaft. Darunter die Steprather Mühle, eine Backstein-Windmühle aus der Zeit um 1500, die noch heute voll funktionstüchtig ist. In der Mühle wird seit 1995 wieder Korn gemahlen, und in dem Backhaus neben der Mühle kann frisch gebackenes Brot verzehrt oder gekauft werden. ■

➡ Die Stadt Gemünden am Main, westlich von Schweinfurt, liegt im Kreis Main-Spessart in Bayern.

➡ 1243 erstmals urkundlich erwähnt, blickt die Stadt auf eine wechselvolle Geschichte zurück. Sicher ist, dass Gemünden schon viel älter ist. Man sagt, dass Karl der Große durch das damalige Fischerdorf gereist sei. Das Wahrzeichen von Gemünden ist die Ruine der mittelalterlichen Scherenburg (Abb. rechts) hoch über der Altstadt. Das Huttenschloss aus dem Jahr 1711 beherbergt heute ein Museum und das Informationszentrum Naturpark Spessart.

➡ In der „Drei-Flüsse-Stadt" treffen überregionale Rad- und Fernwanderwege zusammen – ein Ziel für alle Radler und Wanderer. ■

➡ Die ehemalige Kreisstadt Gerolzhofen liegt im Bezirk Unterfranken in Bayern, zwischen Würzburg und Bamberg, und hat knapp 7.000 Einwohner.

➡ Gerolzhofen mit dem Steigerwalddom und der alten Vogtei liegt inmitten einer Naturlandschaft, umgeben von romantischen Weinorten, die zum Wandern mit Frankenweinverkostung oder zu Fahrradtouren in das Vorland des Steigerwalds einladen.

➡ Das Herzstück der Stadt, das Stadtmuseum, beherbergt die Dauerausstellung „Welterfolg Nähmaschine – vom armen Schneiderlein zur Kleiderfabrik". Die Ausstellung ist eine wissenschaftlich fundierte, moderne Präsentation der Geschichte des Nähens, über die Entwicklung der Nähmaschine und ihren Siegeszug um die Welt bis zu ihrem Höhepunkt Ende des 20. Jahrhunderts. Im zweiten Obergeschoss des Stadtmuseums befindet sich das erste Bayerische Schulmuseum. ■

Gemünden am Main

GEM Ⓐ

Bayern

Gerolzhofen

GEO Ⓐ

Bayern

Alte Vogtei in Gerolzhofen

Germersheim

GER

Rheinland-Pfalz

➡ Die Kreisstadt Germersheim liegt in Rheinland-Pfalz, nördlich von Karlsruhe, und hat über 21.000 Einwohner.

➡ Das Straßenmuseum zeigt geschichtliche Exponate des Straßen- und speziell auch des Brückenbaus. Als besondere Attraktion gilt das Projekt Straße-Schiene auf einer 200 m² großen Modellbahnanlage. Das Museum ist im ehemaligen Zeughaus der Festung Germersheim untergebracht (Abb. links). Die königlich-bayerische Festung war Teil eines Festungssystems und diente zum Schutz vor befürchteten französischen Angriffen.

➡ Für Aufsehen sorgt immer wieder die Fahrt einer originalgetreuen Nachbildung des römischen Kriegsschifftyps „Navis Lusoria" auf dem Rhein. Lusoriae waren schlanke und flachgehende Ruderboote, die von etwa dreißig Ruderern angetrieben wurden und hauptsächlich für Patrouillenfahrten auf Flüssen eingesetzt wurden. ■

Gifhorn

GF

Niedersachsen

➡ Der Landkreis liegt nördlich von Braunschweig im östlichen Niedersachsen und hat 172.000 Einwohner.

➡ Besucher der Kreisstadt Gifhorn sollten sich einen Besuch des Mühlenmuseums nicht entgehen lassen. Im Freilichtmuseum wurden 16 Mühlen in Originalgröße aufgebaut (Abb. links). U.a. aus der Umgebung von Gifhorn, aber auch aus Holland, Russland, Griechenland, Spanien, Portugal, Frankreich und Korea.

➡ Die russisch-orthodoxe Kirche auf dem Gelände des Mühlenmuseums ist der Nachbau einer russischen Holzkirche. Im Inneren der Kirche, die mit Nachbildungen wertvoller Ikonen bestückt ist, gewinnt man den Eindruck, man befinde sich in einer Kathedrale. Für ein weiteres russisches Gebäude in Gifhorn hat der frühere Präsident Michail Gorbatschow die Schirmherrschaft übernommen. Er legte bei einem Besuch den Grundstein für den Glockenpalast in Gifhorn. ■

➡ Der Landkreis Groß-Gerau liegt im Hessischen Ried zwischen Mainz und Darmstadt, südwestlich von Frankfurt, in Hessen.

➡ Mit dem Bau von Nähmaschinen fing in Rüsselsheim 1862 die Geschichte eines Großkonzerns an. Nach einem Feuer im Nähmaschinenwerk von Adam Opel wurde 1911 die Produktion auf Fahrräder und Motorwagen umgestellt. Schon im Jahr 1898 reifte bei den Brüdern Adam und Georg Opel die Idee, Automobile zu bauen. So entwickelte sich eine der größten Automobilmarken Europas. Heute gehört das Werk zum amerikanischen Konzern General Motors.

➡ Procter & Gamble, ehemals Wick, und die Erlenbacher Backwaren sind nur zwei der vielen Konzerne, die sich im Kreis niedergelassen haben.

➡ Die Einwohner des Kreises profitieren auch vom Frankfurter Flughafen, einer der größten Arbeitgeber der Region. ◼

Groß-Gerau

GG

Hessen

Mit dem „Laubfrosch" wurde Opel zum größten Automobilhersteller Deutschlands

➡ Die Kleinstadt Geithain mit knapp 6000 Einwohnern liegt in Sachsen zwischen Leipzig und Chemnitz.

➡ Geithain wurde im Jahr 1186 erstmalig in einer Urkunde erwähnt, welche die Schenkung der Einkünfte der Wickershainer Marienkirche an den Merseburger Bischof festschrieb.

➡ Mitten im Geithainer Park liegt der für alle Besucher eintrittsfreie Tierpark mit heimischen Tieren. Zu den Raritäten gehört auch ein Ameisenbär.

➡ 1712, in der Regierungszeit Augusts des Starken, begann man, alle Post- und Landstraßen zu vermessen. 1721 erschien dann die Verordnung, vor allen Stadttoren Postmeilensäulen aufzustellen. Die Säulen zeigten den Reisenden die Entfernung zu den wichtigen Handelsorten in Stunden (1 Std. = 4,531 km) an. Die Distanzsäulen von Geithain wurden 1727 aufgestellt. ◼

Geithain

GHA ⒶⒶ

Sachsen

Gräfenhainichen

GHC Ⓐ

Sachsen-Anhalt

Schaufelradbagger im Ferropolis

➡ Die ehemalige Kreisstadt Gräfenhainichen liegt zwischen Magdeburg und Leipzig im Landkreis Wittenberg in Sachsen und hat knapp 8000 Einwohner.

➡ Gräfenhainichen ist eine Stadt des Braunkohlentageabbaus, mit dem 1957, durch die Vorarbeiten für Golpa-Nord, begonnen wurde. Durch Unrentabilität wurde 1991 der Abbau beendet und damit verbunden auch die Ära der Braunkohlenindustrie. Durch kreative Menschen reifte eine neue Idee für die Nutzung des Abbaugebiets. Mit „Ferropolis – die Stadt aus Eisen" wurde diese Idee 1995 in die Tat umgesetzt. „Ferropolis" ist heute ein Freilichtmuseum, Industriedenkmal, Stahlskulptur und Themenpark. Das Veranstaltungsareal mit der ungewöhnlichen Kulisse wird von vielen Künstlern geschätzt, beispielsweise traten hier Die Toten Hosen, Linkin Park, Metallica, Die Ärzte, Böhse Onkelz, Herbert Grönemeyer, Udo Lindenberg, Nena, Deep Purple und Alice Cooper auf. ■

Gießen

GI

Orte im Kreis:
Allendorf, Grünberg, Hungen, Laubach, Lich, Linden, Pohlheim
Hessen
Zeughaus in Gießen

➡ Landkreis und Stadt Gießen liegen rund 50 Kilometer nordwestlich von Frankfurt in Hessen.

➡ Mit der „Justus-Liebig-Universität" können viele berühmte Persönlichkeiten in Verbindung gebracht werden. Darunter der Wissenschaftler Justus Liebig, der Namensgeber der Universität, oder Wilhelm Conrad Röntgen, der erste Nobelpreisträger für Physik. Die „JLU" bietet als Volluniversität über 150 Studiengänge an.

➡ Das Alte Gießener Schloss wurde um 1330 erbaut. Es beherbergt die kunsthandwerkliche Sammlung und die Gemäldegalerie des Oberhessischen Museums, dem es auch als Verwaltungssitz dient.

➡ Sportlich gesehen war für Gießen der TV Lützellinden in der Frauenhandball-Bundesliga das Aushängeschild. Die Mannschaft gewann in den 1990er-Jahren mehrfach die Deutsche Meisterschaft und auch den Europapokal. ■

➡ Der ehemalige Landkreis gehörte zum Regierungsbezirk Aachen und liegt in Nordrhein-Westfalen.

➡ Unweit von Geilenkirchen, direkt an der deutsch-holländischen Grenze, liegt auf einem Gelände von 620 Hektar der NATO-Flugplatz Geilenkirchen. Auf dem Flugplatz sind unter anderem die Aufklärungsflugzeuge der NATO vom Typ AWACS stationiert.

➡ Die Geilenkirchener Kreisbahn war eine knapp 38 Kilometer lange, meterspurige Kleinbahn im Westen von Nordrhein-Westfalen. Sie erschloss zwei Streckenäste, den strukturschwachen und ländlich geprägten Selfkant und einen Teil des Jülicher Landes. Der Betrieb der Bahn wurde 1973 eingestellt. Auf einem erhaltenen Reststück von 5,5 Kilometern Länge wird heute unter dem Namen Selfkantbahn eine Museumseisenbahn betrieben. Im Kleinbahnmuseum Selfkant kann man die Geschichte der Kleinbahnen von 1889 bis 1976 Revue passieren lassen. ■

➡ Im Süden von Nordrhein-Westfalen gelegen, zwischen Rheinland und Bergischem Land, grenzt der Kreis im Westen an Köln.

➡ Durch die zentrale Lage vor den Toren Kölns bietet sich die Region mit dem Naturpark Bergisches Land und dem ältesten Industriegebiet Westeuropas, kleinräumigen, artenreichen Kulturlandschaften sowie vielen Fluss- und Bachtälern ideal als Ausflugsziel an. Der Landkreis hat sich zu einem Eldorado für Freizeitaktivitäten gewandelt. Dazu zählen Ballonfahren, Drachenfliegen, Klettern, Radfahren, Reiten, Wandern, Wassersport, Wellness und auch Wintersport.

➡ Der Altenberger Dom ist eine ehemalige Klosterkirche und war Teil der 1133 von den Zisterziensern errichteten Abtei Altenberg. Der Altenberger Dom ist eine der größten Simultankirchen Deutschlands (Abb. rechts). ■

Geilenkirchen-Heinsberg

GK ⓐ

Orte im Kreis:
Geilenkirchen, Heinsberg
Nordrhein-Westfalen

Rheinisch-Bergischer Kreis

GL

Orte im Kreis:
Bergisch Gladbach, Burscheid,
Kürten, Leichlingen, Overath
Nordrhein-Westfalen

Gladbeck

GLA

Nordrhein-Westfalen

➡ Die Stadt Gladbeck liegt am nördlichen Rand des Ruhrgebietes und gehört zum Kreis Recklinghausen in Nordrhein-Westfalen.

➡ Gladbeck entwickelte sich zu einer typischen Bergarbeiterstadt. Nach der Krise im Kohleabbau wurde 1971 die letzte Zeche der Stadt geschlossen.

➡ Im Wasserschloss Wittringen (Abb. links) sind die Sammlungen zur Stadtgeschichte untergebracht. Als Naherholungsgebiet dient die im Stil eines englischen Landschaftsparks errichtete Freizeitstätte Wittringen. Mehrere Teichanlagen, eine Vogelinsel mit Vogelwarmhaus und Tiergehegen als Streichelzoo, Kinderspielplätze, die Vestische Kampfbahn – eine moderne Sportanlage – sowie die Marathonbahn Ringallee laden zum Verweilen ein.

➡ Die Stadt kam durch das Aufsehen erregende „Gladbecker Geiseldrama" in die internationalen Schlagzeilen. ◾

Oberbergischer Kreis

GM

Orte im Kreis: Bergneustadt, Gummersbach, Hückeswagen
Nordrhein-Westfalen

Halbinsel der Aggertalsperre

➡ Der Kreis, östlich von Köln und südlich von Wuppertal in Nordrhein-Westfalen gelegen, ist Teil des Oberbergischen Landes.

➡ Der Handballverein VfL Gummersbach hat als mehrfacher Deutscher Meister und Europapokalsieger die Kreisstadt Gummersbach weit über die Landesgrenzen hinaus bekannt gemacht.

➡ Erstmals 1316 als „Rodung vor dem Walde" erwähnt, gehört Radevormwald zu den ältesten Städten im Kreis. Die Stadt hatte im Laufe der Jahrhunderte mehrere Schicksalsschläge, wie die Pest und drei große Brände in den Jahren 1525, 1571 und 1802, zu überwinden.

➡ Der Oberbergische Kreis ist für seine vielen Talsperren bekannt. Die Aggertal- und ein Teil der Genkeltalsperre liegen im Gummersbacher Stadtgebiet und sind ein Treffpunkt für Hobby- und Sporttaucher. ◾

➡ Die Stadt Grimmen liegt im Landkreis Vorpommern-Rügen, unweit der Ostsee, in Mecklenburg-Vorpommern. Sie hat derzeit über 10.000 Einwohner.

➡ Die Stadt ist ein Teil der Deutschen Alleenstraße, die mit einer Länge von 260 Kilometern in Mecklenburg-Vorpommern von Sellin auf der Insel Rügen über Grimmen bis nach Wustrow geht.

Grimmen

Mecklenburg-Vorpommern

➡ Die historische Altstadt kann mit vielen Einzeldenkmälern und drei wunderschönen Toren aufwarten. Dazu zählen das Stralsunder Tor, das Mühlen-Tor (Abb. links) und das Greifswalder Tor. Von 1368 bis 1637 sind viele Bauwerke im pommerschen Herzogtum in der mittelalterlichen Backsteingotik erbaut worden. ◾

➡ Die hessische Stadt Gelnhausen im Main-Kinzig-Kreis liegt am östlichen Rand von Frankfurt zwischen Hanau und Fulda.

➡ Gelnhausen trägt den Beinamen „Barbarossa-Stadt". Sie wurde im Jahr 1170 von Kaiser Friedrich I. Barbarossa als Reichsstadt gegründet. Die Kaiserpfalz Gelnhausen, auch „Barbarossaburg" genannt (Abb. rechts), geht wie die Stadt auf eine Gründung Kaiser Friedrichs I. zurück. Die ehemals von der Kinzig umflossene Wasserburg wurde auf 12.000 Eichenpfählen gebaut. Heute sind nur noch Teile der Anlage erhalten, darunter die vollständige Ringmauer und ein Rest des Palas.

➡ Die Geschichte des Telefons beginnt in Gelnhausen. 1834 wurde der deutsche Physiker und Erfinder Philipp Reis dort geboren. Er gilt als Pionier eines funktionierenden Gerätes, mit dem es möglich war, Töne über eine elektrische Leitung zu transportieren. ◾

Gelnhausen

GN Ⓐ

Hessen

Genthin

GNT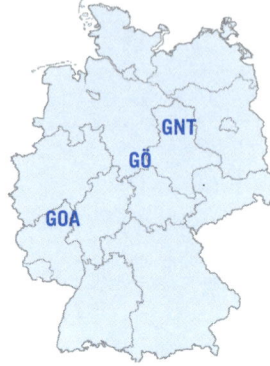

Sachsen-Anhalt

➡ Die Stadt liegt zwischen Berlin und Magdeburg in Sachsen-Anhalt und hat über 16.000 Einwohner.

➡ 1921 wurde in der Stadt das bis 2009 zum Henkel-Konzern gehörende Waschmittelwerk Genthin gegründet. 1923 stellte man dort erstmals die Waschmittel „Persil" und „Spee" her. 1990 wurde das VEB-Werk durch die Henkel KGaA von der Treuhand zurückerworben und 2009 von der Hansa Group AG, einem Chemieunternehmen in Genthin, übernommen. Das Museum zeigt mit anschaulichen Versuchen die Geschichte der Waschmittelherstellung von 1921 bis heute.

➡ Der für große Europaschiffe ausgebaute Elbe-Havel-Kanal, der durch Genthin geht, sichert eine gute Verbindung zu den märkischen Wasserstraßen. Mit der durchgehenden Wasserstraßenverbindung erreicht man so über die Elbe die Nordseehäfen und das Wasserstraßennetz im Rhein-Main-Ruhrgebiet. ■

Göttingen

GÖ

Orte im Kreis:
Duderstadt, Friedland, Gleichen, Göttingen
Niedersachsen

➡ Der Kreis Göttingen mit 258.000 Einwohnern ist der südlichste von Niedersachsen und liegt zwischen Hannover und Kassel.

➡ Die Universitätsstadt Göttingen, wird von Bildung und Forschung geprägt. 44 Nobelpreisträger kamen aus der Stadt oder wirkten dort. Darunter sind so bekannte Wissenschaftler wie der Atomphysiker Otto Hahn, der Entdecker des Vitamin D Adolf Windaus und Max Born, der Begründer der Quantentheorie. Im Stadtbild erinnern die seit 1874 für Göttingen typischen Gedenktafeln an den Häusern an etwa 320 berühmte Göttinger Gelehrte und Studenten.

➡ Die Georg-August-Universität wurde 1737 durch den Kurfürsten Georg II. August von Hannover, König von Großbritannien, gegründet und ist die älteste und größte „Alma Mater" von Niedersachsen. Neben den weiteren Hochschulen sind auch vier Institute der Max-Planck-Gesellschaft in Göttingen ansässig.

➡ Das XLAB ist das größte deutsche Schülerlabor (Abb. rechts) und gilt als Bindeglied zwischen Schule und Universität.

➡ Jedes Jahr um Pfingsten steht Göttingen ganz im Zeichen des berühmten Komponisten Georg Friedrich Händel und wird durch die Internationalen Händel-Festspiele zum Anziehungspunkt für Freunde barocker Musik aus aller Welt.

➡ In einem Nachbarort von Göttingen, in Ebergötzen, ist die Heimat von „Max und Moritz". In der Wilhelm-Busch-Mühle erweckte der Schriftsteller die beiden Lausbuben zum Leben. ◼

➡ Die ehemalige Kreisstadt Sankt Goar am Rhein liegt zwischen Koblenz und Wiesbaden in Rheinland-Pfalz.

➡ Der Ort liegt in der Mitte des UNESCO-Welterbes Oberes Mittelrheintal gegenüber des Loreleyfelsens.

Sankt Goar

GOA Ⓐ

Rheinland-Pfalz

➡ Über Sankt Goar befindet sich die Ruine Burg Rheinfels, die 1245 von Graf Diether von Katzenelnbogen errichtet wurde und als die größte Wehranlage im Mittelrheintal gilt. Dem Ort gegenüber liegt Sankt Goarshausen mit den Burgen Katz und Maus.

➡ Ein jährlicher Veranstaltungshöhepunkt ist „Rhein in Flammen". Hunderte hell erleuchtete Passagierschiffe fahren in Konvois auf dem abendlichen Strom. Das Großfeuerwerk mit Musikuntermalung, das jedes Jahr Hunderttausende Zuschauer anzieht, wird von Burg Maus, Burg Rheinfels (Abb. rechts) und von der Rheinmitte aus gezündet. ◼

Sankt Goarshausen

GOH

Rheinland-Pfalz

Göppingen

GP

Orte im Kreis:
Geislingen, Göppingen, Uhingen
Baden-Württemberg

➡ Die Stadt Sankt Goarshausen im Rhein-Lahn-Kreis hat nur ca. 1500 Einwohner und liegt zwischen Koblenz und Wiesbaden am Rhein.

➡ St. Goarshausen gehört seit 2002 zum UNESCO-Welterbe Oberes Mittelrheintal. Über der Stadt liegt die Burg Katz, die 1371 von Graf Wilhelm II. von Katzenelnbogen als Gegenpol für die benachbarte kurtrierischen Burg Maus erbaut wurde.

➡ Wenig bekannt ist der Bergbau des Weinbauortes. Bis Mitte des 20. Jahrhundertes wurde in St. Goarshausen Zink und Blei abgebaut.

➡ „Tal Total" ist eine Großveranstaltung, bei der auf beiden Rheinseiten, von Koblenz bis Rüdesheim, 120 Kilometer Straßen ausschließlich dem nichtmotorisierten Verkehr zur Verfügung stehen. Jedes dritte Wochenende im September findet im Ort die Weinwoche statt. Abschluss ist dann die gemeinsam mit Sankt Goar durchgeführte Veranstaltung „Rhein in Flammen". ◾

➡ Die Stadt Göppingen in Baden-Württemberg liegt östlich von Stuttgart.

➡ Den Beinamen „Stauferkreis" erhielt der Kreis durch eine Stauferburg, die dort um 1070 gebaut und 1525 zerstört wurde.

➡ Der Hohenstaufen ist einer der „Drei Kaiserberge". Er liegt weithin sichtbar zwischen Göppingen und Schwäbisch Gmünd und prägt mit seiner Kegelform die Silhouette der Landschaft (Abb. links).

➡ Die 1859 in Göppingen gegründete Firma Märklin ist Marktführer der europäischen Modelleisenbahnbranche.

➡ Ein Sohn der Stadt ist der ehemalige Fußball-Nationalspieler und -trainer Jürgen Klinsmann. Seine größten Erfolge waren 1990 der Weltmeister- und 1996 der Europameistertitel. ◾

➡ Görlitz ist die östlichste Stadt Deutschlands und grenzt mit dem gleichnamigen Landkreis an die polnische Grenze.

➡ Die Stadt in der Oberlausitz in Sachsen wurde nach dem Zweiten Weltkrieg in den polnischen Teil Zgorzelec und Görlitz an der Neiße geteilt. Die Altstadtbrücke, 2004 gebaut, verbindet jetzt wieder die beiden Städte.

➡ Der größte Schatz der Europastadt sind fast 4000 Baudenkmale aus 500 Jahren europäischer Baugeschichte. Hier findet man aufwendig sanierte Bauten der verschiedensten Epochen – von der Gotik über die Renaissance bis zur Gründerzeit und dem Jugendstil. Wegen seiner unversehrten Altstadt ist Görlitz (Abb. rechts) ein beliebter Drehort für Filme mit historischer Kulisse.

➡ Sportler der Stadt sind z.B.: Michael Ballack, Jens Jeremies, Lars Kaufmann, Heiko Scholz und Klaus Bittner. ■

Görlitz

GR

Orte im Kreis:
Görlitz, Löbau, Weißwasser, Zittau
Sachsen

➡ Die ehemalige Kreisstadt Grafenau liegt in Bayern, nördlich von Passau an der Grenze zu Tschechien, und hat knapp 9000 Einwohner.

➡ Einst sollen in den Wäldern rund um Grafenau Bären heimisch gewesen sein. Das Wappentier von Grafenau, der Bär, ist noch heute im Tierfreigelände der Gemeinde Neuschönau zu bewundern.

➡ An der tschechischen Grenze gelegen, ist der 1970 gegründete „Nationalpark Bayerischer Wald" der erste Nationalpark Deutschlands. Er hat eine Größe von 24.250 Hektar. Zusammen mit dem angrenzenden tschechischen Böhmerwald bildet er die größte nicht zerschnittene Waldfläche Mitteleuropas (Abb. rechts). Im Nationalpark befindet sich der längste Baumwipfelpfad der Welt. Auf einer Länge von 1300 Metern können die Besucher einen traumhaften Blick über die Landschaft genießen. ■

Stadt Grafenau

GRA Ⓐ

Bayern

Großenhain

GRH ⓐ

Sachsen

➡️ Die ehemalige Kreisstadt Großenhain in Sachsen, nördlich von Dresden, hat knapp 20.000 Einwohner.

➡️ Großenhain gehört zu den ältesten Städten Sachsens und besitzt daher eine geschichtsträchtige Altstadt. Direkt am Kreuzungspunkt der „Via Regia" und der „Sächsischen Salzstraße" gelegen, erlangte Großenhain eine große Bedeutung als Fernhandels- und Tuchmacherstadt. Sehenswert sind die spätbarocke Marienkirche, das Neo-Renaissance-Rathaus (Abb. links) von 1876 und das Kulturschloss Großenhain mit dem Aussichtsturm Bergfried. Nicht versäumen sollte man den Besuch des Barockgartens Zabeltitz mit Palais und Schloss, der 1728 im Auftrag von Graf von Wackerbarth nach dem Vorbild von Versailles entstand.

➡️ In Großenhain wurde im Jahr 1826 durch Karl Benjamin Preusker und den Arzt Emil Reiniger die erste Deutsche Volksbücherei gegründet. Am Anfang bestand die Bücherei aus 132 Büchern. ◾

Griesbach im Rottal

GRI ⓐ

Bayern

➡️ Der Kurort Griesbach liegt südwestlich von Passau in Niederbayern und hat knapp 9000 Einwohner.

➡️ Bad Griesbach nennt sich selbst „1. Quellness-Ort Deutschlands". Hier können Besucher das heilkräftige Thermalmineralwasser genießen, das aus einer Tiefe von 1522 Metern kommt.

➡️ Golfsportler finden in Bad Griesbach das größte zusammenhängende Golf-Ressort Europas und die größte Golfschule der Welt. Es gibt sechs 18-Loch-Meisterplätze, drei 9-Loch-, einen 6-Loch-Kindergolfplatz und ein Golfodrom. Einzigartig sind drei von Bernhard Langer designte Plätze. Über das Jahr verteilt werden in Bad Griesbach über 160 Turniere gespielt.

➡️ Auf 150 Kilometern ausgewiesenen Wegen und einer einzigartigen Marathon-Route können Wander- und Walking-Touren unternommen werden. ◾

Quiz Eine der Hauptdarstellerinnen in der 2011 erschienenen Filmkomödie „Eine ganz heiße Nummer" wurde 1970 in Griesbach geboren. Für die Rolle in diesem Film erhielt sie 2011 den Bayerischen Filmpreis. Wie heißt die Schauspielerin?

Auflösung: Seite 443

➡ Die Stadt Grimma liegt zwischen Leipzig und Dresden in Sachsen.

➡ In der historischen Altstadt fällt besonders das imposante Renaissance-Rathaus als Mittelpunkt der Stadt auf.

➡ In der Nähe von Grimma befindet sich Sachsens größter Obstgarten. Die Obstbautradition reicht bis in das 12. Jahrhundert zurück, als Nonnen und Mönche des Zisterzienserordens Klostergärten anlegten und Obstbäume pflanzten. Später waren es die Kurfürsten, die die Anpflanzung von Obstbäumen per Staatserlass förderten.

➡ In der Stadt liegt ein Eldorado für Strandsportler. Die größte mitteldeutsche Beachvolleyball-Arena kann mit mehreren Tonnen Sand auf einer Fläche von 8000 Quadratmetern aufwarten. ■

➡ Die Stadt Gransee an der Havel liegt nördlich von Berlin und hat 6000 Einwohner.

➡ Wenn man die Stadtmauer aus dem 14. Jahrhundert umwandern möchte, muss man etwas Zeit mitbringen. Auch die Weichhäuser, der Pulverturm und das Ruppiner Tor in der Altstadt sind fast vollständig erhalten. Das Wahrzeichen der Stadt ist die doppeltürmige Marienkirche mit ihrem begehbaren Turm.

➡ In einem Ortsteil von Gransee, ca. 70 Kilometer von Berlin, liegt das Gästehaus der Bundesregierung. Das Barockschloss „Schloss Meseberg" (Abb. rechts), 1736 erbaut, wurde nach vielen Umbauarbeiten 2007 seiner neuen Nutzung übergeben. Erster Gast war der französische Staatspräsident Jacques Chirac.

➡ Im Landkreis zu finden ist der Stechlin, der größte Klarwassersee Norddeutschlands und Mittelpunkt einer eindrucksvollen Naturlandschaft. ■

Grimma

GRM Ⓐ

Sachsen

GRS

GRM GRH

GRI

Gransee

GRS Ⓐ

Brandenburg

Greiz

GRZ

Orte im Kreis:
Greiz, Bad Köstritz, Zeulenroda-
Treibes, Ronneburg, Weida
Thüringen

➡ Landkreis und Stadt Greiz liegen südwestlich von Chemnitz im thüringischen Vogtland.

➡ Bei einem Spaziergang durch die ehemalige Residenzstadt kann der Besucher zahlreiche historische Stätten entdecken. Dazu zählen das Untere und das Obere Schloss (Abb. links), das Sommerpalais, der Greizer Park, der Schanzengarten und der Schlossgarten.

➡ Der Erfinder des Kinderspielzeugs „Playmobil" kommt aus Greiz. Hans Beck erlernte den Beruf des Tischlers und wechselte als Entwickler nach Zirndorf in die Firma von Horst Brandstätter, die Plastikspielzeug herstellte. 1974 wurde auf der Nürnberger Spielwarenmesse erstmals das Playmobil vorgestellt.

➡ Der Physiker und Astronaut Ulf Dietrich Merbold wurde 1941 in Greiz geboren. Er war 1983 als erster Deutscher im All. ◼

Goslar

GS

Orte im Kreis:
Bad Harzburg, Braunlage, Goslar,
Langelsheim, Liebenburg, Seesen,
Vienenburg
Niedersachsen

➡ Die Stadt und der Landkreis Goslar liegen südlich von Braunschweig. Die Stadt zählt knapp 42.000 Einwohner.

➡ Die tausendjährige Kaiserstadt im Harz zählt zu dem UNESCO-Weltkulturerbe. Die Erze von Rammelsberg machten die Stadt Goslar für die Herrscher des Mittelalters bedeutend. So wurde in der Kaiserpfalz zu Goslar (Abb. links unten) bei Reichstagen deutsche Geschichte geschrieben. Heute erzählt hier ein imposantes Wandgemälde die Geschichte des „Heiligen Römischen Reiches". Das Erzbergwerk Rammelsberg, seit 1988 stillgelegt, zeigt als Museum und Besucherbergwerk die bedeutungsvolle Tradition des Bergbaus in Goslar und im Harz.

➡ Viele Kaiser regierten im „Heiligen Römischen Reich Deutscher Nation" von Goslar aus. Unter ihnen Heinrich III. und Heinrich IV., der 1077 durch seinen Bittgang zum Papst nach Canossa in die Geschichte einging. ◼

➡ Die Stadt Gütersloh liegt zwischen Osnabrück und Paderborn in Nordrhein-Westfalen.

➡ Weltweite Konzerne wie Bertelsmann und Miele wurden in Gütersloh gegründet. Im Miele-Museum ist die Geschichte des Hausgeräteherstellers von 1899 bis heute zu sehen. Außer Hausgeräten, Fahr- und Motorrädern ist das einzige noch erhaltene Exemplar der produzierten Automobile ausgestellt.

➡ Der Stadtpark mit Botanischem Garten entstand 1908 und gilt als einer der schönsten Parks in Deutschland.

➡ Halle/Westfalen ist nicht nur als Tennisstadt, durch die Gerry Weber Open, sondern auch als Musikstadt durch die Haller Bach-Tage, Opern, Pop- und Rockkonzerte und Auftritte weltweit populärer Musiker bekannt.

➡ Der Zoo Safaripark Stukenbrock ist ein Vergnügungspark mit Tier-Freigehegen. Die Tiere können vom Auto aus in „freier Wildbahn" beobachtet werden. ▪

Gütersloh

GT

Nordrhein-Westfalen

➡ Gotha liegt zwischen Eisenach und Erfurt in Thüringen und hat knapp 45.000 Einwohner.

➡ 775 wurde Gotha erstmals in einer Urkunde erwähnt. Im Mittelalter entwickelte sich die Stadt zum zentralen Marktort an der „Via Regia". Das Schloss Friedrichsthal in Gotha ist eine barocke Schlossanlage aus dem ersten Jahrzehnt des 18. Jahrhunderts.

➡ Zu den beliebtesten Ausflugszielen um Gotha gehört der Boxberg (Abb. rechts), den man nach 15 Min. Fahrt mit der Thüringerwaldbahn erreicht. Seit 1842 finden dort Pferderennen statt. Bereits im Jahr 1878/79 wurde unter dem Gothaer Herzogshaus der Mitteldeutsche Rennverein gegründet.

➡ Stolz ist die Stadt auch auf ihren Tierpark mit Streichelzoo und 650 verschiedenen Tieren. ▪

Gotha

GTH

Thüringen

Güstrow

GÜ

Orte im Kreis:
Güstrow, Krakow, Laage, Teterow
Mecklenburg-Vorpommern

Guben

GUB

Brandenburg

➡ Der Landkreis Güstrow liegt südlich von Rostock in Mecklenburg-Vorpommern. Die Gebietsreform 1994 führte die Kreise Bützow, Güstrow und Teterow zum Landkreis Güstrow zusammen. 2011 wurde der Landkreis Güstrow mit dem Landkreis Bad Doberan zum neuen Landkreis Rostock „LRO" vereint.

➡ Das Schloss Güstrow kündet von der Zeit als Residenzstadt der mecklenburgischen Herzöge im 16. Jahrhundert.

➡ Der frühromantische Maler Georg-Friedrich Kersting wurde 1785 in Güstrow geboren. Wie Caspar David Friedrich und Philipp Otto Runge studierte auch er an der Kunstakademie in Kopenhagen. Der Bildhauer und Maler Ernst Barlach lebte fast 30 Jahre in Güstrow.

➡ In der Gemeinde Teterow, inmitten der Heideberge, liegt der Teterower Bergring, eine international bekannte Speedway-Rennstrecke. ■

➡ Die Stadt Guben in der brandenburgischen Niederlausitz liegt südlich von Frankfurt/Oder an der polnischen Grenze.

➡ Gemäß der im Potsdamer Abkommen festgelegten deutsch-polnischen Grenze wurde der östlich der Neiße gelegene Teil der Stadt, einschließlich des his-

Kirchenruine Guben

torischen Zentrums, 1945 zur polnischen Stadt Gubin. Seit 1991 trägt die Stadt Guben den Beinamen „Euromodellstadt", in der versucht wird, die getrennte Stadt wieder zu vereinen. 2007 fielen die bestehenden Grenzkontrollen weg, was dazu beitragen kann, die Kooperation beider Städte zu vertiefen.

➡ In Guben wurde 1876 Wilhelm Pieck geboren, der von 1949 bis 1960 der einzige Präsident der ehemaligen DDR war. Auch in Guben geboren wurde im Jahr 1974 der deutsche Radrennfahrer-Profi Danilo Hondo, der bei Deutschen Straßenmeisterschaften und beim Giro d'Italia viele Erfolge errang. ■

Quiz Im November 2006 eröffnete der Arzt und Erfinder Gunther von Hagen in Guben ein weltweit einzigartiges Anatomisches Zentrum. Wie heißt dieses Zentrum und wie die dort ansässige Anatomieausstellung?

Auflösung: Seite 443

➡ Die mittelfränkische Stadt liegt südwestlich von Nürnberg in Bayern und hat über 16.000 Einwohner.

➡ Wenn man einen Streifzug durch die Geschichte unternehmen will, besucht man das Fossilien- und Steindruckmuseum mit Fossilien aus aller Welt. Im Archäologischen Museum geht es von der Jungsteinzeit bis in das frühe Mittelalter, und die Geschichte der Stadt ist im Stadtmuseum zu erleben.

Gunzenhausen

GUN Ⓐ

Bayern

Quiz Der Färberturm in Gunzenhausen ist neben anderen Türmen Teil der Stadtbefestigung und war früher auch ein sogenannter Pulverturm (Munitionslager). Der Turm erfüllte aber noch einen weiteren Zweck und hatte daher im Volksmund auch noch einen anderen Namen. Welchen Zweck erfüllte der Turm noch und wie wurde er im Volksmund genannt?

Auflösung: Seite 443

➡ Der Altmühlsee (Abb. oben), unweit von Gunzenhausen, hat die Größe des oberbayerischen Königssees (4,5 Quadratkilometer). Im See befindet sich die 1,2 Quadratkilometer große Vogelinsel. Um den See führt ein Ringdamm mit ca. 12 Kilometern Länge, auf dessen Krone ein Rad- und Wanderweg angelegt wurde. ■

Grevenbroich

GV

Nordrhein-Westfalen

➡ Die Stadt liegt im Dreieck Düsseldorf, Köln und Mönchengladbach in NRW und hat knapp 64.000 Einwohner.

➡ Seit den 1970er-Jahren führt Grevenbroich mit der Schutzgemeinschaft Deutscher Wald e.V. ein großes Wildfreigehege im Grevenbroicher Bend. Dort können bis zu 200 verschiedene Wild- und Haustiere in natürlichen Lebensräumen beobachtet werden.

➡ Grevenbroich liegt an der größten zusammenhängenden Braunkohlenlagerstätte Europas. Seit dem 19. Jahrhundert wird hier Braunkohle zu Heizzwecken abgebaut. Aus dem Rohstoff wird in zwei Kraftwerken Strom für Millionen Menschen erzeugt. Das Kraftwerk Neurath ist das zweitgrößte Braunkohlenkraftwerk in Europa. ■

Grevesmühlen

GVM

Mecklenburg-Vorpommern

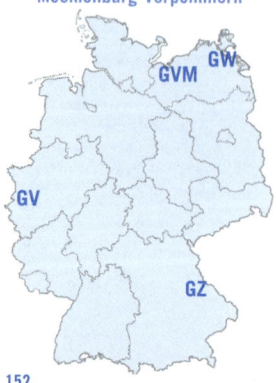

➡ Die Stadt, zwischen Lübeck und Schwerin an der Ostsee von Mecklenburg-Vorpommern gelegen, hat knapp 11.000 Einwohner.

➡ Grevesmühlen, 1226 erstmals urkundlich erwähnt, besaß im Jahr 1345 auch ein Schloss, welches 1659 nach einem Großfeuer aber nicht wieder aufgebaut wurde. Die Grevesmühlener Mühle, die 1878 erbaut wurde, ist nach der Rekonstruktion ein Wahrzeichen der Stadt, wie auch die Kunstgalerie und die Glasbläserei.

➡ In Grevesmühlen beheimatet ist, nach 10 Jahren als Tournee-Theater, das Piraten-Open-Air. Unterwegs in Europa und Übersee machte es erstmals 2005 mit festem Spielort am Ploggensee in Grevesmühlen Station. Seit 2007 ist dieses Open-Air-Spektakel in einem neuen Freilufttheater anzutreffen. Der Abenteuerroman „Die Schatzinsel" von Robert Louis Stevenson stand Pate für das Piraten-Open-Air-Theater. ■

➡ Greifswald mit über 55.000 Einwohnern liegt südlich von Stralsund an der Ostsee in Mecklenburg-Vorpommern.

➡ Die Universitäts- und Hansestadt liegt in unmittelbarer Nähe der Inseln Usedom und Rügen. Die Stadt besitzt maritimes Flair, denn der Stadthafen, der Ryck sowie der Fischerei- und Freizeithafen Wieck und der Museumshafen mit restaurierten historischen Schiffen ergänzen sich mit dem Greifswalder Bodden zu einer großen Wasser- und Freizeitlandschaft.

➡ Der Vorzeigemaler der deutschen Romantik und Patriot Caspar David Friedrich wurde 1774 in Greifswald geboren. ▪

Greifswald

GW ⒶA

Mecklenburg-Vorpommern

Historische Klappbrücke in Greifswald

➡ Landkreis und Stadt Günzburg liegen östlich von Ulm im schwäbischen Bayern.

➡ Günzburg hat zwei Spielparadiese. Das Legoland Deutschland ist so groß wie 26 Fußballfelder und für kleine und große Helden gebaut. Experimentierzentren, Achterbahnen, Wasserattraktionen oder Shows laden zu einer Erkundungs- und Erlebnisreise ein. Im Miniland sind berühmte Städte und Landschaften aus Lego-Steinen nachgebaut. Das „KikiMondo" ist ein 3500 Quadratmeter großer Indoorspielplatz im Norden von Günzburg.

➡ Die Gegend, auch „Schwäbischer Barockwinkel" genannt, wird von vielen großen und kleinen Barockkirchen geprägt, deren Turmabschlüsse meist die Form einer Zwiebelkuppel haben.

➡ Erhard Keller, Goldmedaillengewinner und Sprint-Weltmeister im Eisschnelllauf, wurde 1944 in Günzburg geboren. ▪

Günzburg

GZ

Orte im Kreis:
Burgau, Ichenhausen, Leipheim
Bayern

Marktplatz in Günzburg

Hannover

Niedersachsen

➡ Die Hauptstadt von Niedersachsen hat knapp 530.000 Einwohner.

➡ In der Messestadt finden die Hannover-Messe und die weltgrößte Computermesse „CeBIT" statt. Die „Expo 2000" war die erste anerkannte Weltausstellung in Deutschland und hatte 18 Millionen Besucher. Das größte freitragende Holzdach der Welt bleibt als Wahrzeichen der „Expo 2000" erhalten (Abb. links). Der erste Hanomag-Kleinwagen fuhr in Hannover, Continental präsentierte den profilierten Laufstreifen, und seit über hundert Jahren wird hier der Leibniz-Keks von Bahlsen gebacken.

➡ Zu den Sehenswürdigkeiten gehören die Herrenhäuser Gärten, die zu den bedeutendsten Barockgärten der Welt zählen, und der Berggarten, einer der ältesten botanischen Gärten Deutschlands mit über 12.000 verschiedenen, teils exotischen Pflanzenarten.

➡ Ernst August Prinz von Hannover aus dem Geschlecht der Welfen ist das derzeitige Oberhaupt des ehemals königlichen Hauses Hannover und herzoglichen Hauses von Braunschweig und ein Urenkel des deutschen Kaisers Wilhelm II. und Nachkomme König Georgs III. Das Welfenschloss ist ein ehemaliges Schloss der königlichen Familie. Die Entthronung der Welfen durch Preußen im Jahr 1866 zerstörte die Pläne, das Schloss als Residenz zu beziehen. 1879 wurde es dann zum Sitz der heutigen Gottfried Wilhelm Leibniz-Universität (Abb. unten).

➡ Einige Berühmtheiten der Stadt sind Gottfried Wilhelm Leibniz, Gottfried Benn, Hannah Arendt, Kurt Schwitters, Emil Berliner, Prof. Walter Bruch, „Fury in the slaughterhouse" oder die „Scorpions". ∎

➡ Hagen liegt am südlichen Rand des Ruhrgebietes in Nordrhein-Westfalen und hat knapp 190.000 Einwohner.

➡ Das westfälische Landesmuseum für Handwerk und Technik ist ein Freilichtmuseum, das das Handwerk und Gewerbe vom 18. bis zum 20. Jahrhundert zeigt. Wasserschloss Werdringen (Abb. rechts) beherbergt das Museum für Ur- und Frühgeschichte.

➡ Die Hagener Spezialität, der Doppelwacholder „Hasper Maggi", wird bereits in sechster Generation gebrannt.

➡ Deutschlands größte Universität ist mit über 75.000 Studenten die Fern-Universität Hagen.

➡ Einige Persönlichkeiten der Stadt sind Fritz Steinhoff, Willi Weyer, Liselotte Funcke und Musiker wie Extrabreit, Grobschnitt und die Frau der 99 Luftballons, Nena. ∎

Hagen

HA

Nordrhein-Westfalen

➡ Die Stadt liegt östlich von Frankfurt am Main in Bayern und hat etwa 12.000 Einwohner.

➡ Die urkundlich älteste fränkische Weinstadt hat zahlreiche zum Teil gut erhaltene Baudenkmäler, wie das im Zentrum gelegene Rathaus und Schloss Saaleck. Da Hammelburg als Zentrum des Weinbaus große Kellerkapazitäten brauchte, wurde das Kellereischloss Hammelburg (Abb. rechts), auch „Rotes Schloss" genannt, 1726–1731 auf die Grundmauern eines großen Kellereigebäudes gebaut.

➡ Durch den 1896 gegründeten Truppenübungsplatz „Lager Hammelburg" wurde die Stadt auch als Bundeswehrstandort bekannt. Die Bundeswehr ist der größte Arbeitgeber in der Region Hammelburg. ∎

Hammelburg

HAB Ⓐ

Bayern

Halle (Saale)

HAL

Sachsen-Anhalt

Der Marktplatz in Halle (Saale) mit Marienkirche, Händeldenkmal und Rotem Turm

➡ Die Großstadt an der Saale mit 234.000 Einwohnern liegt zwischen Leipzig und Magdeburg in Sachsen-Anhalt.

➡ Der wohl größte Sohn der Stadt ist der 1685 geborene Komponist Georg Friedrich Händel. Nachdem er seine erste Organistenstelle in der Stadt bekam, erlangte der Künstler durch seine 14 spätbarocken Opern und auch durch die 1749 entstandene „Feuerwerksmusik" weltweiten Ruhm.

➡ Ob Barock, Renaissance oder bürgerlich, in Halle kann man die Architektur mehrerer Epochen erleben. Die Burg Giebichenstein, die Moritzburg, das Händelhaus, die Hallesche Dom, die beiden Wassertürme und die Moritzkirche sind Zeichen einer einmaligen dichten und unversehrten Stadtstruktur. Die Hallenser schätzen auch die „Grünen Inseln" ihrer Stadt, wie die Peißnitzinsel, die seit dem 19. Jahrhundert als Erholungspark dient. ◾

Hamm

HAM

Nordrhein-Westfalen

➡ Hamm liegt in Nordrhein-Westfalen im Dreieck Münster, Gütersloh, Dortmund und hat über 180.000 Einwohner.

➡ Die Stadt an der Lippe kann mit zahlreichen Sehenswürdigkeiten aufwarten. Dazu zählen die historische Altstadt, Schlösser, Parks und Herrenhäuser und der zweitgrößte hinduistische Tempel Europas, der Sri-Kamadchi-Ampal-Tempel. Hier feiern jährlich 15.000 Hindus aus ganz Europa das Tempelfest.

➡ Das Wahrzeichen Hamms ist der 35 Meter hohe Glaselefant vom Künstler Horst Rellecke (Abb. links). Der Elefant wurde für die Landesgartenschau 1984 geschaffen und steht im Maximilianspark, der mit seinen Spieldünen, Kletternetzen und Wasserplätzen ein Paradies für Kinder ist.

➡ Der ehemalige Spieler und Kapitän der deutschen Fußball-Nationalmannschaft, Bernhard Dietz (53 Spiele), wurde 1948 in Hamm geboren. ◾

➡ Der unterfränkische Kreis liegt zwischen Schweinfurt und Bamberg in Bayern und hat knapp 85.000 Einwohner.

➡ Zu den Sehenswürdigkeiten der Stadt Haßfurt zählen die Stadtpfarrkirche St. Kilian mit Werken von Bildschnitzer Tilman Riemenschneider, das Bamberger und das Würzburger Tor, die Ritterkapelle St. Maria, die Heiliggeist-Spitalkapelle und das Alte Rathaus am Marktplatz.

➡ Im Landkreis befinden sich auch die beiden Naturparks Steigerwald und Haßberge, die mit dem Maintal optimale Voraussetzungen für Erholung, Entspannung und Freizeitgestaltung bieten.

➡ Heraldiker finden in der gotischen Ritterkapelle die Wappenschilder von 238 Ritterwappen. Der Grundstein für die Kapelle, die zu den bedeutendsten Baudenkmälern Ostfrankens gehört, wurde im Jahr 1390 gelegt. ■

Haßberge

HAS

Orte im Kreis:
Ebern, Eltman, Haßfurt, Hofheim
Bayern

Hansestadt Bremen und Bremerhaven

HB

Bremen

➡ Das kleinste deutsche Bundesland Bremen liegt im Norden Deutschlands. Die Freie Hansestadt Bremen an der Weser hat ihre direkte Anbindung zur Nordsee durch Bremerhaven. Beide bilden einen Zwei-Städte-Staat.

➡ Der „Bremer Roland" (Abb. links) und das Rathaus sind Wahrzeichen der Stadt und gehören zum UNESCO-Welterbe. Gerhard Marcks schuf die Statue nach einem Märchen der Gebrüder Grimm. Am Denkmal endet die Deutsche Märchenstraße. Die bekanntesten Museen sind das Übersee-museum und das Universum Bremen.

Quiz Ein bekanntes Märchen der Gebrüder Grimm spielt im Umland von Bremen. Darin hat eine Musikgruppe die Hauptrolle. Wie heißt diese Gruppe und wer sind die vier Hauptakteure?

Auflösung: Seite 443

➡ Bremen hat, bedingt durch seine Niederungsgebiete, viele Grünzonen und Parks. Der Rhododendron-Park mit über 500 Rhododendronarten ist nur einer davon.

➡ „Lebenslang Grün-Weiß" ist das Motto für Werder-Bremen-Fans. Otto Rehhagel und Thomas Schaaf stehen für die Treue der Mannschaft zum Trainer.

➡ Bremerhaven ist eines der größten europäischen Überseehafengebiete. Der Containerterminal (Abb. links oben), der Straßenverladungsterminal und die Columbuskaje gehören zum Freihafen, die restlichen Hafengebiete zur Stadt Bremerhaven. Bremerhaven ist der wichtigste Fischereihafen Deutschlands, daher bezeichnet man die Stadt auch als „Fischtown" und die Bewohner als „Fischköppe".

➡ Für Aktivitäten locken das Atlanticum mit dem Thema Fische und Fischerei, das Schifffahrtsmuseum mit Museumshafen, das Klimahaus 8° Ost, das Deutsche Auswandererhaus und der Zoo am Meer. ■

Quiz

Auflösung: Seite 443

In Bremen gibt es ein berühmtes Konzerthaus, das besonders von Sängern wegen seiner ausgezeichneten Akustik geschätzt wird. Wie ist der Name des Konzerthauses?

Hildburghausen

HBN

Orte im Kreis:
Hildburghausen, Römhild, Eisfeld
Thüringen

➡ Der Kreis Hildburghausen liegt zwischen Schweinfurt und Erfurt in Thüringen und hat etwa 66.000 Einwohner.

➡ Der Naturpark „Thüringer Wald", das Biosphärenreservat „Vessertal" und der Höhenwanderweg „Rennsteig" führen durch den Kreis. Auch viele Burgen, Schlösser und Museen wie das Gewürzmuseum Schönbrunn sind zu besichtigen. Schloss Bertholdsburg ist eine Festungsanlage mit einem 38 Meter hohen begehbaren Aussichtsturm.

➡ Der Name der Kreisstadt ist im Impressum von Millionen von Büchern, die im 19. Jahrhundert im Geographischen Institut von Hildburghausen erschienen sind, zu finden, da der Verleger Joseph Meyer 1828 mit dem Bibliographischen Institut von Gotha hierher zog. Sehenswert ist auch das Renaissance-Rathaus am Marktplatz (Abb. links unten). ■

➡ Halberstadt liegt am Nordostrand des Harzes in Sachsen-Anhalt rund 60 Kilometer südwestlich von Braunschweig und hat 43.000 Einwohner.

➡ „Das Tor zum Harz" kann auf einen eigenen Tierpark verweisen. 1761 ließ Ernst Ludwig Spiegel Freiherr zum Diesenberg den kahlen Spiegelberg aufforsten. Er baute eine Fasanerie auf, und die ersten Tiere die einzogen, waren Pfauen. 1960 entstand ein Tiergehege mit Exoten und heimischen Tieren.

➡ Eine Besonderheit sind die Felshöhlen im Kreis Halberstadt. Selbst in amerikanischen Zeitungen wurde vom Dorf der Troglodyten, den Höhlenbewohnern, gesprochen. Im Dorf Langenstein befinden sich zahlreiche in den weichen Sandstein hineingeschlagene Wohnhöhlen, die bis 1916 bewohnt wurden und nun besichtigt werden können (Abb. oben). ∎

➡ Die Kleinstadt Hainichen liegt zwischen Chemnitz und Dresden in Sachsen und hat 9000 Einwohner.

➡ Große Söhne der Stadt sind Fabel- und Liederdichter Christian Fürchtegott Gellert, dem im Parkschlösschen ein Literaturmuseum eingerichtet und auf dem Markt ein Bronzedenkmal errichtet wurde, und Friedrich Gottlob Keller, der mit dem „Holzschliff" ein Verfahren zur Papierherstellung erfand.

➡ Der Name der Stadt war zu DDR-Zeiten mit der Marke Barkas verbunden. Die Produktion von Kleinlasttransportern und Minibussen der Marke Barkas, die 1933 in den Framo-Werken begann, wurde 1991 eingestellt. ∎

Hechingen

HCH Ⓐ

Baden-Württemberg

➡ Hechingen liegt zwischen Stuttgart und dem Bodensee in Baden-Württemberg und hat knapp 20.000 Einwohner.

➡ Eine der wohl bedeutendsten und imposantesten Burganlagen Deutschlands ist die Burg Hohenzollern (Abb. links). Sie ist die Stammburg des Fürstengeschlechts und ehemals regierenden deutschen Kaiserhauses der Hohenzollern. Die um das Jahr 1000 entstandene erste Burg wurde bei einem Brüderstreit zerstört. Die zweite Burg von 1454 verfiel im Laufe der Jahrhunderte. Die heutige Burg entstand zwischen 1853 und 1867.

➡ Das Römische Freilichtmuseum „Villa Rustica" bietet als einer der größten und besterhaltenen römischen Gutshöfe Süddeutschlands, mit zahlreichen Nebengebäuden, einem Tempelbezirk und dem rekonstruierten Hauptgebäude, einen einzigartigen Einblick in die Lebens- und Bauweise der Römer in Süddeutschland. ■

Stadt Heidelberg/ Rhein-Neckar-Kreis

HD

Orte im Kreis:
Brühl, Neckargmünd, Leimen
Baden-Württemberg

➡ Heidelberg liegt zwischen Darmstadt und Karlsruhe in Baden-Württemberg, an der Einmündung des Neckars in den Rhein.

➡ Das Stadtbild wird von der oberhalb der Stadt befindlichen Schlossruine (Abb. unten), die nach Aussage von ausländischen Touristen zu den Höhepunkten eines Deutschlandbesuchs gehört, bestimmt.

Quiz

Auflösung: Seite 443

In Heidelberg gibt es ein sehr beliebtes historisches Studentenlokal mit einer urigen und rustikalen Atmosphäre. Sein Name verweist auf einen gehörnten Vierbeiner mit feuriger Farbe. Wie heißt dieses Lokal?

➡ In Heidelberg ist die älteste Universität Deutschlands zu finden, 1386 gegründet und 2012 erneut als Elite-Universität ausgezeichnet. Großforschungseinrichtungen wie das Deutsche Krebsforschungszentrum, das Europäische Laboratorium für Molekularbiologie, vier Max-Planck-Institute und die Akademie der Wissenschaft sind in Heidelberg angesiedelt.

➡ Der Hockenheimring (Abb. rechts oben) ist für Motorsportfreunde ein weltweit bekanntes Motodrom in der Nähe Heidelbergs und Austragungsort der Formel 1 und mehrerer internationaler Rennen.

➡ Aus dem Rhein-Neckar-Kreis kommen zwei der weltbesten Tennisspieler, Steffi Graf aus Brühl und Boris Becker aus Leimen, die beide mehrfach das Turnier in Wimbledon gewannen. Boris Becker ist bis heute der jüngste Wimbledon-Gewinner und führte zwölf Wochen lang die Weltrangliste an.

➡ In Heidelberg befindet sich ein in Europa einmaliges Museum, das Verpackungsmuseum. Raritäten des Museums sind die älteste Coca-Cola-Flasche und eine Zigarre, die an Bord der später gesunkenen Titanic geraucht wurde. ▪

**Heidenheim
an der Brenz**

Orte im Kreis:
Giengen, Heidenheim
Baden-Württemberg

➡ Der Landkreis Heidenheim liegt zwischen Stuttgart und Augsburg in Baden-Württemberg.

➡ Beim Besuch der Region Heidenheim an der Brenz auf der Schwäbischen Alb kann man im Geo-Park auf Entdeckungstour gehen.

➡ Der Kreis zählt mit zu der burgen- und schlösserreichsten Gegend in Deutschland. Ein Besuchermagnet ist das Schloss Hellenstein (Abb. rechts), das Wahrzeichen Heidenheims.

➡ Die Heimat und Geburtsstätte des Teddybären mit dem Knopf im Ohr liegt in Giengen im Kreis Heidenheim. Zum 125-jährigen Jubiläum der Firma wurde 2005 das Steiff-Museum eröffnet. ▪

Haldensleben

HDL

Sachsen-Anhalt

➡ Die Stadt Haldensleben, Kreisstadt des Landkreises Börde in Sachsen-Anhalt, grenzt nördlich an Magdeburg und hat über 19.000 Einwohner.

➡ Eingefasst von der fast vollständig erhaltenen, 2,1 Kilometer langen Stadtmauer drängen sich im historischen Stadtkern von Haldensleben die Häuser aneinander. Vom Markt aus verlaufen die Straßen in rechtwinkligen Fluchten – Beweis für einen planmäßigen Stadtausbau durch Heinrich den Löwen. Das Templerhaus von 1553 ist das älteste erhaltene Fachwerkhaus der Stadt und der Bülstringer Torturm, zwischen 1240 und 1269 errichtet, das älteste Bauwerk.

➡ Schloss Hundisburg (Abb. links), mit Barockgarten und Landschaftspark, ist eines der bedeutendsten ländlichen Barockschlösser in Sachsen-Anhalt. ◼

Helmstedt

HE

Orte im Kreis:
Helmstedt, Königslutter,
Schöningen, Lehre
Niedersachsen

Quiz

Heinrich Christian Carl August Wallmann, geboren 1816 in Helmstedt, war ein bekannter deutscher Räuber, der im braunschweigisch-preußischen Grenzgebiet sein Unwesen trieb. Im Volksmund hatte er einen Namen, der auf eine bestimmte Blume verweist. Wie wurde er genannt?

Auflösung: Seite 443

➡ Helmstedt liegt zwischen Braunschweig und Magdeburg in Niedersachsen.

➡ Der Stadtname wird in einem Atemzug mit dem Grenzübergang zur ehemaligen DDR „Kontrollpunkt Helmstedt" genannt, einer der wichtigsten Grenzübergänge der Transitstrecke nach West-Berlin.

➡ Das „Juleum Novum" (Abb. rechts) ist ein mehrgeschossiges Hörsaal- und ein Bibliotheksgebäude der ehemaligen Universität und beherbergt bis heute die Reste der ehemaligen Universitätsbibliothek.

➡ Der Braunkohlenabbau hat die Region entscheidend geprägt. 1725 wurde das erste Kohleflöz entdeckt und 1795 gründete man das erste Kohlenbergwerk. ◼

➡ Die mittelfränkische Stadt Hersbruck liegt östlich von Nürnberg in Bayern und hat knapp 13.000 Einwohner.

➡ Johannes Scharrer, der Direktor der ersten deutschen Eisenbahn, die von Nürnberg nach Fürth fuhr, wurde 1785 in Hersbruck geboren. Er gehörte zu den Gründern der Ludwigs-Eisenbahn-Gesellschaft und damit zu den drei wichtigsten Investoren.

➡ Hersbruck hat sich der in Italien gegründeten Bewegung „Cittàslow" angeschlossen, die inspiriert wurde von der Philosophie der Slow-Food-Bewegung. Hauptziel ist es, die Lebensqualität in Städten zu verbessern und die Vereinheitlichung und Amerikanisierung von Städten zu verhindern, in denen Franchise-Unternehmen dominieren. ◼

➡ Der Landkreis Hersfeld-Rotenburg liegt südlich von Kassel in Hessen mit rund 122.000 Einwohnern.

➡ In der Altstadt von Bad Hersfeld stehen 216 denkmalgeschützte Gebäude. Auf einer Bühne, die in der größten romanischen Kirchenruine – der Stiftskirche (Abb. rechts unten) – Europas steht, finden seit 1951 jährlich die Bad Hersfelder Festspiele statt. Zu den Höhepunkten gehören Aufführungen wie „Die Zauberflöte" von Wolfgang Amadeus Mozart, „Fidelio" von Beethoven oder „Salome" von Richard Strauss.

➡ Die älteste Glocke Deutschlands, die Lullus-Glocke, befindet sich in Bad Hersfeld. Die Glocke, die nach dem heiligen Lul benannt wurde, stammt aus dem Jahr 1038 und wird noch heute zum Beginn des Lullusfestes geläutet.

➡ Bad Hersfeld ist der Sitz eines riesigen Logistikzentrums der Firma Amazon, Marktführer des Internethandels. ◼

Hersbruck

Bayern

Hersfeld-Rotenburg

Orte im Kreis:
Bad Hersfeld, Bebra, Rotenburg
Hessen

Dithmarschen

Orte im Kreis:
Brunsbüttel, Burg, Heide, Marne,
Meldorf, St. Michaelisdonn
Schleswig-Holstein

➡ Der Landkreis Dithmarschen an der Nordsee liegt nördlich von Hamburg in Schleswig-Holstein und hat etwa 134.000 Einwohner.

➡ Der Kreis liegt am Weltnaturerbe Wattenmeer. Es ist Lebensraum für etwa 3200 Tierarten und „Kinderstube" für Schollen, Heringe und Seezungen. Das Eidersperrwerk, an der Eidermündung in die Nordsee, ist das größte deutsche Küstenschutzbauwerk und hat die Aufgabe, das Land vor Sturmfluten zu schützen.

➡ Dithmarschens Wirtschaft wird von der Landwirtschaft (etwa ein Drittel des deutschen Kohlanbaus wird hier produziert) und der Windenergie dominiert. Der Tourismus konzentriert sich auf Büsum und Friedrichskoog (Abb. links). Neben dem Badeurlaub ist in der Region vor allem das Radwandern beliebt.

➡ In der Kreisstadt Heide wurde 1918 einer der erfolgreichsten Springreiter Deutschlands, Fritz Thiedemann, geboren. ■

Herne

Nordrhein-Westfalen

➡ Die Stadt Herne liegt westlich von Gelsenkirchen in Nordrhein-Westfalen und hat knapp 165.000 Einwohner.

➡ Der Rhein-Herne-Kanal, der durch Herne fließt, wurde von 1906 bis 1914 für wirtschaftliche Zwecke errichtet. Er verbindet den Rhein mit dem Dortmund-Ems-Kanal.

➡ Attraktionen in Herne sind die „Tage Alter Musik in Herne", die seit 1976 stattfinden und zu den bedeutendsten Festivals für Alte Musik zählen, das Wasserschloss Strünkede (Abb. links) und der KunstWald Teutoburgia, eine Station der Route der Industriekultur. ■

➡ Die Stadt Hettstedt am südöstlichen Rand des Harzes liegt nördlich von Halle in Sachsen-Anhalt und hat knapp 15.000 Einwohner.

➡ Der Bergbau ist eng mit dem Namen der Stadt verbunden. Am Kupferberg bei Hettstedt begann im Jahr 1199 der Mansfelder Kupferschieferbergbau.

➡ Neben den vielen Halden erinnert das Streckennetz der ehemaligen Bergwerksbahn an das einstige Zentrum der Buntmetallurgie. 1880 wurde für den Transport des Kupferschiefers eine Lokomotiv-Förderbahn in 750 mm Spurweite gebaut. Mit der Schließung der Zeche wurde der Zugbetrieb eingestellt. Zur Freude vieler Eisenbahnfans „dampft" die älteste betriebsfähige Schmalspurbahn wieder (Abb. unten). ■

Hettstedt

Sachsen-Anhalt

➡ Der Kreis Herford mit knapp 248.000 Einwohnern liegt nördlich von Gütersloh in Nordrhein-Westfalen.

➡ Das Kernland der deutschen Hanse ist Westfalen. Vom Mittelalter bis ins 17. Jahrhundert war Herford eine Hansestadt. Im niederländischen Zwolle gründete sich der Städtebund „Die Hanse der Neuzeit", der auch Herford, als eine der 182 angeschlossenen Städte, angehört.

➡ MARTa Herford ist ein Museum, das zeitgenössische Kunst des 21. Jahrhunderts und Trends im Design und der Möbelbranche zusammenführen will.

➡ Der gebürtige Herforder Baumeister Matthäus Daniel Pöppelmann hat viel zum barocken Charakter in Dresden, wie zum Beispiel den Dresdner Zwinger, beigetragen. ■

Herford

Orte im Kreis:
Bünde, Enger, Herford, Löhne, Spenge, Vlotho, Hiddenhausen, Kirchlengern, Rödinghausen
Nordrhein-Westfalen

Hochtaunuskreis

HG

Orte im Kreis:
Bad Homburg, Friedrichsdorf,
Königstein, Kronberg, Oberursel
Hessen

➡ Der Hochtaunuskreis befindet sich in Hessen, nördlich der Stadt Frankfurt a. M., und hat knapp 230.000 Einwohner.

➡ In Bad Homburg wurde schon 1889 ein Golfplatz eingeweiht. Englische Kurgäste sollen den Sport mitgebracht haben. Eine Kugel rollt auch beim Roulette in der Spielbank von Bad Homburg. 1888 wurde Bad Homburg die Sommerresidenz von Kaiser Wilhelm II.

➡ Beliebte Ausflugsziele im Kreis sind das Freilichtmuseum Hessenpark und die Saalburg (Abb. links). Der Hessenpark ist eine museale Sammlung von über 100 Gebäuden. Die Saalburg, ein ehemaliges Kohortenkastell des römischen Limes, gilt als das am vollständigsten rekonstruierte Kastell und besitzt seit 2005 den Status des UNESCO-Weltkulturerbes. Auch der 1923 in Bad Homburg gegründeten Motorradmarke Horex wurde ein Museum gewidmet. ◾

Hagenow

HGN Ⓐ

Mecklenburg-Vorpommern

➡ Die Stadt Hagenow liegt östlich von Hamburg, im Westen von Mecklenburg-Vorpommern, und hat knapp 12.000 Einwohner.

➡ Der Spruch „Alles Essig" kann auf Hagenow angewendet werden. In der Stadt hat der Lebensmittelkonzern Kühne eine der modernsten Essigfabriken Europas gebaut.

➡ Auf insgesamt sechs wunderschönen Fahrradtouren, die mit einer Streckenführung von 21 bis 38 Kilometern rund um Hagenow führen, können viele Sehenswürdigkeiten bewundert werden.

➡ Die Stadt eignet sich als guter Ausgangspunkt für Ausflüge in die nähere Umgebung, egal ob Naturfreund oder Kulturliebhaber. Sie erreichen schnell die Landeshauptstadt Schwerin mit ihren verschiedenen Sehenswürdigkeiten, viele umliegende Seen und Naturschutzgebiete und den Snow-Fun-Park in Wittenburg, in dem der Skifahrer das ganze Jahr über eine Skipiste vorfindet. ◾

➡ Die Stadt Greifswald an der Ostsee liegt südlich der Insel Rügen in Mecklenburg-Vorpommern und hat knapp 55.000 Einwohner. Sie ist auch Sitz der Verwaltung des Landkreises Vorpommern-Greifswald.

➡ Die Universitäts- und Hansestadt Greifswald liegt zwischen den Inseln Rügen und Usedom an der Mündung der Ryck in die Bucht des Greifswalder Boddens, einer großen Lagune der Ostsee. Im Museumshafen Greifswald werden historische Schiffe restauriert, gepflegt und der Öffentlichkeit zugänglich gemacht. Im Pommerschen Landesmuseum (Abb. rechts) werden die Bilder des in Greifswald geborenen Malers Caspar David Friedrich ausgestellt.

➡ Der 1893 in Greifswald geborene Schriftsteller Hans Fallada erlangte 1932 mit seinem Buch „Kleiner Mann, was nun?" und mit dem Werk „Wer einmal aus dem Blechnapf frißt" Weltruhm. ■

Hansestadt Greifswald

Mecklenburg-Vorpommern

➡ Der Stadtstaat Hamburg liegt an der Mündung der Elbe in die Nordsee im Norden Deutschlands und ist mit 1,8 Millionen Einwohnern die zweitgrößte Stadt der Bundesrepublik.

➡ Weltberühmt ist Hamburg durch seinen Hafen. Das „Tor zur Welt" ist der größte Seehafen Deutschlands und der zweitgrößte Containerhafen Europas. Die Werften haben mit ihren Docks das Bild des Hafens mitgeprägt. Die Werft Blohm + Voss (Abb. rechts unten) gilt als letzte Großwerft im Hamburger Hafen.

➡ Die Ziele der Besucher sind die Innenstadt samt Binnenalster, der Hamburger Hafen mit den St. Pauli-Landungsbrücken und den Hafenrundfahrten in einfachen Barkassen oder großen Schaufelraddampfern. Am Hafen und entlang der Elbe befinden sich weitere Sehenswürdigkeiten wie die Speicherstadt, der Alte Elbtunnel und der Altonaer Fischmarkt mit der Fischauktionshalle. Ein weiterer Anlaufpunkt ist die Altstadt, die von Kanälen durchzogen wird und über die Binnenalster das Zentrum mit dem Hafen

Hansestadt Hamburg

Hamburg

St. Pauli-Landungsbrücke Hamburg
mit Kreuzfahrtschiff

Nordgiebel und Turm des Michels

verbindet. Neben dem Alstervergnügen, das rund um die Binnenalster stattfindet, und dem Hamburger Dom ist der jährliche Hafengeburtstag die größte Veranstaltung Hamburgs.

➡ Das Miniatur-Wunderland, als weltgrößte Modelleisenbahnanlage, verfügt über derzeit 14,5 Kilometer Gleisstrecke und 930 Züge mit 14.450 Waggons.

➡ Hamburg hat über 60 Theater, mehr als 60 Museen und über 100 Musikclubs. Den Meilenstein zur weltweit drittgrößten Musicalstadt legte 1986 das Musical „Cats" von Andrew Lloyd Webber. In extra gebauten Theatern folgten: Der König der Löwen, Das Phantom der Oper, Buddy, Tanz der Vampire, Tarzan, Dirty Dancing, Mamma Mia, Ich war noch niemals in New York, Rocky und Sister Act.

➡ Hamburg ist auch die Wiege der Beatles. Sie starteten im „Star-Club" unweit der Reeperbahn 1962 ihre Weltkarriere. Namen wie Heidi Kabel und Henry Vahl stehen für das Ohnsorg-Theater, das 1902 durch Richard Ohnsorg in Hamburg gegründet wurde.

➡ Der Tierpark Hagenbeck war bereits zu seiner Eröffnung 1907 als weltweit erster gitterloser Zoo wegweisend und wird ständig erweitert. Zurzeit beherbergt er mehr als 1850 Tiere aus allen Kontinenten.

➡ Auch die „sündigste Meile der Welt", die Reeperbahn, befindet sich in Hamburg. Die Rotlichtmeile hat sich durch ihre Kneipen und ihre kulturellen Ansiedlungen zu einem Touristenmagnet gewandelt.

➡ Die bedeutendste Barockkirche Norddeutschlands, genannt „Michel", ist für Seeleute auf einlaufenden Schiffen gut sichtbar und ein Wahrzeichen der Hansestadt.

➡ Ein Aushängeschild der Stadt ist auch der Fußballbundesligist HSV, der 2012 sein 125-jähriges Bestehen feierte. In der heimischen Imtec-Arena haben 57.000 Zuschauer Platz. ■

Quiz Der erste Dieselschnelltriebwagen der Deutschen Reichsbahn und zugleich erste Stromlinienzug war der Triebwagen 877 (später Baureihe VT 04.0). Mit ihm wurde ab 1933 zwischen Berlin und Hamburg die damals weltweit schnellste Zugverbindung hergestellt. Aufgrund seiner Geschwindigkeit wurde der Triebwagen auch unter einem bestimmten Namen bekannt. Wie wurde er genannt?

Auflösung: Seite 443

➡ Die Stadt Hohenmölsen liegt zwischen Leipzig und Jena im Burgenlandkreis von Sachsen-Anhalt und hat knapp 11.000 Einwohner.

➡ Der in der Umgebung ansässige Bergbau hat in seiner 200-jährigen Geschichte der Landschaft kaum etwas Gutes hinterlassen. 1988 begann jedoch ein neuer Zeitabschnitt für die Region. Mithilfe von Tiefbrunnen, die das Grundwasser aus einer Tiefe von 70 Metern ans Tageslicht förderten, entstand ein 36 Hektar großer See in der Form einer Mondsichel. Der Mondsee liegt inmitten des teilweise noch aktiven Braunkohlentagebaus Profen, ist jedoch von Wiesen und Wäldern so umgeben, dass nur noch wenig an die alte „Mondlandschaft" erinnert. 1991 wurde offiziell die erste Badesaison eröffnet.

➡ In Hohenmölsen wurde Peter Meyer geboren, der als Keyboarder 1969 mit zu den Gründern der Band „Puhdys" gehört. ◾

➡ Hildesheim liegt südlich von Hannover und westlich von Braunschweig in Niedersachsen und hat 103.000 Einwohner.

➡ Hildesheim wurde durch den Mariendom und die Kirche „St. Michaelis" (Abb. rechts) bekannt. Die Kirchen und die darin enthaltenen Kunstschätze wurden zum Weltkulturerbe der UNESCO erklärt.

➡ Von einer Aussichtsplattform in 75 Meter Höhe, die sich im Wahrzeichen der Stadt, dem St.-Andreas-Kirchturm befindet, kann man die Stadt von oben bewundern. Der Turm ist 114,5 Meter hoch und damit der höchste Kirchturm Niedersachsens.

➡ Ein weiteres Stadtwahrzeichen ist eine Rose. Der Rosenstock, der sich hinter der Domkirche befindet, soll schon über 1000 Jahre alt sein. ◾

Hohenmölsen

Sachsen-Anhalt

Hildesheim

Niedersachsen

Heiligenstadt

Thüringen

➡ Das Heilbad Heiligenstadt liegt östlich von Kassel in Thüringen und hat knapp 17.000 Einwohner.

➡ Seit 1929 ist Heiligenstadt schon Kurort und ab 1950 hat sie den Status eines Sole-Heilbades. Zur Erholung stehen den Gästen der Heinrich-Heine-Kurpark und die Eichsfeld-Therme zur Verfügung.

➡ Der einstigen Anwesenheit der Brüder Grimm verdankt die Stadt die Aufnahme in die „Deutsche Märchenstraße" im Jahr 1993. Anlässlich der Zugehörigkeit zur Deutschen Märchenstraße wurde 2004 der Märchenpark, eine kleine Traumwelt aus den Märchen der Brüder Grimm, eröffnet.

➡ Auf der Landesstraße über den Iberg wird seit 1994 das Ibergrennen veranstaltet, ein Lauf des Deutschen Bergpokals und der Deutschen Bergmeisterschaft für Touren- und Sportwagen. ◼

Hilpoltstein

HIP Ⓐ

Bayern

➡ In Bayern am südlichen Rand von Nürnberg liegt die Stadt Hilpoltstein mit über 13.000 Einwohnern.

➡ Von Hilpoltstein aus kann man in kürzester Zeit interessante Regionen wie das Fränkische Seenland, den Brombachsee, das Altmühltal, den Donaudurchbruch oder die Stadt Nürnberg erreichen.

➡ Freunde des Badesports können rund um den Rothsee (Abb. unten) drei Strandhäuser mit großen Terrassen, ausgedehnten Liegewiesen und Badeinseln besuchen. Die Kinder toben sich zusätzlich auf den Abenteuerspielplätzen aus. Bei kühleren Temperaturen lohnt sich ein Besuch im beheizten Stadtbad mit seiner 42-Meter-Riesenrutsche.

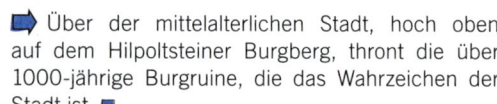

➡ Über der mittelalterlichen Stadt, hoch oben auf dem Hilpoltsteiner Burgberg, thront die über 1000-jährige Burgruine, die das Wahrzeichen der Stadt ist. ◼

➡ Der Heidekreis in Niedersachsen liegt mit seinen über 138.000 Einwohnern zwischen den beiden Zentren Hamburg im Norden und Hannover im Süden.

➡ In ganz Europa gibt es keine solche enorme Ansammlung von Freizeitparks wie im Heidekreis. Gleich drei Parks laden zu einem Besuch ein. Dies sind der Heide-Park Soltau mit der größten Holzachterbahn Europas und der schnellsten der Welt, der Serengeti-Park mit Giraffen, die durch das Autofenster bewundert werden können, und der Weltvogelpark Walsrode, der unter anderem für seine Botanik und seine teils seltenen Vögel berühmt ist.

➡ Die Lüneburger Heide ist der erste Naturpark Deutschlands. Auf einer Fläche von 107.000 Hektar liegt die größte zusammenhängende Heidefläche Mitteleuropas, aber auch Moore, alte Wälder und die berühmten Heidschnucken sind hier zu finden. ▪

Heidekreis

Orte im Kreis:
Bad Fallingbostel, Munster,
Schneverdingen, Soltau, Walsrode
Niedersachsen

➡ Die Hansestadt Lübeck liegt an der Ostsee, südlich von Kiel, in Schleswig-Holstein und hat über 214.000 Einwohner.

➡ Während viele Lübeck nur mit Marzipan, Thomas Mann, Kultur und Holstentor in Verbindung bringen, hat die moderne Stadt einiges mehr zu bieten. Sie ist heute das Wissenschafts- und Dienstleistungszentrum an der Ostsee. Der Lübecker Hafen mit Ostpreußen- und Skandinavienkai ist mit etwa 100 Abfahrten pro Woche der größte Fährhafen Deutschlands.

➡ Die Hansestadt Lübeck kaufte im Jahr 1959 die Viermastbark „Passat" (Abb. rechts), gab ihr einen festen Liegeplatz an der Trave-Mündung und stellte sie unter Denkmalschutz. Heute sind die 56 Meter hohen Masten des Museumsschiffs ein Wahrzeichen von Travemünde. Die Trauungen auf dem historischen Schiff sind sehr beliebt.

Hansestadt Lübeck

Schleswig-Holstein

➡ Auf dem einstigen 50-Mark-Schein war das Wahrzeichen von Lübeck, das Holstentor (Abb. links), abgebildet.

➡ Das Tor, auch „Holstein-Tor" genannt, begrenzt die Altstadt von Lübeck in Richtung Westen. Nur noch wenige Reste sind von der alten Befestigungsanlage zu sehen. Das spätgotische Holsten-Tor ist, neben dem Burgtor, das einzige erhaltene Stadttor.

➡ Weltruf genießt auch der Lübecker Marzipan, der 1530 als „Martzapaen" erstmals in der Zunftrolle erwähnt wurde. Wie der Marzipan in die Stadt kam, ist nicht bekannt, sicher ist aber, dass der Orient hier eine Rolle spielt. Der Begriff „Lübecker Marzipan" wurde von der EU geschützt. ■

Hameln-Pyrmont

Orte im Kreis:
Bad Münster am Deister,
Bad Pyrmont, Hameln
Niedersachsen

➡ Der Landkreis Hameln-Pyrmont mit seinen über 150.000 Einwohnern liegt südwestlich von Hannover in Niedersachsen.

➡ Einmal im Jahr stehen im Landkreis die Straßen zwischen Bodenwerder und Rinteln im Mittelpunkt der Radfahrer und Wanderer. Beim „Felgenfest" wird die Straße auf einer Länge von 55 Kilometern für Autos gesperrt.

➡ Die Stadt Hameln wurde durch die Geschichte des „Rattenfängers von Hameln" bekannt. Ein Freilichttheater präsentiert während des Sommers eine Interpretation der Sage als Freilichtspiel und Musical-Version. Das Rattenfängerhaus (Abb. oben) zählt zu den bekanntesten Häusern von Hameln.

➡ Es war Friedrich Wilhelm Adam Sertürner, der um das Jahr 1804 als Apothekergehilfe das Morphium aus der Droge Opium des Schlafmohns isolierte und so entdeckte. ■

➡ Hannoversch Münden im Landkreis Göttingen hat über 24.000 Einwohner und liegt in Niedersachsen an der Grenze zu Hessen.

➡ In Hannoversch Münden ist der Startpunkt für den Weser-Marathon. Die Ruder-Regatta über 135 Kilometer hat durch Teilnehmer aus Dänemark und den Niederlanden internationalen Charakter.

➡ Die „Dreiflüssestadt" genießt auch den Ruf eines Fachwerkjuwels. Stimmungsvolle Gassen und imposante Fachwerkgebäude laden zum Bummeln ein. Die zwischen 1155 und 1183 gegründete Stadt kam schnell zu Wohlstand und Reichtum. Dies spiegelt sich in den Fachwerkformen der Stadt wider. Das Kunstprojekt „Wasserspuren" (Abb. rechts) und der Themenpfad Wasser sind in der Stadt auf diversen Plätzen, im Rahmen der EXPO 2000, entstanden. ■

Hannoversch Münden

HMÜ Ⓐ

Niedersachsen

➡ Die Großstadt Heilbronn mit 125.000 Einwohnern und der Landkreis liegen in Baden-Württemberg nördlich von Stuttgart.

➡ Zu einer der Hauptsehenswürdigkeiten der Stadt Heilbronn gehört die aus dem 15. Jahrhundert stammende St.-Kilians-Kirche (Abb. rechts unten) mit einem achteckigen Turm, der mit typischen Renaissanceelementen verziert ist. Im Inneren der Kirche befindet sich der Hochaltar von Hans Seyfer. Der Siebenröhrenbrunnen am Kiliansplatz vor der Kirche wird von einer Quelle gespeist, die – wie man vermutet – der alten Stadt „Heilbrunna" einst ihren Namen gab.

➡ In dem Kreis mit den herrlichen Landschaften können die Radfahrer gleich mehrere Tagestouren auf der Burgenstraße von Schloss zu Schloss unternehmen oder die Fernradwege, die mehrere Hundert Kilometer lang sind, benutzen. Wanderer finden in den beiden Naturparks, Schwäbisch-Fränkischer Wald und Stromberg-Heuchelberg, viele interessante Wanderstrecken. ■

Heilbronn

HN

Orte im Kreis:
Neckarsulm, Eppingen,
Bad Friedrichshall, Bad Rappenau
Baden-Württemberg

Hof

HO

Orte im Kreis:
Helmbrechts, Münchberg, Naila,
Rehau, Schwarzenbach a.d. Saale

Bayern

➡ Der Kreis und die Stadt Hof, mit knapp 46.000 Einwohnern, liegen nördlich von Bayreuth in Bayern.

➡ Wer die Kreisstadt besucht, sollte sich die beiden Hofer Spezialitäten nicht entgehen lassen – die „Hofer Brodwärscht" von den „Wärschtlamännern", die aus Messingkesseln ihre Würste verkaufen (Abb. links), und die „Hofer Schnitz", ein Eintopf, der auch den Beifall des verwöhnten Gourmets findet.

➡ Seit 1432 feiern die Hofer ihren eigenen Nationalfeiertag „Schlappentag". Dann ziehen Handwerker und Schützen durch die Innenstadt zum Schießhäuschen und den Seligen-Wiesen und laben sich an dem extra zu diesem Anlass gebrauten Starkbier.

➡ Seit über 40 Jahren ist in Hof die Sternwarte zu Hause. Bei den Führungen erfährt man alles über Galaxien, Sterne, Planeten und Meteoriten. ◾

Hofgeismar

HOG ⒶA

Hessen

➡ Die Stadt Hofgeismar liegt nördlich von Kassel in Hessen und hat fast 16.000 Einwohner.

➡ Hofgeismar ist eine der Stationen des Märchenlands „Reinhardswald", der sich wiederum im Zentrum der Deutschen Märchenstraße befindet. Die Erlebnisstraße streift die Ursprungsorte der Sagen und Legenden, die die Gebrüder Grimm in ihrer weltberühmten Märchensammlung verewigt haben. Es braucht nicht viel Phantasie, um in der Sababurg (Abb. links) bei Hofgeismar das Schloss des Dornröschens zu erkennen. „Hans im Glück" lebte in Immenhausen und die Burg Trendelburg fällt durch ihren hohen, massiven Turm auf, von dem einst „Rapunzel" ihr Haar heruntergelassen hat.

➡ Ein Kleinod, das jährlich von 40.000 Besuchern frequentiert wird, ist auch der Urwald Sababurg, der zu den ersten Naturschutzgebieten in Hessen gehört. ◾

➡ Die bayerische Stadt Hofheim liegt zwischen Schweinfurt und Coburg in Unterfranken und hat etwa 5000 Einwohner.

➡ Südöstlich von Ostheim liegt der Naturlehrpfad „Ölberg". Der Rundwanderweg ist etwa vier Kilometer lang und führt an mehreren interessanten Stationen und Besichtigungspunkten entlang wie einem Geologiepunkt, der ehemaligen Basaltabbaustelle, einer mindestens 200-jährigen Linde, Obstbaumwiesen und Weinstöcken, einem Schilfbiotop, einer Doline und steinernen Figuren.

➡ Die Signale für den Bahnhof Hofheim stehen immer auf Rot. Seit der Stilllegung der Strecke zog in den Bahnhof ein Museum ein, in dem es, neben vielen Eisenbahnutensilien, eine Sammlung von 70 Dienstmützen aus aller Welt gibt. ■

Hofheim in Unterfranken

HOH Ⓐ

Bayern

Quiz In Hofheim gibt es Fachwerkhäuser, die Wappenschilder und Holztafeln zieren. Eine Tafel zeigt die Inschrift: „Bauen ist eine schöne Lust – Bauen habe ich gemust – Aber ich habe nicht gewust – Wie das Bauen soviel kust". Dieser Spruch befindet sich an einem historischen Gasthof. Wie heißt er?

Auflösung: Seite 443

➡ Landkreis und Stadt Holzminden liegen in Niedersachsen, in der Mitte zwischen Hannover und Kassel, und haben zusammen über 90.000 Einwohner.

➡ Wer kennt ihn nicht, den Freiherr von Münchhausen (Abb. des Denkmals rechts), der im Jahr 1720 in Bodenwerder im Landkreis Holzminden das Licht der Welt erblickte. Der auf russischer Seite gegen die Türken kämpfende Freiherr tischte

den Besuchern seines Landgutes bei den abendlichen Runden die abenteuerlichsten Geschichten auf. Diese wurden sogar mit Hans Albers verfilmt. Berühmt ist sein Ritt auf einer Kanonenkugel.

➡ Holzminden ist mittlerweile auch durch sein internationales Straßentheater-Festival bekannt. Das im Jahr 1991 erstmals veranstaltete Festival hat sich zu einem Besuchermagnet entwickelt und zieht im Sommer viele Tausend Besucher in die Stadt. ■

Holzminden

HOL

Orte im Kreis:
Delligsen, Holzminden
Niedersachsen

Saarpfalz-Kreis

HOM

Orte im Kreis:
Bexbach, Blieskastel, Homburg,
St. Ingbert
Saarland

➡ Der Saarpfalz-Kreis liegt im Saarland und hat knapp 150.000 Einwohner. In der Kreisstadt Homburg befindet sich der Europäische Kulturpark Bliesbruck-Reinheim, in dem seit 1987, auf der deutschen Seite, die Reste einer römischen Villa und seit 1974, auf der französischen Seite, eine gallorömische Kleinstadtsiedlung freigelegt werden.

➡ Unterhalb der Hohenburgruine liegen Europas größte Buntsandsteinhöhlen, die Schlossberghöhlen (Abb. links). Die verschlungenen Gänge führen die Besucher in Hallen, die durch die Verfärbung des Sandes einen besonderen Reiz ausüben.

➡ Das UNESCO-Biosphärenreservat Bliesgau ist eine einzigartige Kulturlandschaft im Kreis. Wanderwege wie der Hüttenwanderweg, die Bliesgau-Tafeltour, die Kirkeler-Tafeltour oder die Schlossbergtour sind landschaftliche und kulturhistorische Höhepunkte. ◼

Horb (Neckar)

HOR Ⓐ

Baden-Württemberg

➡ Die Stadt Horb, westlich von Reutlingen, hat knapp 26.000 Einwohner und liegt in Baden-Württemberg.

➡ Eine der größten Mittelalter-Veranstaltungen Europas findet jedes Jahr im Juni in Horb statt. Tausende Besucher kommen, um Ritterturniere, den herrlichen Mittelalter-Markt, Festumzüge, Lagerleben und die besondere Atmosphäre der Ritterspiele zu genießen.

➡ Ein Tipp für Eisenbahnfreunde: Der alte Güterbahnhof in Horb wurde 2011 aus seinem „Dornröschenschlaf" durch die Eröffnung des Eisenbahnmuseums zu neuem Leben erweckt.

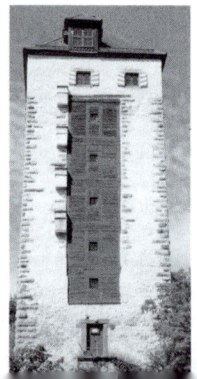

➡ Die Burg Hohenberg wurde um 1300 erbaut. Von der Burg ist nur noch der „Schurkenturm" (Abb. rechs) erhalten. Er diente bis ins 19. Jahrhundert als Gefängnis. ◼

➡ Höchstadt liegt zwischen Bamberg und Nürnberg in Bayern und hat über 13.000 Einwohner.

➡ Zu den wohl schönsten Wanderwegen, die in und um Höchstadt eingerichtet wurden, gehört der „Eisvogelweg". Der Rundweg führt durch das Kerngebiet der fränkischen Weiherlandschaft. Hier ist die größte Konzentration von brütenden und durchziehenden Vögeln zu finden. Das Nebeneinander von unterschiedlich großen Weihern und wechselndem Uferbewuchs ergeben ein Mosaik verschiedener Biotope mit einer reichen Artenfülle. Allein mehr als 250 Vogelarten werden hier registriert. Der Rundweg ist 2,6 Kilometer lang.

➡ Auch die Stadt ist einen Besuch wert. Das beeindruckende Schloss, die alte Steinbrücke, Kirchen, gepflegte Fachwerkhäuser und romantische Plätze laden zum Bummel oder zum Verweilen ein. ◼

Höchstadt a.d. Aisch

HÖS Ⓐ

Bayern

Quiz

Auflösung: Seite 443

In Höchstadt gibt es ein kulturelles Zentrum, das diverse Kultureinrichtungen beheimatet. Es trägt den Namen einer Göttin des Glücks. Wie wird das Kulturzentrum genannt?

➡ Hohenstein-Ernsttahl, die Geburtsstadt von Karl May, liegt westlich von Chemnitz in Sachsen und hat knapp 16.000 Einwohner.

➡ Unweit der Stadt erstreckt sich die international bekannte und traditionsreiche Motorsportrennstrecke „Sachsenring" (Abb. rechts unten). Seit 1927 werden auf dem Kurs Motorrad- und Autorennen veranstaltet. In den letzten Jahren fanden hier Läufe zur Internationalen Deutschen Motorradmeisterschaft (IDM), zum ADAC Super Tourenwagen Cup und zur Deutschen Tourenwagen Masters (DTM) statt. Aktuell werden auf der 3670 Meter langen Rennstrecke unter anderem die Motorrad-Weltmeisterschaften ausgetragen.

➡ Für den großen Sohn der Stadt, Karl May, der 1884 in Ernstthal das Licht der Welt erblickte, wurde 1985 ein kleines Museum mit großem Inhalt geschaffen. Neben einem Besuch im Museum kann auch eine geführte Wanderung „Auf den Spuren Karl Mays" gebucht werden. ◼

Hohenstein-Ernstthal

HOT Ⓐ

Sachsen

Bergstraße

HP

Orte im Kreis:
Bensheim, Bürstadt, Heppenheim,
Lampertheim, Lorsch, Viernheim

Hessen

HR

HP

Die Königshalle des Klosters Lorsch

➡ Der Kreis Bergstraße, mit dem Verwaltungssitz in Heppenheim, liegt zwischen Darmstadt und Heidelberg in Südhessen und hat über 260.000 Einwohner.

➡ Der Kreis setzt sich aus der Bergstraße mit ihren Weinbergen, dem Odenwald, dem Neckartal und dem Ried, einem wichtigen Trinkwasserreservoir, zusammen. Der Naturpark Bergstraße-Odenwald wurde als nationaler und europäischer Geopark anerkannt und ist ein Eldorado für Wanderfreunde. Der Alemannenweg und der Nibelungensteig führen durch das berühmte Felsenmeer, einer großen Felsbrockenlandschaft aus Quarzdiorit.

➡ Das Kulturdenkmal Schloss Auerbach an der Bergstraße ist die Ruine von einer der mächtigsten Burgen im südlichen Hessen. Schon 1258 wurde unterhalb der Burg Wein angebaut. Heute gehören die am Fuß des Auerbergs gelegenen Weinberge zum Weinanbaugebiet Hessische Bergstraße.

➡ Nach Meinung von einigen Experten ist das Nibelungenlied wie auch der echte Siegfriedbrunnen, an dem Siegfried ermordet worden sein soll, in Heppenheim angesiedelt.

➡ Das einzige UNESCO-geschützte Weltkulturerbe Hessens, das sich inmitten einer Stadt befindet, kann in Lorsch bewundert werden. Die 764 gegründete Benediktinerabtei war bis zum hohen Mittelalter ein Macht-, Geistes- und Kulturzentrum. Das Kloster Lorsch wurde 1991 zum Welterbe ernannt.

➡ Ein Ehrenbürger der Stadt ist der deutsche Formel-1-Fahrer Sebastian Vettel. Er gewann seit 2010 dreimal in Folge die Weltmeisterschaft der Formel 1 und ist der jüngste Rennfahrer, dem dies bis heute gelang. ■

➡ Der Schwalm-Eder-Kreis liegt mit seinen 182.000 Einwohnern südlich von Kassel in Hessen.

➡ Im Schwalm-Eder-Kreis befinden sich 34 Naturschutzgebiete. Der Borkener See ist mit 332 Hektar ein im Zuge der Braunkohlengewinnung künstlich entstandener See. Im westlichen Teil des Kreises befindet sich ein Stück des Naturparks Kellerwald-Edersee.

➡ In Borken wurde 1992 das Hessische Braunkohle Bergbaumuseum eröffnet. Es vermittelt dem Besucher Wissenswertes rund um die Themen Kohle und Energie. Für Kinder sind Experimentalwerkstätten vorhanden, in denen sie auf eine Entdeckungsreise der Kohle- und Energiegewinnung gehen können.

➡ Seit 2004 hat der Fritzlarer Dom St. Peter (Abb. rechts) den Ehrentitel einer päpstlichen Basilika. Er kann als eines der bedeutendsten Bauwerke der Romanik und Gotik in der mitteldeutschen Region betrachtet werden. Bei einem Besuch der Stadt sollte man auch den Grauen Turm erklimmen. Aus einer Höhe von 38 Metern hat man einen herrlichen Blick über die Dächer der Altstadt.

Schwalm-Eder-Kreis

HR

Orte im Kreis:
Borken, Felsberg, Fritzlar, Homberg/Efze, Melsungen, Schwalmstadt
Hessen

Der Fritzlarer Dom St. Peter

Typisches Fachwerk in Melsungen

➡ Ein besonderes Erlebnis verspricht eine ca. 20 Kilometer lange Floßfahrt auf der Fulda von Morschen nach Melsungen.

➡ Die selbst ernannte „kleinste Stadt Hessens" Schwarzenborn ist als Bundeswehrstandort bekannt. Die Militärgeschichte des Ortes lässt sich bis ins 14. Jahrhundert zurückverfolgen. Die Stadt war zu dieser Zeit die östliche Grenzfestung der Ziegenhainer Grafen. ◾

Hansestadt Rostock

HRO

Mecklenburg-Vorpommern

➡ Die Hansestadt Rostock an der Ostsee in Mecklenburg-Vorpommern hat seit 1218 Stadtrecht und über 200.000 Einwohner.

➡ Durch den direkten Anschluss an die Ostsee hat sich seit 1991 das größte Treffen von Traditionsseglern und Museumsschiffen hier etabliert. Die „Hanse Sail Rostock" (Abb. links) lockt jedes Jahr am zweiten Augustwochenende nicht nur Tausende von Besuchern an. Rund 250 Teilnehmerschiffe bieten zusammen mit Kreuzlinern, Fähren und Schiffen der Marine eine lebendige maritime Weltausstellung. Wer das ganze Geschehen nicht nur von der Kaikante aus miterleben möchte, der kann sich auch auf einem der Schiffe anmelden.

➡ Seit 1323 gehört das Seebad Warnemünde zu Rostock. Aus Geldnot verkaufte der Landesvater Heinrich von Mecklenburg der reichen Hansestadt Rostock das linke Ufer der Warnow und damit auch Warnemünde. Wer „Warnemünn ankieken" möchte, der kann sich einer der Führungen anschließen. Hier geht es dann zur Brücke Alter Strom, den Werften, dem Edvard-Munch-Haus, dem Leuchtturm mit Teepott (Abb. unten) und der Promenade.

➡ Wem bei einem Besuch in Rostock das Wasser irgendwann zu viel wird und er Alternativen sucht, der wird bei einem Besuch des Rostocker Zoos bestens unterhalten. Löwen und Jaguare in der Wildnis, Dschungelfeeling im Südamerika-Haus inmitten von Kapuzineraffen, urzeitliche Reptilien in der Krokodil-Halle, exotische Vögel im Regenwald-Pavillon, Auge in Auge mit Löwen, Eisbären und Geparden lassen das Wasser der Ostsee schnell vergessen. ◼

➡ Die Stadt Heinsberg nördlich von Aachen in Nordrhein-Westfalen hat etwa 41.000 Einwohner.

➡ Schon in früheren Jahren haben sich die Menschen rund um Heinsberg mit der Windkraft beschäftigt. Eine historische Windmühle aus dem 18./19. Jahrhundert befindet sich in Heinsberg-Kirchhoven (Abb. rechs). Drei weitere historische Windmühlen sind in den Nachbargemeinden Waldfeucht und Gangelt zu finden.

➡ Von Heinsberg aus können die Besucher per Auto oder Fahrrad den nahe gelegenen deutsch-niederländischen Naturpark Maas-Schwelm-Nette erreichen. Das zusammenhängende riesige Waldgebiet erstreckt sich weit nach Norden bis in die Region des unteren Niederrheins.

➡ Als kulinarische Spezialität gilt der von Eugen Verpoorten im Jahr 1876 in Heinsberg erfundene Eierlikör. ■

Heinsberg

HS

Nordrhein-Westfalen

➡ Der Hochsauerlandkreis in Nordrhein-Westfalen liegt zwischen Dortmund und Kassel und hat über 265.000 Einwohner.

➡ Die „Formel 1" des Wintersports ist in Winterberg zu Gast. Die Bob- und Rodelbahn (Abb. unten) ist eine der schnellsten Bahnen der Welt und Austragungsort von Weltmeisterschaften. Wer jedoch selbst in den Genuss kommen möchte, der kann sich einen Taxibob mieten. Mit einem erfahrenen Piloten kann man mit 130 Stundenkilometern durch den Eiskanal sausen. Um Winterberg befinden sich zahlreiche Skilifte und Pisten, Loipen und mehrere Skisprungschanzen, darunter die St.-Georgs-Schanze. Im Som-

Hochsauerlandkreis

HSK

Orte im Kreis:
Arnsberg, Brilon, Marsberg,
Meschede, Olsberg, Schmallenberg,
Sundern, Winterberg
Nordrhein-Westfalen

mer können die Besucher den Bikepark, die Sommerrodelbahn oder eine Panorama-Erlebnis-Brücke erkunden.

➡ Freunde der Natur finden im Hochsauerlandkreis ein Eldorado vor. Mehrere Naturparks laden zum Wandern und zur Erholung ein. Zum Erkunden gibt es die Naturparks Arnsberger Wald, Diemelsee, Homert, Rothaargebirge und Teutoburger Wald/Eggegebirge.

➡ Gleich sechs Seen bieten eine prächtige Naturkulisse und laden zum Baden und Sonnen ein. Im Kreis befinden sich der Bigge- und Listersee, der Sorpesee, der Möhnesee, der Diemelsee und der Hennesee.

Diemeltalsperre – Überlauf

➡ Die Ruhr, die im Hochsauerlandkreis entspringt, steht für eine ganze Industrieregion. Ihr Weg führt von der Quelle anschließend durch das ganze Ruhrgebiet und mündet dann bei Duisburg-Ruhrort, nach einer Strecke von 213 Kilometern, in den Rhein. ▪

Hansestadt Stralsund

HST

Mecklenburg-Vorpommern

➡ Stralsund, die ehemalige Hansestadt an der Ostsee, liegt gegenüber der Insel Rügen in Mecklenburg-Vorpommern und wird nur durch eine Meerenge, den „Strelasund", von ihr getrennt, bzw. durch eine Brücke wieder mit ihr verbunden.

➡ Seit 1925 wird hier das wichtigste Langstreckenschwimmen, das Stralsunder Sundschwimmen, veranstaltet. Die Schwimmer starten ihre 2,4 Kilometer lange Strecke in Altefähr auf Rügen und schwimmen bis nach Stralsund.

➡ Das Ozeaneum (Abb. links) ist ein Naturkundemuseum mit dem Schwerpunkt Meer. In Aquarien werden Wasser- und Lebenswelten vom Hafenbecken über die Nordsee bis ins Nordpolarmeer präsentiert.

➡ Ein Großereignis sind die jährlichen Wallensteintage, die an den Sieg in der Schlacht im Jahr 1628 erinnern. ▪

➡️ Die hessische Stadt Hanau liegt westlich von Frankfurt a.M. und hat über 89.000 Einwohner.

➡️ Vom Hessischen Forstamt wird der Wildpark „Alte Fasanerie" betrieben, der 1710 auf einem Gelände von 38 Hektar errichtet wurde. Die Fasanerie ist Eigentum des Landes Hessen und wurde auf Initiative der Gemeinde Klein-Auheim der Öffentlichkeit als Wildpark zugänglich gemacht.

➡️ Schloss Philippsruhe (Abb. rechts) wurde in den Jahren 1700 bis 1725 errichtet. Heute werden die Orangerie und das Teehaus für Schlosskonzert-Veranstaltungen oder die Brüder Grimm Märchenfestspiele genutzt. Das Schloss beherbergt neben dem Historischen Museum Hanau auch ein gesondertes Papiertheater-Museum. ■

➡️ Die Stadt Hünfeld liegt zwischen Fulda und Bad Hersfeld in Hessen und hat über 16.000 Einwohner.

➡️ Hünfeld liegt in der Ferienregion „Hessisches Kegelspiel", einem Gebiet, das durch neun basaltene Kegelberge geprägt wird und der Landschaft den Namen gegeben hat. Durchzogen von einem umfangreichen Radwegenetz.

➡️ Interessant ist auch das „Konrad Zuse Museum" in Hünfeld, das das Leben und Werk des Erfinders des ersten Computers dokumentiert.

➡️ „Gaalbern" ist ein Ausdruck der Rhöner Mundart und bedeutet „gelbe Birnen". Weithin bekannt ist das Gaalbern-Fest, das im Spätsommer stattfindet. Hier gibt es dann den „Gaalberner-Käse", und den „Gaalberner-Brand" als Hünfelder Spezialität zu kosten. ■

Das Rathaus der Stadt Hünfeld

Hanau

Hessen

Hünfeld

Hessen

Husum

HUS

Schleswig-Holstein

➡ Die Stadt Husum, die am Nationalpark Schleswig-Holsteinisches Wattenmeer liegt, hat 22.000 Einwohner.

➡ Bei einem Rundgang durch die Hafenstadt, die mehr als Nordseekrabben und Theodor Storm zu bieten hat, finden die Besucher eine wunderschöne Altstadt mit engen Gassen, hohen alten Giebelhäusern, eine Fischerflotte und die Gemütlichkeit einer Kleinstadt.

➡ Gleich drei Museen haben sich zu einem Verbund zusammengeschlossen. Im Nordsee-Museum, dem Freilichtmuseum Ostenfelder Bauernhaus und im Schloss vor Husum wird dem Besucher das Leben an der Nordsee nähergebracht. Das Schloss vor Husum (Abb. links) ist der einzige erhaltene Schlossbau an der schleswig-holsteinischen Westküste. Im Frühling blühen im Schlosspark auf einer Fläche von ca. 50.000 Quadratmetern ca. 5 Millionen lilafarbene Krokusse und verwandeln den Park in ein Blütenmeer. ▪

Havelberg

HV

Orte im Kreis:
Havelberg, Klietz, Schollene,
Schönhausen, Wust
Sachsen-Anhalt

➡ Die Hansestadt Havelberg war bis 1994 Kreisstadt des gleichnamigen Landkreises in Sachsen-Anhalt. Danach wurde er in den Kreis Stendal integriert.

➡ Sehenswürdigkeiten sind in Havelberg vor allem der Dom und die historische Altstadt am Ufer der Havel.

➡ Im ehemaligen Landkreis liegt der Ort Schollene. In dem Schollener See findet die einzigartige Förderung des Heilschlamms Pelose statt. Vor etwa 10.000 Jahren hat sich auf dem Grund des Sees eine dicke Heilschlammschicht abgelagert. Dieser Schlamm ist aus abgestorbenen Grün- und Kieselalgen entstanden. 1920 begann der ortsansässige Arzt Dr. Michaelis die Pelose, die heilende Wirkung des Schlamms, in seiner Praxis anzuwenden. Der Heilschlamm wird insbesondere in der Dermatologie, Gynäkologie, bei rheumatischen Erkrankungen sowie in der Kosmetik und bei Sportverletzungen eingesetzt. ▪

➡️ Der Landkreis Havelland liegt im Westen von Berlin im Bundesland Brandenburg und hat über 155.000 Einwohner.

➡️ Der Kreis kann mit zwei historischen Ereignissen glänzen. Die Leuchtbirne wurde zum ersten Mal in Rathenow industriell hergestellt, und auch der Traum vom Fliegen wurde im Havelland wahr. Otto Lilienthal baute und erprobte sein Fluggerät am Gollenberg.

➡️ Der Naturpark Westhavelland bietet eine einzigartige Flora und Fauna. In der unteren Havelniederung befindet sich das größte zusammenhängende Feuchtgebiet im Binnenland des westlichen Mitteleuropas, das auch als Vogelschutzgebiet bedeutend ist.

➡️ Wer das Havelland besucht, kommt nicht umhin, dem Schloss Ribbeck (Abb. rechts) einen Besuch abzustatten. Hier spielte die Ballade vom kinderfreundlichen „Herrn von Ribbeck auf Ribbeck im Havelland, in dessen Garten ein Birnbaum stand". Hinter dem Schloss wurde der „Deutsche Birnengarten" geschaffen.

➡️ Vor 200 Jahren erfand Johann Heinrich August Duncker in Rathenow eine Linsen-Vielschleifmaschine. Auf der Schwedendamminsel wurde der Optikpark Rathenow (Abb. unten) errichtet, ein Erholungs- und Erlebnispark mit Optikskulpturen, Farbräumen, Spielbereichen, Steganlagen, Floßfahrten, Weltzeituhr und Ruhebereichen.

➡️ Ein vom Aussterben bedrohter Vogel wird im Landkreis Havelland besonders geschützt und gepflegt. Östlich von Rathenow sind mit etwas Glück 36 Trappen zu beobachten. Sie zählen zu den größten flugunfähigen Vögeln der Erde. ■

Havelland

HVL

Orte im Kreis:
Falkensee, Nauen, Rathenow
Brandenburg

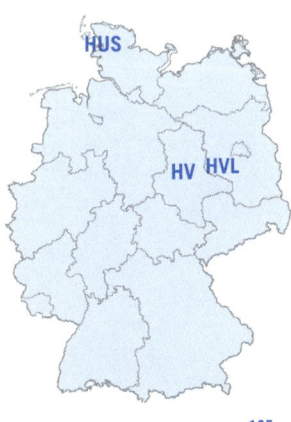

Halle in Westfalen

Nordrhein-Westfalen

➡ Die Stadt liegt westlich von Bielefeld in Nordrhein-Westfalen und hat knapp über 21.000 Einwohner.

➡ International wurde Halle durch das Gerry-Weber-Stadion bekannt. Hier spielt die Tennis-Elite der Welt. Auch Spiele der Handball-Nationalmannschaft und Volleyball-Pokalfinalspiele werden hier ausgetragen. Die über 12.000 Personen fassende Multi-Funktions-Arena und das angrenzende Gerry-Weber-Event-Center sind Magnete für Künstler von Welt. Hier finden auch Opernaufführungen oder Klassikabende statt.

➡ Auf eine 50-jährige Geschichte können die „Haller Bachtage" zurückblicken. Das Festival hat zahlreiche Größen der Musikszene im Programm.

➡ Das Wasserschloss Tatenhausen (Abb links) wurde 1540 im Stil der Weserrenaissance gebaut und war Stammsitz der Grafen von Korff. ◼

Hansestadt Wismar

HWI

Mecklenburg-Vorpommern

➡ Wismar an der Ostsee in Mecklenburg-Vorpommern hat 44.000 Einwohner und liegt nördlich von Schwerin.

➡ Als Weltkulturerbe steht die Hansestadt zusammen mit der Altstadt von Stralsund seit 2002 unter dem Schutz der UNESCO. Die wichtigsten Sehenswürdigkeiten sind der Marktplatz mit dem klassizistischen Rathaus aus dem Jahr 1817, die Wismarer Wasserkunst und das Bürgerhaus Alter Schwede. In Wismar sind auch die Spuren des Seeräubers Klaus Störtebeker nachzuweisen. Im Gerichtsbuch der Stadt wurde er erstmals namentlich erwähnt. Informationen hierzu gibt es im Museum „Schabbellhaus".

➡ Das Schwedenfest erinnert mit dem historischem Heerlager und Vorführungen von Exerzierübungen an die 155-jährige Zugehörigkeit der Stadt zu Schweden. Auf dem „Schwedenweg" geht es auf eine Zeitreise durch die ereignisreiche Geschichte der Hansestadt Wismar. ◼

➡ Höxter hat über 31.000 Einwohner und liegt nördlich von Kassel und westlich von Paderborn in Nordrhein-Westfalen.

➡ Schloss Corvey (Abb. rechts) war bis 1792 eine Benediktinerabtei und verfügte über eine der wertvollsten Bibliotheken des Landes. Auf dem Friedhof befindet sich das Grab des Dichters der deutschen Nationalhymne, Hoffmann von Fallersleben. Das Schloss mit Kaisersaal und einer Bibliothek mit zirka 74.000 Bänden ist nicht nur ein Museum, sondern auch Veranstaltungsort für Konzerte, Ausstellungen und Lesungen.

➡ Wer einen „karibischen" Strand erleben möchte, der muss in die Freizeitanlage nach Godelheim kommen. Die Anlage ist ein Paradies für Wasserratten und wurde von der EU gefördert.

➡ „Leinen los" heißt es bei der Dampferfahrt auf der Weser. An Bord sind auch Radfahrer willkommen. ◼

Höxter

Nordrhein-Westfalen

➡ Die Stadt Hoyerswerda mit ihren knapp 40.000 Einwohnern liegt südlich von Cottbus in Sachsen.

➡ Nach der Schließung der modernsten Brikettfabrik wurde diese 1994 als Museum Energiefabrik Knappenrode (Abb. rechts unten) wiedereröffnet. Das Museum beinhaltet auf sieben Etagen mehrere Ausstellungen. Den Auftakt des Rundgangs bildet der 22 Meter hohe Treppenturm. Nach 122 Stufen bietet sich ein grandioser Blick ins Lausitzer Land. Mit dem Signal „Schichtbeginn" der Fabriksirene beginnen die Förderbänder, Pressen und Trockner zu leben und lassen Fabrikgeschichte lebendig werden.

➡ Konrad Zuse stellte 1941 den ersten voll funktionsfähigen, programmgesteuerten und frei programmierbaren Rechner in binärer Gleitpunktrechnung vor. Noch heute arbeiten Computer im Wesentlichen nach diesem Prinzip – zu erleben im Computermuseum in Hoyerswerda. ◼

Hoyerswerda

Sachsen

Harz

HZ Ⓐ

Sachsen-Anhalt

Von 1990 bis 1993 wurde das Kennzeichen „HZ" auch vom Landkreis Herzberg in Brandenburg geführt.

➡ Der 2007 entstandene Landkreis Harz liegt östlich von Goslar in Sachsen-Anhalt und hat über 220.000 Einwohner.

➡ Der Dom St. Stephanus und St. Sixtus in Halberstadt ist eine gotische Kathedrale, deren Domschatz als einer der kostbarsten Schätze sakraler mittelalterlicher Kunst gilt.

➡ Viele Sagen und Mythen haben sich gebildet, um die Teufelsmauer erklärbar zu machen. Die Mauer ist eine aus harten Sandsteinen bestehende, 20 Kilometer lange Felsformation im nördlichen Harz und durch Wanderwege erschlossen.

➡ In Wernigerode startet seit 1899 die Harzer Schmalspurbahn zum Brocken, einem der beliebtesten Ausflugsziele. Der höchste Berg im Norden Deutschlands zählt zum Nationalpark Harz. Bei guter Sicht kann man vom Brocken (Abb. links oben) bis nach Thüringen, ins Weserbergland und zum Petersberg nördlich von Halle schauen. Die vielen Wanderwege rund um den Brocken sind ein Eldorado für Wanderer und Mountainbiker.

➡ Das Luftfahrt- und Technik-Museum Wernigerode befasst sich mit der Fliegerei nach 1945. Es präsentiert eine Vielzahl restaurierter Flugzeuge, Helikopter, Schleudersitze, Cockpits, Triebwerke und anderer technischer Raritäten.

➡ Im Innenhof des Wernigeroder Schlosses (Abb. links unten) werden jährlich die „Schlossfestspiele" mit Opern- bzw. Operettenaufführungen veranstaltet.

➡ In den Tiergärten Halberstadt, Westerhausen, Hexentanzplatz und Christinental gibt es außergewöhnliche Begegnungen mit Exoten und heimischen Tierarten, unvergessliche Eindrücke und jede Menge Spaß für die Familie. ◾

➡ Die fünftgrößte Stadt im Saarland hat fast 40.000 Einwohner und liegt westlich von Saarbrücken.

➡ Das internationale Jazzfestival ist weit über die Landesgrenzen hinaus bekannt. Die Veranstaltung mit internationaler Besetzung und in Kooperation mit dem Saarländischen Rundfunk findet seit über 25 Jahren statt. Im Jahr 2008 wurde erstmals ein Jazz-Förderpreis der Stadt St. Ingbert verliehen.

➡ Der Kleinkunstpreis, die „St. Ingberter Pfanne", gehört mittlerweile zum Spitzentrio der Kleinkunstpreise im deutschsprachigen Raum. Prominenteste Preisträger sind Rüdiger Hoffmann und Eckart von Hirschhausen.

➡ Das Stadtgebiet besteht zu über 50 Prozent aus Wald. Ein ausgedehntes Wandernetz, verbunden mit der größten Hüttendichte des Saarlandes, lädt zu reizvollen Wander- und Radtouren ein. ■

St. Ingbert

IGB

Saarland

Quiz Im St. Ingberter Stadtteil Rentrisch gibt es auf einem 398 Meter hohen Berg einen Buntsandsteinfelsen, der die Form eines Kleidungsstücks hat. Unweit davon gibt es einen weiteren Felsen, den man mit der Hölle in Verbindung bringt. Wie werden die beiden Felsen auf Grund ihrer Form genannt?

Auflösung: Seite 443

➡ Der Ilm-Kreis ist ein Landkreis in Thüringen, er hat rund 110.000 Einwohner und liegt südlich von Erfurt.

➡ Die höchsten Berge im Thüringer Wald sind der Große Beerberg mit 982 Metern und der Schneekopf (Abb. rechts) mit 978 Metern. Eine Vielzahl von Wandergebieten, Radwegen, Burgen mit bemerkenswerten Aussichtspunkten und Museen mit einmaligen Kuriositäten laden zur Erkundung ein. Auch über die historische Persönlichkeit von J.W. v. Goethe und J.S. Bach und deren Wirkungsstätten kann man sich vor Ort informieren.

➡ Das längste Schlittenhunderennen in Mitteleuropa wird seit Jahren im Ilm-Kreis gestartet, die Trans-Thüringia. Das erste Rennen 1995 hatte eine Gesamtlänge von 330 Kilometern, danach wurde die Streckenlänge am Rennsteig immer wieder verändert. Im Jahr 2013 ging das 14. Rennen über eine Distanz von 260 Kilometern. ■

Ilm-Kreis

IK

Orte im Kreis:
Arnstadt, Gräfenrohda, Greisheim, Ichtershausen, Ilmenau,
Thüringen

Ilmenau

Thüringen

➡ Südwestlich der thüringischen Landeshauptstadt Erfurt liegt Ilmenau mit über 25.000 Einwohnern.

➡ „In Ilmenau, da ist der Himmel blau, da tanzt der Ziegenbock mit seiner Frau." Der blaue Himmel über Ilmenau ist auf eine meteorologische Erscheinung zurückzuführen. Bei bestimmten Wetterlagen lösen sich die Wolken beim Überqueren des Ilmtals auf. Dies führt dann zu extrem blauem Himmel.

➡ Zu den touristischen Punkten gehört der „Kickelhahn". Der Hausberg von Ilmenau ist 861 Meter hoch und der höchste Punkt des Goethewanderwegs, der, mit einer Länge von 20 Kilometern, an Ilmenau vorbeiführt.

➡ Das Liquid-Chronometer wurde durch den Verein Ilmenauer Glastradition am Wetzlarer Platz in Ilmenau errichtet und soll an die einstige Glasindustrie in der Region erinnern. ◼

Illertissen

Bayern

➡ Die Stadt liegt zwischen Ulm und Memmingen im Landkreis Neu-Ulm in Bayern und hat über 16.000 Einwohner.

➡ In der Stadt ist täglich um 10 Uhr und um 16 Uhr ein Carillon zu hören. Dabei handelt es sich nicht um ein gewöhnliches Glockenspiel, sondern um ein Musikinstrument, das auf mechanischem Weg mit einem Spieltisch, ähnlich wie ein Harmonium, nur mit größeren Tasten, gespielt wird. Das Carillon im Kirchturm von St. Martin hat 49 Glocken und wiegt zwei Tonnen.

➡ Die Stadt bietet ein reichhaltiges Angebot an sportlichen Betätigungen, das fast keine Wünsche offen lässt, vom Badesee Au über Bahnengolf bis hin zu einer Eisstockbahn.

➡ Eine Sehenswürdigkeit in Illertissen ist das Vöhlinschloss (Abb. links), das im 12./13. Jahrhundert als Burg Tissen entstanden ist. ◼

➡ Die bayerische Großstadt mit knapp 127.000 Einwohnern liegt zwischen Augsburg und Regensburg.

➡ Die ehemalige Herzogsresidenz kann mit einigen historischen Stätten aufwarten. Dazu gehören unter anderem das Wahrzeichen der Stadt, das „Kreuztor" (Abb. rechts), die Alte Anatomie, die Asamkirche Maria de Victoria und vieles mehr.

➡ Ingolstadt ist Unternehmenssitz und größter Produktionsstandort des Automobilherstellers Audi. Die Erlebniswelt „Audi Forum" bietet den Besuchern eine Mischung aus automobilen Themen, Ausstellungen, Filmen, Vorträgen und Events. Das „museum mobile" (Abb. unten) der Audi AG befasst sich mit der Firmengeschichte des Unternehmens und seiner Vorgängerfirmen. In dem runden Glas-Stahl-Gebäude sind Automobile, Motorräder, Fahrräder sowie zahlreiche weitere Exponate der Marken Audi, DKW, Horch, Wanderer und NSU ausgestellt.

➡ Anno 1516 war es, als in Ingolstadt die älteste lebensmittelrechtliche Bestimmung der Welt, das Reinheitsgebot für Bier, ausgerufen wurde. Noch heute wird nach dem Spruch „Ganz besonders wollen wir, dass forthin allenthalben in unseren Städten und Märkten und auf dem Lande zu keinem Bier mehr Stücke als Gerste, Hopfen und Wasser verwendet und gebraucht werden soll" verfahren.

➡ Ein besonderer Höhepunkt ist eine Führung mit dem Ingolstädter Nachtwächter. Auf seinem nächtlichen Rundgang erzählt er von braven Bürgern und kleinen Ganoven, von schaurigen Hexenprozessen und spektakulären Kriminalfällen, von düsteren Badehäusern und vielen weiteren Kuriositäten. ∎

Ingolstadt

Bayern

Quiz Der Unternehmensgründer der Automarke „Audi" ist August Horch. Der Markenname wurde erfunden, um die Namensrechte des ehemaligen Kraftfahrzeugherstellers Horch zu umgehen. August Horch, der nach Streitigkeiten mit dem Finanzvorstand die A. Horch & Cie. Motorwagenwerke in Zwickau verlassen hatte, suchte einen Namen für sein neues Unternehmen und fand diesen im Vorschlag eines Zwickauer Gymnasiasten. Wie lautete dieser Vorschlag?

Auflösung: Seite 443

Iserlohn

IS Ⓐ

Nordrhein-Westfalen

➡ Die Stadt Iserlohn im Sauerland, zwischen Hagen und Menden, liegt in Nordrhein-Westfalen und hat über 95.000 Einwohner.

➡ Die historische Fabrikanlage Maste Barendorf (Abb. links) in Iserlohn ist eine in ihrem ursprünglichen Charakter noch erhaltene Industrieansiedlung aus dem 19. Jahrhundert. Die historische Bausubstanz der zehn zum Teil aneinandergebauten Fachwerkhäuser ist weitgehend unverändert. In den Räumlichkeiten befindet sich ein Heimatmuseum mit Vorführwerkstätten.

➡ Eine der größten Tropfsteinhöhlen Deutschlands ist im Stadtteil Lethmathe zu finden, die Dechenhöhle. Im Museum für Höhlenkunde finden die Besucher die in Europa einmalige Nachbildung des seit 10.000 Jahren ausgestorbenen Höhlenbären und im abgedunkelten „Klangraum" ist das Tropfen von Wasser auf Stalagmiten zu hören. ■

Steinburg

IZ

Orte im Kreis:
Glückstadt, Itzehoe, Wilster
Schleswig-Holstein

➡ Der Landkreis Steinburg mit über 130.000 Einwohnern liegt nordwestlich von Hamburg in Schleswig-Holstein und hat durch die Elbe direkten Zugang zur Nordsee.

➡ Glückstadt liegt am Nordufer der Elbe, etwa 50 Kilometer von der Mündung entfernt. Sie ist die

Glückstadt, Binnenhafen

zweitgrößte Stadt des Kreises und vor allem durch die traditionsreiche Matjes-Produktion sowie durch die Elbfähre Glückstadt–Wischhafen, die die Schleswig-Holsteiner Elbmarschen mit Wischhafen in Niedersachsen verbindet, bekannt. In der Altstadt befinden sich zahlreiche historische Häuser und Adelshöfe.

➡ Das Örtchen Wacken wird jedes Jahr im August mit Hunderttausenden von Besuchern übervölkert. Das „Wacken Open Air" ist, laut Veranstalter, das größte Heavy-Metal-Festival der Welt und das größte 3-Tage-Open-Air-Festival Deutschlands.

➡ Wie 1988 festgestellt, befindet sich in Neuendorf der tiefste Punkt Deutschlands. Der Ort liegt 3,54 Meter unter dem Meeresspiegel und hat dem ostfriesischen Ort Freepsum den Titel abgenommen.

➡ Freunde des Kanusports finden auf den 250 Kilometer langen Wasserwegen im Revier Stör-Holsteiner Auenland immer eine passende Tour. Die kurvenreichen natürlichen Auenverläufe durch urige Wälder vermitteln das Gefühl, im Urwald unterwegs zu sein.

➡ Die aus dem 18. Jahrhundert stammende Windschöpfmühle Honigfleth ist die letzte ihrer Art in Norddeutschland. Früher waren in der Wilstermarsch bis zu 350 windgetriebene Schöpfmühlen im Einsatz, um das unter dem Meeresspiegel gelegene Land zu entwässern. ◼

Windschöpfmühle Honigfleth

Jena

J

Thüringen

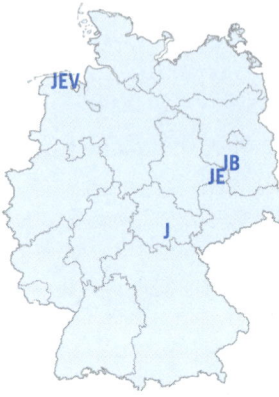

➡ Die Stadt hat knapp über 105.000 Einwohner und liegt zwischen Erfurt und Gera in Thüringen.

➡ Seit dem 19. Jahrhundert ist die Glas- und Optikindustrie in Jena zu finden. Durch ihre Erfindungen wurden die beiden Unternehmen, Carl Zeiss

Jena GmbH und SCHOTT JENAer GLAS GmbH, weltweit bekannt. Das Optische Museum Jena und das Schott GlasMuseum geben Einblicke in die Produktion und die Verwendung von Glas.

➡ Das Wahrzeichen von Jena ist der Jentower (Abb. links), auch „Keksrolle" genannt.

➡ In der Jenaer Universität hat auch Friedrich Schiller lange Jahre als Professor für Philosophie gewirkt. Im Jahr 1789 hielt er vor den Studenten seine Antrittsvorlesung. Er lebte mehr als zehn Jahre in der thüringischen Stadt und verfasste hier auch einen großen Teil des „Wallenstein". ◼

Jüterbog

Brandenburg

➡ Die Stadt im Landkreis Teltow-Fläming hat über 12.000 Einwohner und liegt südlich von Berlin in Brandenburg.

➡ Wer Jüterbog besucht, kann auf einem historischen Weg wandern, der 2012 wiedereröffnet wurde. Vor 500 Jahren ging der „Luther-Tetzel-Weg" in die Geschichte ein. Auf diesem Weg gingen die Wittenberger zu dem Dominikaner Johann Tetzel nach Jüterbog, um dann mit dessen Ablassbriefen zurückzukommen. Damit wurde die Reformation in Gang gebracht. Martin Luther trat anschließend mit seinen 95 Thesen gegen den Ablasshandel an die Öffentlichkeit.

➡ Auf dem Marktplatz der Stadt steht das zweitälteste und wohl schönste Rathaus Brandenburgs (Abb. links). ◼

➡ In Sachsen-Anhalt, nordöstlich von Leipzig, liegt mit knapp 14.000 Einwohnern die Stadt Jessen an der Elster.

➡ In einer abwechslungsreichen Landschaft präsentiert sich das Jessener Land. Vom Fläming her erstreckt sich die „Glücksburger Heide" mit einem gut ausgebauten Wander-, Rad- und Reitwegenetz. Im Süden wird das Jessener Land durch die Schwarze Elster und die Auenlandschaft der Elbe begrenzt. In sanftes Hügelland eingebettet liegen alte Siedlungen, die viel von ihrer Ursprünglichkeit bewahrt haben.

➡ In Jessen befinden sich viele Baudenkmäler, die Geschichte schreiben. Dazu zählen wunderschöne Kirchen, Burgen, Schlösser und Amtshäuser sowie die Bockwindmühlen. In den Ausstellungen, Museen, Gärten und Parks können die Besucher so einiges über das Leben in dieser Region erfahren. ■

Jessen

JE Ⓐ

Sachsen-Anhalt

Schloss und Rathaus in Jessen

➡ Die niedersächsische Stadt liegt westlich von Wilhelmshaven in Friesland und hat über 13.000 Einwohner.

➡ Seit 1848 braut das Friesische Brauhaus zu Jever das nach der Stadt benannte Bier. Bei der Besichtigung des Produktionsbetriebes und des Brauereimuseums erhält der Besucher einen Einblick in den Brauereialltag.

➡ An den zahlreichen Sehenswürdigkeiten ist erkennbar, dass die Stadt auf eine mehr als tausendjährige wechselhafte Geschichte zurückblicken kann. Im Mittelpunkt steht das Schloss mit seinem weithin sichtbaren Zwiebelturm. Weitere fünf unterschiedliche Museen laden zu einem Besuch ein.

➡ Wer Jever besucht, der kann hier sein „blaues Wunder" erleben. Georg Stark führt die Tradition der alten ostfriesischen und norddeutschen Blaudruckereien fort. ■

Jever

JEV Ⓐ

Niedersachsen

Das Schloss in Jever

Jerichower Land

Orte im Kreis:
Biederitz, Burg, Elbe-Parey,
Genthin, Gommern,
Jerichow, Möckern, Möser
Sachsen-Anhalt

➡ Der Landkreis Jerichower Land liegt westlich von Magdeburg in Sachsen-Anhalt und hat etwa 95.000 Einwohner.

➡ Auf der Route der „Straße der Romanik", die eine Länge von rund 1200 Kilometern aufweist, ist das Jerichower Land mit neun eindrucksvollen Bauwerken der Romanik eingebunden. In der Kreisstadt Burg sind es die Oberkirche Unser Lieben Frauen aus dem 13. Jahrhundet und die Unterkirche St. Nicolai (1196). Auf der Route erfährt man nicht nur einiges über das historische Geschehen zu der Zeit der Romanik, sondern auch über die Landschaft, die Kunstschätze und die Traditionen.

➡ Auf den 500 Kilometer langen Rad- und Wanderwegen ist einiges zu sehen. Dazu zählen Naturlehrpfade mit der Euleneiche im Forstort Finkenherd, den Lochower Eichen, den Forellenteichen in Wüstenjerichow oder dem Tiergehege in Zabakuck. ∎

Jülich

Nordrhein-Westfalen

➡ Die Stadt Jülich liegt nördlich von Düren in Nordrhein-Westfalen. Die Stadt hat über 33.000 Einwohner.

➡ Wer sich in die Welt der Nanotechnologie begeben möchte, der kann sich einer Führung im Forschungszentrum Jülich anschließen. Das Zentrum gehört zu den großen Forschungsstätten Europas. Mit seiner besonderen Expertise in der Physik, den Materialwissenschaften, der Nanotechnologie und der Informationstechnologie sowie den Biowissenschaften und der Hirnforschung entwickelt es Schlüsseltechnologien für morgen. Das Forschungszentrum kann kostenlos besucht werden.

➡ Zu den Sehenswürdigkeiten gehört der Napoleonische Brückenkopf. Jülich wurde 1794 besetzt und gehörte von 1801 bis 1814 zum französischen Staatsgebiet. Napoleon ließ zwischen 1799 und 1808 die Festungsanlage „Brückenkopf" auf der Merscher Höhe errichten. ∎

➡ Die in Nordrhein-Westfalen liegende Großstadt am Rhein ist mit über einer Million Einwohnern die viertgrößte Stadt Deutschlands. Das Wahrzeichen der Stadt ist der Kölner Dom (Abb. rechts oben). An keinem anderen Gotteshaus wurde so lange gebaut wie an diesem. Angefangen hat man mit der Grundsteinlegung 1248 und einer erste Pause im Jahr 1560. Die Fertigstellung wird im Jahr 1880 datiert. Besucher haben aber den Eindruck, dass noch heute an dem Gotteshaus gebaut wird. Der Kölner Dom, als größte gotische Kirche in Nordeuropa, wurde 1996 zum UNESCO-Weltkulturerbe erklärt.

➡ Köln kann noch mit weiteren Sehenswürdigkeiten aufwarten. Dazu zählen unter anderem die Altstadt mit ihren engen Gassen, das 4711-Haus, die „Gute Stube" Kölns, der Gürzenich, und viele weitere Museen. Zu der Museenlandschaft gehört an erster Stelle das Römisch-Germanische Museum, das direkt im Schatten des Doms zu finden ist. Römische Architekturteile, Inschriften, Porträts oder Keramik vermitteln eine Vorstellung der Stadtentwicklung des römischen Kölns. 1993 wurde das Schokoladenmuseum auf der Rheinauhalbinsel eröffnet. In der Ausstellung werden die Geschichte der Schokolade, von den Anfängen bis zu den heutigen Produkten, und die Herstellungsmethoden gezeigt.

➡ Zu den neueren Attraktionen der Stadt gehören die Liebesschlösser auf der Hohenzollernbrücke (Abb. rechts unten). Um ihre Liebe zu beweisen, hängen Paare die Schlösser an den Zaun der Brücke. Damit die Liebe auch ein Leben lang hält, wird der Schlüssel anschließend in den Rhein geworfen. Über zehntausend Paare haben sich bereits diesem Brauch angeschlossen und ewige Treue versprochen.

➡ Der 11.11. ist für viele Kölner ein Feiertag, auch wenn er nicht im Kalender steht. Dann beginnt für die Jecken der Stadt die närrische Zeit oder auch fünfte Jahreszeit, mit Weiberfastnacht und dem Rosenmontagszug. ◼

Köln

K

Nordrhein-Westfalen

Quiz

Auflösung: Seite 443

Das weltweit bekannte Parfüm „Original Eau de Cologne" stammt von der Marke 4711. In welcher Verbindung steht das Stammhaus des Herstellers mit dem Markennamen „4711"?

Karlsruhe

KA

Orte im Kreis:
Bretten, Bruchsal, Ettlingen,
Kraichtal, Östringen, Philippsburg,
Rheinstetten, Stutensee, Waghäusel
Baden-Württemberg

➡ Die Stadt Karlsruhe liegt nordwestlich von Stuttgart in Baden-Württemberg und hat fast 300.000 Einwohner. Der Landkreis liegt am Rhein und auch an der französischen Grenze.

➡ Mit Recht kann gesagt werden, dass Ideen aus Karlsruhe die Welt verändert haben. Das Fahrrad wurde von Karl Drais in Karlsruhe erfunden, ebenso erfand Carl Benz 1885 das Automobil, Heinrich Herz entdeckte 1886 die elektromagnetischen Wellen, und die erste E-Mail wurde 1984 auch in Karlsruhe empfangen.

➡ Einer der ältesten Zoos Deutschlands ist der Zoologische Stadtgarten in Karlsruhe mit seinen über 150 Tierarten. Seine einzigartige Lage in der Innenstadt macht ihn zu einem beliebten Ausflugsziel. Ebenfalls sehenswert und Orte der Entspannung sind der Rosen- und der Japanische Garten.

➡ Freunde der Kunst und der Museen finden zahlreiche Möglichkeiten, ihrer Lust zu frönen. Man kann wandeln vom Badischen Landesmuseum zum Naturkundemuseum, von der Staatlichen Kunsthalle zur Städtischen Galerie und zum Zentrum für Medienkunst. Zu sehen sind hier der Thronsessel der Großherzöge und berühmte Werke der Bildenden Kunst. Die „art" Karlsruhe und die vielen Galerien tragen zum Bild einer kunstsinnigen Stadt bei. Die Pyramide

auf dem Marktplatz (Abb. links) ist das Grabmal des Stadtgründers Karl Wilhelm von Baden-Durlach und das Wahrzeichen der Stadt.

➡ Das Erbgroßherzogliche Palais ist seit 1950 Sitz des Bundesgerichtshofs, und auch das Bundesverfassungsgericht hat sich in der Stadt niedergelassen. ■

➡ Der ehemalige bayerische Landkreis Karlstadt liegt nördlich von Würzburg in Unterfranken. Die Stadt Karlsberg hat knapp 14.000 Einwohner. Im Zuge der Gebietsreform wurde der Landkreis Karlstadt 1972 aufgelöst und mit Lohr am Main, Marktheidenfeld und Gemünden am Main zum Landkreis Main-Spessart zusammengelegt.

➡ Auch wenn in Karlstadt nur noch sehr wenig Menschen vom Weinbau leben, ist er für die lokale Lebensart wichtig. Bereits 1540 wurde im Ortsteil Stetten mit dem Anbau von Wein begonnen. Anders als in vielen deutschen Regionen ist Wein hier ein Volksgetränk. Das zeigt sich auch in der Anzahl der Weinfeste, die in nahezu jedem Weinbauort stattfinden. Beliebt sind auch die Strauß- oder Heckenwirtschaften.

➡ Viele Rad- und Wanderwege laden zwischen Weinbergen, Wasser und Wald zum Erkunden der Landschaft ein. ■

Karlstadt

KAR

Orte im Kreis:
Arnstein, Gemünden am Main,
Karlstadt, Lohr am Main,
Marktheidenfeld
Bayern

Quiz

Auflösung: Seite 443

Der Bruder des früheren Papstes Benedikt XVI., Georg Ratzinger, leitete bis 1994 den Chor der Regensburger Domspatzen. Sein Nachfolger wurde ein Sohn der Stadt Karlstadt. Wie heißt er?

➡ Der Landkreis Waldeck-Frankenberg liegt westlich von Kassel in Hessen an der Grenze zu NRW und hat knapp über 160.000 Einwohner.

➡ Die Kreisstadt Korbach kann auf eine über 1000-jährige Geschichte zurückblicken. Aber überregional bekannt ist Waldeck durch seine Lage am Edersee, den Natur- und Nationalpark Kellerwald-Edersee, den Urwaldsteig und das Schloss Waldeck.

➡ Neben dem Diemel- und dem Twistesee ist der Edersee (Abb. rechts) der größte im Landkreis und einer der schönsten Stauseen Deutschlands. Der See, der von der herrlichen Landschaft des Edertals umgeben ist, garantiert auf einer Länge von 28,5 Kilometern zahlreiche Attraktionen. Strand- und Freibäder sowie die Uferpromenaden locken Badegäste, Angler können in stillen Buchten ihre Angeln auswerfen, und Surfer, Segler und Wasserskifahrer profitieren von der hervorragenden Wasserqualität. ■

Waldeck-Frankenberg

KB

Orte im Kreis:
Bad Arolsen, Bad Wildungen, Battenberg, Diemelstadt, Frankenberg,
Korbach, Waldeck
Hessen

Kronach

KC

Orte im Kreis:
Kronach, Ludwigsstadt, Teuschnitz,
Wallenfels
Bayern

➡ Der Landkreis Kronach und die gleichnamige Kreisstadt liegen nördlich von Bayreuth in Bayern an der Grenze zu Thüringen.

➡ Kronach, die Geburtsstadt von Lucas Cranach dem Älteren, kann auf eine über 1000-jährige Geschichte zurückblicken. Über der Stadt thront die größte Befestigungsanlage Deutschlands, die Festung Rosenberg (Abb. links). Die unterschiedlichen Bauphasen an der Festung sind deutlich zu sehen. Berühmte Baumeister wie Balthasar Neumann haben maßgeblich an dem Ausbau teilgenommen. Einen besonderen Reiz bietet das unterirdische Gangsystem, das, wie die Festung auch, im Rahmen von Führungen besichtigt werden kann.

➡ Wer das Wasser nicht scheut, kann sich im Naturpark Frankenwald der Flößerei widmen. Eine Floßfahrt auf der wilden Rodach gehört zum Höhepunkt. ■

Kempten

KE

Bayern

➡ Kempten im Allgäu liegt zwischen Memmingen und Füssen in Bayern und hat knapp 62.000 Einwohner.

➡ Claude Dornier, der 1884 in Kempten geboren wurde, gehört zu den Pionieren der Luftfahrt und war Mitarbeiter von Ferdinand Graf von Zeppelin und Gründer der Dornier-Werke in Friedrichshafen. Er entwickelte Ende der 1920er-Jahre die zwölfmotorige DOX, die damals zu den größten Flugzeugen der Welt gehörte.

➡ Kempten mit der Basilika St. Lorenz (Abb. links) ist schon einen Besuch wert, aber weitere interessante Ziele wie München oder Österreich, Liechtenstein und die Schweiz sind innerhalb einer Autostunde zu erreichen. Nähere Ausflugsziele sind die Gipfel der Allgäuer Alpen, der Bodensee, die Schlösser Neuschwanstein und Hohenschwangau oder der Landschaftspark Engelhalde mit einer Außenkletteranlage. ■

➡ Kreis und Stadt Kehlheim befinden sich zwischen Regensburg und Ingolstadt in Bayern und haben etwa 113.000 Einwohner.

➡ Da, wo die Kelten die Stadt Alkimoennis errichteten, die Römer die Donau überquerten und die Wittelsbacher über ihr Reich herrschten, findet man die Stadt Kelheim. Hier sind meisterliche Barock-Bauwerke und die von König Ludwig I. von Bayern gebaute Befreiungshalle (Abb. rechts) zu finden.

➡ Kelheimer Bierspezialitäten blicken auf eine fast 1000-jährige Brautradition zurück. Der südliche Landkreis gehört zur Hallertau, dem größten zusammenhängenden Hopfenanbaugebiet der Welt. Braugerste, Weizen und Dinkel reifen auf den Hochflächen des Bayerischen Jura, und auch das klare Brauwasser fehlt nicht. Seit 1050 fließt in der ältesten Klosterbrauerei der Welt, in der Benediktinerabtei Weltenburg, bereits das Bier. ■

➡ Kehl liegt gegenüber der französischen Stadt Straßburg in Baden-Württemberg und hat 35.000 Einwohner.

➡ Vom Fischerdorf bis zum Sitz grenzüberschreitender europäischer Einrichtungen, so könnte man die Entwicklung von Kehl umschreiben.

➡ Ein Muss für jeden Stadtbesucher ist ein Bummel über die Rheinpromenade und die Fußgänger- und Radfahrerbrücke „Passerelle des deux Rives" bis zum französischen Ufer. Wer jedoch Sightseeing und Shopping in einer Metropole sucht, der ist in wenigen Minuten mit einem öffentlichen Verkehrsmittel in der Europastadt Straßburg.

➡ Der Weißtannenturm in Kehl ist ein 44 Meter hoher Aussichtsturm aus Holzstämmen, die von einem Stahlnetz stabilisiert werden. An der Außenseite dieses Netzes führt eine Treppe zu den beiden Aussichtsplattformen. ■

Kelheim

Orte im Kreis:
Abensberg, Kelheim, Mainburg,
Neustadt a.d. Donau, Riedenburg
Bayern

Kehl

Baden-Württemberg

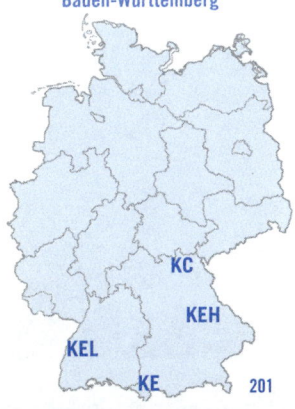

Kemnath

KEM [Ⓐ]

Bayern

➡ Die oberpfälzische Stadt Kemnath liegt südöstlich von Bayreuth in Bayern und hat knapp über 5000 Einwohner.

➡ Kemnath gehört zu den Passionsspielorten Bayerns. Bis ins Jahr 1770 lassen sich die Aufführungen der Passionsspiele zurückverfolgen, die dann nach Querelen mit den damaligen Obrigkeiten eingestellt wurden. Die 975-Jahr-Feier der Stadt im Jahr 1983 wurde dann zum Anlass genommen, die Passionsspiele wieder aufzunehmen. Mit einem solchen Erfolg, dass sie nun wieder alle fünf Jahre aufgeführt werden.

➡ Die einmalige Landschaft um Kemnath ist das Grundkapital der Stadt, die mit diesem touristischen Highlight auf eine einzigartige Natur mit einer artenreichen Pflanzen- und Tierwelt verweisen kann. Die Gegend mit den sanften Basaltkegelbergen, dem Schlossberg und Rauher Kulm ist ein Kleinod für Erholungssuchende. ◾

Kaufbeuren

KF

Bayern

➡ Die bayerische Stadt Kaufbeuren liegt in der Mitte zwischen München und dem Bodensee und hat über 40.000 Einwohner.

➡ Viele Tausend Menschen pilgern jedes Jahr zum Grab der heiligen Crescentia von Kaufbeuren. Als Webertochter, im Jahr 1682 geboren, wurde sie schon zu Lebzeiten eine Berühmtheit, doch erst Papst Johannes Paul II. sprach sie im Jahr 2001 heilig. Sie wurde damit die erste deutsche Heilige des 3. Jahrtausends.

➡ Beim Besuch der vielen Sehenswürdigkeiten der Stadt darf auch der Fünfknopfturm (Abb. links), das Wahrzeichen der Stadt, nicht fehlen. Erbaut um 1420, sind auf dem Schild die Wappen der im 1. Weltkrieg verbündeten Mittelmächte Türkei, Bulgarien, Deutsches Reich und Österreich-Ungarn zu sehen. Auch die im Jahr 1200 gebaute und 1420 erhöhte Stadtmauer ist einen Besuch wert. ◾

➡ Der Landkreis Bad Kissingen mit rund 103.000 Einwohnern liegt in Bayern nördlich von Schweinfurt.

➡ Die letzte Postkutschenlinie der Deutschen Post (Abb. rechts) geht in den Sommermonaten täglich von Bad Kissingen nach Bad Bocklet.

➡ Bad Kissingen bietet das ganze Jahr über ein reichhaltiges Konzertprogramm an, wie den Kissinger Kabarettherbst oder den Kissinger Winterzauber. Zu den bedeutenden Gebäuden der Stadt gehören das Alte Rathaus, der Arkadenbau und die Wandelhalle mit integrierter Brunnenhalle, das Jugendstil-Kurtheater, die KissSalis Therme und das Luitpoldbad mit integriertem Spielcasino im Kurpark. Ein weiteres Gebäude ist der Regentenbau mit dem Max-Littmann-Saal, der als Konzert- und Ballsaal konzipiert wurde und zu den 20 besten Konzertsälen Europas gehört. ◼

Bad Kissingen

KG

Orte im Kreis:
Bad Brückenau, Bad Kissingen,
Hammelburg, Münnerstadt
Bayern

➡ Stadt und Kreis Bad Kreuznach, mit mehr als 150.000 Einwohnern, liegen in Rheinland-Pfalz südwestlich von Mainz.

➡ Bad Kreuznach ist die größte Weinbaugemeinde im Gebiet Nahe und die siebtgrößte in Rheinland-Pfalz.

➡ Gleich drei Museen gibt es in dem denkmalgeschützten ehemaligem Rittergut Bangert, das inmitten eines historischen Parks liegt: das Schlossparkmuseum, das Museum für Puppentheaterkultur sowie die Römerhalle und die römische Villa. Die Brückenhäuser auf der Alten Nahebrücke (Abb. rechts) sind das Wahrzeichen der Stadt und aus dem 15. Jahrhundert. „Klein Venedig" ist ein ehemaliges Gerberviertel, das durch die kleinen, alten Häuser sehr malerisch wirkt.

➡ Das Salinental mit seinen zehn mächtigen, acht Meter hohen Gradierwerken bildet auf 1100 Meter Länge das größte natürliche Freiluftinhalatorium Europas. ◼

Bad Kreuznach

KH

Orte im Kreis:
Bad Kreuznach, Kirn,
Bad Sobernheim
Rheinland-Pfalz

Kiel

KI

Schleswig-Holstein

➡ Die Landeshauptstadt von Schleswig-Holstein liegt direkt an der Ostsee und hat über 240.000 Einwohner.

➡ Die Gorch Fock ist das Segelschulschiff der Deutschen Marine und hat ihren Heimathafen in Kiel (Abb. links oben). Das größte Segelsportereignis der Welt, die Kieler Woche, lockt seit 1882 jedes Jahr Tausende Besucher und fast 5000 Aktive mit 2000 Segelschiffen und Jollen an die Ostsee. Zum Höhepunkt, der Windjammerparade, werden jedes Jahr die schönsten Großsegler der Welt erwartet.

➡ Kiel ist weltweit auch als Olympiaort bekannt. Bei den Olympischen Sommerspielen in Berlin 1936 und 1972 in München wurden die Segelwettbewerbe in der Kieler Förde durchgeführt.

➡ Auch das 1986 gegründete Schleswig-Holstein Musik-Festival hat die Stadt und die Region weltweit bekannt gemacht. Es gehört zu einem der international bekanntesten Kulturereignisse.

➡ Der Physiker Max Planck wurde 1858 in Kiel geboren. Der Begründer der Quantenphysik bekam 1918 den Nobelpreis für Physik. Im Jahr 1947 wurde Max Planck Ehrenbürger von Kiel.

➡ Kiel gehört zu den Vorreitern der autofreien Stadt. In der Innenstadt wurde 1957 Deutschlands erste Fußgängerzone eingerichtet.

➡ Die Hörnbrücke (Abb. links unten) ist eine Faltbrücke für Fußgänger über die Hörn im Hafen von Kiel und gilt wegen der ungewöhnlichen Bauweise und Lage als Touristenattraktion. Sie ist Endpunkt der 2004 eröffneten „Deutschen Fährstraße" von Bremervörde bis zur Kieler Förde. ∎

➡ Die Kleinstadt Kirchheimbolanden liegt in Rheinland-Pfalz zwischen Bad Kreuznach und Mannheim und hat knapp 8000 Einwohner.

➡ Die bekannteste Sehenswürdigkeit der Stadt ist die Mozartorgel. Auf ihr hat Mozart konzertiert, als er 1778 am damaligen Hof der Nassau-Weilburger zu Besuch war. Sie gehört zu den besterhaltenen Barockorgeln in Deutschland.

➡ Das Stadtbild wird durch eine ca. acht Meter hohe mittelalterliche Stadtmauer, Kavaliershäuser und Tortürme geprägt. Der Obere Torturm (Abb. rechts), auch Apothekerturm genannt, hat im 18. Jahrhundert ein barockes Häubchen bekommen. Er wurde zum Gefängnis ausgebaut und stand 30 Jahre lang in dieser Eigenschaft zu Diensten.

➡ Der 13 Kilometer lange Kneipp-Kleeblattwanderweg mit Kneipp-Anlagen gehört zu den Attraktivitäten des Donnerbergkreises. ■

➡ Der Landkreis Kempen-Krefeld liegt zwischen Krefeld und der holländischen Grenze in Nordrhein-Westfalen und hat über 240.000 Einwohner.

➡ Zu den herausragenden Sehenswürdigkeiten der Stadt gehört die eindrucksvolle Kurkölnische Landesburg, die von 1396 bis 1400 als Herrschaftssitz des Kölner Erzbischofs Friedrich von Saarwerden errichtet wurde. Danach wechselten immer wieder Besitzer und Bestimmung. 1634 wurde das mittelalterliche Kastell mit seinen Schießscharten und kleinen Luken durch den Einbau von großen Fenstern zum wohnlichen Schloss. Auch die Gassen der Altstadt (Abb. rechts) mit ihren alten Bürger- und Fachwerkhäusern laden zum Bummeln ein.

➡ Zu den größten Arbeitgebern der Stadt gehört das Unternehmen Griessonde Beukelaer, das so bekannte Artikel wie die Prinzen-Rolle oder Butterkekse herstellt. ■

Donnersbergkreis

Rheinland-Pfalz

Kempen-Krefeld

Nordrhein-Westfalen

Kaiserslautern

KL

Rheinland-Pfalz

➡ Die Universitätsstadt Kaiserslautern in Rheinland-Pfalz mit knapp 100.000 Einwohnern liegt zwischen Saarbrücken und Mannheim.

➡ Berühmt ist die Stadt für ein einmaliges Ensemble historischer Bauten, darunter die Kaiserpfalz und das Casimirschloss mit dem Pfalzgrafensaal. Die Fruchthalle wurde um 1845 im Stil der italienischen Frührenaissance erbaut. Sie diente zunächst als Markthalle für Getreide, bevor sie heute nach mehreren Umbauten für Konzerte und andere kulturelle Angebote genutzt wird. Der Humbergturm (Abb. rechts) ist ein Aussichtsturm auf dem Humberg im Süden der Stadt. Wer seine 163 Stufen erklimmt, wird mit einer herrlichen Aussicht über die Stadt belohnt.

Kaskaden im Japanischen Garten

➡ Der Japanische Garten in Kaiserslautern zählt in seiner Art zu den schönsten und größten japanischen Gärten in Europa. Teiche, Wasserfälle, Steinsetzungen, Kies, Teehäuser, Moosgärten und Steinlaternen sind in der alten Parkanlage Kaiserslauterns zu einem wunderschönen Gesamtbild gewachsen. Im Jahr 2000 war er neben der Kaiserslauterer Gartenschau Bestandteil der rheinland-pfälzischen Landesgartenschau. Der Garten wird nicht nur als Erholungsgebiet, sondern auch für Veranstaltungen, wie Konzerte und Lesungen mit Bezug zu japanischer Literatur, genutzt. Im Teehaus gibt es regelmäßig japanische Teezeremonien.

➡ Begriffe wie die Roten Teufel oder Fritz und Otmar Walter stehen für den 1. FC Kaiserslautern, der unter Trainer Otto Rehhagel den Titel des Deutschen Fußballmeisters in der Saison 1997/98 errang. Die Spiele werden im Stadion „auf dem Betze" ausgetragen. ∎

➡ Die Stadt in Nordrhein-Westfalen liegt nordwestlich von Duisburg an der holländischen Grenze und hat knapp 50.000 Einwohner.

➡ Wer sich der Stadt nähert, der sieht schon von weitem die Schwanenburg (Abb. rechts) und direkt daneben die Stiftskirche. Eine der Sehenswürdigkeiten, das „Schüsterken", steht für die Geburtsstunde der „Elefanten-Kinderschuhe" in Kleve. 1896 gründeten Gustav Hoffmann und Fritz Pannier die Elefanten-Kinderschuhfabrik und machten die Schuhstadt Kleve zu einem Zentrum der Kinderschuh-Industrie. Die Fabriken von damals sind heute geschlossen. Dennoch bleibt das „Schüsterken" an der Herzogbrücke Kleves Wahrzeichen.

➡ Der Klever Reichswald ist die größte Waldfläche am Niederrhein. Für Radwanderer, Jogger und viele weitere Sportler ist er ein Paradies, in dem man die Natur genießen und erleben kann. ■

Kleve

Nordrhein-Westfalen

➡ Die Stadt liegt nordöstlich von Wolfsburg in Sachsen-Anhalt und hat über 11.000 Einwohner.

➡ Klötze ist ein staatlich anerkannter Erholungsort. Wer möchte, der kann die Natur der Region auf Schusters Rappen, mit dem Rad oder hoch zu Ross zwischen Klötzer Forst und Zichtauer Hellbergen entdecken.

➡ Für die Besucher der Stadt lohnt sich der Weg in den Tierpark. Hier sind viele heimische Tierarten wie Dam- und Rotwild, Wildschweine und Nutz- und Haustiere, wie die Kamerunschafe, zu bewundern. Ein Vogel- und Affenhaus runden das Programm ab. Der Eintritt in den Tierpark ist frei.

➡ Im Schloss Kunrau befinden sich eine „Ökoschule" und ein Naturerfahrungszentrum. Hier kann man sich über den Naturpark Drömling informieren und durch Projekte und Experimente die Geheimnisse der Natur kennenlernen. ■

Klötze

KLZⒶ

Sachsen-Anhalt

Quiz Der Tierpark in Klötze hat einen originellen Namen, der auf einen biblischen Tiersammler und Schiffsbauer zurückgeht. Wie nennt man den Tierpark?

Auflösung: Seite 443

Kamenz

KM

Sachsen

Konstanz

KN

Baden-Württemberg

➡ Die Stadt Kamenz liegt mit ihren über 17.000 Einwohnern nordöstlich von Dresden in Sachsen.

➡ Das Lessing-Museum widmet sich dem Leben und Werk des 1729 in Kamenz geborenen deutschen Dichters Gotthold Ephraim Lessing.

➡ Der Wilhelm-Weiße-Garten wurde 1873 als Kunst- und Handelsgärtnerei durch Wilhelm Weiße gegründet, der zu den bedeutendsten Koniferenzüchtern Deutschlands gehörte. Heute wird die ehemalige Gärtnereianlage als Park genutzt und steht unter Denkmalschutz.

➡ Der Hutberg bei Kamenz ist ein beliebtes Ausflugsziel. Im Zentrum des Bergparks befindet sich ein Aussichtsturm, der 1868 erbaute Lessingturm. Die Hutbergbühne wird für verschiedene Veranstaltungen genutzt. So traten hier zum Beispiel schon Joe Cocker, Deep Purple, Status Quo und die Puhdys auf. ◼

➡ Konstanz, die größte Stadt am Bodensee, hat über 85.000 Einwohner und liegt an der Grenze zur Schweiz in Baden-Württemberg.

➡ Die Insel Mainau liegt im nordwestliche Teil des Bodensees, dem Überlinger See. Vom Ufer aus ist das Ausflugsziel über eine Brücke zu erreichen. Durch die tropische und subtropische Vegetation wird sie auch als „Blumeninsel" bezeichnet.

➡ An der Hafeneinfahrt grüßt die neun Meter hohe Skulptur Imperia (Abb. links). Der Rheintorturm ist neben dem Konzilsgebäude der letzte noch stehende Zeuge für die Bedeutung der einstigen Bischofs- und Reichsstadt. 1471 wurde die einzige jemals in Deutschland durchgeführte Papstwahl in Konstanz vollzogen.

➡ Im „Sea Life Center" kann der Besucher auf eine Unterwasserreise von der Quelle des Rheins bis zur Nordsee und weiter in die Antarktis gehen. ◼

➡ Die Stadt Koblenz am Zufluss der Mosel in den Rhein hat knapp 100.000 Einwohner und liegt in Rheinland-Pfalz.

➡ In Koblenz beginnt das Mittlere Rheintal, das auf einer Länge von 65 Kilometern bis nach Bingen eine Vielzahl von Sehenswürdigkeiten, Baudenkmälern, Burgen, Schlössern und Festungen an den rebenbewachsenen Hängen bietet.

➡ Am Deutschen Eck (Abb. rechts), dem Wahrzeichen der Stadt, treffen die beiden großen Flüsse Rhein und Mosel aufeinander. Die für die Bundesgartenschau 2011 errichtete Rheinseilbahn verbindet die Rheinanlagen mit der Festung Ehrenbreitstein, eine Befestigungsanlage aus dem 16. Jahrhundert und Sitz des Landesmuseums Koblenz. Seit 2002 sind das Deutsche Eck und die Festung Teil des UNESCO-Welterbes „Oberes Mittelrheintal" und ein geschütztes Kulturgut nach der Haager Konvention. ◼

Koblenz

KO

Rheinland-Pfalz

➡ Die Stadt Königshofen im Grabfeld liegt nördlich von Bamberg und hat knapp 7000 Einwohner.

➡ Das „Museum für Grenzgänger – Nachbarn im Grabfeld" wurde in Bad Königshofen geschaffen, um die Geschichte des Umgangs der Menschen im Grabfeld mit der Grenze zur damaligen DDR wach zu halten. Das Regime der DDR wird darin ebenso erklärt wie der Aufbau der Grenzanlage. Die Ausstellung dokumentiert auf 150 m² 40 Jahre Zeitgeschichte.

➡ Mit fast 1300 Hektar gehört die Stadt Bad Königshofen zu den größten kommunalen Waldbesitzern Frankens. Der gesamte Stadtwald befindet sich im Naturpark Hassberge und bietet den Besuchern vielfältigen Naturgenuss. Das in unmittelbarer Nähe gelegene Wildgehege sowie ein Walderlebnispfad und der beliebte Freizeitpark „Märchenwald" in Sambachshof bieten vielfältige Möglichkeiten der Entspannung und Unterhaltung. ◼

Königshofen im Grabfeld

KÖN Ⓐ

Orte im Kreis:
Bad Königshofen i. Grabfeld,
Saal an der Saale,
Wülfershausen
Bayern

Köthen

KÖT Ⓐ

Orte im Kreis:
Aken, Gröbzig, Köthen, Radegast
Sachsen-Anhalt

➡ Die Kreisstadt Köthen in Sachsen-Anhalt liegt nördlich von Halle (Saale) und hat knapp 27.000 Einwohner.

➡ Jährlich finden in Köthen im Schloss (Abb. links) die Bach-Festtage und der Nationale Bach-Wettbewerb statt. Damit würdigt man das Wirken von Johann Sebastian Bach, der von 1717 bis 1723 als Hofkapellmeister des Fürsten Leopold von Anhalt-Köthen wirkte. Auch mit dem „Köthener Herbst" und Konzerten zum Geburtstag würdigt die Stadt das Leben und das Werk von Johann Sebastian Bach.

➡ In Köthen befindet sich das Zentrum der Homöopathie mit einer Dauerausstellung im Historischen Museum. Im Jahr 2009 wurde das neue homöopathische Zentrum mit der Europäischen Bibliothek für Homöopathie und Seminarräumen direkt neben dem Hahnemannhaus eröffnet. Das Haus erinnert an Dr. Samuel Hahnemann, der als „Urvater" der homöopathischen Heilkunde angesehen wird. ■

Kötzting

KÖZ Ⓐ

Orte im Kreis:
Bad Kötzting,
Neukirchen beim Heiligen Blut
Bayern

➡ Das staatlich anerkannte Kneippbad Bad Kötzting liegt westlich von Regensburg in Bayern, nahe an der tschechischen Grenze, und hat über 7000 Einwohner.

➡ Der Pfingstritt in Bad Kötzting zählt zu den größten Reiter-Bittprozessionen Europas und geht auf ein Gelöbnis aus dem Jahr 1412 zurück. Jedes Jahr am Pfingstmontag ziehen über 900 Reiter betend auf geschmückten Pferden und in alten Trachten durchs Zellertal nach Steinbühl.

➡ Die Waldfestspiele in Bad Kötzting sind längst zu einem Aushängeschild des ostbayerischen Volkstheaters geworden. Klassiker der Literatur werden in den bayerischen Dialekt übertragen. Altes Brauchtum wird auch bei dem „Pfingstlspiel" gezeigt. Bei diesem Straßentheater wird mit Tanz um den „Pfingstl" der Einzug des Frühjahrs fröhlich gefeiert. ■

➡ Die kreisfreie Stadt Krefeld zwischen Duisburg und der holländischen Grenze liegt in Nordrhein-Westfalen und hat über 230.000 Einwohner.

➡ Krefeld besitzt eine große Anzahl an Alleen und öffentlichen Grünflächen, mehrere Parks und den Krefelder Stadtwald, ein beliebtes Erholungsgebiet nahe dem Zentrum von Krefeld.

➡ Die Stadt ist besonders auf den Zoo stolz, der 1938 als städtischer Tierpark rund um das Grotenburg-Schlösschen eröffnet wurde. Bereits 1877 wurde so den Krefeldern mit einer Tierschau ein Einblick in die Welt der Tiere geboten.

➡ Die Sammlungen des Deutschen Textilmuseums in Linn gehören zu den international wichtigsten Sammlungen. Die Sammlung umfasst historisch kostbare Textilien und Bekleidungsstücke aus den verschiedensten Zeitepochen aus allen Teilen der Welt.

➡ Das Museumszentrum Burg umfasst die Wasserburg Linn (Abb. rechts), das Jagdschlösschen in der Vorburg, das Archäologische Museum und die Geismühle. Jedes Jahr findet am Pfingstwochenende rund um die Burg und in der Linner Altstadt der Flachsmarkt statt. Der mittelalterliche Markt mit über 300 Handwerkern, Ritterspielen, Turnieren, Gauklern und vielen Attraktionen mehr ist der größte Handwerkermarkt Deutschlands.

➡ In Krefeld fährt eine der ältesten Privatbahnen Deutschlands, die 1868 gegründete Schluff-Dampfeisenbahn. Die Museumsbahn „Schluff" fährt im Sommerbetrieb von St. Tönis bis zum Hülser Berg mit Aussichtsturm (Abb. links). ∎

Krefeld

KR

Nordrhein-Westfalen

KR KÖT KÖZ

Quiz Alljährlich am Pfingstwochenende findet bei der Burg Linn und in der angrenzenden Linner Altstadt ein mittelalterlicher Handwerkermarkt statt. Er ist der größte Handwerkermarkt Deutschlands. Hier bieten inzwischen über 300 Händler ihre Waren an. Wie heißt dieser Markt?

Auflösung: Seite 443

Krumbach

KRU

Orte im Kreis:
Krumbach (Schwaben),
Thannhausen, Münsterhausen
Bayern

➡ Stadt und ehemaliger Landkreis Krumbach liegen westlich von Augsburg in Bayern im Regierungsbezirk Schwaben.

➡ In Krumbach können sich Erholungssuchende wohl fühlen. Mitten durch die Stadt geht ein Kneipp-Rundweg, der die fünf Elemente Wasser, Ernährung, Pflanzen, Bewegung und Balance verbindet.

➡ Vor den Toren der Stadt ist eine weitere Oase der Gesundheit zu finden. Das Heilbad Krumbad ist eingebettet in eine sanfte Wald- und Hügellandschaft mit zahlreichen schönen Spazier- und Wanderwegen, umrahmt von einem wunderschönen Kurpark. Einzigartig ist die Heilkraft des Badsteins. Er ist Grundlage zahlreicher Therapien und wird gegen Erkrankungen, vor allem des Bewegungsapparates, eingesetzt.

➡ Die Mühlkapelle (Abb. links) aus dem Jahr 1830 ist ein Beispiel der vielen kleinen Barockkapellen in Oberschwaben. ■

Kassel

KS

Hessen

➡ In Norden Hessens liegt Kassel, die drittgrößte hessische Stadt, mit knapp 200.000 Einwohnern.

➡ Kassel verfügt über eine Anzahl von bedeutenden Museen und Galerien. Bekannt ist der Bergpark Wilhelmshöhe besonders durch die Kasseler Wasserspiele, den Herkules, das Schloss Wilhelmshöhe und die Löwenburg.

➡ Hoch über der Stadt thront der „Herkules" (Abb. links), das Wahrzeichen der Stadt. Carl Landgraf zu Hessen gab im 18. Jahrhundert dem italienischen Baumeister Francesco Guierniero den Auftrag, die Sage von den Taten Herkules' in Stein nachzuerzählen. Seitdem steht die Statue in Wilhelmshöhe. Imposant sind auch die Wassermassen, die zu Füßen von Herkules aus einem Oktagon kommen und in über 250 Meter langen Kaskaden ins Tal schießen, um dann in einer 52 Meter ansteigenden großen Wasserfontäne ihr Ende zu finden.

➡ Einen weltweiten Bekanntheitsgrad hat die Stadt durch die Kunstausstellung „documenta" bekommen, die zu den bedeutendsten Ausstellungen zeitgenössischer Kunst weltweit gehört und zu einem Mekka für Kunstliebhaber wurde.

➡ Im Stadtteil Niederzwehren lebte im 18. Jahrhundert die „Zwehrener Märchenfrau". Die Gebrüder Grimm verdanken Dorothea Viehmann 30 Geschichten, die sie in ihren „Kinder- und Hausmärchen" zu Papier brachten. ■

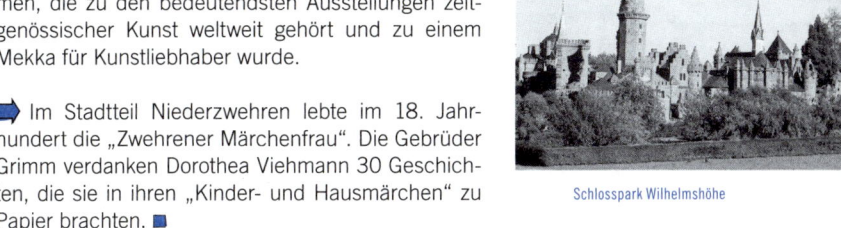

Schlosspark Wilhelmshöhe

➡ Der Kreis und die Stadt Kitzingen mit insgesamt etwa 88.000 Einwohnern liegen östlich von Würzburg in Bayern.

➡ Der Falterturm (Abb. links) war ehemals ein Wachturm der Stadtmauer, die im 15. Jahrhundert errichtet wurde. Mit einer Höhe von 52 Metern und der schiefen Turmhaube ist er das Wahrzeichen der Stadt.

➡ „Einfach lospaddeln" und das fränkische Weinland mit Kanus und Kajaks vom Main aus kennenlernen, heißt es zwischen Wipfeld und Segnitz. Bei der Tour kann man schöne Weinberglandschaften, romantische Weinorte und die Natur genießen. Wer lieber radelt, kann zwischen 12 ausgeschilderten Themenrouten wählen.

➡ Im Kitzinger Land wird zu Ostern ein schöner Brauch gepflegt. Dort werden die Ortsbrunnen mit über 2000 bunten Eiern geschmückt, um die Bedeutung des Wassers für die Existenz von Leben in den Blickpunkt zu rücken. ■

Kitzingen

KT

Orte im Kreis:
Dettelbach, Iphofen, Kitzingen,
Marktbreit, Prichsenstadt, Volkach
Bayern

Kulmbach

KU

Orte im Kreis:
Kulmbach, Stadtsteinach
Bayern

➡ Die bayerische Kreisstadt Kulmbach liegt nördlich von Bayreuth und hat über 27.000 Einwohner.

➡ „Kulmbach schmeckt mir!" ist ein Slogan, der zu der Stadt und der Genussregion mit ihren Bratwürsten und dem weltbekannten Bier passt. Im Kulmbacher Mönchshof wird seit 600 Jahren fränkische Brautradition gepflegt. Wer mehr über die bayerische Kunst des Bierbrauens wissen möchte, der kann sich im Brauerei- und Bäckereimuseum einiges an Wissen über die Themen Brot und Bier aneignen.

➡ Wer in Kulmbach ist, sollte sich einen Besuch auf der Plassenburg (Abb. links), einer der imposantesten Burganlagen Deutschlands, nicht entgehen lassen. Die Burg bietet nicht nur einen fantastischen Blick über die Stadt, sondern beheimatet auch das Deutsche Zinnfigurenmuseum mit dem „Miniaturwunderland Kulmbach". ∎

Hohenlohekreis

KÜN

Baden-Württemberg

➡ Künzelsau liegt östlich von Heilbronn in Baden-Württemberg und hat knapp 15.000 Einwohner.

➡ Die erste Jeans in Europa wurde in Künzelsau im Unternehmen „Mustang" hergestellt. 2007 wurde in der ehemaligen Gründervilla ein Museum errichtet, das die Erfindung, die Geschichte und den Kult um die Jeans mit dem Wildpferd-Logo dem Besucher veranschaulicht.

➡ Zu den Persönlichkeiten der Stadt gehört der hier geborene Eberhard Gienger, der 1976 bei den Olympischen Spielen Bronze holte. Er wurde mit dem nach ihm benannten „Gienger-Salto" am Reck berühmt. Oder aber Heinz Ziel, der den Außenbordmotor entwickelte und sein Unternehmen mit Sitz in Künzelsau zum Weltmarktführer machte.

➡ Die Künzelsauer Bergbahn (Abb. links) ist eine Standseilbahn, die die Künzelsauer Kernstadt im engen Kochertal mit dem auf der Hohenloher Ebene gelegenen Neubaugebiet Taläcker verbindet. ∎

➡ Die Stadt Kusel liegt mit knapp 5000 Einwohnern nordwestlich von Kaiserslautern im Südwesten von Rheinland-Pfalz.

➡ Zwischen Altenglan und Stauderheim gibt es eine eingleisige, 40 Kilometer lange Draisinenstrecke (Abb. rechts) mit Zwischenstopps. Neben der Strecke bieten sich vom Museum bis zum Weingut viele Gelegenheiten zu einer Stippvisite an.

➡ Zu einem wahren Besuchermagnet ist der seit 1994 stattfindende Europäische Bauernmarkt des Landkreises Kusel geworden. Angebote wie Wild, Fisch, Wurst, Käse, Obstsäfte aus den Partnerländern Finnland, Polen, Ungarn und Frankreich, heimische Rinder, Schafe, Ziegen sowie Geflügel, Kunsthandwerk und historische Traktoren runden das Programm ab. ∎

Kusel

KUS

Orte im Kreis:
Altenglan, Kusel, Waldmohr
Rheinland-Pfalz

➡ Die Stadt Königs Wusterhausen liegt südöstlich von Berlin in Brandenburg und hat über 33.000 Einwohner. Auf dem Funkerberg in Königs Wusterhausen wird seit 85 Jahren deutsche Rundfunkgeschichte präsentiert. Neben der Funktechnik kann man das Modell des Antennenwaldes auf dem Funkerberg aus dem Jahr 1938, die Nachbildung des provisorischen Studios aus dem Jahr 1920 sowie etliche Rundfunksender bewundern und etwas über die Geschichte des „Senders 21" erfahren.

Königs Wusterhausen

KW ⒜

Brandenburg

➡ Der Wassersportverein der Stadt veranstaltet schon seit über zehn Jahren das Rennen um den Drachenbootscup, an dem bis zu 55 Teams aus verschiedenen Bundesländern teilnehmen.

➡ Der Niederlehmer Wasserturm (Abb. links), 1902 nach dem Vorbild des Istanbuler Galataturms aus Kalksandstein errichtet, ist das Wahrzeichen der Stadt. ∎

Kyritz

Brandenburg

➡ Die Stadt Kyritz liegt nordwestlich von Berlin in Brandenburg und hat knapp 10.000 Einwohner.

➡ Wer nach Kyritz kommt, der wird am Ortseingang begrüßt von einem Schild mit der Aufschrift „Willkommen in Kyritz an der Knatter". Wer jedoch annimmt, Knatter wäre ein Fluss, der irrt, denn der Fluss, an dem die Stadt liegt, trägt den Namen Jäglitz. Der Beiname Knatter wird abgeleitet von knatternden Mühlen. In Kyritz gab es mehrere Mühlen am Königsfließ.

➡ Zum Andenken an die Völkerschlacht in Leipzig pflanzten die Kyritzer im Jahr 1814 auf dem Markt vier Eichen, von denen eine die Brände überstand und heute noch als Friedenseiche (Abb. links) besteht. Die Eiche wurde so zu einem Wahrzeichen der Hansestadt. ◼

Kyffhäuserkreis

Orte im Kreis:
Artern/Unstrut, Bad Frankenhausen,
Roßleben, Sondershausen
Thüringen

➡ Die Landkreis liegt zwischen Kassel und Leipzig im Norden von Thüringen und hat knapp 80.000 Einwohner.

➡ Weltweite Berühmtheit erlangte der Landkreis durch das 81 Meter hohe Kyffhäuserdenkmal (Abb. links), das mit dem Reiterstandbild Kaiser Wilhelms I. und der Barbarossafigur ein eindrucksvolles Ensemble darstellt. Hier kann man auch einen Blick in den tiefsten Burgbrunnen der Welt wagen, der eine Tiefe von 176 Metern hat. Aber auch die im 11. Jahrhundert errichtete Reichsburg Kyffhausen, die als eine der größten mittelalterlichen Burganlagen Deutschlands gilt, ist einen Besuch wert.

➡ Mit einer Tiefe von 680 Metern können im Erlebnisbergwerk „Glückauf" in Sondershausen die älteste Kaligrube der Welt und der tiefste sowie älteste befahrbare Kalischacht, mit Nutzung von Besuchern, erkundet werden. Eine besondere Attraktion ist der tiefste Konzertsaal, in dem regelmäßig Klassik- und Rockkonzerte sowie Irish Folk und Comedy stattfinden. ◼

➡ Die Messestadt Leipzig liegt in Sachsen und hat über 530.000 Einwohner.

➡ „Die Mutter aller Messen" ist die Stadt Leipzig. Die Vorläufer der weltberühmten Frühjahrs- und Herbstmessen sind bis ins Jahr 1895 zurückzuverfolgen. Die Buchmesse ist die bekannteste Messe der Stadt.

➡ Leipzig wird auch als die Buchstadt Deutschlands bezeichnet. Im Jahr 1660 wurde hier die erste Tageszeitung gedruckt und 1884 das weltweit älteste Buch- und Schriftmuseum eröffnet.

➡ Das Bach-Archiv Leipzig versteht sich als musikalisches Kompetenzzentrum am Hauptwirkungsort Johann Sebastian Bachs. Im historischen Bosehaus am Thomaskirchhof wird sein Leben, sein Werk, seine Geschichte und die der verzweigten Musikerfamilie Bachs erforscht.

➡ Im Gewandhaus am Augustusplatz werden jährlich über 600 Veranstaltungen angeboten. Im Programm sind Konzerte des weltbekannten Gewandhausorchesters, Musik-Festivals und vieles mehr.

➡ Der größte Denkmalsbau Deutschlands, das Völkerschlachtdenkmal bei Leipzig (Abb. rechts), erinnert an den entscheidenden Sieg der verbündeten europäischen Armeen über Napoleon. Besucher können mit einem Personenaufzug auf die mittlere Aussichtsplattform gelangen.

➡ Das Bundesverwaltungsgericht (Abb. unten) ist das oberste Gericht der Bundesrepublik Deutschland in öffentlich-rechtlichen Streitigkeiten nicht verfassungsrechtlicher Art sowie eines der fünf obersten Gerichtshöfe des Bundes mit Sitz in Leipzig. ◼

Leipzig

Sachsen

Von 1977 bis 1979 wurde das Kennzeichen „L" auch von der hessischen Stadt Lahn geführt.

Landshut

LA

Bayern

➡ Die kreisfreie Stadt Landshut liegt an der Isar nordöstlich von München in Bayern und hat knapp 65.000 Einwohner.

➡ „Himmel Landshut, Tausend Landshut." Alle vier Jahre erschallt es so durch die altbayerische Stadt. Hintergrund des Ausrufs ist das Fest der „Landshuter Hochzeit 1475", eines der größten historischen Feste in Europa. Über 2000 Mitwirkende treten in originalgetreuen mittelalterlichen Kostümen auf.

➡ Die Stadt entwickelte sich aus drei Siedlungen. Am höchsten Punkt über der Isar thront die Burg Trausnitz (Abb. links), die als „Hut und Schutz des Landes" der Stadt ihren Namen gab.

➡ Eine der ältesten Gartenanlagen Bayerns ist der Hofgarten, der bereits 1837 für alle Bürger geöffnet wurde. ◾

Landau an der Isar

LAN Ⓐ

Bayern

➡ Landau an der Isar liegt südöstlich von Regensburg in Bayern und hat knapp 13.000 Einwohner.

➡ Wer Landau besucht, kann außer einem Brauerei-, Heimat- oder Archäologiemuseum auch den Planetenwanderweg erkunden. Ob junge Sterngucker oder Hobbyastronomen: alle können auf dem Planetenwanderweg, der im Rathausinnenhof mit dem Zentrum des Sonnensystems beginnt, faszinierende Eindrücke über unser Planetensystem sammeln.

➡ Im Ortsteil Usterling ist mit dem „Wachsenden Felsen" ein in ganz Süddeutschland einmaliges Naturdenkmal zu bewundern. Der „Wachsende Felsen" (Abb. rechts) wurde durch ein talwärts fließendes Quellbächlein gebildet, das mit seinem stark kalkhaltigen Wasser jahrtausendelang einen wandartigen, 50 Meter langen und drei Meter hohen Felsen aufgebaut hat. ◾

➡ Die hessische Stadt Lauterbach liegt nordöstlich von Frankfurt und hat knapp 15.000 Einwohner.

➡ Ein großes, altes Volksfest ist der Lauterbacher Prämienmarkt. Neben einem Vergnügungspark mit Markthändlern werden auch Pferde, Schafe und Ziegen prämiert.

➡ Die Schrittsteine liegen an einer seichten Stelle der Lauter und ermöglichen die Überquerung zu Fuß. Das im Flussbett der Lauter stehende Denkmal stellt den „Lauterbacher Strolch" dar, ein 1905 kreiertes Wahrzeichen, das auch Markenname und -zeichen des ersten deutschen Camemberts ist, der früher in Lauterbach hergestellt wurde.

➡ Ein ganz seltenes Instrument, die Harfe, scheint mit dem Harfensommer und zahlreichen Aktionen rund um die Harfe in Lauterbach eine Zukunft zu haben. ■

Lauterbach

Hessen

➡ Die Stadt Lauf grenzt nordöstlich an Nürnberg und hat rund 27.000 Einwohner.

➡ In den 14 denkmalgeschützten Betriebsgebäuden ist das Industriemuseum untergebracht, in dem die städtische Arbeits- und Lebenswelt von 1900 bis 1970 lebendig wird. Der Besucher durchwandert die Bereiche „Frühindustrie", „Städtisches Handwerk und Gewerbe", „Wohnen" und „Hochindustrie". Die Stadt besitzt zudem auch zwei gut erhaltene Stadttore (Abb. rechts) und etliche restaurierte Fachwerkhäuser am Marktplatz, unter denen die bis ins 15. Jahrhundert zurückreichenden Lager- und Bierkeller angelegt wurden.

➡ Der geoökologische Wanderweg durch die romantische Bitterbachschlucht ist nur ein kleiner Teil eines weitläufigen Wander- und Radwegenetzes durch die umliegenden Reichswälder beiderseits der Pegnitz sowie durch die herrliche Landschaft der Frankenalb. ■

Nürnberger Land an der Pregnitz

Bayern

Ludwigsburg

LB

Baden-Württemberg

➡ Die Stadt Ludwigsburg in Baden-Württemberg mit ihren 88.000 Einwohnern liegt nördlich von Stuttgart.

➡ Eines der ältesten Feste der Stadt Ludwigsburg ist der Pferdemarkt. Der erste Rossmarkt in Ludwigsburg wurde vom Gründerherzog Eberhard Ludwig per Dekret befohlen und erstmals im Jahr 1731 realisiert. Zum Programm gehören ein großer Festumzug, ein Schönheitswettbewerb für Pferde und Kutschen, ein Krämer-, Kunst- und Handwerkermarkt.

➡ Die Stadt kann mit Sehenswürdigkeiten geradezu protzen. Dazu gehören die barocke Innenstadt mit ihren breiten Straßen und den zweigeschossigen Bürgerhäusern, das Residenzschloss Ludwigsburg aus dem Jahr 1733, das Rokoko-Meisterwerk Seeschloss Monrepos (Abb. links) oder auch das Jagd- und Lustschloss Favorite, das 1723 von Herzog Eberhard Ludwig erbaut wurde. ■

Lobenstein

LBS Ⓐ

Orte im Kreis:
Lehesten/Thür. Wald, Wurzbach
Thüringen

➡ Die ehemalige Kreisstadt Lobenstein liegt in der Mitte zwischen Jena und Bayreuth und hat rund 6.500 Einwohner.

➡ Das staatlich anerkannte Moorbad präsentiert sich im Thüringer Schiefergebirge zwischen den Ausläufern des Thüringer Waldes und des Frankenwaldes, westlich der großen Saaletalsperren gelegen. Von allen Seiten weithin sichtbar ist, wenn man sich der Stadt nähert, auf einem Bergkegel das Wahrzeichen der Stadt, der „Alte Turm".

➡ Unterhalb des Turms befindet sich das Regionalmuseum, in dem die Besucher vieles über die Geschichte der Stadt und des Umlandes erfahren.

➡ Die sparsamen Handwerksweber des 19. Jahrhunderts sollen bei der Beschaffung des Ammoniaks sehr erfinderisch gewesen sein. Die Figur im Turm des Rathauses (Abb. links) nimmt deshalb Bezug auf den Spitznamen der Lobensteiner, „Lommesteener Fässleseecher". ■

➡ Die Kleinstadt Lübz mit etwa 6000 Einwohnern liegt südlich von Rostock in Mecklenburg-Vorpommern.

➡ Freunde der Astronomie können in Lübz ein Planetarium, mit einem Kuppeldurchmesser von acht Metern besuchen, mit dem der Sternenhimmel in Bewegung und Entwicklung bestaunt werden kann. Das Kleinplanetarium und ein Spiegelteleskop wurden 1974 mit einem Schulneubau aus Mitteln der ehemaligen Volksbildung geschaffen.

➡ Vom 1913 erbauten und 37 Meter hohen Lübzer Wasserturm kann ein toller Fernblick über die Landschaft genossen werden. Das Wahrzeichen der Stadt Lübz ist der Wehrturm der ehemaligen Eldenburg, die 1306 errichtet wurde. Der Amtsturm wurde restauriert und beherbergt das Lübzer Stadtmuseum. Die mecklenburgische Brauerei Lübz führt seit 1925 den Amtsturm (Abb. rechts) in ihrem Firmenzeichen. ■

Lübz

LBZ Ⓐ

Mecklenburg-Vorpommern

➡ Die Stadt Luckau liegt zwischen Berlin und Dresden in Brandenburg und hat rund 11.000 Einwohner.

➡ Das erste und bisher einzige Museum für Komische Kunst in der Region Berlin-Brandenburg ist seit 2011 in der Altstadt von Luckau angesiedelt. Es liegt gegenüber der Kulturkirche und dem Niederlausitz-Museum. Im Museum für Komische Kunst fand unter anderem die „Sammlung Museum für Humor und Satire" der Cartoonlobby ein Domizil.

➡ Das Niederlausitz-Museum Luckau wurde 1912 als Kreisheimatmuseum eröffnet und befand sich zu Beginn in der historischen Altstadt. Seit 2008 ist das Museum in der ehemaligen Haftanstalt/Klosterkirche untergebracht und hat sich mit seinem Angebot und zahlreichen Sonderausstellungen zu einem Besuchermagnet für Gäste aus nah und fern entwickelt. In der ehemaligen Haftanstalt war für zwei Jahre, von 1916 bis 1918, auch der Revolutionär Karl Liebknecht inhaftiert. ■

Luckau

LC Ⓐ

Brandenburg

Landau in der Pfalz

LD

Rheinland-Pfalz

 Landau in der Pfalz liegt im Städtedreieck Karlsruhe, Mannheim, Saarbrücken und hat knapp 45.000 Einwohner.

Landau hat sich zu einer Stadt des Federweißen gemausert. Eines der ältesten Feste rund um den neuen Wein wird jedes Jahr auf dem Rathausplatz im Herzen der Südpfalz-Metropole gefeiert. Viele Weinorte entlang der Weinstraße haben sich mit eigenen Federweißen-Festen angeschlossen.

Die Augustinerkirche in Landau ist eine dreischiffige basilikale Anlage mit Kreuzgang (Abb. links) aus dem Jahr 1405.

Landau verfügt auch über einen eigenen Zoo, der seine Wurzeln in einem 1904 erbauten Vogelhaus hat. Seit 1920 ist die Anlage in städtischem Besitz und wurde kontinuierlich ausgebaut. Mit rund 800 Tieren in über 125 überwiegend exotischen Arten ist der Zoo heute eine ganz besondere Attraktion. ■

Lahn-Dill-Kreis

LDK

Orte im Kreis:
Aßlar, Braunfels, Dillenburg, Haiger, Herborn, Leun, Solms, Wetzlar
Hessen

Der Lahn-Dill-Kreis liegt im Dreieck Siegen, Marburg und Limburg in Hessen und hat knapp über 260.000 Einwohner.

Der Kreis empfängt seine Besucher mit Burgen und Schlössern. Die schönste Schlossanlage ist das Schloss Braunfels (Abb. links). Es wurde erstmals 1246 als Castellum Bruninvels erwähnt. Im Laufe der Jahrhunderte wechselte die einstige Schutzburg ihr Erscheinungsbild hin zu einem Schloss. Herborn an der Dill besitzt eine geschlossene historische Altstadt mit vielen Baudenkmalen aus acht Jahrhunderten.

Auf die Naturliebhaber warten in den Wäldern und an der Lahn und Dill 350 Kilometer Wander- und 1000 Kilometer Radwege mit Natur pur.

Ein Eldorado für Pferdeliebhaber sind die Dillenburger Hengstparade, die Einspänner-Turniere und die Pferdeschauen auf dem Hessischen Landgestüt. ■

➡ Der Landkreis Dahme-Spreewald hat über 160.000 Einwohner und liegt zwischen Berlin und Cottbus. Erholungssuchende sind im Landkreis Dahme-Spreewald genau richtig. Denn der Landkreis „schwimmt" förmlich in Seen, Flüssen und Kanälen. Wunderschöne Landschaften säumen das weit verzweigte Wassernetz, das nur darauf wartet, mit dem Fahrrad, zu Fuß oder auf einer Kanutour erkundet zu werden.

➡ Der Spreewald, ein Biosphärenreservat, erstreckt sich auf einer Länge von 100 Kilometern südöstlich von Berlin entlang des Mittellaufs der Spree. Nach der Weichsel-Eiszeit hat sich die Spree hier in eine Vielzahl fein verzweigter Wasserläufe geteilt. Heute durchzieht das 1550 Kilometer umfassende Fließsystem eine von Menschen dem Urwald abgerungene, naturnahe und in Mitteleuropa einzigartige Auenlandschaft mit Wiesen, Feldern und Wäldern. ■

Dahme-Spreewald

LDS

Orte im Kreis:
Königs Wusterhausen, Lieberose,
Lübben, Luckau, Märkisch Buchholz, Mittenwalde, Wildau
Brandenburg

➡ Die Stadt Lemgo liegt östlich von Bielefeld in Nordrhein-Westfalen und hat über 40.000 Einwohner.

➡ 1295 wird die Stadt erstmals in Zusammenhang mit der Hanse erwähnt. Damals handelten die Kaufleute von Lemgo mit Tuchwaren und Keramik. Anzeichen für den Fernhandel wurden durch den Fund von Lemgoer Münzen in Colcester in England und Norrbys in Gotland bekannt. Das Museum im Wasserschloss Brake (Abb. rechts) zeigt Beispiele aus Kunst, Kultur und Leben zur Zeit der Weserrenaissance.

➡ Das Augenmerk des Automuseums „d. kleine Lemgoer" liegt auf der Marke Porsche. Ein Schmuckstück der Sammlung ist ein Porsche 718 RSK, der 1958 von dem legendären Rennfahrer Graf Berghe von Trips gefahren wurde. Zudem sind blaugelbe BMW, neben weiteren Sportwagen, zu bestaunen. ■

Lemgo

Nordrhein-Westfalen

Leonberg

LEO Ⓐ

Baden-Württemberg

Rathaus Leonberg

➡ Leonberg liegt in Baden-Württemberg, westlich von Stuttgart, und hat über 45.000 Einwohner.

➡ Zu den Höhepunkten der Stadt gehört traditionell der über 300 Jahre alte Pferdemarkt, der immer an jedem zweiten Dienstag im Februar mit zahlreichen Veranstaltungen stattfindet. Dazu zählen unter anderem ein „Pferdemarkt einst und heute", die Stadtmeisterschaften im Springreiten und in der Dressur, Pferdehandel, Pferdeprämierung, Gespannwettbewerbe und ein großer Festzug.

➡ Der Besucher der Stadt kann auf vier geschichtlichen Rundgängen die Stadt erkunden. Dazu gehören der ortshistorische Rundwanderweg durch den Ort Höfingen, der KZ-Gedenkpfad „Weg der Erinnerung" in Leonberg, der Christian-Wagner-Dichterpfad Warmbronn und der historische Ortsrundgang in Warmbronn. ■

Leer (Ostfriesland)

LER

Orte im Kreis:
Borkum, Bunde, Jemgum, Leer, Moormerland, Ostrhauderfehn, Rhauderfehn, Uplengen, Weener

Niedersachsen

➡ Der Landkreis Leer liegt zwischen der holländischen Grenze und Oldenburg an der Nordsee in Niedersachsen und hat über 165.000 Einwohner.

➡ Das die Geschichte auch in der Gegenwart lebendig bleiben kann, zeigt der Leeraner Museumshafen. Vor der malerischen Kulisse der Waage liegen Schiffe aus früheren Zeiten dicht gedrängt an der Promenade. Sie verstecken sich nicht hinter Glas, sondern lassen sich aus nächster Nähe bewundern. Alle sind noch fahrtüchtig und auf einigen kann man auch für eine Flussfahrt „anheuern". ■

Quiz

Auflösung: Seite 443

Im 18. Jahrhundert lebte die Bevölkerung der Nordseeinsel Borkum vom Walfang. Um 1780 betrieben rund dreißig Kapitäne mit ihren Männern dieses einträgliche Geschäft. Noch heute zeugen die Einzäunungen einiger Häuser auf Borkum davon. Woraus bestehen diese Zäune?

Blick auf Handelshafen und Rathaus von Leer

➡ Die Stadt Leverkusen liegt nördlich von Köln am Rhein in Nordrhein-Westfalen und hat über 160.000 Einwohner. Wer auf der Autobahn von Frankfurt kommend an Köln vorbeifährt, sieht schon von weitem das riesige Emblem der Bayer-Werke und auch das Stadion BayArena (Abb. rechts) des Fußballbundesligisten Bayer 04 Leverkusen.

➡ Namensgeber der Stadt ist der Apotheker Carl Leverkus, der hier 1860 seine Ultramarin-Farbenfabrik gründete und damit den Grundstein für die Weltfirma Bayer-Werke legte. 1930 verbündeten sich die umliegenden Ortschaften zu einer Stadt, Leverkusen.

➡ „Forschen, erleben, lernen", unter diesem Motto wird im NaturGut Ophoven Bildung für den Klimaschutz und erneuerbare Energie angeboten. Das Umweltbildungszentrum für Kinder und Erwachsene wurde 1984 gegründet und beherbergt unter anderem das Kinder- und Jugendmuseum EnergieStadt. ■

Leverkusen

Nordrhein-Westfalen

➡ Die Stadt Laufen liegt in Bayern nördlich der österreichischen Stadt Salzburg und hat knapp 7000 Einwohner.

➡ Die Geschichte der Stadt kann man bis in die Römerzeit zurückverfolgen. Die erste urkundliche Erwähnung wird in das Jahr 748 gelegt. Seit 1816 gehört die Stadt zum Landkreis Berchtesgadener Land. Die zwischen 1901 und 1903 erbaute Salzachbrücke ist eine historische Kettenbrücke und verbindet die bayerische Stadt Laufen mit der österreichischen Nachbarstadt Oberndorf.

➡ Gelebtes Brauchtum und großartige Kultur hat sich die Stadt auf die Fahne geschrieben. Die im Juli jeden Jahres stattfindenden Salzach Festspiele locken viele Tausend Besucher aus nah und fern in die Stadt Laufen. Über das ganze Jahr hinweg werden Kulturveranstaltungen in den drei Spielstätten Salzachhalle, Kleinkunstbühne und Altes Rathaus angeboten. ■

Laufen

Bayern

Lüneburg

LG

Niedersachsen

➡ Lüneburg liegt südöstlich von Hamburg in Niedersachsen und hat über 70.000 Einwohner.

➡ Über 1000 Jahre lang wurde in der Lüneburger Saline gesiedet. Durch den Salzhandel kam die Stadt im Mittelalter dann zu Reichtum. Der nach englischem Muster angelegte Kurpark grenzt direkt an die Salztherme, in der noch heute die Sole sprudelt und Nebel versprüht.

➡ Die über 1050 Jahre alte Stadt ist mit ihrer historischen Architektur eine der schönsten Städte Norddeutschlands. Aufgrund der weiträumigen Heideflächen und einzigartigen Landschaft ist auch die Lüneburger Heide ein Tourismusschwerpunkt in Scharnebeck.

➡ Das Schiffshebewerk Scharnebeck (Abb. links) gehört zu den Kanalstufen des Elbe-Seitenkanals. Es ist durch mehrere Promenaden gut zu besichtigen und mit dem nahen Museum ein beliebtes Ausflugsziel. ∎

Lüdinghausen

Nordrhein-Westfalen

➡ Die Stadt Lüdinghausen liegt nördlich von Recklinghausen und südlich von Münster in Nordrhein-Westfalen und hat knapp 25.000 Einwohner.

➡ Seppenrade, ein Ortsteil von Lüdinghausen, ist eines der bundesdeutschen Rosendörfer, das weit über die Stadtgrenzen hinaus bekannt ist. Egal ob Laie, Hobbygärtner oder Rosenspezialist, im Rosengarten können sich alle an den 600 Sorten und 24.000 Exemplaren auf dem zwei Hektar großen Parkgelände erfreuen.

➡Lüdinghausen ist Standort von drei Wasserburgen, die jeweils mit einem Teich umgeben sind. Die drei Burgen unterscheiden sich durch ihre mittelalterlichen Charaktere: die Burg Kakesbeck als Sitz des Landadels, die Burg Vischering, (Abb. links) eher als Burg mit mittelalterlichem Charakter und die Burg Lüdinghausen als Renaissanceburg. ∎

➡ Die bayerische Stadt Lindau liegt am südöstlichen Ufer des Bodensees mit rund 25.000 Einwohnern im Dreiländereck Deutschland-Österreich-Schweiz. Die historische Altstadt liegt auf einer Insel im See, die durch einen Eisenbahndamm und eine Straßenbrücke mit dem Festland verbunden ist.

Lindau

➡ Vor der Kulisse der Alpen haben die Lindauer Seglertage mit Langstrecken-Nachtregatta „Rund Um" und dem größten Massenstart an Segelbooten aller Klassen in Deutschland mittlerweile Kultstatus.

Bayern

➡ Vom Baden ganz abgesehen bietet der Bodensee beste Gelegenheiten, das Segeln zu erlernen oder an Land einen der Bodensee-Rundwege zu erkunden. ■

Die Hafeneinfahrt von Lindau

➡ Die Kreisstadt Liebenwerda in Brandenburg, zwischen Leipzig und Cottbus, hat knapp über 10.000 Einwohner.

Bad Liebenwerda

➡ Der Kurpark besitzt auf einer Fläche von 25 Hektar viele Sehenswürdigkeiten, zu denen auch die bis zu 600 Jahre alten Eichen zählen. Aber auch der Wäldchenbrunnen, der „Garten der Sinne" und die Konzertmuschel sind einen Besuch wert.

Brandenburg

➡ In einer Miniaturwelt kann man das Elbe-Elster-Land hautnah erleben. Zahlreiche Nachbildungen und Modelle informieren über die Umgebung.

➡ In Bad Liebenwerda treffen viele Freunde der Marionette aufeinander. Vor über 250 Jahren waren hier viele Puppenspieler-Familien sesshaft. Sie waren die „Kulturbringer" im ländlichen Alltag. Die heutige Marionettensammlung (Abb. links) ist das Herzstück des Kreismuseums von Bad Liebenwerda. ■

Lichtenfels

LIF

Orte im Kreis:
Bad Staffelstein, Burgkunstadt
Bayern

➡ Der Landkreis Lichtenfels liegt zwischen Coburg und Bamberg in Bayern und hat etwa 70.000 Einwohner.

➡ Das obere Maintal im Landkreis ist aufgrund seiner Topographie, der sanften Hügel, dem Wechselspiel von Wasser-, Wald- und Wiesenflächen geradezu ideal für den Läufer wie auch für den gemütlichen Genuss-Wanderer. Aber auch Radfahrer kommen auf ihre Kosten, die Radwanderungen zu den Mühlen gehören zu den Höhepunkten eines jeden Ausflugs.

➡ Im Landkreis sind zwei Spezialmuseen beheimatet. Das Deutsche Schustermuseum in Burgkunstadt erinnert an die Tradition des Schuhhandwerks, und in der Gemeinde Michelau ist das mit fast 2000 Exponaten aus aller Welt bestückte Deutsche Korbmuseum zu finden. Auch das Stadtschloss Lichtenfels, das Kloster Banz oder die Basilika Vierzehnheiligen in Bad Staffelstein (Abb. links) lohnen einen Besuch. ◾

Lingen

LIN Ⓐ

Niedersachsen

➡ Lingen liegt nordwestlich von Osnabrück an der holländischen Grenze in Niedersachsen und hat 50.000 Einwohner.

➡ Die Kuppel des Wasserturms von 1909 wird heute als Trauzimmer mit bester Aussicht genutzt. Natur und Landschaft pur und viele Freizeitmöglichkeiten zu Lande, zu Wasser und in der Luft locken in die Region. Das Radwegenetz umfasst mittlerweile über 220 Kilometer. Sehr beliebt sind die Routen entlang oder aber per Kanu auf der naturbelassenen Ems.

➡ Seit 1999 trifft sich die Weltelite der Dressurreiter zum Internationalen Dressurfestival in Lingen. Es zählt zu den wichtigsten Veranstaltungen dieses Sports in Deutschland.

➡ Ein Platz am Bahnhof und ein Kleinkunstpreis sind nach Theo Lingen benannt. Am Geburtshaus seines Vaters, „Am Markt 20", ist eine Tafel mit dem Relief seines Gesichts angebracht. ◾

➡️ Der Kreis Lippe in Nordrhein-Westfalen grenzt südlich an Paderborn und hat knapp 350.000 Einwohner.

➡️ Im Kreis Lippe befinden sich viele historisch interessante Gemeinden. Darunter Blomberg mit über 100 bedeutenden Baudenkmälern oder Detmold, die Kulturstadt im Teutoburger Wald, mit 600 Denkmälern in der historischen Altstadt und dem fürstlichen Residenzschloss.

➡️ In Horn-Bad Meinberg sind die Externsteine zu finden. Dabei handelt es sich um eine mittelalterliche, sakrale Stätte inmitten bizarrer Sandsteinfelsen (Abb. rechts) in dem gleichnamigen Naturschutzgebiet Externsteine.

➡️ Die älteste Haustier-Pferderasse Deutschlands, die Senner Pferde, wird in Augustdorf gepflegt. Diese wurden erstmals 1160 erwähnt und lebte über Jahrtausende in der Senne im Teutoburger Wald. ■

➡️ Der ehemalige Landkreis bestand bis 1972 und ging danach im Kreis Minden-Lübbecke auf.

➡️ Die Stadt Espelkamp ist das kulturelle Herz des Altkreises Lübbecke und zieht mit ihren Angeboten die Menschen in die Stadt. Zum Kulturangebot gehören neben vier Museen und etlichen Kulturlocations auch eine Fülle kultureller Veranstaltungen.

➡️ Einzigartig in Ostwestfalen ist das Brauereimuseum „Barre's Brauwelt". Die Besucher können nicht nur Exponate, wie Bottiche und Maschinen, bewundern, sondern auch ein vollständig eingerichtetes Labor besichtigen.

➡️ Im heutigen Kreis Minden-Lübbecke sind 43 restaurierte Mühlen zu einer erfahrbaren Route, der Westfälischen Mühlenstraße, verbunden. Die Königsmühle (Abb. rechts) und die Wassermühle in Eilhausen sind Stationen der Westfälischen Mühlenstraße. ■

Lippe

Orte im Kreis:
Bad Salzuflen, Barntrup, Detmold, Lage, Lemgo
Nordrhein-Westfalen

Lübbecke

Orte im Kreis:
Lübbecke, Rahden, Espelkamp
Nordrhein-Westfalen

Landsberg am Lech

Bayern

➡ Landsberg am Lech liegt in Bayern südlich von Augsburg und hat knapp 30.000 Einwohner.

➡ Die Altstadt wird von drei noch gut erhaltenen Stadtmauern, Türmen und Toren umgeben. Das schönste Tor ist das 1425 erbaute Bayertor (Abb. links), eines der imposantesten Stadttore Süddeutschlands. Seinen Namen hat es daher, weil es in Richtung Bayern zeigt und Landsberg früher als Grenzstadt zwischen Bayern und Schwaben galt.

➡ Alle vier Jahre erwacht Landsbergs bewegte Geschichte zum Leben. Die Altstadt feiert mit ihrem Ruethenfest, einem historischen Kinderfest, ihre über 800-jährige Geschichte.

➡ Gleich zwei Museen in der Stadt zeigen wertvolle Exponate. Das Neue Stadtmuseum beherbergt einen Querschnitt durch die Landsberger Geschichte und das Herkorner-Museum enthält Gemälde, Grafiken und Plastiken. ■

Limburg-Weilburg

Orte im Kreis:
Limburg, Weilburg, Bad Camberg,
Hadamar, Runkel
Hessen

➡ Die hessische Bischofsstadt Limburg an der Lahn zwischen Köln und Frankfurt hat knapp 34.000 Einwohner. Das Bild der Stadt wird beherrscht vom Bischofsdom St. Georg, der hoch über der Stadt thront. In den engen Gassen der wunderschönen Altstadt stehen zahlreiche Fachwerkhäuser vom 13. bis zum 19. Jahrhundert, die teilweise als Hallenhäuser angelegt sind.

➡ Sportliches Aushängeschild der Stadt ist der Limburger Hockeyclub, der zahlreiche Nationalspieler stellte, die Olympiasiege einspielten. Der LHC wurde 1992 selbst Hallen-Europapokalsieger.

➡ In Limburgs Stadtteil Lindenholzhausen findet alle sechs Jahre Europas größtes Chor- und Folklorefestival, das HARMONIE FESTIVAL, statt. Im Jahr 2011 waren 180 Chöre und Folkloregruppen mit annähernd 5000 Sängern, Tänzern und Musikern aus über 40 Nationen zu Gast. ■

➡ Die ehemalige Landkreis Lübben lag in Brandenburg mitten im Spreewald. Die Stadt Lübben gehört heute zum Dahme-Spreewald-Kreis und hat knapp 14.000 Einwohner.

➡ Um das Geheimnis der Spreewaldgurke zu lüften, können Spreewalder Gurkenseminare besucht werden, in denen man Wissenswertes rund um die Gurke erfährt. Der größte Teil des etwa 250 Kilometer langen Gurken-Radwegs führt durch das Biosphärenreservat Spreewald. Schon Theodor Fontane hat bei seinen Wanderungen durch die Mark Brandenburg in den 1870er-Jahren die Spreewälder Gurke als kulinarische Delikatesse empfunden.

➡ Alljährlich bietet sich Vogelkundlern in den Niederungen des Spreewaldes ein Naturschauspiel. Dort rasten Tausende von Kranichen, die unter fachkundiger Führung beobachtet werden können. ■

➡ Lörrach liegt fast am südlichsten Zipfel der Bundesrepublik – direkt auf der gegenüberliegenden Rheinseite von Basel – in Baden-Württemberg.

➡ Die aus dem 11. Jahrhundert stammende Burganlage Rötteln (Abb. rechts) spielte in der Geschichte Lörrachs eine bedeutende Rolle und ist das Wahrzeichen der Stadt. Einen Besuch wert ist das Dreiländermuseum in Lörrach. Das 1759 ursprünglich als Tabakfabrik erbaute Barockgebäude betreut die seit 1882 zusammengetragene bedeutendste kulturhistorische Sammlung zwischen Breisgau und Bodensee und der Grenzregion Deutschland, Frankreich, Schweiz.

➡ Der Weinweg ist der erste grenzüberschreitende Wanderweg der Region. Er verbindet die drei Gemeinden Weil am Rhein, Lörrach-Tüllingen und Riehen in der Schweiz. 50 Thementafeln informieren über die Lage, die Weine, die Landschaft, die Natur und den Winzeralltag. ■

Lübben

LN Ⓐ

Brandenburg

LN

LM

LL

LÖ

Lörrach

LÖ

Baden-Württemberg

Löbau

LÖB Ⓐ

Orte im Kreis:
Bernstadt, Ebersbach, Löbau,
Neugersdorf, Neusalza-Spremberg
Sachsen

➡ Der Landkreis Löbau lag bis 1994 im Freistaat Sachsen.

➡ Architekturinteressierte faszinieren immer wieder der König-Friedrich-August-Turm (Abb. unten) auf dem Löbauer Berg, das nach einem Entwurf von Professor Hans Scharoun erbaute Haus Schminke und die vorbildlich sanierte Altstadt. Der 1854 errichtete und 28 Meter hohe König-Friedrich-August-Turm ist der einzige noch erhaltene gusseiserne Aussichtsturm in Europa und wahrscheinlich der älteste gusseiserne Turm überhaupt. Von den drei Galerien kann man bis zum Zittauer Gebirge und über weite Teile der Oberlausitzer Landschaft blicken.

➡ Eine Adresse für Eisenbahnfreunde ist der ehemalige Löbauer Lokschuppen. Die Ostsächsischen Eisenbahnfreunde wirken gegen die Stilllegungen ganzer Eisenbahnstrecken und die Verschrottung von Eisenbahnfahrzeugen. ◾

Lohr am Main

LOH Ⓐ

Bayern

➡ Die bayerische Stadt liegt zwischen Aschaffenburg und Würzburg in Unterfranken und hat knapp 16.000 Einwohner.

➡ Das Lohrer Schloss (Abb. links), eine ehemalige Wasserburg aus dem 14. Jahrhundert, beherbergt heute das Spessartmuseum, das sich hauptsächlich mit Wirtschaft und Handwerk, aber auch mit der Geschichte des Spessarts befasst.

➡ Lohr am Main, an der nordöstlichsten Ecke des Mainvierecks gelegen, nennt sich auch gerne das Spessarttor. Umschlossen von Main, Sinn und Kinzig breitet sich der Spessart über 2440 Quadratkilometer Fläche aus. Hier laden weite Wandertouren zum Erkunden ein. ◾

➡ Der Landkreis liegt direkt an der polnischen Grenze südlich von Frankfurt an der Oder in Brandenburg und hat knapp 183.000 Einwohner.

➡ Die Domstadt Fürstenwalde ist Drehkreis der bekannten Fernradwege Spreeradweg, Tour Brandenburg und Oderbruchbahn-Radweg. Von Fürstenwalde aus können Touren zum Heimattiergarten oder aber auch zum Scharmützelsee unternommen werden.

➡ Rund um Fürstenwalde gibt es viele kleine Orte, die es lohnt zu entdecken, so wie Alt Madlitz mit seinem Schloss. Oder Bad Saarow, das in eine weitläufige Seen- und Hügellandschaft eingebettet ist. Im Jahr 1923 kam es zur offiziellen Gründung des Kurortes Bad Saarow. In den goldenen Zwanzigern wurde auch die Villa Putty oder das Maxim-Gorki-Haus am Nordufer des Scharmützelsees (Abb. rechts) erbaut und nach einem der berühmtesten Kurgäste benannt. ◾

Oder-Spree

LOS

Orte im Kreis:
Beeskow, Eisenhüttenstadt, Erkner, Friedland, Fürstenwalde/Spree
Brandenburg

➡ Der Landkreis Lippstadt bestand bis ins Jahr 1975, bevor er in den Kreis Soest integriert wurde. Er lag zwischen Hamm und Paderborn in Nordrhein-Westfalen.

➡ Das „Venedig Westfalens" ist von zahlreichen Wasserläufen der Lippe durchzogen. Der Fluss prägt mit seinen kleinen Kanälen und Seen das Stadtbild und lädt zu vielfältigen Freizeitaktivitäten ein. Lippstadt kann man bei einer Kanutour am besten kennenlernen.

➡ Vor der Jakobikirche in Lippstadt steht ein Glockenturm mit zahlreichen kleinen Glocken (Abb. rechts). Zu bestimmten Zeiten erklingt ein Glockenspiel, das bis zum Ende der Fußgängerzone zu hören ist. ◾

Lippstadt

LP

Orte im Kreis:
Erwitte, Geseke, Lippstadt, Rüthen
Nordrhein-Westfalen

Quiz In den Jahren 1955 und 1964 wurden in Lippstadt zwei bekannte Fußballspieler geboren. Die beiden Brüder wurden Profi-Fußballer und schafften es bis in die deutsche A-Nationalmannschaft. Einer der beiden ist seit 2002 Vorstandsvorsitzender des FC Bayern München. Wie ist sein Name?

Auflösung: Seite 443

Lahr

LR

Orte im Kreis:
Lahr, Ettenheim, Friesenheim, Rust
Baden-Württemberg

➡ Der Landkreis in Südbaden wurde im Zuge der Kreisreform 1973 aufgelöst.

➡ Lahr liegt in einer der schönsten Regionen Baden-Württembergs. Inmitten der Rheinebene zwischen Weinbergen und Schwarzwald profitiert die Stadt von einer reizvollen Umgebung und einem angenehmen Klima. In der Stadt blüht es das ganze Jahr. Im Frühling lockt die Tulpenblüte mit mehr als 50.000 Blüten, der Rosenabend im Juni ist das Fest der leisen Töne und im Spätherbst besucht man die Chrysanthemenblüte in der Innenstadt.

➡ Das Wahrzeichen der Stadt ist der Storchenturm (Abb. links). Der Aufstieg ist sehr schmal und die alten Steine sind ausgetreten, doch vom Turm blickt man, wie im Jahr 1220, über mittelalterliches Fachwerk bis in die Rheinebene und den Schwarzwald. ■

Rostock

LRO

Orte im Kreis:
Bad Doberan, Dummerstorf,
Graal-Müritz, Güstrow, Kröpelin,
Kühlungsborn, Neubukow, Teterow
Mecklenburg-Vorpommern

➡ Der Landkreis liegt in Mecklenburg-Vorpommern und hat knapp 215.000 Einwohner.

➡ Das Schloss Güstrow (Abb. links) liegt südlich von Rostock in der gleichnamigen Stadt und gilt als eines der bedeutendsten Renaissancebauwerke Norddeutschlands.

➡ Kühlungsborn liegt an der Ostseeküste etwa 25 Kilometer von Rostock entfernt. Das „Seebad" ist der größte Bade- und Erholungsort Mecklenburgs. Mit 3150 Metern Länge verfügt die Stadt über eine der längsten Strandpromenaden Deutschlands, die auch Teil des Europäischen Fernwanderweges ist.

➡ Im Kreisgebiet befindet sich die Rostocker Heide, die nordöstlich von Rostock mit einer Fläche von fast 6000 Hektar zu dem größten geschlossenen Küstenwaldgebiet in Deutschland gehört. ■

➡ Der ehemalige Kreis Lüdenscheid verlor 1975 seine Selbständigkeit und gehört heute zu Märkischen Kreis.

➡ In Balve-Wocklum, inmitten eines Paradieses für Wanderer und Nordic-Walker, ist eine mit Wasserkraft und Holzkohle betriebene Hochofenanlage erhalten geblieben und kann mit Eisengießerei und Umfeld besichtigt werden.

➡ Auch im Kreis zu finden sind die Dechenhöhle und das Deutsche Höhlenmuseum. Die Dechenhöhle mit Orgelgrotte, Kapelle, Königshalle und Nixenteich ist eine der imposantesten Tropfsteinhöhlen Deutschlands und zieht 140 Jahre nach ihrer Entdeckung immer noch Tausende von Besuchern an.

➡ Der 1908 erbaute Danzturm (Abb. rechts) ist ein Aussichtsturm und Denkmal in Iserlohn. Von der Aussichtsplattform hat man einen herrlichen Blick über die Stadt und bis nach Dortmund, Unna und Hamm. ◼

Kreis Lüdenscheid

LS

Orte im Kreis:
Hemer, Iserlohn, Lüdenscheid,
Meinerzhagen, Menden, Plettenberg
Nordrhein-Westfalen

➡ Die Kurstadt liegt nördlich von Gotha in Thüringen und hat knapp 19.000 Einwohner.

➡ Gleich drei Feste mit japanischem Ursprung werden in Bad Langensalza gefeiert: Das Hanami (Kirschblütenfest), das Kodomo No Hi (japanisches Kinderfest) und das dritte Fest, das Tanabata (Sternenabend). Tanabata erinnert an die Tochter des Himmelsgottes. Am Abend vor dem 7. Juli werden Bambuspflanzen aufgestellt, an denen Zettel mit Wünschen aufgehängt werden.

➡ Der Baumkronenpfad Hainich (Abb. rechts) ist der zweitlängste und höchste Baumkronenpfad in Deutschland. Er wurde 2005 eröffnet und befindet sich nahe dem Waldgebiet des Hainich, rund zehn Kilometer westlich von Bad Langensalza. Er führt von einer Höhe von 10 Meter auf 24 Meter und ist der Fauna im Nationalpark gewidmet. Zahlreiche Wandertouren laden zum Mitmachen ein. ◼

Bad Langensalza

LSZ

Thüringen

Ludwigshafen am Rhein

LU

Rheinland-Pfalz

➡ Das kreisfreie Ludwigshafen am Rhein ist die zweitgrößte Stadt in Rheinland-Pfalz und hat über 165.000 Einwohner. Sie liegt südlich von Worms.

➡ Kultur wird in Ludwigshafen ganz groß geschrieben. Zu den ersten Adressen zählen das Wilhelm-Hack-Museum und das Theater im Pfalzbau mit den Festspielen Ludwigshafen. Wahrzeichen des Wilhelm-Hack-Museums ist die 55 Meter lange Keramikwand aus 7200 Fliesen (Abb. oben), die zu den größten Werken des katalanischen Künstlers Joan Miró gehört.

➡ Der um 1900 erbaute Pegelturm (Abb. links) der ehemaligen Kammerschleuse auf der Parkinsel ist ein 10 Meter hoher Sandsteinturm mit einer Messeinrichtung zur Bestimmung des Rheinwasserstandes.

➡ Nicht nur das größte Chemiewerk der Welt, die BASF, und der Weltmarktführer bei der Herstellung von Straßenbaumaschinen, die Joseph Vögele AG, sondern auch mittelständische Unternehmen sind in der Stadt zu Hause.

➡ Der Wildpark Ludwigshafen-Rheingönheim im Süden Ludwigshafens bietet Gelegenheit, Natur pur zu erleben. In dem 30 Hektar großen Auenwäldchen tummeln sich über 200 Tiere aus 30 europäischen Wildarten. Wanderwege führen zu den Gehegen von Tarpanen, Bisons, Wildschweinen und vielem mehr. Kinder können einen der längsten pfälzischen Barfußpfade nutzen. ■

➡ Die ehmals kreisfreie Stadt Lüdenscheid liegt südlich von Hagen im Sauerland in Nordrhein-Westfalen und hat über 75.000 Einwohner.

➡ Lichtkunst und Lichtdesign an verschiedenen Stellen der Stadt und das alle zwei Jahre stattfindende Lichtkunstfestival sind nur einige der zahlreichen Aktionen von „Lüdenscheid – Stadt des Lichts".

➡ Die Sieper GmbH ist ein in Lüdenscheid ansässiger Spielzeughersteller, der hauptsächlich für seine Miniaturen bekannt ist. Das Siku Museum widmet sich den diversen Modellen der Marke.

➡ Der Bremecker Hammer (Abb. rechts) ist ein denkmalgeschütztes Hammerwerk in Lüdenscheid, das jetzt ein Museum zur Geschichte des Schmiedehandwerks beherbergt. Es gehört als Station sowohl zu der Märkischen Straße Technischer Kulturdenkmäler als auch zu der Europäischen Route der Industriekultur. ▪

Lüdenscheid

Nordrhein-Westfalen

➡ Der größte Teil des einst in der DDR liegenden Landkreises Luckenwalde im Bezirk Potsdam liegt heute im Landkreis Teltow-Fläming.

➡ Der Marktturm (Abb. rechts unten), das Luckenwalder Wahrzeichen, steht auf dem Marktplatz, einige Meter von der Kirche entfernt, was zu der folgenden Legende führte: In früheren Zeiten stand der Turm direkt bei der Kirche, als Kirchturm. Weil die Jüterboger jedoch neidisch waren, wollten sie den Kirchturm stehlen. Sie luden ihn nachts auf einen großen Wagen, der aber nach wenigen Metern zerbrach. Der Turm landete wieder auf dem Boden. An dieser Stelle steht er bis heute.

➡ Für Sportbegeisterte wird ein Aufenthalt in Luckenwalde zu einem aktiven Erlebnis. Die Fläming-Skate, das Mekka für Inline-Skater, Rad- und Rollstuhlfahrer, führt über 210 Kilometer feinsten Asphalt quer durch die Landschaft der Region Luckenwalde. ▪

Luckenwalde

Orte im Kreis:
Trebbin, Felgentreu, Hennickendorf,
Brandenburg

Lünen

LÜN

Nordrhein-Westfalen

➡ Lünen in Nordrhein-Westfalen liegt nordöstlich von Dortmund und hat knapp 88.000 Einwohner.

➡ Auf dem ehemaligen Gelände der Landesgartenschau entstand mit neu angelegten Alleen, eindrucksvoller Seekulisse und abwechslungsreicher Landschaft der „Seepark Lünen", ein beliebtes Ziel für Naherholungssuchende.

➡ Der Lüntec-Tower, auch Colani-Ei (Abb. links) genannt, ist seit 1995 die futuristische Neugestaltung eines Förderturms einer ehemaligen Steinkohlenzeche. Auf der Route der Industriekultur gelegen, gehört er zu mehreren Themenrouten.

➡ Das Kinofest Lünen dominiert das Geschehen in der Stadt. Der beste Publikumsfilm wird mit dem Filmpreis der Stadt, der „Lüdia", ausgezeichnet. Die Lünener verfügen auch über eine internationale Gemäldesammlung mit Dokumenten zeitgenössischer Kunst. ■

Ludwigslust-Parchim

LUP

Orte im Kreis:
Boizenburg/Elbe, Hagenow,
Lübtheen, Ludwigslust, Parchim,
Zarrentin am Schaalsee
Mecklenburg-Vorpommern

➡ Der Landkreis Ludwigslust-Parchim liegt südöstlich von Schwerin in Mecklenburg-Vorpommern und hat über 215.000 Einwohner.

➡ Die Kreisstadt Parchim war im Mittelalter neben Rostock die Stadt mit dem größten Landbesitz

Kaiserliches Postamt in Parchim

in Mecklenburg-Vorpommern. Der gesamte Landbesitz wurde mit 14.890 Hektar benannt. Noch heute zählen die 3000 Hektar Waldbesitz zu den großen Flächenvermögen der Stadt. Nördlich der Stadt liegt die Sternberger Seenlandschaft, südöstlich schließt sich direkt die Mecklenburgische Seenplatte an – ideal für alle Erholungssuchenden. Zahlreiche Fachwerkhäuser prägen den historischen Stadtkern der Altstadt und den der Neustadt von Parchim.

➡ Internationales Flair bekommt die Stadt, wenn auf der Sandbahnrennstrecke „Mecklenburgring" die internationalen Rennen auf der Langbahn stattfinden. ■

➡ Im Zuge der Kreisgebietsreform wurde der in Mecklenburg-Vorpommern liegende Landkreis 2011 mit dem Landkreis Parchim zusammengelegt.

➡ In Ludwigslust können die Besucher die Stadt mit einer Kutschenrundfahrt erkunden. Die andere Art der Stadtbesichtigung führt um die Ludwigsluster Stadtkirche und weiter zum Schloss und in die schöne Altstadt.

➡ Schloss Ludwigslust (Abb. unten) bildet zusammen mit der Hofkirche, der Stadt und dem Gartenbereich ein Barockensemble, das in dieser Art einzigartig in Mecklenburg ist. Ludwigslust wird deshalb auch als mecklenburgisches Versailles oder als Sanssouci des Nordens bezeichnet.

➡ In Ludwigslust ist das älteste und größte Sanddorn-Anbaugebiet Europas zu finden. Die Sanddorn-Manufaktur am Schloss befindet sich in der letzten Fachwerk-Orangerie Norddeutschlands. ■

Quiz Das Schloss Ludwigslust ist das Zentrum einer barocken Stadtanlage mit einer der schönsten Parkanlagen des Landes. Wie ist der Name des Gartenarchitekten, der den Schlosspark anlegte und im 18. Jahrhundert der bekannteste Gartengestalter Preußens war?

Auflösung: Seite 444

Ludwigslust

Orte im Kreis:
Boizenburg/Elbe, Hagenow,
Lübtheen, Ludwigslust,
Zarrentin am Schaalsee
Mecklenburg-Vorpommern

München

Bayern

Neues Rathaus in München

➡ Die bayerische Hauptstadt hat 1,4 Millionen Einwohner und ist damit die größte Stadt Bayerns und die drittgrößte Stadt Deutschlands.

➡ Die Stadt ist reich an Sehenswürdigkeiten, die es lohnt zu besuchen. Darunter das Deutsche Museum, der Englische Garten, Schloss Nymphenburg (Abb. unten), der Marienplatz mit seinem Rathaus, die Alte Pinakothek, die Frauenkirche, die Bavaria und das Hofbräuhaus. Ebenso ist das Münchner Oktoberfest auf der Theresienwiese, im Volksmund „die Wiesn" genannt, ein jährliches Spektakel, bei dem sich auch die Prominenz gern zeigt.

➡ In München befinden sich zahlreiche Parks und Grünflächen, wie zum Beispiel der Schlosspark Nymphenburg, der Botanische Garten, der kurfürstliche Hirschgarten, der Luitpoldpark, der West- und Ostpark, die Isarauen oder auch der große Barockgarten von Schloss Schleißheim mit drei barocken Schlössern. Bedeutend ist auch der Olympiapark, der neben mehreren Seen einen hervorragenden Blick über die Stadt bietet. Die vielen Parks machen München zu einer grünen Stadt und ermöglichen im Winter sogar auf eigens gespurten Loipen das Langlaufen.

➡ Die Bavaria Film, eines der größten deutschen Filmstudios, sitzt im Ortsteil Geiselgasteig. Hier wurden und werden viele Filme gedreht, wie Das Boot, Die unendliche Geschichte, Die Welle, (T)Raumschiff Surprise, Asterix und Obelix gegen Cäsar oder Das Parfum – Die Geschichte eines Mörders und viele weitere Fernsehproduktionen.

➡ Ein internationales Aushängeschild ist der Fußballbundesligist FC Bayern München. Der mehrmalige Champions-League-Gewinner und vielfache Deutsche Meister sowie der etwas weniger erfolgreiche Profifußballclub 1860 München bestreiten seit 2005 ihre Heimspiele in der Allianz-Arena (Abb. oben).

➡ In München verwurzelt ist die BMW-Zentrale mit dem „BMW-Vierzylinder", dem Hauptverwaltungsgebäude und Wahrzeichen des Fahrzeugherstellers, sowie dem BMW-Museum und der gegenüberliegenden BMW-Welt.

Der Olympiaturm im Olympiapark

➡ Weltruhm erlangte die Stadt im positiven wie im negativen Sinn durch die Olympischen Spiele 1972, die zu Beginn als die Spiele der Freude begannen und durch das Attentat auf israelische Sportler in einer Katastrophe endeten. Der Olympiapark mit seinen Sportstätten erinnert noch immer daran.

➡ Der 1911 eröffnete Tierpark Hellabrunn beherbergt über 700 Arten und mehr als 17.800 Einzelexemplare in verschiedenen Tierwelten. Mit 25 Brücken über Wasserläufe und Kanäle wird der 40 Hektar große Tierpark auch als „Venedig unter den Zoos" bezeichnet. Der Zoo wurde als „Geozoo" konzipiert, das heißt, die Tiere werden nach ihrer Herkunft und möglichst in ihren natürlichen Lebensgemeinschaften gezeigt.

Quiz

Die Wappenfigur von München ist ein nach rechts blickender Mönch mit goldgeränderter schwarzer Kutte und roten Schuhen, in der Linken ein rotes Eidbuch haltend, die Rechte zum Schwur erhoben. Diese Wappenfigur wurde im Laufe der Zeit von der Bevölkerung verniedlicht und mit einem eigenen Namen versehen. Wie nennt man die Münchner Wappenfigur?

➡ Das Münchner Oktoberfest, die „Wiesn", wie es mundartlich genannt wird, ist ein Magnet für Besucher aus aller Welt. Es kann inzwischen auf eine 200-jährige Geschichte zurückblicken und fand erstmals 1810 anlässlich der Hochzeit von Kronprinz Ludwig und Prinzessin Therese statt. Heute ist das Oktoberfest ein Volksfest-Spektakel, bei dem sich auch viele Prominente des internationalen Jetsets einfinden. Speziell zu diesem Anlass brauen die Münchner Brauereien Wiesen-Märzen-Bier mit höherer Stammwürze und mit rund sechs bis sieben Prozent Alkoholgehalt.

➡ München ist aber auch eine Stadt der Kunst und Kultur. Neben dem Deutschen Museum und der Alten und Neuen Pinakothek gibt es eine Fülle anderer Museen und Galerien. Bei den Tempeln der Muse seien hier nur die Bayerische Staatsoper, das Staatstheater am Gärntnerplatz und die Philharmonie im Gasteig erwähnt. Hier singen und spielen die berühmten Münchner Chöre und Orchester sowie international renommierte Gastensembles aus aller Welt.

Die Münchner Philharmoniker

➡ Auch Europas größter Zirkus, der Circus Krone, hat in München sein Winterquartier im Kronebau. ∎

➡ Die zweitgrößte Stadt Baden-Württembergs liegt zwischen Worms und Heidelberg und hat knapp 315.000 Einwohner.

➡ Das Barockschloss Mannheim (Abb. unten) gehört zu den Wahrzeichen der Stadt. Im Schloss wurde ein Schlossmuseum eingerichtet. Es zeigt Einrichtungen und Kunstgegenstände aus kurpfälzischer und badischer Zeit.

➡ Der Luisenpark, die größte Grünfläche Mannheims, entspricht einer Fläche von über 50 Fußballfeldern. Seine jetzige Größe und sein Aussehen erhielt er 1975, als er wegen der Bundesgartenschau zu einer der schönsten Parkanlagen Europas umgestaltet wurde. Das Teehaus im Chinesischen Garten zählt zu den größten in ganz Europa.

➡ Im Zentrum des Friedrichplatzes steht das Wahrzeichen Mannheims, der 60 Meter hohe Wasserturm. Er wurde 1889 im Neubarockstil erbaut und von einer 3,50 Meter großen Statue der Amphitrite gekrönt.

➡ Der Mannheimer Hafen ist, begünstigt durch den Zusammenfluss von Rhein und Neckar, einer der bedeutendsten und größten Binnenhäfen Europas.

➡ Mannheim genießt den Ruf einer Quadratestadt. In ihrer Geschichte wurde die „heimliche Hauptstadt der Kurpfalz" vier Mal nach Zerstörungen wieder aufgebaut. Immer wieder wurde das einzigartige Straßennetz in Gitterform genommen. Wo in anderen Städten die Straßen nach berühmten Personen benannt sind, da findet man in Mannheim Zahlen- und Buchstabenkombinationen. Das Rathaus ist unter E5 zu finden. ■

Mannheim

MA

Baden-Württemberg

MA

M

Wasserturm in Mannheim

Marienberg

Orte im Kreis:
Lengefeld, Marienberg, Olbernhau,
Wolkenstein, Zöblitz
Sachsen

➡ Der ehemalige Landkreis Marienberg lag im Freistaat Sachsen und bestand bis 1994.

➡ Marienberg bildete das Zentrum eines der bedeutendsten Bergbaureviere, die in dieser Zeit zwischen Zschopau und dem Pockautal bestanden. Im Marienberger Revier wurden Wismut, Silber, Silberglanz und Rotgültigerze gefunden und abgebaut.

➡ Von 1838 bis 1877 wurde mit dem Pferdegöpel das Gestein aus der Tiefe des Rudolphschachtes gefördert. Der Gebäudekomplex wurde 2006 originalgetreu wieder errichtet. Besucher können eine Ausstellung oder das Bergmagazin besichtigen und an einer Führung zum Pferdegöpel teilnehmen. In dem 1772 errichteten Gebäude befindet sich heute das Heimatmuseum mit einer Ausstellung zur böhmisch-sächsischen Geschichte. ■

Mainburg

Orte im Kreis:
Aiglsbach, Attenhofen, Mainburg,
Obersüßbach, Volkenschwand
Bayern

➡ Der frühere Landkreis Mainburg gehörte bis zu seiner Auflösung 1972 zum Regierungsbezirk Niederbayern.

➡ Die 14.500 Einwohner zählende Stadt befindet sich inmitten des größten zusammenhängenden Hopfenanbaugebietes der Welt. Daher wird die Stadt auch als „das Herz der Hallertau" bezeichnet. Der Hopfen, der rund um Mainburg angebaut und verarbeitet wird (Abb. links), wird in 90 Länder der Welt exportiert. Das Hallertauer Heimat- und Hopfenmuseum in Mainburg lädt zu einem Gang durch die Geschichte der Stadt und des Hopfenanbaus ein.

➡ Im Jahr 1397 sind die Ursprünge des Gallimarktes in Mainburg zu finden. Damals wurde der Stadt das Recht verliehen, einen zweiten Markt zu veranstalten. Im Jahr 1997 wurde das 600-jährige Jubiläum des Gallimarktes gefeiert, er ist damit einer der ältesten Jahrmärkte Bayerns. ■

➡ Die bayerische Stadt Marktredwitz liegt östlich von Bayreuth an der tschechischen Grenze und hat über 17.000 Einwohner.

➡ Die Stadt im Dreiländereck Bayern-Böhmen-Sachsen hat in Sachen Aktivitäten einiges zu bieten. Wer selbst aktiv werden möchte, kann am Goldsteig und dem Fränkischen Gebirgsweg die Gegend direkt von der Stadt aus erkunden. Im Sommer lockt das Natur-Freibad mit seinem Sandstrand, der Breitenwellenrutsche und dem Piratendorf und im Winter stehen den Gästen neu ausgebaute Loipen zur Verfügung.

➡ Von der Landesgartenschau 2006 profitieren die Besucher der Stadt noch heute. Der Auenpark hat sich zu einer „grünen Lunge" für das Stadtgebiet entwickelt. Seit der grenzenlosen Gartenschau Marktredwitz-Cheb/Eger kann man den Auenpark mit See, Wasserspielplätzen, Terrasse und Aussichtsturm richtig genießen. ◾

➡ Der ehemalige Landkreis gehörte zum Regierungsbezirk Niederbayern und wurde 1972 aufgelöst.

➡ Zu den herausragenden Sehenswürdigkeiten der ehemaligen Kreisstadt zählt das Kloster Mallersdorf (Abb. rechts unten), das 1109 von den Benediktinern gegründet wurde. Seit 1896 ist es das Mutterhaus der Kongregation der Armen Franziskanerinnen. In der klostereigenen Brauerei wird von einer der wenigen Braumeisterinnen das bekannte Mallersdorfer Klosterbier hergestellt. Zu den weiteren Biersorten zählen ein helles Vollbier, ein ungefiltertes „Zoigl", ein heller Bock und ein Doppel-Bock.

➡ Die herrliche Gegend rund um Mallersdorf lädt die Besucher zu einem Kurzurlaub ein. Der berühmteste Urlauber ist ohne Zweifel der ehemalige Papst Benedikt XVI., der in seiner Funktion als Kardinal Ratzinger hier einige Urlaubstage verlebte. ◾

Marktredwitz

Bayern

Mallersdorf

Orte im Kreis:
Mallersdorf, Geiselhöring, Schierling, Ergoldsbach, Neufahrn in Niederbayern
Bayern

Marktheidenfeld

Bayern

➡️ Die ehemalige Kreisstadt Marktheidenfeld liegt westlich von Würzburg und hat knapp 11.000 Einwohner.

➡️ Die Sehenswürdigkeiten Marktheidenfelds sind bei einem Bummel in der Altstadt anzutreffen. Der Weg geht über den Marktplatz durch die Maingassen, über die alte Mainbrücke (Abb. links) und die moderne Nordbrücke bis zu den Fachwerkhäusern und der Laurentius-Kirche mit ihren Gemälden und Fresken.

➡️ In einer alten Scheune wurde eine alte Schmiedewerkstatt eingerichtet. Durch den Einbau einer Glaswand ist der Einblick in das Innere des Ausstellungsraums jederzeit möglich. Die Ausstellung vermittelt einen Eindruck davon, wie das Schmiedehandwerk Anfang des vorigen Jahrhunderts noch ausgeübt wurde. Das Inventar mit Esse, Blasebalg und Schmiedeamboss sowie Hämmer und Zangen stammen aus einer ehemaligen Schmiede in der Altstadt. ◼️

Miesbach

MB

Orte im Kreis:
Miesbach, Tegernsee, Holzkirchen, Schliersee, Gmund am Tegernsee
Bayern

Ortszentrum Schliersee von Süden mit der Kirche St. Sixtus

➡️ Der Landkreis Miesbach liegt südlich von München am Rande der Alpen in Bayern und hat über 95.000 Einwohner.

➡️ Der Landkreis als Naherholungs- und Wintersportzentrum kann nicht nur mit einer unvergleichlichen Landschaft, sondern auch mit wunderschönen bayerischen Ortschaften wie Bad Wiessee, Rottach-Egern, Bayrischzell, Miesbach und Gmund am Tegernsee aufwarten.

➡️ Mitten im Landkreis liegt der Tegernsee, der sauberste See Bayerns. Er profitiert von einer Ringkanalisation, die in den 1960er-Jahren zu der ersten ihrer Art weltweit gehörte. Der zweite See im Landkreis Miesbach ist der Schliersee. Hier finden jedes Jahr die Deutschen Triathlon-Meisterschaften in den Disziplinen Schwimmen, Radfahren und Laufen statt. Des Weiteren gibt es noch den Seehamer See und den Spitzingsee, der größte Hochgebirgssee in Bayern. ◼️

➡ Der ehemalige Landkreis Malchin befand sich von 1952 bis 1990 im ehemaligen DDR Bezirk Neubrandenburg und danach bis 1994 im heutigen Mecklenburg.

➡ Das Wasser bestimmt die Freizeit rund um Malchin in der Mecklenburgischen Schweiz. Zum Baden locken die Strände am Kummerower und Malchiner See und auch des Teterower Sees. Aber auch ausgedehnte Kanu- und Segeltouren in unberührter Natur liegen im Trend.

➡ Von der einstigen Stadtbefestigung Malchins sind aus dem 15. Jahrhundert noch das Steintor (Abb. rechts), das Kalensche Tor und der Fangelturm erhalten.

➡ Jährlich treffen sich Biker und Motorradfans zum Mecklenburger Motorradtreffen in Malchin. Die Besucher erwartet ein Programm mit Live-Musik und großer Bikerausfahrt. ■

➡ Die Großstadt Magdeburg liegt in Sachsen-Anhalt und hat über 230.000 Einwohner.

➡ Die grüne Domstadt ist die Landeshauptstadt von Sachsen-Anhalt und liegt an der Elbe. Die bewegte Vergangenheit und Gegenwart der Stadt spiegelt sich in den Sehenswürdigkeiten der Elbmetropole wider. Das Bild der 1200 Jahre alten Stadt wird beherrscht vom Dom „St. Mauritius und St. Katharina" (Abb. rechts unten). Aber auch das Klostermuseum zählt zu den Sehenswürdigkeiten mit dem größten Bekanntheitsgrad.

➡ Extra zur Bundesgartenschau geschaffen, hat sich der Elbauenpark mit seiner einzigartigen Seebühne und dem weltweit größten Holzbauwerk dieser Art, dem Jahrtausendturm, zu einem der schönsten

Malchin

Orte im Kreis:
Gnoien, Malchin, Neukalen,
Stavenhagen, Teterow
Mecklenburg-Vorpommern

Magdeburg

Sachsen-Anhalt

Der Jahrtausendturm

Parks in Deutschland entwickelt. Auf dem 90 Hektar großen Gelände gibt es unter anderem 14 Themengärten, Kunstobjekte, ein Schmetterlingshaus, einen Irrgarten und wunderschöne Liegewiesen. Außerdem bietet er viele weitere familienfreundliche Attraktionen wie den Kletterturm und den Kletterpark oder die Sommerrodelbahn.

➡ Der Skulpturenpark Magdeburg entstand 1989 und ist eine Sammlung von Skulpturen des Kunstmuseums Kloster Unser Lieben Frauen Magdeburg in der Magdeburger Altstadt.

➡ Während in vielen Städten der Fußball bei der Gunst um den Lieblingssport ganz oben steht, läuft dies in Magdeburg anders. Hier hat der Handball mit dem SC Magdeburg das Sagen. ■

Mettmann

ME

Nordrhein-Westfalen

➡ Die Stadt Mettmann liegt zwischen Düsseldorf und Wuppertal in Nordrhein-Westfalen und hat fast 40.000 Einwohner.

➡ Weltberühmt wurde das Neandertal in der Nähe von Mettmann als ein Ort, an dem Menschheitsgeschichte geschrieben wurde. Im Jahr 1865 wurden Skelettteile gefunden, die als Überreste eines prähistorischen Menschen, dem Neantertaler, eingestuft wurden. Das Neanderthal-Museum (Abb. unten) behandelt die Ur- und Frühgeschichte der Menschheit sowie die Neandertaler. Am Museum startet und

endet auch der Kunstweg „Menschen-Spuren", und in der Steinzeitwerkstatt werden steinzeitliche Techniken und Arbeitsweisen erfahrbar.

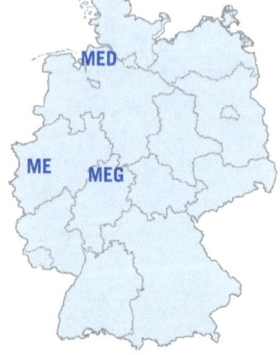

➡ Das 1935 errichtete Wildgehege im Neandertal präsentiert mit Auerochsen, Wisenten und der Wildpferdart Tarpane Tiere, die eigentlich schon vor Hunderten von Jahren ausgestorben sind. ■

➡ Der frühere Kreis Süderdithmarschen lag an der Nordsee zwischen Brunsbüttel und Husum.

➡ Die Kreisstadt war Meldorf, weitere Städte im Kreis waren Marne und Brunsbüttel. Durch den Dom, eines der wichtigsten Frühgotik-Bauwerke an der Westküste, wird Meldorf heute noch augenzwinkernd als die „Kulturhauptstadt" Dithmarschens bezeichnet.

➡ Brunsbüttel ist von mehreren Wassersystemen umgeben und durchzogen. Die Elbe bildet hier den Mündungstrichter beim Übergang in die Nordsee und ist ca. drei Kilometer breit. Der 1895 eingeweihte Nord-Ostsee-Kanal (Abb. rechts) beginnt in Brunsbüttel und mündet nach ca. 99 Kilometern bei Kiel in die Ostsee. ■

Süderdithmarschen

MED

Orte im Kreis:
Meldorf, Marne, Brunsbüttel
Schleswig-Holstein

➡ Der ehemalige Landkreis Melsungen wurde im Zuge der hessischen Gebietsreform 1974 in den Schwalm-Eder-Kreis integriert.

➡ Die Stadt Melsungen verfügt über eine geschlossene Fachwerkansicht im Altstadtbereich mit einem der schönsten Fachwerkrathäuser Deuschlands. Spangenberg war die zweitgrößte Stadt im ehemaligen Landkreis. Das Wahrzeichen der Stadt ist das 1235 erbaute Schloss Spangenberg. In seinem alten Zeughaus befindet sich jetzt das Jagd- und Schlossmuseum. Das CSI Spangenberg, ein internationales Springreitturnier, findet jährlich in der malerisch gelegenen Reitsportanlage unterhalb des Schlossberges statt.

➡ Ein Schmankerl für Radfahrer ist der Eder-Radweg, der mit einer Streckenlänge von über 180 Kilometern entlang der Eder führt. Die Strecke, die im Rothaargebirge in Nordrhein-Westfalen beginnt, führt größtenteils durch Hessen und endet bei der Mündung der Eder in die Fulda in der Nähe von Guxhagen. ■

Melsungen

MEG

Orte im Kreis:
Felsberg, Melsungen, Spangenberg
Hessen

Fachwerkstadt Melsungen

Meißen

MEI

Orte im Kreis:
Coswig, Gröditz, Großenhain,
Lommatzsch, Meißen, Nossen,
Radebeul, Riesa
Sachsen

➡ Der Landkreis Meißen in Sachsen grenzt mit seiner südlichen Grenze an Dresden und hat über 250.000 Einwohner.

➡ Der Name Meißen wird zumeist in Verbindung mit der Porzellanherstellung genannt. Seit 1863 wird das Meißner Porzellan in der ältesten Porzellan-Manufaktur Europas – der führenden Manufaktur weltweit – hergestellt.

➡ Im 12. Jahrhundert wurde erstmals der Weinbau in Meißen schriftlich erwähnt. Entlang der „Sächsischen Weinstraße" laden heute gemütliche Weinstuben zu einem Gläschen ein.

➡ Eines der berühmtesten Bauwerke, neben dem Dom zu Meißen, im Landkreis ist Schloss Moritzburg (Abb. links). 1972 war das Schloss die Kulisse für den Märchenfilm „Drei Haselnüsse für Aschenbrödel" und 2004 für die Liebeskomödie „Eine Prinzessin zum Verlieben". Das Moritzburg Festival hat sich als eine jährliche Konzertreihe im Schloss etabliert. ■

Mittlerer Erzgebirgskreis

MEK

Orte im Kreis:
Lengefeld, Marienberg,
Olbernhau, Wolkenstein, Zschopau
Sachsen·

➡ Der ehemalige Mittlere Erzgebirgskreis lag im Regierungsbezirk Chemnitz und bestand bis 2008.

➡ Über der früheren Kreisstadt Zschopau befindet sich das Schloss Wildeck (Abb. links). Im Schloss sind das Druckerei- und das Motorradmuseum, eine Münzwerkstätte, eine Bibliothek und ein Hochzeitszimmer untergebracht. Ein in den letzten Jahren angelegter Barockgarten ergänzt die Anlage. Das Gründungsdatum der ehemaligen Burg ist nicht überliefert, die erste urkundliche Erwähnung fand 1299 statt.

➡ Die Stadt kann auch auf ein Besucherbergwerk verweisen, das zum 700-jährigen Stadtfest eröffnet wurde. Die Grube zählt zu den kleinen Besucherbergwerken, doch die Tatsache, dass sie den mittelalterlichen Silberbergbau unverfälscht wiedergibt und frei von Einflüssen des Uranbergbaus blieb, macht die Grube so interessant. ■

➡ Der Landkreis Melle lag im Regierungsbezirk Osnabrück und bestand bis 1972.

➡ In der damaligen Kreisstadt Melle ist das Automuseum „Geschichte auf Rädern" anzutreffen. Hier werden in einer lebendigen Schau über 300 Automobile aller Epochen im historischen Ambiente gezeigt. Neben dem regelmäßigen Wechsel der Exponate gibt es interessante Sonderausstellungen und sachkundige und kurzweilige Führungen.

➡ In Melle ist ein weltweit seltenes Naturphänomen in Form einer Bifurkation (Abb. unten) anzutreffen. Bei einer Bifurkation teilt sich ein Fluss, sodass sein Wasser in zwei verschiedene Flußsysteme abfließt. „Bi" heißt zwei und „furca" ist die Gabel. In Melle-Gesmold gabelt sich der Fluß Hase. Ein Teil fließt unter gleichem Namen nach Nordwesten weiter und in Richtung Osten fließt der schmalere Abzweig unter dem Namen Else davon. ■

➡ Der frühere Landkreis Meppen lag im westlichen Niedersachsen im Regierungsbezirk Osnabrück.

➡ Zwischen den Flüssen Ems und Hase gibt es in und um Meppen viele Ausflugs- und Freizeitmöglichkeiten. Insgesamt 373 Kilometer ausgezeichnete Radwege versprechen herrliche Radtouren in die Natur des Emslandes. Weitere Möglichkeiten fit zu werden bestehen im Nordic-Walking-Park oder aber bei einer der Kanu- oder Kajaktouren auf den Flüssen.

➡ Im Museumsbau befindet sich das Ausstellungszentrum für die Archäologie des Emslandes, das 1996 seine Tore öffnete. In der Dauerausstellung sind Funde, Modelle, Inszenierungen und Rekonstruktionen zu sehen, die ein Gesamtbild der kulturgeschichtlichen Entwicklung des Emslandes, von der Steinzeit bis zum Mittelalter, vermitteln. ■

Melle

Orte im Kreis:
Altenmelle, Dratum-Ausbergen, Melle
Nordrhein-Westfalen

Meppen

Orte im Kreis:
Geeste, Haren, Haselünne, Herzlake, Meppen, Twist
Niedersachsen

Merseburg

MER

Sachsen-Anhalt

➡ Die Hochschulstadt Merseburg mit 36.000 Einwohnern liegt westlich von Leipzig in Sachsen-Anhalt.

➡ Seit 1969 verfügt Merseburg über ein Planetarium. Unabhängig von dem Wetter und dem hellen Himmel einer Industrieregion kann im Kuppelsaal ein naturgetreuer nachtschwarzer Himmel mit einer großen Anzahl von Sternen, der Milchstraße und denPlaneten präsentiert werden.

➡ An der Saale wurde eine Schiffsanlegestelle errichtet. So haben auch Wassertouristen die Möglichkeit, einen Abstecher in die Stadt zu unternehmen.

➡ Der Merseburger Dom (Abb. links) ist Veranstaltungsort der bekannten Merseburger Orgeltage. Internationale Organisten, berühmte Orchester, Solisten, Chöre und die von Friedrich Ladegast geschaffene Merseburger Romantik-Großorgel haben das Orgelfestival zum kulturellen Mittelpunkt der Region gemacht. ■

Meschede

MES

Nordrhein-Wesfalen

➡ Die Stadt Meschede in Nordrhein-Westfalen liegt im Sauerland zwischen dem Ruhrgebiet und Kassel und hat über 30.000 Einwohner.

➡ Eine Attraktion der ganz besonderen Art wird mit dem Lörmecke-Turm (Abb. links) angeboten, der sich im Naturpark Arnsberger Wald befindet. Mit einer Höhe von 35 Metern ist er der ideale Ort, um die herrliche Panoramaaussicht zum Teutoburger Wald, dem Eggegebirge und zum Rothaargebirge zu genießen.

➡ In unmittelbarer Nähe zu Meschede liegt der Hennesee. Von 1901 bis 1905 wurde die Talsperre an der Henne bei Meschede errichtet. Rund um den Hennesee bieten sich viele Möglichkeiten an, um einen erholsamen Urlaub zu verleben. Rund um den See findet man herrliche Wanderwege und an dem See mehrere Segelclubs, aber auch Tauchgänge sind hier möglich, und Angler finden immer ein ruhiges Plätzchen. ■

➡ Der Landkreis Mellrichstadt war bis 1972 im Regierungsbezirk Unterfranken in Bayern eingegliedert.

➡ Eines der schönsten Geotope Bayerns ist mit dem Frickenhäuser See in unmittelbarer Nähe der Kreisstadt zu finden. Durch das Zusammenspiel von Erddynamik, Gestein und Wasser bildete sich hier im Verlauf der Erdgeschichte durch Auslaugvorgänge im Untergrund ein sogenannter „Erdfall-See" (Abb.

links). Dieser See wurde als einziger in der Region nicht von Menschen geschaffen. Idyllisch am Rande des Stadtteils Frickenhausen liegend, lockt er jährlich zum Seefest Tausende von Besuchern an.

➡ Vom Segelflugplatz am Bischofsberg hat man die Gelegenheit, in einem Segel- oder Motorflugzeug zu einem unvergesslichen Rundflug über die Rhön zu starten oder aber bei einer Ballonfahrt in einem Korb über die Landschaft zu schweben. ◼

➡ Die Großstadt Mönchengladbach in Nordrhein-Westfalen liegt westlich von Düsseldorf und hat rund 250.000 Einwohner.

➡ Die Metropole am linken Niederrhein wird in einem Atemzug mit ihrer Fußball-Bundesligamannschaft, der Borussia, genannt. Sie spielt im 54.000 Zuschauer fassenden Borussen-Park (Abb. unten). Die großen Zeiten des Vereins liegen leider schon ein paar Jahrzehnte zurück. Namen wie Günther Netzer oder Rainer Bonhof waren in ganz Europa bekannt.

Mellrichstadt

MET ⒶA

Orte im Kreis:
Mellrichstadt, Fladungen, Nordheim
Bayern

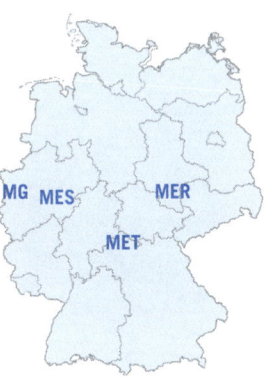

MG   MES   MER

MET

Mönchengladbach

MG

Nordrhein-Westfalen

Quiz Die Fußballer von Borussia Mönchengladbach haben seit den 1960er-Jahren einen Spitznamen, der auf die damals sehr junge und unbekümmert spielende Mannschaft zurückführt und sich bis heute erhalten hat. Wie lautet der Spitzname der Mannschaft?

Auflösung: Seite 444

Aber auch im Hockey hat Mönchengladbach sich einen Namen gemacht. In der Stadt ist Europas modernste Hockeyanlage zu finden.

➡ Mönchengladbach hat mehr als Sport zu bieten. In den Mauern der Stadt findet man Kunst und Kultur, bedeutende Baudenkmäler, Museen von Weltruf und ein renommiertes Theater sowie eine Kabarett- und Kleinkunstszene.

➡ Eines der Museen ist das Museum Abteiberg (Abb. links), das nach der Eröffnung 1982 mit dem Deutschen Architekturpreis und mit dem „Pritzker Award" – dem weltweit bedeutendsten Architekturpreis – ausgezeichnet wurde. Neben Kunstwerken des Expressionismus und Werken aus den 1960er- bis 1990er-Jahren enthält es ein Konvolut fotografischer Werke von Man Ray. Interessant ist auch der Skulpturenpark im Garten des Museums Abteiberg. Drei Generationen von internationalen Bildhauern transformieren den Abteigarten zu einem Erlebnisraum, in dem Kunst und Natur sich gegenseitig stützen. ∎

Mergentheim

MGH Ⓐ

Orte im Kreis:
Bad Mergentheim, Creglingen,
Igorsheim, Niederstetten,
Weikersheim
Baden-Württemberg

➡ Der im Jahr 1973 aufgelöste Landkreis Mergentheim lag im nordöstlichen Baden-Württemberg.

➡ Wenn es heißt „Licht an", dann kommen jährlich Tausende Besucher in die ehemalige Kreisstadt Bad Mergentheim. Fast 20.000 Kerzen leuchten in allen Farben auf den Wiesen und verwandeln den Kurpark in eine fantastisch leuchtende Welt.

➡ Das Schloss Mergentheim (Abb. unten) war ab 1527 Sitz der Deutschmeister und einige Jahre später auch des Hochmeisters des Deutschen Ordens. Seit 1996 steht das Schloss der Öffentlichkeit als Deutschordensmuseum zur Verfügung. ∎

➡ Der ehemalige Landkreis Meiningen lag im Süd-westen von Thüringen und existierte bis 1952.

➡ Mit den Museen im Schloss Elisabethenburg, dem Literaturmuseum Baumbachhaus, dem Thea-termuseum, dem Meininger Zweiradmuseum „MZM" und dem Technik-Museum „Dampflokwerk" bietet die Stadt ein reichhaltiges Programm an. Neben dem Besuch der Museen sollte auch eine Stadtführung zu kulturhistorisch bedeutsamen Stätten, wie zum Beispiel dem Buechner'schen Hinterhaus (Abb. rechts), ein Henneberg-Fränkisches Fachwerkhaus von 1596, zum Programm gehören.

➡ Meiningen bietet mit der idyllischen Lage im Wer-ratal, zwischen Thüringer Wald und Rhön, zahlreiche Wandermöglichkeiten an. Dazu gehören der stadt-nahe Premiumwanderweg „Der Meininger" mit Aus-blicken auf die Stadt oder der Schiller-Wanderweg, den der junge Friedrich Schiller oft gegangen ist. ◾

Meiningen

MGN ⒶⒶ

Orte im Kreis:
Leutersdorf, Bad Salzungen,
Meiningen
Thüringen

➡ Die kreisfreie Stadt Mülheim an der Ruhr liegt zwi-schen Duisburg und Essen in Nordrhein-Westfalen und hat über 165.000 Einwohner.

➡ Die Mülheimer Museen liegen entlang der Ruhr und bilden eine einzigartige Museumsroute. Auf eine über hundertjährige Geschichte kann der Bismarckturm zurückblicken, der einen herrlichen Blick über die Landschaft bietet. Das Aquarius Was-sermuseum (Abb. rechts) befindet sich in einem stillgelegten Wasserturm und gehört zur Route der Industriekultur. Das preisgekrönte Museum bie-tet auf 14 Ebenen ein Erlebnis über Ursprung und Kreislauf von Wasser. Von dem rund 40 Meter hohen gläsernen Rundgang kann man auf das Ruhrtal, die Städte Mülheim, Duisburg, Oberhausen, Essen und Bottrop schauen.

➡ Eine der ältesten und traditionsreichsten Sport-stätten Mülheims ist die Galopprennbahn Raffelberg, die 1910 eingeweiht wurde. ◾

Mülheim a.d. Ruhr

MH

Nordrhein-Westfalen

Mühlhausen

MHL

Orte im Kreis:
Mühlhausen, Schlotheim,
Großengottern
Thüringen

➡ Der frühere Landkreis Mühlhausen lag bis 1952 in Thüringen. Die ehemalige Kreisstadt Mühlhausen kann auf eine lange Historie zurückblicken. Die Geschichte wird jedes Jahr in verschiedenen Veranstaltungen wieder zum Leben erweckt. Dazu gehören das Bauernkriegsspektakel und das Müntzerspiel, das etwas andere Mittelalterstadtfest. In den historischen Mauern und Bauwerken der Stadt führen die Schauspieler ihre Streitgespräche und beweisen dabei Witz und Erfindungskraft beim Improvisieren.

➡ Das größte Musikfestival Thüringens wird in Mühlhausen veranstaltet. Mit der Spezialisierung auf Barockmusik und die Aufführung der Werke Johann Sebastian Bachs an den authentischen Bachstätten verfügt das Bach-Festival über künstlerische wie touristische Anziehungskraft über Thüringen hinaus. ■

Stadtmauer mit Frauentor und Rabenturm

Minden-Lübbecke

MI

Orte im Kreis:
Bad Oeynhausen, Dützen, Hartum,
Minden, Windheim
Nordrhein-Westfalen

➡ Der Kreis Minden-Lübbecke entstand 1973 durch die Zusammenlegung der Altkreise Minden und Lübbecke.

➡ In dem alten Landkreis Minden ist ein eindrucksvolles Naturschauspiel zu bewundern. Am 800 Meter breiten Taleinschnitt der Porta Westfalica, zwischen Weserbergland und dem Wiehengebirge, bricht die Weser durch eine Felsenschlucht und bahnt sich ihren Weg in die Norddeutsche Tiefebene. Das ganze Szenario wird durch das Denkmal von Kaiser Wilhelm II. (Abb. links) noch verstärkt.

➡ Ebenfalls im alten Landkreis liegt Bad Oeynhausen. Der Kurort profitiert noch von der Landesgartenschau 2000, die gemeinsam mit der Stadt Löhne ausgerichtet wurde. Damals entstand der „Park des Magischen Wassers" oder auch „Aqua Magica" genannt, der noch heute mit der „Allee des Weltklimas" und dem „Wasserkrater" die Gäste anzieht und als „Park des 21. Jahrhunderts" eingestuft wird. ■

➡ Der Landkreis Miltenberg liegt am Ostrand des Odenwalds direkt am Main und hat rund 128.000 Einwohner.

➡ In der Region findet man reichlich Gelegenheit, Burgen und Schlösser der letzten Jahrhunderte zu bewundern. In Miltenberg kann man die historische Altstadt (Abb. rechts) oder gleich zwei Museen erkunden. Das Stadtmuseum widmet sich dem Motto „Leben und Arbeiten in einer frühneuzeitlichen Stadt" und das Museum in der Burg Miltenberg präsentiert Kunstsammlungen der Diözese Würzburg mit russischen und griechischen Ikonen sowie rumänischen Hinterglasikonen.

➡ In Sachen Sport kann die Region durch den TV Großwallstadt, den mehrmaligen Deutschen Handballmeister, punkten. ◼

Miltenberg

MIL

Orte im Kreis:
Amorbach, Erlenbach am Main,
Miltenberg, Obernburg
Bayern

➡ Der Märkische Kreis grenzt an die Städte Hagen und Dortmund und hat rund 420.000 Einwohner. Als mittelalterlicher Grafensitz kann die Stadt Altena einige historische Bauwerke vorweisen. Auf der aus dem 12. Jahrhundert stammenden Burg Altena (Abb. unten) gründete Richard Schirrmann am Anfang des 20. Jahrhunderts die erste Jugendherberge der Welt.

➡ Das Drahtgewerbe hat seit dem Mittelalter sein Zentrum in Altena und ist daher auch Sitz des Deutschen Drahtmuseums. Hier werden Themen wie „Vom Kettenhemd zum Supraleiter" oder die Sozial-, Wirtschafts- und Kulturgeschichte angesprochen.

➡ Im Kulturamt des Kreises ist die Landeskundliche Bibliothek untergebracht. Der Lesesaal lädt ein, sich über die Geschichte des Märkischen Kreises zu informieren. ◼

Märkischer Kreis

MK

Orte im Kreis:
Iserlohn, Lüdenscheid, Menden
Nordrhein-Westfalen

Main-Kinzig-Kreis

MKK

Orte im Kreis:
Bad Soden-Salmünster, Bruchköbel,
Erlensee, Gelnhausen,
Langenselbold, Maintal
Hessen

➡ Der hessische Kreis grenzt mit seiner südwestlichen Spitze direkt an die Großstadt Frankfurt am Main und hat über 400.000 Einwohner.

➡ Im Kreis sind gleich zwei Kurstädte zu finden. Bad Orb setzt ganz auf natürliche Heilmittel. Die Solequellen enthalten neben Kochsalz und Mineralien auch das wohltuende Kohlensäuregas, das anregend und heilsam aus der Erde kommt. In Bad Soden-Salmünster bürgen drei Heilquellen, darunter eine der stärksten Eisenquellen Deutschlands, und die eisen- und kohlensäurehaltige Thermalquelle für die Qualität der therapeutischen Behandlung.

➡ Der Main-Kinzig-Kreis bietet ein großes Angebot an wunderschönen Orten und Stätten, so wie die Barbarossastadt Gelnhausen mit liebevoll restaurierten Fachwerkbauten. Oder die Ronneburg unweit von Hanau, die eine Wirkungsstätte der Gebrüder Grimm war. Auf der Ronneburg (Abb. links) finden jährlich Ritterspiele und Mittelaltermärkte statt. Sie beherbergt auch ein Burgmuseum und eine Falknerei. Das Schloss Steinau (Abb. unten) in Steinau an der Straße ist die früheste, größte und am besten erhaltene Schlossanlage der Frührenaissance in Hessen und beheimatet das Schlossmuseum und die Brüder-Grimm-Gedenkstätte.

➡ In Klein-Auheim liegt der Wildpark „Alte Fasanerie", in dem man 35 Tierarten in großzügigen Gehegen bestaunen kann. Neben Wölfen, Elchen, Luchsen und Wisenten zählen auch die Greifvogelschau und das Streichelgehege zu den Attraktionen. Zusätzlich können die Besucher ihre Geschicklichkeit beim Klettern im Hochseilgarten erproben. ∎

➡ Der Landkreis Mansfelder Land in Sachsen-Anhalt wurde durch die Gebietsreform 2007 aufgelöst.

➡ Die ehemalige Kreisstadt Eisleben trägt den Zusatz „Lutherstadt". Hier ist der große Reformator geboren und auch gestorben. Sein Geburts- und Sterbehaus und die Taufkirche St. Petri-Pauli zählen zu den bedeutendsten Stätten, die mit dem Leben Martin Luthers eng verbunden sind.

➡ Eine imposante Festungsanlage ist in Querfurt zu sehen. Die Burg Querfurt (Abb. links) ist nicht

nur sieben Mal größer als die Wartburg, sie ist auch die größte Burg Mitteldeutschlands. Vor mehr als 1100 Jahren errichtet, präsentiert sie sich heute sehr gut erhalten mit Bastionen, Wehrmauer, Türmen und Gebäuden. ◼

Mansfelder Land

ML Ⓐ

Orte im Kreis:
Eisleben, Helbra, Hettstedt,
Sandersleben
Sachsen-Anhalt

Quiz Am 10. November 1483 wurde Martin Luther in der Langen Gasse, der heutigen Lutherstraße, in Eisleben geboren. Am folgenden Tag, dem Martinstag, taufte man ihn. Wie hieß die Kirche, in der er getauft wurde?

Auflösung: Seite 444

➡ Memmingen liegt in Bayern, nördlich von Kempten im Regierungsbezirk Schwaben, und hat über 40.000 Einwohner.

➡ Eines der größten Feste der Stadt ist das Kinderfest, das auf eine 400-jährige Tradition des Schulspaziergangs im Frühjahr zurückgeht. Dabei wurden die besten Schülerinnen und Schüler zu Königinnen und Königen gekürt. Aber auch das Fischerfest und der Wallsteinsommer locken zahlreiche Besucher in die Stadt.

➡ Die landschaftliche Schönheit und die kulturelle Vielfalt rund um Memmingen laden zu erlebnisreichen Ausflügen ein. Ein immer lohnendes Ausflugsziel ist die malerisch in Wiesen und Wälder eingebettete Reichskartause Buxheim mit ihrem weltberühmten Chorgestühl, aber auch das imposante Barockkloster Ottobeuren mit der Zweiggalerie der Bayerischen Staatsgemäldesammlung. ◼

Memmingen

MM

Bayern

Das Memminger Rathaus

Unterallgäu

MN

Orte im Kreis:
Mindelheim, Bad Wörishofen,
Türkheim, Ettringen
Bayern

➡ Der Landkreis Unterallgäu befindet sich im bayerischen Regierungsbezirk Schwaben.

➡ Seit 1986 ist im Kloster der Dominikanerinnen in Bad Wörishofen das Kneipp-Museum mit ca. 2000 Ausstellungstücken zu finden. Im Ostflügel des Klosters wird das Leben und Wirken Sebastian Kneipps bis hin zu den fünf Säulen der Kneipp-Lehre dokumentiert.

➡ Für Freunde nostalgischer Flugfahrtgeschichte gibt es in der 1934 erbauten Segelfliegerhalle in Bad Wörishofen eine neue Anlaufstelle. In dem Fliegermuseum stehen eine original MIG 21 und eine ME 109 in Reproduktion. Viele Modelle, Instrumente und Dokumente aus der Fliegerei sind zu besichtigen.

➡ Die Therme Bad Wörishofen (Abb. links) ist eine riesige Freizeit- und Erholungsanlage mit vielen verschiedenen Themenbereichen für jedes Alter. ■

Moers

MO Ⓐ

Orte im Kreis:
Homberg, Moers, Orsoy, Rheinberg,
Rheinhausen, Xanten
Nordrhein-Westfalen

Quiz

Schon im Jahr 12 v. Chr. wurde in der Stadt Xanten, im heutigen Stadtteil Birten, das erste römische Heerlager gegründet. Es lag rund 1,5 Kilometer vom damaligen Lauf des Rheins entfernt. Wie war der römische Name der Siedlung?

Auflösung: Seite 444

➡ Der Landkreis Moers war im Regierungsbezirk Düsseldorf in Nordrhein-Westfalen und existierte bis 1974.

➡ Für Kinder besonders interessant ist der Grafschafter Musenhof im Schlosspark Moers. In der Lernstadt können Kinder in mittelalterliche Rollen schlüpfen. Zum Beispiel in die Rolle eines wohlhabenden Händlers, der Gewürze in die Stadt bringt und sich als einziger Bürger der Stadt Bleiglasfenster leisten kann. Oder in die Rolle des einfachen Ackerbürgers, der sein landwirtschaftliches Handwerk ausübt.

➡ Ebenfalls im Grafschafter Musenhof zu finden ist der Rosengarten im historischen Schlosspark. Es ist ein Ort der stillen Erholung, der Besinnung und der inneren Einkehr. Im Rosengarten sind 35 Rosensorten, verschiedene Staudensorten, mehrere Tausend Saisonblumen sowie Buchsbaum- und Eibenhecken zu finden. ■

➡ Der Landkreis Marktoberdorf gehörte bis 1973 zum bayerischen Regierungsbezirk Schwaben im Süden von Bayern.

➡ Zu den kulturellen Höhepunkten der ehemaligen Kreisstadt gehören die „Internationalen Kammerchor-Wettbewerbe", die alle zwei Jahre die internationale Chorszene zu einem der weltweit renommiertesten Wettbewerbe für Kammerchöre einladen. In den bisherigen Veranstaltungen zeigten annähernd 200 Chöre aus über 40 Ländern spannende Wettbewerbe und außergewöhnliche Konzerte.

➡ In der Nacht zum 1. Mai wird in Marktoberdorf die Freinacht begangen. Früher pflanzten in dieser Nacht die Junggesellen ihrer Angebeteten ein geschmücktes Bäumchen vors Fenster. Heute ist daraus ein buntes Volksfest mit Musik und Tanz geworden, bei dem der Maibaum, dessen Figuren die Vielfalt des Lebens in der Region zeigen, gestellt wird. ■

➡ Der Landkreis liegt zwischen Berlin und der polnischen Grenze in Brandenburg und hat knapp 190.000 Einwohner.

➡ Der Landkreis Märkisch-Oderland wird oft als „der Vorgarten Berlins" bezeichnet. Unmittelbar vor der Millionenstadt beginnt das Strausberger Wald- und Seengebiet (Abb. unten) mit dem Rüdersdorfer Muschelkalkrücken. Die Minialpen der Märkischen Schweiz gehen über bewaldete Höhen des Barnims und auch in die von Rinnen, Flüssen und Seen durchzogene Lebuser Platte.

➡ Der kleine Ort Hoppegarten besitzt seit 1868 eine traditionsreiche Galopprennbahn, auf der seit 2008 der Rennbetrieb auch mit der internationalen Galopper-Elite wieder regelmäßig durchgeführt wird. ■

Marktoberdorf

MOD Ⓐ

Orte im Kreis:
Marktoberdorf, Obergünzburg, Unterthingau, Aitrang.
Bayern

Märkisch-Oderland

MOL

Orte im Kreis:
Altlandsberg, Bad Freienwalde, Buckow, Müncheberg, Strausberg, Wriezen
Brandenburg

Monschau

MON[Ⓐ]

Orte im Kreis:
Monschau, Roetgen, Simmerath
Nordrhein-Westfalen

MQ

MON **MR**

MOS

➡ Der Landkreis Monschau in Nordrhein-Westfalen bestand bis 1972 und hatte über 32.000 Einwohner.

➡ Die aus dem Mittelalter stammende Burgruine und die Fachwerk- und Bruchsteinhäuser, die von der frühindustriellen Tuchmacherproduktion zeugen, prägen den denkmalgeschützten Altstadtkern.

➡ In Monschau ist das 1752 als Wohn- und Geschäftshaus erbaute Rote Haus (Abb. rechts) zu besichtigen. Mit seiner kompletten Einrichtung in den Stilen Rokoko, Louis-seize und Empire spiegelt es den Glanz großbürgerlicher Wohnkultur wider. Weltberühmt ist auch die über drei Etagen freitragend gebaute Wendeltreppe aus Eichenholz.

➡ In Monschau treffen sich seit etwa 50 Jahren jedes Frühjahr die Kanuten zu einem internationalen Slalom und einem Wildwasserrennen auf der Ruhr. ◼

Neckar-Odenwald-Kreis

MOS

Orte im Kreis:
Buchen, Mosbach, Neckarelz
Baden-Württemberg

➡ Die ehemaligen Landkreise Buchau und Mosbach wurden 1973 aufgelöst und die Gemeinden größtenteils dem neu entstandenen Kreis zugeschlagen.

➡ Mosbach gehört mit seiner Altstadt zu einem der schönsten Ausflugsziele im Odenwald. Das prächtige Fachwerk der Altstadt, die Gassen und der Blick auf das Neckartal laden zu einem Besuch ein. Einer der kunstvollsten Fachwerkbauten Deutschlands ist das Palm'sche Haus (Abb. links) aus dem 17. Jahrhundert.

➡ Der Mosbacher Marktplatz, umrahmt von prächtigen Fachwerkbauten, ist wohl einer der schönsten in ganz Süddeutschland. Zahlreiche Themenmärkte, die über das ganze Jahr verteilt sind, laden zum Verweilen ein. Zum Programm gehören ein Kunsthandwerkermarkt, der Blumenmarkt, der Gesundheits- und Wellnessmarkt, der Antikmarkt, der Kräutermarkt, der Brotmarkt und vieles mehr. ◼

➡ Der Landkreis Merseburg-Querfurt lag bis zu seiner Auflösung im Jahr 2007 im Süden von Sachsen-Anhalt.

➡ Im Landkreis wurde einer der außergewöhnlichsten Funde der europäischen Astronomie- und Religionsgeschichte gemacht. Die „Himmelsscheibe von Nebra" ist die erste bekannte Himmelsdarstellung der Geschichte und lässt weitreichende archäologische Beziehungen sowie tiefe Einblicke in die astronomischen Kenntnisse des vorgeschichtlichen Menschen zu. In der Nähe des Fundorts befindet sich das Besucherinformationszentrum Arche Nebra (Abb. rechts).

➡ Seit dem 19. Jahrhundert wird in Querfurt der Knoblauchnachmittag gefeiert. Das Fest hat nichts mit dem gesunden Knoblauch zu tun, sondern hier wird immer ein Brunnenherr gekürt, der sich um die Pflege des Brunnens zu kümmern hat. ■

Merseburg-Querfurt

Orte im Kreis:
Braunsbedra, Merseburg, Querfurt, Schkopau
Sachsen-Anhalt

➡ Die Universitätsstadt Marburg liegt nördlich von Gießen in Hessen und hat über 80.000 Einwohner.

➡ Marburg und seine Umgebung bieten zahlreiche Sehenswürdigkeiten. Hauptanziehungspunkte sind die Elisabethkirche, die zwischen 1235 und 1283 erbaute erste rein gotische Hallenkirche Deutschlands, und das Schloss (Abb. rechts) sowie die historische Altstadt. Im Sommer gibt es jeden Samstag Kasematten-Führungen durch die unterirdischen Festungsanlagen des Schlosses.

➡ Der Kaiser-Wilhelm-Turm (auch Spiegelslustturm genannt) ist ein 36 Meter hoher Aussichtsturm mit Panoramablick auf die Stadt und das Schloss und ein beliebtes Ausflugsziel. Unter den Marburger Studenten geht der Aberglaube um, dass derjenige, der den Turm vor dem Ablegen des Vordiploms oder sonstiger Zwischenprüfungen besteigt, diese Prüfungen niemals bestehen wird. ■

Marburg-Biedenkopf

MR

Hessen

Münster

MS

Nordrhein-Westfalen

➡ Die Stadt Münster liegt zwischen Dortmund und Osnabrück in Nordrhein-Westfalen und hat knapp 300.000 Einwohner.

➡ Der Prinzipalmarkt (Abb. links) ist ein Straßenzug, der mit seiner Bebauung die geschichtliche und bauliche Entwicklung Münsters dokumentiert. Wesentliche Gestaltungselemente sind der für die Fassaden verwendete Baumberger Sandstein und der Bogengang im Erdgeschoss der Häuser.

➡ Das fürstbischöfliche Schloss (Abb. unten) ist Sitz und Wahrzeichen der Westfälischen Wilhelms-Universität. Der Botanische Garten der Universität wurde 1803 gegründet und dient als wissenschaftliche Einrichtung der Forschung und Lehre sowie der Pflege und Vervollständigung wertvoller Pflanzensammlungen. Neben seiner wissenschaftlichen Funktion ist der Botanische Garten auch für die Öffentlichkeit zugänglich.

➡ Als Nachfolger des alten Zoos wurde 1974 der neue Allwetterzoo eröffnet. Da nach dem Umbau alle großen Tierhäuser auf überdachten Wegen zu erreichen sind, wurde der neue Zoo auf den Namen „Allwetterzoo" getauft. Die Besucher können Elefanten füttern oder Pinguine beim Spaziergang begleiten.

➡ Die Kultur der Stadt wird auch durch die rund 50.000 Studenten geprägt. Es gibt zahlreiche Cafés, Kneipen und Clubs. Auffällig sind auch die unzähligen Fahrräder in der Stadt. Die im Jahr 1770 angelegte Promenade ist eine nur für Radfahrer und Fußgänger freigegebene Ringstraße, die die gesamte Altstadt umgibt. Sie liegt zum großen Teil auf den ehemaligen Wallanlagen und ist ca. 4,5 Kilometer lang. ◼

➡ Der Landkreis Mecklenburgische Seenplatte liegt in Mecklenburg-Vorpommern und hat rund 270.000 Einwohner. Die Mecklenburgische Seenplatte ist das größte zusammenhängende Seengebiet Mitteleuropas und ideal für gemütliche Bootstouren. Abseits der Großstadt laden der Müritz-Nationalpark, der Naturpark Mecklenburgische Schweiz, der Kummerower See, die Feldberger Seenlandschaft und die Nossentiner/Schwinzer Heide zur Erkundung ein. 167 Stufen führen zu der Plattform des 55 Meter hohen Käflingsbergturms (Abb. rechts), dem Aussichtsturm im Müritz-Nationalpark.

➡ Der Wasserturm von Demmin wurde 1978 in eine Astronomiestation umgebaut. Neben einer Beobachtungsplattform entstand 1981 auch ein Zeiss-Planetarium. ■

Mecklenburgische Seenplatte

MSE

Orte im Kreis:
Demmin, Hansestadt, Feldberger Seenlandschaft, Neubrandenburg, Neustrelitz, Waren (Müritz)
Mecklenburg-Vorpommern

➡ Der Landkreis Mansfeld-Südharz liegt westlich von Halle/Saale und hat knapp 150.000 Einwohner.

➡ Rosenliebhaber finden in dem Landkreis die größte Rosensammlung der Welt, die im Moment aus über 8300 Rosenarten besteht. Die Sammlung „Europa-Rosarium" wurde 1903 in Sangershausen gegründet. Die Vielfalt der Königin der Blumen, vom Altertum bis zur Moderne, wird in einem 13 Hektar großen Rosenpark präsentiert.

➡ Im Landkreis finden Wanderer im Bereich des Harzes, des Stausees Kelbra und dem Kyffhäuser-Gebirge um den Süßen See bei Seeburg und im Wipper-Einetal ideale Bedingungen, um eine einzigartige Natur zu erleben.

➡ Die Lutherstadt Eisleben ist der Geburts- und Sterbeort Martin Luthers. Gedenkstätten in Eisleben zählen seit 1996 zum UNESCO-Weltkulturerbe. ■

Mansfeld-Südharz

MSH

Orte im Kreis:
Sangerhausen, Lutherstadt Eisleben, Hettsted, Mansfeld,
Sachsen-Anhalt

Lutherdenkmal

Main-Spessart

MSP

Orte im Kreis:
Gemünden, Karlstadt, Lohr
Bayern

➡ Der Landkreis Main-Spessart in Bayern liegt nördlich von Würzburg und hat 127.000 Einwohner.

➡ Bei einem Besuch von Lohr am Main lohnt sich ein Abstecher ins Spessartmuseum, das im Schloss untergebracht ist. Das Museum zeigt eine Ausstellung zum Thema „Mensch und Wald", mit Jagd, Forst, Holzhandwerk, Metallverarbeitung, Glasproduktion und den sozialen Verhältnissen, einschließlich der berüchtigten Spessarträuber.

➡ Gleich zwei Museen sind in Karlstadt zu finden. Seit 1984 ermöglichen die Sammlungen des Stadtgeschichtlichen Museums einen Rundgang durch 800 Jahre Stadtgeschichte. In dem Europäischen Klempner- und Kupferschmiede-Museum ist eine in Europa einmalige Sammlung alter Maschinen, Werkzeuge, Dokumente, Gesellen- und Meisterstücke aus dem Spengler-, Klempner-, Flaschner-, Blechner- und Kupferschmiede-Handwerk zu bestaunen. ◼

Mecklenburg-Strelitz

MST

Orte im Kreis:
Malchow, Röbel, Penzlin, Waren
Mecklenburg-Vorpommern

➡ Der Landkreis Mecklenburg-Strelitz lag bis zu seiner Auflösung 2011 im Nordosten von Mecklenburg-Vorpommern.

➡ Inmitten der idyllischen Mecklenburgischen Seenplatte gründeten die Herzöge von Mecklenburg-Strelitz im Jahr 1733 die Residenzstadt Neustrelitz. Die Stadt am Zierker See ist ein lohnendes Urlaubsziel für naturverbundene wie kulturinteressierte Gäste. Die spätbarocke sternförmige Stadtanlage um einen großen quadratischen Marktplatz gilt als einmalig in Europa.

➡ Neustrelitz kann auch kulturell mit den Zentren mithalten. Seit 2001 ist der Schlossgarten (Abb. links) Spielort der größten deutschen Operetten-Festspiele. Der Schlossgarten ist nicht nur die Bühne für große Opernfans. Mit „Pippi Langstrumpf" und „Das Dschungelbuch" begeistert man auch die Herzen des kleineren Publikums. ◼

➡ Der Unterwesterwaldkreis fusionierte 1974 mit dem Oberwesterwaldkreis zum Westerwaldkreis. Er liegt in Rheinland-Pfalz zwischen Frankfurt und Köln.

➡ Natur pur wird im Wild- und Freizeitpark Gackenbach geboten. Das große Gelände im Naturpark Nassau lockt mit heimischen Tierarten, Sommerrodelbahn, Abenteuerspielplatz und Grillplätzen.

➡ Im Keramikmuseum in Höhr-Grenzhausen erfahren die Gäste alles zur Geschichte der Westerwälder Keramik, vom Tonabbau bis zur Hightech-Keramik.

➡ Das Kannenbäckerland zieht sich von Wirges bis an das Mittelrheintal. In dieser Region wurden die größten Tonvorkommen Europas gefunden. Eine kontinuierliche Herstellung von Töpferwaren in der Region ist ab dem Jahr 1402 belegt. Der Brunnen in Wirges (Abb. rechts) zeigt Töpfer und Glasbläser – Symbole der wichtigsten Erwerbszweige des Ortes. ■

Unterwesterwaldkreis

Orte im Kreis:
Montabaur, Höhr-Grenzhausen,
Ransbach-Baumbach
Rheinland-Pfalz

➡ Der Main-Taunus-Kreis liegt zwischen Frankfurt und Wiesbaden und hat knapp 225.000 Einwohner.

➡ Der Kreis erstreckt sich vom waldreichen Vordertaunus mit der Burg Eppstein (Abb. rechts) bis zum Sonnenhang des Taunus nach Bad Soden, dem bekannten Heilbad mit Mineralquellen, Kuranlagen und dem außergewöhnlichen Hundertwasserhaus. Im südlichen Bereich wird der Kreis durch die flache Auenlandschaft des Mains geprägt. Durch diese Lage präsentiert sich der Main-Taunus-Kreis ideal als Freizeitgebiet für die Naherholung der Rhein-Main-Metropolen.

➡ Ein tolles Erlebnis ist der Besuch im Kletterwald Taunus in Friedrichsdorf. Es ist ein Abenteuer-, Kletter- und Naturerlebnis inmitten einer imposanten Waldkulisse. Hier warten der höchste Parcours Deutschlands und die längste Seilrutsche Hessens auf ihre Bezwinger. ■

Main-Taunus-Kreis

MTK

Orte im Kreis:
Bad Soden, Eschborn, Flörsheim,
Hattersheim, Hochheim, Hofheim,
Kelkheim, Schwalbach a.Ts.
Hessen

Muldentalkreis

MTL

Orte im Kreis:
Brandis, Grimma, Wurzen
Sachsen

➡ Der Muldentalkreis im Norden von Sachsen existierte bis ins Jahr 2008.

➡ Günstige klimatische Bedingungen sowie fruchtbare Lehmböden begünstigen seit Jahrhunderten den Obstanbau im Muldental. Unter dem Namen „Sachsenobst" wird in modernen und weitläufigen Obstplantagen erfolgreich Kern-, Stein- und Beerenobst angebaut.

➡ Von Grimma aus verläuft ein Wanderweg durch den üppigen Stadtwald und die Flussaue nach Höfgen. Von der Grimmaer Hängebrücke aus besteht die reizvolle Möglichkeit, diese Strecke bei einer Fahrt per Schiff zu erleben.

➡ Die Gattin eines Großmühlenbesitzers ließ 1905 den Bismarckturm (Abb. links) errichten. Seit 1993 ist er Teil des Wasserkreislaufsystems einer Schiffsmühle, in der ein Museum zur Geschichte der mitteleuropäischen Flussschiffsmühlen eröffnet wurde. ■

Mühldorf am Inn

MÜ

Orte im Kreis:
Mühldorf, Neumarkt-Sankt Veit,
Waldkraiburg
Bayern

➡ Der Landkreis Mühldorf befindet sich östlich von München im Regierungsbezirk Oberbayern und hat etwa 110.000 Einwohner.

➡ Auf über 20 Themenradwegen kann der sportliche Radfahrer eine intakte Natur genießen und den Landkreis entdecken. Ausgefallene Sportarten wie Skydiving, Sandbahnrennen oder eine Fahrt auf der längsten Kartbahn Bayerns ziehen Besucher an.

➡ An „Peter und Paul" ist es seit vielen Jahren Tradition, dass sich die katholische Jugend in Kraiburg zur Petersfeier trifft. Nach dem Gottesdienst ziehen die Jugendlichen mit Fackeln und Kerzen zum Kraiburger Schlossberg, wo ein Petersfeuer entzündet wird.

➡ Der Inn-Salzach-Stil bezeichnet eine in Altstädten der Region typische Bauform. Hier bilden mehrere Häuser, wie am Stadtplatz von Mühldorf (Abb. links), durch Scheinfassaden ein geschlossenes Ensemble. ■

➡ Der ehemalige Landkreis Münchberg lag im Norden von Bayern, im Regierungsbezirk Oberfranken, und wurde 1972 aufgelöst.

➡ Münchberg liegt im Zentrum der nach ihm benannten Münchberger Gneismasse. Der Hauptbestandteil der Gesteine, der Gneis, besteht wie Granit hauptsächlich aus Feldspat, Quarz und Glimmer, hat jedoch einen schieferigen Aufbau. Der GeoPark im Stadtpark von Münchberg informiert mit zahlreichen Schautafeln über den Aufbau und die Gesteinsvorkommen der Münchberger Gneismasse und der umliegenden Gebirgszüge. Dies wird auch durch zahlreiche Mustersteine auf dem Gelände veranschaulicht.

➡ Münchberg ist auch durch seine Textilindustrie bekannt und heute eine gewachsene und anerkannte Heimstätte dieses Industriezweiges. Die einstige hier betriebene Hausweberei machte den Namen der Stadt weit über die Grenzen des Landes hinaus bekannt. ■

Münchberg

Orte im Kreis:
Münchberg, Helmbrechts, Gefrees
Bayern

➡ Der Landkreis Müllheim in Baden-Württemberg wurde im Jahr 1973 im Rahmen der Kreisreform aufgelöst.

➡ Müllheim ist die Stadt der Mühlen, des Markgräfler-Museums (Abb. rechts), der Winzerhöfe, der Barockbauten und vielem mehr. In der sorgsam sanierten historischen Innenstadt weist Müllheim viele Zeugnisse seiner Geschichte und früheren Bedeutung auf. Die Innenstadt mit den alten Markgräfler Hofanlagen, verträumten Gassen und historischen Plätzen lädt zu einer Besichtigung ein.

➡ Zu den sportlichen Höhepunkten im Kreis zählt der Hochblauen-Berglauf, der alljährlich Anfang Juni stattfindet. Dieser führt auf den Gipfel des Müllheimer Hausbergs auf 1165 Meter Höhe und bietet im Ziel einen wunderbaren Panorama-Blick auf das Markgräfler Land und die Rheinebene. ■

Müllheim

MÜL Ⓐ

Orte im Kreis:
Müllheim, Bad Krozingen,
Staufen im Breisgau
Baden-Württemberg

Münsingen

Orte im Kreis:
Laichingen, Münsingen, Zwiefalten
Baden-Württemberg

Müritz

Orte im Kreis:
Malchow, Penzlin, Röbel, Waren
Mecklenburg-Vorpommern

➡ Der Landkreis Münsingen lag in Baden-Württemberg und wurde im Rahmen der Kreisreform 1973 aufgelöst.

➡ Der schönste Nebenfluss ist nach Ansicht der Münsinger die Große Lauter, die im Hof der ehemaligen Klosteranlage in Offenhausen entspringt. Sie windet sich in einem natürlichen Flussbett bis zur Mündung in die Donau. Oberhalb des Tals lassen die zahlreichen Burgruinen noch heute die ursprüngliche Bedeutung der Region erahnen.

➡ Ein ehemaliger Truppenübungsplatz im Münsinger Hardt kann heute mit einer herrlichen Landschaft und mit einem 45 Kilometer langen Wegenetz für Wanderer, Radfahrer und Inliner aufwarten. Nach der Auflösung des Truppenübungsplatzes ist das ehemalige Dorf Gruorn nach knapp 67 Jahren wieder für die Öffentlichkeit zugänglich und seit 2008 Teil des neu eingerichteten Biosphärenreservats Schwäbische Alb. ■

➡ Der ehemalige Landkreis Müritz lag in Mecklenburg-Vorpommern und wurde im Zuge der Kreisreform 2011 aufgelöst.

➡ Der Veranstaltungshöhepunkt in Waren (Müritz) ist die „Müritz Sail" (Abb. links), die sich als maritimes Fest deutschlandweit etabliert hat. Angeboten werden mehrere Regatten, Optirennen, Wasserskishows, Drachenbootrennen, Flottenparade, Wasserflieger, Kanurennen und Fischerstechen. Weitere sportliche Höhepunkte sind das Müritz-Schwimmen, der Müritz-Duathlon und -Triathlon.

➡ Die Mecklenburgische Seenplatte mal aus einer ganz anderen Perspektive zu erleben ist ab Waren mit einer Fahrraddraisine möglich. Ab Waren (Müritz) kann man entlang der ehemaligen Zugverbindung Eisenbahnflair schnuppern. Die Draisinentour führt den Teilnehmer durch eine abwechslungsreiche Landschaft, vorbei an Seen, Wäldern, verschlafenen Dörfern und weiten Wiesen. ■

➡ Der ehemalige Landkreis Mittweida lag im westlichen Sachsen und wurde 2008 aufgelöst.

➡ Für die Freunde der Raumfahrt wurde 1992 ein Raumfahrtmuseum eröffnet, das schon von Astronauten und Kosmonauten besucht wurde. Im Museum gibt es Originalmaterialien aus Russland und den USA zu bewundern. Ferner sind eine Galerie echter Raumanzüge, Informationsmaterial über Sigmund Jähn und 100 Modelle von Raketen, Shuttles und Raumschiffen, darunter die Internationale Raumstation, zu sehen.

➡ Im Landschaftsschutzgebiet Talsperre Kriebstein (Abb. rechts) liegt außer der Talsperre noch die Burg Kriebstein, die 1384 erstmals erwähnt wurde und als schönste Ritterburg Sachsens bezeichnet wird. Im Sommer beleben Paddel-, Ruder- sowie Segelboote und Fahrgastschiffe den Stausee und im September ein Motorbootrennen. ■

Mittweida

Orte im Kreis:
Burgstädt, Frankenberg, Geringswalde, Hainichen, Mittweida, Penig
Sachsen

➡ Der ehemalige Landkreis Mayen bestand bis 1970 und gehört heute überwiegend zum Landkreis Mayen-Koblenz in Rheinland-Pfalz.

➡ Bereits in der römischen Zeit war Mayen ein wichtiger Wirtschaftstandort, und noch heute ist die Basaltlava- und Schieferindustrie ein großer Industriezweig. Umgeben von der mittelalterlichen Stadtbefestigung liegt die Genovevaburg (Abb. rechts) in Mayen. Das Deutsche Schieferbergwerk ist ein Erlebnisbergwerk und Museum und befindet sich in 16 Metern Tiefe unter der Genovevaburg.

➡ Freunde der „heißen Reifen" finden rund 15 Kilometer westlich von Mayen die weltberühmte Rennstrecke des Nürburgrings. Der 1927 gegründete AC Mayen richtet fast alle Großveranstaltungen auf dem Nürburgring im Namen des ADAC aus, wie die Formel-1-Weltmeisterschaft, das ADAC 1000-km-Rennen, das 24-h-Rennen und vieles mehr. ■

Mayen

Orte im Kreis:
Andernach, Kruft, Mayen, Polch
Rheinland-Pfalz

Mayen-Koblenz

MYK

Orte im Kreis:
Andernach, Bendorf, Koblenz,
Mayen
Rheinland-Pfalz

➡ Der Landkreis Mayen-Koblenz liegt zwischen Rhein und Mosel und hat knapp 210.000 Einwohner.

➡ Besucher können sich in dem einzigartigen Vulkanpark in der Eifel über die Welt der Vulkane informieren. Vor rund 13.000 Jahren entstand in diesem Gebiet durch den Ausbruch eines Vulkans der Laacher See. Spuren der vulkanischen Aktivität finden sich noch heute, in der Form von Ausgasungen, in der südöstlichen Uferzone des Sees.

➡ Tausende Besucher kommen jährlich, um in der Burg Eltz (Abb. links), eine der schönsten Burgen Deutschlands, der Burg Thurant, der Ehrenburg, der Burg Pyrmont und der Genovevaburg die Zeiten des Mittelalters zu erkunden.

➡ Auf dem Namedyer Werth bei Andernach springt seit 1903 der höchste Kaltwassergeysir der Welt, der Geysir Andernach. ■

Mainz-Bingen

MZ

Rheinland-Pfalz

➡ Mainz ist die größte Stadt von Rheinland-Pfalz und gleichzeitig Landeshauptstadt mit rund 200.000 Einwohnern. Sie grenzt an die hessische Landeshauptstadt Wiesbaden auf der anderen Rheinseite.

➡ Johannes Gutenberg ist der größte Sohn der Stadt Mainz. Mit der Erfindung des Buchdrucks mit beweglichen Lettern setzte er das Fundament für die heutige Medienkommunikation. In der Stadt ist eine Exkursion auf den Spuren des großen Mannes möglich. Angefangen mit dem Weltmuseum der Druckkunst, dem Gutenberg-Museum (Abb. links), kann hier jeder selbst ausprobieren, wie die Druckkunst geht.

➡ Zu den herausragenden Gebäuden der Stadt gehört der Dom, der künstlerisch wie historisch von höchster Bedeutung ist. Das Bauwerk gehört zu den herausragenden Zeugnissen des christlichen Glaubens in Europa. Die wechselvolle Geschichte des Mainzer Doms (Abb. Seite 273 oben) war über Jahrhunderte hinweg eng mit der machtvollen Stellung der Mainzer Erzbischöfe verbunden. Entsprechend prachtvoll gestalteten sie ihre Hauptkirche. Der Grundstein für das Bauwerk wurde im Jahr 975 gelegt.

➡ Fußballbundesligist Mainz 05 spielte früher im Stadion am Bruchweg, seit der Saison 2011/12 aber im 34.000 Besucher fassenden Stadion Coface Arena.

➡ Zu den kulturellen Höhepunkten der Stadt gehört die Mainzer Fastnacht. Bestens bekannt ist die Fernsehsendung „Mainz bleibt Mainz, wie es singt und lacht" oder der Mainzer Rosenmontagszug, der Millionen von Menschen auf die Straße und an den Fernseher lockt. ▪

Merzig-Wadern

➡ Der Landkreis Merzig-Wadern liegt ganz im Westen des Saarlandes mit rund 105.000 Einwohnern.

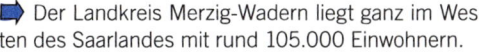

MZG

➡ Die „Gärten ohne Grenzen" in der Region Saar-Lot-Lux sind ein Tourismus-Projekt der Grenzregion Saarland, Lothringen und Luxemburg. Sie präsentieren historische Gartenanlagen unterschiedlicher Epochen oder besonders gelungene aktuelle Themengärten wie zum Beispiel den nach englischem Vorbild angelegten Staudengarten in Weiskirchen oder das Barockgartenparterre am Schengener Schloss.

Orte im Kreis:
Beckingen, Losheim, Merzig, Wadern
Saarland

➡ Das Wahrzeichen der Region und des Saarlandes ist die Saarschleife (Abb. rechts). Die Luftlinie zwischen den Orten Besseringen und Mettlach beträgt nur etwa zwei Kilometer, die Saar macht jedoch einen ro-

mantischen Umweg von fast zehn Kilometern. Vom Aussichtspunkt „Cloef" liegt das Naturwunder dem Betrachter atemberaubend schön zu Füßen. ▪

Nürnberg

Bayern

➡ Die bayerische Großstadt Nürnberg in Mittelfranken hat über 510.000 Einwohner.

➡ Hoch über der Stadt thront das Wahrzeichen der Stadt, die Nürnberger Burg (Abb. unten), sie besteht aus der Kaiserburg und der Burggrafenburg. In der Burg residierten in der Zeit von 1050 bis 1571 sämtliche Kaiser des Heiligen Römischen Reichs. Sie zählt zu den geschichtlich und baukünstlerisch bedeutendsten Wehranlagen Europas und beheimatet heute außer dem Kaiserburg Museum eine der modernsten Jugendherbergen.

➡ Die Historische Meile Nürnberg ist ein kulturhistorischer Stadtrundgang, der die wichtigsten Sehenswürdigkeiten der Altstadt von Nürnberg erschließt. Aber auch das Germanische Nationalmuseum (Abb. links), das Spielzeugmuseum, das Verkehrsmuseum, das Dokumentationszentrum Reichsparteitagsgelände, das Staatliche Museum für Kunst und Design, das Museum im Koffer (ein Kindermuseum), die Felsengänge unter der Nürnberger Altstadt, der Kettensteg und der Neptunbrunnen sind lohnende Ziele.

➡ Ein Besuchermagnet ist der seit 1600 jährlich stattfindende Nürnberger Christkindlmarkt mit den angebotenen Nürnberger Lebkuchen und den Rostbratwürstchen.

➡ Der berühmte Maler Albrecht Dürer wurde 1471 in Nürnberg geboren. Zur gleichen Zeit verfasste Hans Sachs seine bekannten Gedichte und Lieder.

➡ Ein Aushängeschild der Stadt ist auch der Fußballbundesligist. Spielernamen wie Max Morlock oder Nationaltorhüter Andreas Köpcke stehen für große Erfolge des Vereins. ■

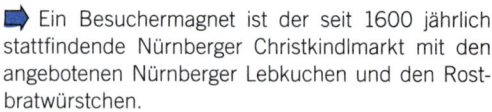

➡ Der ehemalige Landkreis Nabburg gehörte zum Regierungsbezirk Oberpfalz in Bayern und wurde 1972 aufgelöst.

➡ Zu den kulturellen Höhepunkten der Kreisstadt gehört der Mittelalterliche Markt, der seit vielen Jahrzehnten in die historischen Stadtmauern lockt. Unter dem Titel „Z'Nappurch Marckt & Gaudium" ist die mittelalterliche Welt mit Gauklern, Falknern, Feuerschluckern, Pantoffelmachern, Scherenschleifern, Waschweibern und vielem mehr zu sehen.

➡ Bei einem Besuch in Nabburg kann man auch auf drei Museen zurückgreifen. Im Stadtmuseum Zehentstadel ist die Dauerausstellung „Von Menschen und Tieren" in und um Nabburg zu sehen. Im Museum im Schmidt-Haus (Abb. rechts) sind Werke des Kunstmalers, Architekten und Graphikers Karl Schmidt ausgestellt, und das Oberpfälzer Freilandmuseum Neusath-Perschen bietet einen Einblick in das ländliche Leben früherer Zeit. ■

Nabburg

NAB Ⓐ

Orte im Kreis:
Nabburg, Wernberg, Oberköblitz, Pfreimd, Schwarzach, Stulln, Schwarzenfeld, Trausnitz
Bayern

➡ Der ehemalige bayerische Landkreis Naila gehörte bis zu seiner Auflösung 1972 zum Regierungsbezirk Oberfranken.

➡ Im Heimatmuseum von Naila ist unter den vielen Gegenständen der Geschichte auch ein Heißluftballon zu sehen, der 1979 für Schlagzeilen sorgte. Im September 1979 flogen nachts zwei Familien mit einem selbst genähten Heißluftballon über die innerdeutsche Grenze. Sie landeten nach 28 Flugminuten und 22 Kilometern auf einem Feld bei Naila.

➡ Seit 1986 wird ein wunderschöner Osterbrauch in den Mauern der Stadt gepflegt. Kinder, Feriengäste und Einheimische können beim traditionellen Eierwalchen teilnehmen. Dabei geht jeder Teilnehmer mit einem hart gekochten Ei an den Start. Dieses Ei wird dann durch eine „Eierstartmaschine" einen Hang hinuntergerollt. Das Ei, das am weitesten gerollt ist, hat gewonnen. ■

Naila

NAI Ⓐ

Orte im Kreis:
Naila, Lichtenberg, Selbitz
Bayern

Quiz Etwa fünf Kilometer nördlich von Naila, bereits in Thüringen, liegt ein Schloss. Dieses nennt sich Camping-Schloss „ . . . . ". Hier kann man preiswert Zimmer bzw. Ferienwohnungen mieten oder im Schlosspark campen. Wie ist der vollständige Name des Schlosses?

Auflösung: Seite 444

Nauen

NAU Ⓐ

Orte im Kreis:
Nauen, Ribbeck, Wustermark
Brandenburg

Neubrandenburg

NB

Mecklenburg-Vorpommern

➡ Der Landkreis Nauenwar bis 1990 im Bezirk Potsdam eine Verwaltungseinheit der DDR.

➡ Die Großfunkstelle Nauen ist heute die älteste noch bestehende Sendeanlage der Welt. Sie wurde 1906 vom Telefunken-Ingenieur Richard Hirsch ins Leben gerufen. 1926 wurden zwei 266 Meter hohe Sendetürme errichtet, die damals zu den höchsten Bauwerken Europas gehörten. Die heutigen Sende-antennen, von 1964 und 1997, sind 70 und 80 Meter hoch. Die Station diente bis 2011 der Ausstrahlung des Programms der Deutschen Welle über Kurzwelle.

➡ Und wer kennt nicht das Gedicht „Herr von Rib-beck auf Ribbeck im Havelland …" von Theodor Fon-tane, welches an Hans Georg von Ribbeck erinnert? Der Originalstumpf des im Gedicht beschriebenen Birnbaums auf dem Ribbeck'schen Grab befindet sich in der Dorfkirche von Ribbeck, einem Ortsteil von Nauen. ◼

➡ Neubrandenburg in Mecklenburg-Vorpommern liegt nördlich von Berlin und hat über 65.000 Einwohner.

➡ Ein wahres Kleinod ist der 17,4 Quadratkilometer große Tollensesee. Es ist nicht nur Lokalpatriotismus, wenn die Neubrandenburger sagen, dass ihr See ei-ner der schönsten der Mecklenburgischen Seenplatte ist. Ein Radwanderweg, der in einem Rundkurs um den See führt, bietet auf seinen 37 Kilometern viele Impressionen.

➡ Neubrandenburg besitzt mit den vier spätgotischen Toren (Friedländer Tor, Star-garder Tor, Treptower Tor und Neues Tor) und seiner Stadtmauer eine fast vollständig erhaltene mittelalterliche Wehranlage aus dem 13. bis 15. Jahrhundert. Eingebettet in den bis zu sieben Meter hohen Stadt-mauerring sind noch zahlreiche Wiekhäu-ser (Abb. links) und der Fangelturm gut erhalten. ◼

➡ Die Kreisstadt Neuburg liegt westlich von Ingolstadt in Bayern und hat über 28.000 Einwohner.

➡ Seit einem halben Jahrhundert finden jährlich die Neuburger Barockkonzerte im passenden, stimmungsvollen Ambiente des Schlosses (Abb. rechts) und des Stadttheaters statt. Die Neuburger Barockkonzerte sind eine Stiftung zum Erhalt der Barockmusik. Berühmte Künstler aus dem In- und Ausland gestalten die Musikdarbietung zu einem wahrhaften Genuss. Aber auch die Welt des Theaters hat in der Stadt mit sieben Theatern einen hohen Stellenwert.

➡ Neuburg an der Donau stellt sich auf eine Stufe mit den Städten Burgdorf oder Schwetzingen, wenn es darum geht, das wichtigste Spargelanbaugebiet Deutschlands zu sein. Dies wird durch das einzigartige Spargelmuseum in Schrobenhausen noch unterstützt. ■

Neuburg-Schrobenhausen

Bayern

➡ Der Landkreis Nordhausen liegt am Südrand des Harzes, östlich von Göttingen, in Thüringen und hat knapp 90.000 Einwohner.

➡ Eine Attraktion ist die in Nordhausen startende Harzquerbahn (Abb. rechts). Bei einer romantischen Fahrt überquert der dampflokbetriebene Zug auf kurvenreicher Strecke das Mittelgebirge.

➡ Der Naturpark Südharz vereint die Höhen des Thüringer Südharzes mit der Gipskarstlandschaft – eine Region zum Staunen und zum Erkunden. Der gut 200 Kilometer lange Karstwanderweg verbindet die drei Harz-Länder Thüringen, Sachsen-Anhalt und Niedersachsen.

➡ Die 1507 erstmals urkundlich erwähnte Branntweinherstellung hat in Nordhausen Tradition. Damals begann die Stadt die Produktion zu besteuern und die erste Branntweinsteuer Deutschlands einzuführen. Zwei übergroße Kornflaschen bei der Spirituosenfabrik sind zu einem Wahrzeichen geworden. ■

Nordhausen

Orte im Kreis:
Bleicherode, Ellrich,
Heringen/Helme, Nordhausen
Thüringen

Rhein-Kreis Neuss

NE

Nordrhein-Westfalen

➡ Die Kreisstadt Neuss liegt am Niederrhein bei Düsseldorf und hat über 150.000 Einwohner.

➡ Das Museum Insel Hombroich (Abb. links), die ehemalige Raketenstation und die „Langen Foundation" zeichnen sich durch eine Kombination von Kunst und Natur aus. Die Pavillons beherbergen viele Kunstschätze und laden zum Verweilen ein. Das Quirinus-Münster, zwischen 1209 und 1230 erbaut, ist das Wahrzeichen der Stadt. Das um 1200 erbaute Obertor ist eine der ursprünglich sechs Torburgen der mittelalterlichen Stadtbefestigung und heute Teil des Clemens-Sels-Museums.

➡ Zum Shakespeare-Festival reisen jährlich Ensembles aus der ganzen Welt an. Sie begeistern das Publikum mit unterschiedlichsten Interpretationen klassischer Stücke wie „Hamlet" oder „Romeo und Julia". Die Deutsche Kammerakademie Neuss zählt zu den angesehensten Kammerorchestern Europas. ◼

Neustadt an der Aisch

NEA

Orte im Kreis:
Neustadt a.d. Aisch, Baudenbach, Dachsbach, Markt Erlbach, Uehlfeld
Bayern

Turm am Alten Schloss

➡ Der Landkreis Neustadt an der Aisch-Bad Windsheim liegt zwischen Würzburg und Nürnberg in Bayern und hat über 95.000 Einwohner.

➡ Seit 2008 gibt es im Alten Schloss in Neustadt mit dem Aischgründer Karpfenmuseum eine bundesweit einmalige Einrichtung. Das Museum beschreibt die mehr als 1250-jährige Geschichte der Kulturlandschaft des mittleren Aischgrundes. Das wasserreiche, an den Südrand des Steigerwaldes angrenzende Gebiet wurde zum Zentrum der Teichwirtschaft. Heute gibt es rund 6000 Teiche für die Zucht einer speziellen Karpfenart, des Aischgründer Spiegelkarpfens.

➡ Hochgiebelige Fachwerkhäuser stehen am großen Marktplatz des Ortes Neuhof im oberen Zenntal. Bei Bauarbeiten fand man 1999 die ehemaligen Grundmauern einer Kapelle mit Friedhof, Brunnen und die Reste eines Hauses. Schautafeln geben dem Besucher Auskunft über die aus der Zeit um das Jahr 1100 stammenden Bauwerke. ◼

Nebra

➡ Der frühere Landkreis Nebra lag im Bezirk Halle in Sachsen-Anhalt und wurde 1994 aufgelöst.

➡ Die Stadt Nebra gilt als das Eingangstor zum Geo-Naturpark Saale-Unstrut-Triasland. Dem Thema Trias ist eine Ausstellung gewidmet, die die erdgeschichtliche Entwicklung durch die damalige Flora und Fauna und typische Gesteine darstellt. Ein Teil der Ausstellung widmet sich dem ehemaligen Sandsteinabbruch der Region Nebra.

Orte im Kreis:
Bad Bibra, Laucha/Unstrut, Nebra
Sachsen-Anhalt

➡ Die „Himmelsscheibe von Nebra" ist die erste bekannte Himmelsdarstellung der Menschheitsgeschichte und gewährt Einblicke in die Kenntnisse der vorgeschichtlichen Menschen. Das Informationszentrum „Arche Nebra" steht in der Nähe des Fundortes und des Aussichtsturms auf dem Mittelberg. Der Spalt des Turms bildet eine Sichtachse zum Brocken wo zur Sommersonnenwende die Sonne unter geht. ∎

➡ Neustadt bei Coburg liegt, wie der Name schon sagt, nordöstlich von Coburg in Bayern und hat knapp 16.000 Einwohner.

Neustadt bei Coburg

➡ Das 1958 als Trachtenpuppenmuseum errichtete Museum der Deutschen Spielzeugindustrie zeigt mit nachempfundenen Werkstätten die Entwicklungsgeschichte der Spielzeugherstellung. Die Verarbeitungstechniken von Holz, Pappmaché und modernem Kunststoff der vergangenen 250 Jahre sind anschaulich dargestellt. Dem Museum ist eine Trachtenpuppenschau und eine Werkstatt des Weihnachtsmannes angegliedert.

Bayern

➡ Der Prinzregententurm (Abb. rechts) steht auf dem 515 Meter hohen Muppberg und kann ganzjährig bestiegen werden. Man erreicht den Prinzregententurm über verschiedene Rundwanderwege. Von der Aussichtsplattform wird man mit einem herrlichen Panoramablick nach Thüringen und in das Coburger Land belohnt. ∎

Neunburg vorm Wald

NEN

Orte im Kreis:
Hillstedt, Neukirchen-Balbini,
Neunburg, Rötz
Bayern

➡ Der frühere Landkreis Neunburg vorm Wald gehörte bis 1972 zum Regierungsbezirk Oberpfalz.

➡ Den Petri-Jüngern bieten Neunburg und die Region eine Vielzahl an guten Angelrevieren. Der Eixendorfer Stausee, eingebettet ins Tal der Schwarzach, ist weit über die Grenzen des Landkreises hinaus für seinen hervorragenden Raubfischbestand bekannt. An den See (Abb. links) schließt sich das wildromantische Murntal mit der Schwarzach an.

➡ Die Stadt Neunburg vorm Wald, mit dem bundesweit bedeutsamsten städtischen Rutengängerlehrpfad, gilt als Mekka für Wünschelrutengänger. Seit der Installation des Lehrpfades im Jahr 2000 haben über 850 Teilnehmer aller Alters- und Berufsgruppen den Lehrpfad besucht und erfolgreich an Kursen teilgenommen. ∎

Rhön-Grabfeld

NES

Orte im Kreis:
Bad Neustadt/Saale,
Bischofsheim/Rhön, Oberelsbach
Bayern

➡ Der Landkreis Rhön-Grabfeld mit seiner Kreisstadt Bad Neustadt an der Saale liegt im Norden Bayerns im Regierungsbezirk Unterfranken.

➡ Traumhafte Wanderstrecken zeichnen die Landschaft im ehemaligen Landkreis aus. Oberelsbach liegt als Start- und Kreuzungspunkt mitten im breit angelegten Wander- und Radwegenetz der Rhön.
Als Ausflugsziele bieten sich aber auch das Rote Moor (Abb. rechts) oder das Schwarze Moor am Dreiländereck von Hessen, Thüringen und Bayern an. Die bedeutenden Hochmoore gehören zum UNESCO-Biosphärenreservat Rhön und sind Bestandteile des europaweiten Schutzgebietssystems Natura 2000.

➡ Ein „närrisch" guter Winterurlaub in der fünften Jahreszeit bietet sich in Bischofsheim an der Rhön an. Nicht einmal der Bischof von Würzburg konnte, einer Sage nach, seinerzeit dem „schändlichen Treiben" der „Böschemer Maumer" Einhalt gebieten. ∎

➡ Der Landkreis Hochschwarzwald lag bis zur Kreisreform 1973 in Baden-Württemberg.

➡ Der Titisee (Abb. rechts) mit seiner berühmten Seestraße zählt zu den bekanntesten Ausflugszielen. Jährlich flanieren weit mehr als eine Million Tagesbesucher am See entlang. Eine Bootsfahrt gehört ebenso zum Pflichtprogramm wie der Erwerb des einen oder anderen Souvenirs, das die typischen Schwarzwald-Lädle am Seeufer anbieten.

➡ Die vielen Wintersportangebote im Hochschwarzwald sorgen dafür, dass auch in der kalten Jahreszeit die Touristen auf ihre Kosten kommen. Zum reichhaltigen Angebot gehören die Rodelbahn Saig-Titisee, das Skigebiet in Waldau, Loipen in Titisee-Neustadt sowie Winterwanderwege am und um den Titisee und über die Höhen von Neustadt. Sehenswert ist auch die Hochfirstschanze in Titisee-Neustadt, sie ist die größte Naturschanze Deutschlands. ■

➡ Der bayerische Landkreis Neustadt an der Waldnaab liegt östlich von Nürnberg direkt an der tschechischen Grenze und hat über 95.000 Einwohner.

➡ Über 100 Jahre lang fuhren Dampflokomotiven auf einer gemütlichen, aber bedeutenden Lokalbahnstrecke, seit einigen Jahren sind nun Radler, Wanderer und im Winter sogar Skilangläufer auf der Strecke unterwegs. Der 52 Kilometer lange Bockl-Radweg, von Neustadt an der Waldnaab nach Eslarn, hat sich zu einem der beliebtesten Radwege des Landkreises entwickelt.

➡ Im Waldnaabtal zwischen den zwei Burgen Neuhaus und Falkenberg, gibt es einiges zu entdecken und zu erleben. Ausgeschilderte Wander- und Radrouten oder für Liebhaber schmaler Steige der Uferpfad laden zu einer Entdeckungsreise ein. Viele seltene Vogelarten wie der Eisvogel und die Wasseramsel leben in diesem Talraum. ■

Hochschwarzwald

NEUⓐ

Orte im Kreis:
Neustadt im Schwarzwald,
St. Blasien, Hinterzarten
Baden-Württemberg

Neustadt an der Waldnaab

NEW

Orte im Kreis:
Grafenwöhr, Neustadt/Waldnaab,
Windischeschenbach
Bayern

Kirche St. Georg in Neustadt an der Waldnaab

Nordfriesland

NF

Orte im Kreis:
Husum, Friedrichstadt, Wyk auf
Föhr, Dagebüll, Niebüll
Schleswig-Holstein

Dünenstrand auf Sylt

Der Kreis Nordfriesland in Schleswig-Holstein ist der nördlichste Landkreis Deutschlands und grenzt direkt an Dänemark.

Im Landkreis befinden sich so bekannte Orte wie Husum, Sankt Peter-Ording, Nordstrand, Dagebüll und die Inseln Pellworm, Hooge, Langeneß, Föhr, Amrum und Sylt. Die Insel Sylt gehört zu den schönsten Nordseeinseln. Ortschaften wie Westerland und Keitum sind weltbekannt und nicht nur durch die Surfweltmeisterschaften in vielen Gazetten zu finden. Die herrlichen Strände des Kreises laden zur Entspannung ein und die kleinen Ortschaften mit ihren reetgedeckten Häusern zu einer Entdeckungstour.

Naturerlebnisse pur gibt es rund um den Nordseestrand. Besucher können den Nationalpark Nordfriesisches Wattenmeer bei Ebbe und Flut entdecken. ■

Neuhaus am Rennweg

NH⒜

Orte im Kreis:
Katzhütte, Cursdorf, Meura, Piesau
Thüringen

Quiz In dem Schaubergwerk
Morassia gibt es auch
einen Heilstollen. Die
Heilstollen-Klimatherapie
soll bei Krankheiten
wie Asthma bronchiale,
chronischer Bronchitis
und Neurodermitis helfen.
Wie ist der Name des
Heilstollens?

Auflösung: Seite 444

Der Kreis Neuhaus am Rennweg bestand bis ins Jahr 1994 im südlichen Thüringen.

Die Stadt Neuhaus liegt im Naturpark Thüringen auf einer Höhe von 835 Metern. Direkt am Bahnhof können Wanderer den Höhenweg Rennsteig beginnen. Ein Kleinod in Neuhaus ist auch die evangelische Kirche (Abb. rechts), eine der schönsten und größten Holzkirchen Thüringens.

Nicht weit entfernt von Neuhaus liegt das Schaubergwerk Morassia, in dem über viele Jahre Alaunschiefer abgebaut wurde. Die Besucher erwartet eine Kombination aus Naturschönheit und technischem Denkmal mit Relikten des Bergbaus von kulturhistorischem Wert, bei dem fast die gesamte Stempelsetzung im Originalzustand erhalten ist. ■

➡ Der Landkreis Nienburg/Weser liegt zwischen Hannover und Bremen in Niedersachsen und hat über 120.000 Einwohner.

➡ Der Natur auf die Spur kommt man bei einer rund 10 Kilometer langen Fahrt mit der Moorbahn „Uchter Moor". Die Besucher fahren durch das 3263 Hektar große Naturschutzgebiet und lernen das Moor während der etwa zweistündigen Fahrt näher kennen. Entlang eines Erlebnispfades sind 13 Stationen eingerichtet, wo sich interessierte Besucher über Moor, Torf, Fauna, Flora und Naturschutz informieren können.

➡ Der Jurassic-Park lässt grüßen. Im Freilichtmuseum von Münchehagen wurden Nachbildungen von prähistorischen Tieren wie Dinosauriern geschaffen, die zu einem Bummel in die Urzeit einladen. ◾

Nienburg/Weser

NI

Orte im Kreis:
Nienburg, Steyerberg
Niedersachsen

➡ Der frühere Kreis hieß ursprünglich Kreis Tondern und wurde 1920 in „Kreis Südtondern" umbenannt, weil große Teile an Dänemark abgetreten werden mussten. Er wurde bei der Gebietsreform 1970 aufgelöst.

➡ Zu dem ehemaligen Landkreis gehörten die Städte Niebüll und Leck und die Inseln Sylt, Föhr, Amrum. Die Stadt Niebüll ist heute der Verkehrsknotenpunkt für die Verbindungen zu den Nordfriesischen Inseln und nach Dänemark. Von hier verkehren Züge nach Westerland, Tønder und nach Dagebüll, wo eine Fährverbindung zu den Inseln Föhr und Amrum besteht. Auch die Autoverladung für den Autozug Sylt Shuttle wird in Niebüll abgefertigt.

➡ Die Wattflächen der Region bieten ideale Rast- und Futterplätze für viele Arten von Seevögeln. So findet man dort Austernfischer, Eiderenten und Brandgänse. Während des Vogelzuges kommen außerdem Schwärme von Zugvögeln. Auch Seehunde können am Strand von Föhr und Amrum angetroffen werden. ◾

Südtondern

NIB Ⓐa

Orte im Kreis:
Leck, Niebüll, Tondern in Dänemark
Schleswig-Holstein

Neunkirchen (Saar)

NK

Orte im Kreis:
Neunkirchen, Ottweiler, Eppelborn
Saarland

Der Kreis Neunkirchen liegt im Saarland, nordöstlich von Saarbrücken, und hat rund 135.000 Einwohner. Die Kreisstadt ist Neunkirchen.

Das Alte Hüttenareal ist eine Ansammlung von Industriedenkmälern in Neunkirchen (Saar) (Abb. links). 1993 wurde der erste Teil des Hüttenparks eingeweiht und 1995 dann der restliche Park. Der Hüttenpark beinhaltet eine Ausstellung alter Maschinenteile aus der Hüttenzeit. Das übrige Gelände ist ein Erholungspark mit vielen Grünflächen. Jede Station auf dem Neunkircher Hüttenweg ist mit Informationstafeln ausgestattet.

Der 1924 eröffnete Zoologische Garten Neunkirchen liegt in einem Waldgebiet zwischen der Innenstadt und Wellesweiler. Hier leben auf 14 Hektar Fläche rund 500 Tiere aus 100 Arten. Der Zoo hat sich schwerpunktmäßig auf asiatische Tierarten spezialisiert. ■

Neumarkt in der Oberpfalz

NM

Bayern

Der Kreis Neumarkt ist der westlichste im Regierungsbezirk Oberpfalz. Die Kreisstadt ist Neumarkt mit rund 40.000 Einwohnern. Zu den Sehenswürdigkeiten der Stadt gehört die historische Altstadt mit der Kirche St. Johannes und dem Rathaus, das Pfalzgrafenschloss (Abb. links), das Landesgartenschaugelände am Ludwig-Donau-Main-Kanal, die Wallfahrtskirche Mariahilf und die Burgruine Wolfstein.

Freunden der Kfz-Nobelmarke Maybach wird bei einem Besuch der ehemaligen Räumlichkeiten der Express-Werke das Herz höher schlagen. In dem privaten Museum kann man einiges über die historischen Automobile und die modernen Modelle der Maybach-Manufaktur erfahren.

Unweit der Wallfahrtskirche auf dem Mariahilfberg haben Gäste jeden Freitag in der Fritz-Weithas-Sternwarte die Gelegenheit, einen Blick auf die Sterne zu werfen und etwas über die Astronomie zu erfahren. ■

➡ Der frühere Kreis Naumburg gehörte zu Sachsen-Anhalt und existierte bis 1994.

➡ Zu den Höhepunkten der Stadt Naumburg zählt das Hussiten-Kirschfest. Schon bereits im 16. Jahrhundert soll es Aufzeichnungen über das Fest gegeben haben, das mit der Belagerung Naumburgs durch die Hussiten 1432 in Verbindung gebracht wird.

➡ Das Wahrzeichen der Stadt Naumburg ist der Dom St. Peter und Paul, der im 13. Jahrhundert erbaut wurde (Abb. rechts).

➡ Naumburg liegt im nördlichsten Weinanbaugebiet Deutschlands. In der Stadt gibt es noch zahlreiche Winzer und Weinfeste. Das Naumburger Weinbergrennen auf der kurvenreichen Kreisstraße ist eine Gleichmäßigkeitsfahrt für historische Automobile und Motorräder. ■

Naumburg

NMB ⒶA

Orte im Kreis:
Altenburg, Kösen, Naumburg
Sachsen-Anhalt

➡ Neumünster liegt in Schleswig-Holstein und hat knapp 77.000 Einwohner. Die Stadt ist als „Pferdefreundliche Gemeinde" ausgezeichnet worden. Mit der Beschilderung der Wege für Reiter und den Rundtouren wird sie mit dem Pferd erlebbar.

➡ Neumünster ist an mehrere Radfernwege angebunden. Der Ursprung des „Ochsenwegs" reicht in die Zeit der Kreuzzüge und Pilgerfahrten zurück. Auf der historischen Route reisten Wikinger, Soldaten, Handwerker, Könige und Bettler. Rinderherden wurden auf diesem Weg in die Niederlande getrieben.

Neumünster

NMS

Schleswig-Holstein

➡ Im Tuch und Technik Textilmuseum (Abb. links) kann man die Entwicklung der Tuchherstellung in Neumünster an verschiedenen Stationen erleben. ■

Nördlingen

NÖ

Bayern

➡ Nördlingen liegt in Bayern im Dreieck Nürnberg, Augsburg, Heilbronn und hat knapp 20.000 Einwohner.

➡ 1438 fand auf der Nördlinger Kaiserwiese eines der ältesten Pferdesport-Ereignisse statt, das Scharlachrennen. Heute gehören das Scharlachrennen, das Süddeutsche Springderby, die Championate der Reit-, Dressur- und Springpferde und das Würth-Pony-Derby zu den größten Turnieren Süddeutschlands.

➡ Die Nördlinger Stadtmauer (Abb. links), eine vollständig erhaltene und rundum begehbare, überdachte Stadtmauer, umschließt die komplette Altstadt und hat eine Länge von 2,6 Kilometern. Zur Stadtmauer gehören mehrere Tore, Türme und eine Bastion. Beim „Historischen Stadtmauerfest" wird die Stadt wieder ins Mittelalter zurückversetzt. Das Wahrzeichen Nördlingens ist der „Daniel", der 90 Meter hohe Kirchturm der 1427 erbauten St.-Georgs-Kirche. ◾

Grafschaft Bentheim

NOH

Orte im Kreis:
Bad Bentheim, Hoogstede, Nordheim, Neuenhaus, Wietmarschen, Wilsum
Niedersachsen

➡ Der Landkreis Grafschaft Bentheim liegt an der holländischen Grenze in Niedersachsen und hat knapp 135.000 Einwohner.

➡ Das Wahrzeichen von Bad Bentheim, die Burg Bentheim (Abb. links), ist eine frühmittelalterliche Höhenburg und gilt als eine der größten und schönsten Burganlagen Nordwestdeutschlands. Die Ritterspiele locken jedes Jahr Tausende von Fans des mittelalterlichen Spektakels an.

➡ Die Grafschaft Bentheim bietet den Besuchern ein über 1200 Kilometer langes Radwegenetz. Die Grafschafter Fietsentour und die drei länderübergreifenden Radfernrouten – Kunstwegen, Vechtetal-Route und die United Countries Tour – führen durch die Grafschaft Bentheim. Der 132 Kilometer an der Vechte entlang führende Skulpturenweg „Kunstwegen" ist eines der größten offenen Museen Europas. Die über 60 Skulpturen unter freiem Himmel sind rund um die Uhr zugänglich. ◾

➡️ Der Niederschlesische Oberlausitzkreis lag bis zur Auflösung 2008 im Osten von Sachsen.

➡️ Das Glasmuseum Weißwasser ist das einzige seiner Art in Sachsen und in den ostdeutschen Bundesländern. Es befindet sich in der Villa der Unternehmerfamilie Gelsdorf, die 1877 in Weißwasser erfolgreich eine Glashütte betrieben hat.

➡️ Die Kreisstadt Niesky liegt in unmittelbare Nähe des UNESCO-Biosphärenreservats Oberlausitzer Heide- und Teichlandschaft. Zusammen mit dem nördlichen Niederlausitzer Teil ist es die größte zusammenhängende Teichlandschaft Mitteleuropas. Die Besucher des Informationszentrums „Haus der Tausend Teiche" (Abb. rechts) erwartet eine multimediale Ausstellung mit Lehrpfaden und Workshops. Die Region rund um Niesky lädt zu idyllischen Spaziergängen und Fahrradtouren ein. ∎

➡️ Der Landkreis Northeim liegt zwischen Braunschweig und Kassel in Niedersachsen und hat über 137.000 Einwohner.

➡️ Das Stadtbild von Northeim wird durch die St.-Sixti-Kirche, eine dreischiffige spätgotische Hallenkirche, geprägt. Aber auch die Altstadt mit Fachwerkhäusern des 16. und 18. Jahrhunderts ist sehenswert.

➡️ Die durch Kiesabbau entstandene Northeimer Seenplatte, mit einer Größe von etwa 360 Hektar, bietet ideale Bade-, Segel-, Surf-, Tauch- und Angelreviere. Die Besucher können aber auch das einzigartige „Wasservogelreservat Northeimer Seenplatte" entdecken.

➡️ Das Töpferdorf Fredelsloh blickt auf 1000 Jahre Tonabbau, -verarbeitung und Töpferkunst im Raum Fredelsloh zurück. Im Aktions- und Ausstellungshaus „Keramik.um" gibt es einiges über den Ton und die Töpfereigeschichte zu erfahren. ∎

Niederschlesischer Oberlausitzkreis

NOL Ⓐ

Orte im Kreis:
Bad Muskau, Niesky
Sachsen

Northeim

NOM

Orte im Kreis:
Einbeck, Northeim
Niedersachsen

Norden

NOR

Orte im Kreis:
Norden, Norddeich, Norderney
Niedersachsen

Quiz Die „Seehundstation Nationalpark-Haus" in Norddeich ist eine anerkannte Betreuungsstation für Meeressäuger. Hier kümmert man sich vor allem um junge Seehunde, die ihre Mutter verloren haben. Wie nennt man die jungen Seehunde solange sie noch gesäugt werden müssen?

Auflösung: Seite 444

➡ Der Landkreis Norden bestand bis 1978 und lag im Bezirk Aurich in Niedersachsen. Die Historie der Stadt Norden spiegelt sich im Norder Beestmarkt, einem Viehmarkt, und in den historischen Windmühlen im Stadtgebiet: die Deich-, die Frisia- und die Westgaster Mühle.

➡ Ein Besuchermagnet ist die „Seehundstation Nationalpark-Haus" Norddeich geworden. Zwischen 30 und 50 verwaiste Seehunde, aber auch Kegelrobben, werden hier jährlich aufgezogen und wieder in die Nordsee zurückgebracht.

➡ Der Norddeicher Hafen ist der Fährhafen zu den Inseln Juist und Norderney und für den Ausflugsverkehr zu den Ostfriesischen Inseln und ins Wattenmeer. Im östlichen Teil des Hafengebiets befindet sich der Norddeicher Fischereihafen mit den Krabbenkuttern. ◼

Neuruppin

NP

Orte im Kreis:
Alt-Ruppin, Herzberg, Lindow,
Märkisch Linden, Neuruppin
Brandenburg

Theodor-Fontane-Denkmal

➡ Der Landkreis Neuruppin bestand bis 1993 im Land Brandenburg.

➡ Die 1246 erbaute Klosterkirche Sankt Trinitatis ist die größte Kirche der Stadt Neuruppin. Sie wurde zusammen mit dem zugehörigen Kloster errichtet und bildet mit ihren markanten Türmen das Wahrzeichen der Stadt.

➡ Für den 1819 geborenen Theodor Fontane wurden in Neuruppin die „Fontane-Festspiele" mit Lesungen und Aufführungen eingerichtet. Ein weiterer Sohn der Stadt ist Karl-Friedrich Schinkel. Er gehört zu den bedeutendsten Architekten des deutschen Klassizismus. Die Berliner Architektur ist wesentlich nach seinen Plänen vollzogen worden.

➡ Der Tierpark der Stadt hat sich auf heimische Tiere wie Wolf, Luchs, Wildkatze, Wisent, Kranich, Auer- und Birkhühner und den Fischotter konzentriert. ◼

➡ Der Landkreis Neuwied liegt zwischen Koblenz und Köln und hat knapp 180.000 Einwohner.

➡ Neuwied liegt am rechten Rheinufer und bietet dem Besucher ein reichhaltiges Kulturangebot. Sehenswert sind die Burgruine Altwied, der ehemalige Stammsitz der Grafen zu Wied, Schloss Engers (Abb. rechts) und Schloss Neuwied. Im Schloss Engers, ein Jagd- und Lustschloss aus dem 18. Jahrhundert, ist die Landesstiftung Villa Musica untergebracht, die hochrangige Kammerkonzerte im traumhaft schönen Ambiente des Spiegelsaales, Open-Air-Veranstaltungen zu klassischer Musik und ein jährliches Barockfest veranstaltet. Das Residenzschloss der Fürsten zu Wied wurde im 18. Jahrhundert erbaut.

➡ Die Tourismusregion wird hauptsächlich durch den Naturpark Rhein-Westerwald, das bezaubernde Wiedtal und den Rhein geprägt. ▪

Neuwied

NR

Orte im Kreis:
Asbach, Bad Hönningen, Dierdorf,
Neustadt/Wied, Neuwied
Rheinland-Pfalz

➡ Der Landkreis Neustadt am Rübenberge lag in Niedersachsen und wurde 1974 aufgelöst.

➡ Das 1573 entstandene Schloss Landestrost ist gemeinsam mit der Stadt Neustadt in ein Festungswerk integriert. Seit 1888 ist in den Kellergewölben eine Sektkellerei untergebracht, die mit Flaschengärung arbeitet. Im Ostflügel befindet sich eine Ausstellung zur Geschichte des Schlosses. Jährlich findet am Schloss auch ein Renaissancefest mit kostümierten Darstellern, themenbezogenen Veranstaltungen und einem Markt statt. Das Torfmuseum im Schloss dokumentiert die Moorlandschaften rund um das Steinhuder Meer.

➡ Das Steinhuder Meer ist mit seiner Größe von 29,1 km² der größte See in Nordwestdeutschland und ein Vogelschutzgebiet von internationaler Bedeutung und ein bedeutender Rast-, Überwinterungs- und Brutplatz vieler Vogelarten. Wer möchte, der kann hier auch segeln, surfen oder mit einem Passagierboot über das Steinhuder Meer fahren. ▪

Neustadt am Rübenberge

NRÜ Ⓐ

Niedersachsen

Nürtingen

NT ⓐ

Orte im Kreis:
Kirchheim unter Teck, Nürtingen
Baden-Württemberg

➡ Der Landkreis Nürtingen lag bis zur Kreisreform im Jahr 1973 in Baden-Württemberg.

➡ Die hohe Lebensqualität Nürtingens ist geprägt von den landschaftlichen Reizen des Neckartals und der nahegelegenen Schwäbischen Alb. Die größte Gemeinde des Landkreises war die Stadt Kirchheim unter Teck. Sehenswert ist hier die historische Altstadt mit dem alten Rathaus, dem Wahrzeichen der Stadt. Weitere historische Bauwerke sind das Schlössle, das Kornhaus, das Renaissance-Schloss sowie der Schlossgraben mit Bastion. Die namensgebende Burg Teck (Abb. links) liegt einige Kilometer südlich von Kirchheim.

➡ Eines der größten Oldtimer-Fliegertreffen findet alle zwei Jahre in Kirchheim unter Teck statt. Technikbegeisterte und Luftfahrtfans erleben die Flugzeugveteranen dabei nicht nur stehend im Museum, sondern in Aktion. ■

Neu-Ulm

NU

Orte im Kreis:
Illertissen, Neu-Ulm, Senden
Bayern

➡ Der bayerische Landkreis Neu-Ulm liegt direkt an der südlichen Stadtgrenze von Ulm und hat über 166.000 Einwohner.

➡ Die Flüsse Donau und Iller bilden in Neu-Ulm die Stadt- und Landesgrenze zu Baden-Württemberg. Im Landkreis Neu-Ulm entstand im 18. Jahrhundert eine Fülle neuer Kirchenbauten. Bedeutende Künstler und Handwerker sorgten für die kunsthistorisch wertvolle Ausstattung. Im Jahr 1899 wurde auf einem der Kriegspulvermagazine der Festungsanlage zum Betrieb der zentralen Wasserversorgung ein Wasserturm erbaut. Er ist heute das Wahrzeichen der Stadt (Abb. links).

➡ Mit rund 7000 Exponaten ist das „Museum der Gartenkultur in Illertissen" die größte deutsche Sammlung ihrer Art. Ziel ist es, Wissen über alte Pflanzen, Landschaftsarchitektur und historische Arbeitstechniken zu vermitteln und mit Erkenntnissen aus Ökologie und Botanik zu verknüpfen. ■

➡ Der Landkreis Nordvorpommern lag bis zur Kreisreform 2011 östlich von Rostock.

➡ Die im Jahr 1267 erstmals erwähnte frühere Kreisstadt Grimmen kann mit vielen Sehenswürdigkeiten im historischen Stadtkern aufwarten. Das älteste Bauwerk der Stadt ist die Marienkirche, deren ältester Teil vermutlich 1267 vollendet wurde. Aus dem 14. Jahrhundert stammt das Rathaus, ein Kleinod mittelalterlicher Baukunst. Noch heute sehr gut erhalten sind die drei Stadttore: das Mühlentor, Greifswalder Tor und Stralsunder Tor.

➡ Nur wenige Kilometer vom Ostseestrand entfernt, direkt an der geografischen Grenze zwischen Mecklenburg und Vorpommern, bieten Marlow und die Umgebung sehr viel Gelegenheit zu touristischen Aktivitäten und zur Freizeitgestaltung. Die Vogelfreunde unter den Besuchern können hier viele Seevögel, aber auch häufiger Kraniche und Störche antreffen. ∎

➡ Die Stadt Neustadt an der Weinstraße liegt in Rheinland-Pfalz im Dreieck Kaiserlautern – Heidelberg – Mannheim und hat 53.000 Einwohner. Sie war die Kreisstadt des früheren gleichnamigen Kreises im Herzen der Pfalz an der Deutschen Weinstraße. Ein Bummel durch die Altstadt mit ihren Fachwerkhäusern lohnt immer, doch auch die Stiftskirche, die ehemalige Universität Casimirianum und die vielen Burgen und Schlösser der Region sind sehenswert. Über dem Wald und dem Rebenmeer von Neustadt thront das Hambacher Schloss (Abb. rechts). Es ist seit dem Hambacher Fest, das 1832 dort stattfand, ein Symbol der Demokratie in Deutschland.

➡ In den neun Weindörfern, die zu Neustadt gehören, gibt es Winzer und Weine, die zu den besten Deutschlands zählen. Die Stadt am Rand des UNESCO-Biosphärenreservats im Naturpark Pfälzer Wald bietet viele Möglichkeiten, die Natur zu erleben. Besucher können auf Wanderwegen mit bewirtschafteten Hütten den Pfälzer Wald erkunden. ∎

Nordvorpommern

Orte im Kreis:
Grimmen, Marlow, Süderholz, Zingst
Mecklenburg-Vorpommern

Neustadt an der Weinstraße

Orte im Kreis:
Bad Dürkheim, Neustadt, Mußbach
Rheinland-Pfalz

Nordwestmecklenburg

NWM

Orte im Kreis:
Gadebusch, Grevesmühlen, Wismar
Mecklenburg-Vorpommern

Der Kreis Nordwestmecklenburg liegt an der Ostsee zwischen Lübeck und Rostock und hat über 160.000 Einwohner.

In dem Landstrich erwarten den Besucher über 100 Kilometer feinsandige Ostseestrände, sanfte Hügel, Seen, Wald- und Wiesengebiete sowie schattige Alleen. Sie führen zu alten Gehöften und Backsteinkirchen, zu Kleinstädten, verträumten Fischersiedlungen, Klöstern, Windmühlen, Schlössern und zur altehrwürdigen Kreis- und Hansestadt und UNESCO-Weltkulturerbestadt Wismar.

Die alte Hansestadt Wismar besticht mit interessanten Sehenswürdigkeiten, Bau- und Kulturdenkmälern und ihrem unverwechselbaren Flair. Die kleinen Brunnen reichten im 16. Jahrhundert für die Trinkwasserversorgung der Stadt nicht mehr aus. Man führte das Quellwasser durch Rohre zu einem Sammelbecken. 1579 entwarf Philipp Brandin die Wasserkunst aus Stein (Abb. links). ▪

Niesky

NY ⓐ

Orte im Kreis:
Bremenhain, Diehsa, Hähnichen,
Jänkendorf, Kaltwasser, Niesky,
Noes, Ober-Prauske, Petershain,
Quitzdorf b. Hähnichen
Sachsen

Biosphärenreservat Oberlausitzer Heide- und
Teichlandschaft

Der Landkreis Niesky lag bis zur Kreisreform 1994 im Bundesland Sachsen.

Wer den ehemaligen Landkreis besucht, kommt nicht umhin, auch im „Haus der Tausend Teiche" einzukehren, dem Informationszentrum des Biosphären-

reservats Oberlausitzer Heide- und Teichlandschaft. Die Ausstellung „multimedia" widmet sich intensiv der jahrhundertealten Tradition der Teichwirtschaft und Fischzucht in dem UNESCO-Schutzgebiet und dabei vor allem der Aufzucht von Karpfen. Tatsächlich gibt es in der ostsächsischen Region weit mehr als 1000 Fischteiche.

➡ Ein beliebtes Ausflugsziel ist der Wild- und Ziegenpark mit seinem weiträumigen Gehege für Rot-, Dam- und Muffelwild, mit schottischen Hochlandrindern, Ponys und einem Streichelgehege mit Zwergziegen, vielen Kleintieren und einem Naturspielplatz. ◾

➡ Der Landkreis Neustrelitz bestand bis 1994 im Bezirk Neubrandenburg.

➡ Der Kreis Neustrelitz umfasste einen großen Teil des Neustrelitzer Kleinseengebiets. Der nördliche Teil der Landschaft wird über die Havel entwässert, die hier auch ihren Ursprung hat. Über den Prebelowkanal besteht eine Verbindung zum Rheinsberger Seengebiet. Über den Mirower Kanal und die Alte Fahrt (Abb. unten) besteht eine Verbindung zum Mecklenburgischen Großseengebiet und zur Feldberger Seenlandschaft.

Neustrelitz

NZ⒜

Orte im Kreis:
Blankensee, Neustrelitz, Feldberg
Mecklenburg-Vorpommern

➡ Ein Kleinod im ehemaligen Landkreis ist der Müritz-Nationalpark. Im Nationalpark darf sich die Natur nach ihren eignen Regeln entwickeln. Wälder, Seen und Moore bilden eine atemberaubende Kulisse. Was die Besucher sehen und erleben, ist im steten Wandel, und täglich gibt es hier etwas Neues zu entdecken. ◾

Oberallgäu

OA

Orte im Kreis:
Immenstadt im Allgäu, Sonthofen
Bayern

Oberstdorf, Allgäuer Hauptkamm

➡ Der Landkreis Oberallgäu ist der südlichste Landkreis Deutschlands. Er liegt in Bayern an der Grenze zu Österreich und hat 150.000 Einwohner.

➡ Eine herrliche, idyllische Landschaft lässt sich bei Themen- oder Bergwanderungen und Erlebnispfaden erkunden. Die Allgäuer Alpen erreichen im Bereich Oberstdorf eine Höhe von über 2600 Metern. Die unzähligen Seen laden zum Baden und Entspannen ein. Ein besonderes Abenteuer für die gesamte Familie sind die Ausflüge in die Hochseilgärten oder eine Fahrt auf einer der vielen Sommerrodelbahnen.

➡ Jährlich treffen sich die besten Skispringer der Welt zum Auftakt der Vierschanzentournee in Oberstdorf. Etwas außerhalb in den Wäldern versteckt befindet sich die Heini-Klopfer-Skiflugschanze, die in früheren Jahren zu den größten Schanzen der Welt gehörte und auf der Weiten von über 200 Meter erzielt werden. ◼

Ostallgäu

OAL

Orte im Kreis:
Buchloe, Füssen, Marktoberdorf
Bayern

➡ Der Landkreis Ostallgäu liegt südwestlich von München und hat über 130.000 Einwohner.

➡ In der Urlaubsregion befinden sich unter anderem das Märchenschloss Neuschwanstein und Hohenschwangau sowie die Burgen Falkenstein und Nesselburg. Aber auch so bekannte Orte wie Füssen, Schwangau und Pfronten liegen in dem Landkreis Ostallgäu.

➡ 1869 wurde das Schloss Neuschwanstein (Abb. links) für den bayerischen König Ludwig II. als idealisierte Vorstellung einer Ritterburg errichtet. Das als Märchenschloss bezeichnete Neuschwanstein ist eines der weltweit berühmtesten Schlösser und wird jährlich von mehr als 1,3 Millionen Touristen besucht.

➡ Die Landschaft lädt dazu ein, per Rad, zu Fuß oder im Winter mit Skiern aktiv zu werden. Wandertouren werden unter anderem im Ammergebirge, auf der Alpspitze oder dem Breitenberg angeboten. ◼

➡ Die Großstadt Oberhausen liegt im Ruhrgebiet nördlich von Duisburg in Nordrhein-Westfalen und hat 210.000 Einwohner.

➡ Ein ganz besonderes Wahrzeichen der Stadt ist der weithin sichtbare Gasometer (Abb. rechts) geworden. Nach der Stilllegung im Jahr 1988 und intensiven Diskussionen über den Abriss wurde der Gasometer zu einer der größten Ausstellungshallen Europas umgebaut. Von der Besucherplattform hat man einen tollen Panoramarundblick bis hin zur Schalke Arena in Gelsenkirchen.

➡ Ein weiteres Wahrzeichen der Stadt ist das Schloss Oberhausen (Abb. unten), das auch der Stadt den Namen gab. Der Schlosspark mit seinen Freizeitangeboten ist ein beliebtes Ausflugsziel der Oberhausener Bevölkerung. Unter der Bezeichnung „Schloss Oberhausen und Kaisergarten" sind die Gebäude und der Park seit 2011 eine Station der Themenroute Oberhausen und der Route der Industriekultur. Auch einen Abstecher in den Revierpark Vonderort sollte man nicht versäumen.

➡ Wer mit Kindern das Abenteuer sucht, sollte das „Sea-Life" besuchen. Hier hat man die Möglichkeit, auf einer Wildwasserbahn eine Expedition zum Südpol zu erleben. Über 5000 Meereslebewesen in 50 Becken lassen die Zeit wie im Fluge vergehen.

➡ In Oberhausen wurden mehrere Trassen ehemaliger Zechenbahnen in Rad- und Wanderwege umgewandelt. Diese ermöglichen fast kreuzungsfreie Rad- oder Inlinertouren vom Kern der Stadt bis hinaus in die Wälder der Kirchheller Heide. ■

Oberhausen

OB

Nordrhein-Westfalen

Obernburg am Main

OBB

Orte im Kreis:
Erlenbach, Obernburg, Klingenberg
Bayern

➡ Der Landkreis Obernburg am Main gehörte bis zur Gebietsreform 1972 zum bayerischen Regierungsbezirk Unterfranken.

➡ Obernburgs Altstadt steht auf den Fundamenten eines römischen Kastells, das in den Jahren 83 bis 85 n.Chr. angelegt wurde. Die Hauptstraße entspricht deshalb der Via Principalis des Kastells. Der Römerspaziergang geht vom Römermuseum an der mittelalterlichen Stadtmauer entlang, am Almosenturm (Abb. links) vorbei, bis zur Annakapelle. Im Römermuseum werden fast ausnahmslos Funde aus dem Kastell sowie des Lagerdorfs präsentiert. Sie vermitteln einen Einblick in das Alltagsleben eines Limes-Kastells.

➡ Durch das Stadtgebiet führen mehrere Radwanderwege wie der Main- oder der Deutsche Limes-Radweg, die Saar-Mosel-Main-Route, aber auch der Europäische Wanderweg E8, welcher von Irland bis in die Türkei verläuft. ◾

Osterburg

OBG

Orte im Kreis:
Arendsee, Seehausen, Werben
Sachsen-Anhalt

➡ Der Landkreis Osterburg lag bis zu seiner Auflösung 1994 in Sachsen-Anhalt.

➡ Der Schloss- und der Gartenträumepark in Krumke gehören zum dörflichen Ensemble des früheren Rittergutes Krumke, mit Kirche und Gutshof aus dem 12. Jahrhundert. Im Laufe der Jahrhunderte wurden immer wieder Umbau- und Erweiterungsmaßnahmen, wie ein Karpfenteich, ein Burggraben, ein Alpinium, ein Rosengarten, eine Tennisanlage sowie ein Schießstand, durchgeführt.

➡ Die Stadt Arendsee im Norden der Altmark liegt am gleichnamigen Arendsee. Er ist der größte natürliche See des Bundeslandes und rund 50 Meter tief. Am Stadtrand liegt ein großes Strandbad mit Seetribüne, auf der Kinofilme gezeigt werden. Seit 1991 verkehrt hier der Schaufelraddampfer „Queen Arendsee" (Abb. links) als Ausflugsschiff. Ferner kann man hier Baden, Windsurfen, Tauchen, Segeln und Angeln. ◾

➡ Der Landkreis Oschersleben lag bis zu seiner Auflösung 1994 in Sachsen-Anhalt.

➡ In Oschersleben befindet sich die dritte permanente Test- und Rennstrecke Deutschlands. Auf einem ehemaligen Maisfeld entstand 1996 die Motorsport Arena Oschersleben (Abb. rechts) mit einer 3,6 Kilometer langen Rundstrecke, 14 Kurven und einer langen Start-Ziel-Geraden. Auf der Rennstrecke werden Auto-, Motorrad- und Kart-Rennen ausgetragen. Hier findet auch jährlich das größte Opeltreffen der Welt statt. 2012 kamen über 20.000 Fahrzeuge zu diesem Treffen.

➡ Der 1908 angelegte Wiesenpark kann kostenfrei besucht werden und beinhaltet neben einem Seerosenteich ein Tiergehege mit vielen heimischen Tierarten, aber auch Exoten wie Strauße oder Yak-Rinder. ◼

➡ Der Landkreis Ochsenfurt gehörte bis zu seiner Auflösung 1972 zum bayerischen Regierungsbezirk Unterfranken.

➡ Ein Großteil der mittelalterlichen Stadtbefestigung Ochsenfurts (Abb. unten) ist noch erhalten. Dazu gehören auch zahlreiche Türme und drei der ursprünglich vier Stadttore. Die Stadt ist von vielen Weinbergen umgeben und ist das Herzstück vieler Radtouren. Von hier aus erschließen sich dem Radfahrer die Ferienregionen Fränkisches Weinland, Spessart-Main-Odenwald, Taubertal und Steigerwald. Aber auch das Radwegenetz von Würzburg, der Main-Radweg, der Main-Tauber-Fränkische Radachter und der Gaubahn-Radweg sind nur einige der zu befahrenden Strecken.

➡ Auf eine lange Tradition kann der Wildpark Sommershausen zurückblicken. Gezeigt werden ca. 250 Tiere in 50 Arten, die meist der Kategorie Haustiere zuzuordnen sind. ◼

Oschersleben

Orte im Kreis:
Gröningen, Kroppenstedt
Sachsen-Anhalt

Ochsenfurt

Orte im Kreis:
Eibelstadt, Ochsenfurt
Bayern

Stormarn

OD

Orte im Kreis:
Ahrensburg, Bad Oldesloe, Reinbek
Schleswig-Holstein

Der Landkreis Stormarn liegt zwischen Hamburg und Lübeck in Schleswig-Holstein und hat über 230.000 Einwohner.

Bargteheide ist in den Naherholungsraum Oberalster eingebunden und bietet Ruhe und Entspannung. Dabei lohnt sich ein Abstecher zu der Gutsanlage Jersbek mit Torhaus und Barockgarten. Das Schloss Ahrensburg (Abb. links), ein kleines Wasserschloss mit Schlosskapelle und Park, gehört zu den bekanntesten Sehenswürdigkeiten des Bundeslandes und ist für die Öffentlichkeit zugänglich. Das Schloss Reinbek aus dem 16. Jahrhundert dient heute als Kunst- und Kulturzentrum des Kreises Stormarn. Im Kreis selbst befinden sich 25 vom Naturschutzbund betreute Storchennester.

Als attraktive Ausflugsziele sind die Stormarnsche Schweiz, die Holsteinische Schweiz, die Nord- und Ostsee oder die Städte Ahrensburg, Lübeck, Mölln und Ratzeburg leicht erreichbar. ■

Olpe

OE

Orte im Kreis:
Attendorn, Lennestadt, Olpe
Nordrhein-Westfalen

Der Landkreis Olpe in Nordrhein-Westfalen liegt im Sauerland zwischen Lüdenscheid und Siegen und hat knapp 140.000 Einwohner.

Die im Westen des Kreises gelegene Biggetalsperre zählt zu den größten Stauseen Deutschlands. Zusammen mit der Listertalsperre leistet sie nicht nur einen bedeutenden Beitrag zur Wasserversorgung des Ruhrgebiets, sondern bietet Besuchern eine Vielzahl von Freizeit- und Erholungsmöglichkeiten. Aber auch die faszinierende Welt der Tropfsteine in der Atta-Höhle ist einen Besuch wert.

Der Wilde Westen liegt im Landkreis Olpe, genauer gesagt in Elspe. Jeden Sommer locken die Karl-May-Festspiele (Abb. links) Tausende von Besuchern an. Neben den Stücken von Winnetou und dem Ölprinzen gibt es in Europas größtem reinen Show- und Festivalpark viele Attraktionen mit Menschen und Tieren in der Natur. ■

➡ Die Kreisstadt des Landkreises Offenbach ist seit 2002 die Stadt Dietzenbach.

➡ Die Stadt Offenbach hat den Wandel von einer Industriestadt zu einem Dienstleistungszentrum derart hervorragend vollzogen, wie dies Offenbach geschafft hat. Neben einem pulsierenden Leben in der Innenstadt gibt es zahlreiche lohnende Besucherziele. Darunter das Deutsche Lederwaren- und Schuhmuseum, das Klingspor Museum für Buch- und Schriftkunst sowie zahlreiche Kulturdenkmäler im gesamten Stadtgebiet.

➡ Die Stadt ist Hauptsitz des Deutschen Wetterdienstes und damit die deutsche Wetterstadt. Bei einem Besuch im Wetterpark am Buchhügel erfährt man einiges darüber, wie Hagel entsteht, ob der Blitz oder der Donner schneller ist und wie man ein Sturmtief vorhersagt. In anschaulicher Form bietet der Park bei einem Spaziergang viele Informationen. ■

➡ Der Landkreis liegt in Baden-Württemberg und hat über 415.000 Einwohner.

➡ Offenburg liegt im Weinanbaugebiet Baden. Bei den Weinwandertagen laden die Weinbaubetriebe entlang der Weinberge zur Verkostung edler Weine und der feinen badischen Küche ein. Das Schwarzwälder Trachtenmuseum ist im ehemaligen Kapuzinerkloster Haslach zu finden. Das Museum zeigt die zeitliche Entwicklung der Volkstrachten. Die Allerheiligen-Wasserfälle (Abb. rechts), über die der Lierbach in sieben Stufen aus einer Höhe von 83 Metern herabfällt, sind neben der Klosterruine eine touristische Attraktion des Lierbachtals.

➡ Die Berge im Schwarzwald sind ein Eldorado für die Freunde des Mountain-Bikes. Gleich vier Touren werden für verschiedene Schwierigkeitsgrade und Streckenlängen angeboten. Somit ist für jeden Biker das Richtige dabei. ■

Offenbach

OF

Hessen

Ortenaukreis

OG

Orte im Kreis:
Achern, Kehl, Offenburg
Baden-Württemberg

Ostholstein

OH

Orte im Kreis:
Bad Schwartau, Eutin, Fehmarn
Schleswig-Holstein

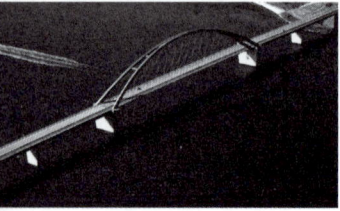

➡ Der Kreis Ostholstein liegt in Schleswig-Holstein an der Ostsee zwischen Kiel und Lübeck und hat über 200.000 Einwohner.

➡ Seit 1951 finden auf der Freilichtbühne am großen Eutiner See die Eutiner Festspiele statt. Was einst mit zwei Aufführungen der Oper „Der Freischütz" begann, hat sich im Laufe der Jahre zur einem der erfolgreichsten Opernfestivals gemausert.

➡ Unzählige kilometerlange Sandstrände locken Sonnen- und Badehungrige an die Ostsee. Darunter auch wunderschöne Strände auf der Insel Fehmarn, die über die lange Fehmarnsundbrücke (Abb. links) zu erreichen ist, die seit 1963 das Festland mit der Insel verbindet. Aber auch die Küstenorte Heiligenhafen, Dahme, Grömitz, Scharbeutz, Timmendorfer Strand und die Städte Oldenburg, Neustadt, Bad Schwartau und Eutin bieten etliche Freizeitmöglichkeiten und laden zur Erkundung der Strände und Museen ein. ◾

Osterode am Harz

OHA

Orte im Kreis:
Bad Lauterberg im Harz,
Osterode am Harz
Niedersachsen

➡ Der Landkreis Osterode am Harz in Niedersachsen liegt zwischen Göttingen und Goslar am Rand des Harzes und hat 77.000 Einwohner.

➡ Die Stadt Osterode am Harz besitzt eine schöne historische Altstadt. In dem Ritterhaus befinden sich ein Museum zur Apothekengeschichte und historischen Kleidung. Viele Sehenswürdigkeiten liegen an dem Karstwanderweg, der durch den Kreis verläuft.

➡ Schloss Herzberg aus dem 11. Jahrhundert ist eine der wenigen Schlossanlagen Niedersachsens, die in Fachwerkbauweise errichtet wurden. Sie beherbergt ein Zentrum mit Museen.

➡ Der Stausee Wiesenbeker Teich ist mit dem Oberharzer Wasserregal (Abb. links) ein im 16. bis 19. Jahrhundert geschaffenes System zur Erzeugung von Wasserkraft. Die Anlagen stehen unter Denkmalschutz und wegen ihrer Einzigartigkeit wurden sie zum UNESCO-Weltkulturerbe erklärt. ◾

➡ Der ehemalige Landkreis Öhringen lag in Baden-Württemberg und wurde im Rahmen der Kreisreform 1973 aufgelöst.

➡ Der mittelalterliche Marktplatz mit dem Renaissanceschloss und der Stiftskirche bilden die Wahrzeichen der Stadt Öhringen. Das Weygang-Museum beherbergt Exponate zur Geschichte der Stadt, mit einer großen Zinn- und Fayencesammlung vom 16. bis 20. Jahrhundert, und die älteste noch produzierende Zinngießerei Deutschlands. Das Auto- und Motor-Museum zeigt die Fahrzeugproduktion im Bereich Sport- und Tourenwagen von 1948 bis 1960 sowie Motorräder aus den 1960er- und 1970er-Jahren. Angegliedert ist ein Glasmuseum für Kunst aus der Epoche von 1950 bis 2000.

➡ Für Tierliebhaber bietet sich ein Besuch im Tiergehege an. Von Papageien über Hängebauchschweine, Waschbären und Affen gibt es viel zu sehen, aber auch zu streicheln. ■

➡ Der Landkreis Oberhavel in Brandenburg grenzt mit seiner südlichen Grenze direkt an Berlin und hat über 200.000 Einwohner.

➡ Mit dem Ziegeleipark Mildenberg wurde ein Technikmuseum und ein Punkt der Europäischen Route der Industriekultur geschaffen. In der Ziegelei können die Besucher in Workshops selber Ziegel herstellen, mit einer Tonlorenbahn zu einer Fahrt durch die Tonstichseenlandschaft starten und im Museum an interessanten Führungen teilnehmen. Ton ist auch das Thema auf der „Deutschen Tonstraße", hier geben Keramikwerkstätten und Galerien einen Einblick in den beruflichen Alltag.

➡ Schloss Oranienburg ist eines der vier „Mutterhäuser" des niederländischen Königshauses. Im Schloss befindet sich das Museum Oberhavel mit Handwerks- und Haushaltsgeräten aus dem Leben der Menschen vor Hunderten von Jahren. ■

Öhringen

ÖHR Ⓐ

Orte im Kreis:
Neuenstein, Waldenburg
Baden-Württemberg

Oberhavel

OHV

Orte im Kreis:
Oranienburg, Hennigsdorf
Brandenburg

Ringofen im Ziegeleimuseum Mildenberg

Osterholz

OHZ

Orte im Kreis:
Osterholz-Scharmbeck, Worpswede
Niedersachsen

Ohrekreis

OK Ⓐ

Orte im Kreis:
Haldensleben, Barleben
Sachsen-Anhalt

➡ Der Landkreis Osterholz liegt nördlich von Bremen in Niedersachsen und hat über 110.000 Einwohner.

➡ Zu einem ganz besonderen Erlebnis gehören die Torfkahnfahrten durch das Teufelsmoor. Auf den Flüssen Wümme und Hamme wurde früher der Torf bis nach Bremen transportiert. Die Skipper erzählen bei einer Bootstour viele Geschichten aus der alten Zeit.

➡ Im Landkreis können etliche Mühlen besichtigt werden. In Scharmbeck sind es die Mühle am Hafen und Lübberstedt. Auch die Windmühle Ostersode und Aschwarden sowie die Worpsweder Mühle gehören zu den schönsten Sehenswürdigkeiten.

➡ Die 1889 gegründete Künstlerkolonie Worpswede ist eine Lebens- und Arbeitsgemeinschaft von Künstlern. Worpswede wurde so zur Heimat bedeutender Künstler des Jugendstils, des Impressionismus und des Expressionismus. ◼

➡ Der ehemalige Landkreis Ohrekreis lag in Sachsen-Anhalt und wurde im Rahmen der Kreisgebietsreform 2007 aufgelöst.

➡ Der Kreis war benannt nach dem Fluss Ohre, der parallel zum Mittellandkanal (Abb. links) fließt.

➡ Wer sich mit den Templerrittern und ihrer Geschichte auseinandersetzen möchte, der hat in Haldensleben Gelegenheit dazu. In der Stadt sind die Reste der Burg Wichmannsdorf und das von 1553 erhaltene Templerhaus zu finden. Auch die 2,1 Kilometer lange Stadtmauer mit dem historischen Stadtkern und Schloss Hundisburg sind sehenswert.

➡ Ein in sich geschlossenes Großsteingräbergebiet befindet sich rund um Haldensleben. 83 Gräber sind im engsten Umkreis anzutreffen, aber auch das Großsteingrab im Forst Küchentannen mit einer begehbaren Grabkammer. ◼

➡ Die Stadt Oldenburg liegt westlich von Bremen in Niedersachsen und hat über 160.000 Einwohner.

➡ Oldenburg bietet wunderschöne historische Sehenswürdigkeiten wie das Schloss, den Lappan und das Kulturzentrum im ehemaligen Hospital. Aber auch die Parks sind mindestens einen Besuch wert. Der Schlossgarten besticht durch seinen englischen Landschaftsgartenstil und die Wallanlage, die sich rund um die Stadt schlängelt. Der Botanische Garten ist ein unterteiltes Terrain, in Arznei- und Bauerngärten und ein Alpinum. Der Hörgarten dient mit seinen Exponaten dazu, dem Besucher spielerisch einiges über Hören und Akustik näher zu bringen (Abb. rechts).

➡ Oldenburg ist die Kohlhauptstadt der Republik. Für die Bewohner ist Boßeln eine Sportart der ganz besonderen Art. Nach jedem Wettbewerb wird kulinarisch Pinkelwurst mit Grünkohl serviert. ◾

Oldenburg

OL

Niedersachsen

➡ Der Landkreis Oldenburg befand sich bis zur Kreisgebietsreform 1970 im Osten von Schleswig-Holstein.

➡ Der Kreis lag zwischen der Hohwachter und der Lübecker Bucht auf der Halbinsel Wagrien. Zum Landkreis gehörten die Stadt Oldenburg mit vielen historischen Sehenswürdigkeiten, die Insel Fehmarn und die Seebäder Weißenhäuser Strand, Heiligenhafen, Großenbrode, Grömitz, Neustadt in Holstein und Wangels mit herrlichen Stränden und Seebrücken, wie die Seebrücke von Grömitz (Abb. rechts).

➡ Mit der einzigartigen Tauchgondel können Sie in Grömitz einen sicheren Tauchgang in die Ostsee unternehmen. Nach dem Abtauchen befindet man sich vier Meter unter der Wasseroberfläche und einen Meter über dem Meeresboden. Sie können die verschiedenartigen Fische, Quallen, Krabben, Muscheln und viele andere Meerestiere und Pflanzen in ihrer natürlichen Umgebung erleben. ◾

Oldenburg in Holstein

OLD Ⓐ

Orte im Kreis:
Heiligenhafen, Neustadt in Holstein
Schleswig-Holstein

303

Rhein-Wupper-Kreis

OP

Orte im Kreis:
Lennep, Opladen, Solingen
Nordrhein-Westfalen

➡ Der Rhein-Wupper-Kreis bestand bis zu seiner Auflösung 1974 im Regierungsbezirk Düsseldorf in Nordrhein-Westfalen.

➡ Das NaturGut Ophoven ist ein Zentrum für Umweltbildung und ein Erlebnispark in Sachen Natur. Dort befinden sich ein Schulgarten mit biologischem Anbau und mehrere Modellgärten. Für Unterhaltung sorgen ein Heckenlabyrinth, ein Aromaweg, ein Insektenwohnhaus, ein Theater im Grünen und ein Weg der Sinne zwischen Teichen, Tümpeln und Wasserstellen. Die Erlebnisausstellung „Energie-Stadt" vermittelt alles um das Thema Natur- und Umweltschutz.

➡ Die Villa Römer (Abb. links) zeigt Ausstellungen über die Geschichte Opladens. Als Stadtteil von Leverkusen bietet Opladen Spazier- und Wanderwege bis ins Bergische Land oder an der Wupper und am Wiembach entlang. ■

Ostprignitz-Ruppin

OPR

Orte im Kreis:
Fehrbellin, Neuruppin, Rheinsberg
Brandenburg

➡ Der Landkreis Ostprignitz-Ruppin liegt im Nordwesten Brandenburgs und hat über 100.000 Einwohner.

➡ In Wittstock befinden sich Museen mit Ausstellungen zur Lebensweise in der Region und der DDR-Zeit. Die Bischofsburg war Teil einer imposanten Stadtmaueranlage. Die 2,5 Kilometer lange Backsteinmauer umschließt noch heute fast ganz Wittstock. Von der Burg blieb nur der Torturm aus dem 13. Jahrhundert, als Teil des Ostprignitzmuseums, erhalten. Das Kloster Stift zum Heiligengrabe ist eine im 13. Jahrhundert erbaute Klosteranlage und gilt als besterhaltene Anlage in Brandenburg.

➡ Deutschlands höchster hölzerner Aussichtsturm steht in Blumenthal in Heiligengrabe (Abb. rechts). Der 2004 eröffnete Turm mit einer Höhe von 45 Meter kann bequem über 187 Treppenstufen bestiegen werden. Die Aussichtsplattform bietet einen phantastischen Rundumblick. ■

➡ Der ehemalige Landkreis Oranienburg bestand bis 1993 in Brandenburg.

➡ Saurier und Ziegen auf einem Gelände anzutreffen ist bei einem Besuch des Saurier-, Tier- und Freizeitparks in Germendorf möglich. Aber auch zahme Sikahirsche laden zum Streicheln ein und Stachelschweine, Zebras, Alpakas und Flamingos sowie andere Tiere können bewundert werden. Ein Badesee und eine weitläufige Parklandschaft runden das Freizeitangebot ab.

➡ Im ältesten Barockschloss der Mark Brandenburg, dem 1652 erbauten Schloss Oranienburg (Abb. rechts), sind zwei Museen untergebracht. Zum einen zeigt die Stiftung Preußische Schlösser und Gärten im Schlossmuseum berühmte Kunstwerke des 17. Jahrhunderts, und im Kreismuseum wird eine umfangreiche Ausstellung zur Regional- und Kulturgeschichte Oberhavel gezeigt. ■

Oranienburg

Orte im Kreis:
Bernau, Eberswalde, Oranienburg
Brandenburg

➡ Der Landkreis Osnabrück liegt nordwestlich von Bielefeld in Niedersachsen und hat über 355.000 Einwohner.

➡ Die Stadt beheimatet einen abwechslungsreichen Zoo. Hier kann man Tiere wie zum Beispiel Maulwürfe, Feldhamster und Präriehunde in ihren Höhlen unter der Erde beobachten. Weitere Themen sind der Affentempel, Südamerika, Klimatopia, Samburu, Wolfswald, Kajanaland, Tal der grauen Riesen, Takamanda und das Tetra-Aquarium und -Terrarium.

➡ Eine archäologische Sensation waren 1989 die Funde, die eindeutig auf die Varusschlacht zurückzuführen sind. Im Areal Kalkriese bei Bramsche wurde ein Museum eröffnet, in dem zahlreiche der über 6000 Funde ausgestellt sind.

➡ Im August treffen sich in der Innenstadt Osnabrücks Straßenmusiker aus ganz Europa, um zum verrücktesten Musikereignis aufzuspielen. ■

Osnabrück

OS

Orte im Kreis:
Osnabrück, Bramsche, Melle,
Wallenhorst
Niedersachsen

Osnabrücker Zoo, Themengebiet Takamanda

Oberspreewald-Lausitz

OSL

Orte im Kreis:
Lübbenau/Spreewald, Senftenberg
Brandenburg

➡️ Der Landkreis Oberspreewald-Lausitz in Brandenburg, zwischen Berlin und Dresden, hat über 120.000 Einwohner.

➡️ Senftenberg liegt an der Schwarzen Elster und am Senftenberger See (Abb. links), ein beliebtes Ziel für Erholungssuchende und Wassersportler. Die Stadt bildet mit Hoyerswerda den Kern des Lausitzer Seenlandes. Dabei handelt es sich um die größte künstliche Seenplatte Europas. Die Gruppe besteht aus zehn Seen, die durch schiffbare Verbindungen miteinander verbunden sind. Am Südufer wurde 2001 ein schiefer Aussichtsturm errichtet, der einen Ausblick über die Niederlausitz und bei guter Sicht bis an den Lausitzring und die Kamenzer Berge ermöglicht.

➡️ Das Spreewaldmuseum widmet sich der Geschichte der Region. Zum Museum gehört das Freilichtmuseum Lehde. Die Hauptattraktion dort ist die Spreewaldbahn. ◾

Land Hadeln

OTT ⓐ

Orte im Kreis:
Neuhaus, Otterndorf
Niedersachsen

➡️ Der ehemalige Landkreis Land Hadeln im Norden von Niedersachsen bestand bis zur Kreisreform 1977.

➡️ Das Nordseebad Otterndorf gehört zur Samtgemeinde Land Hadeln und zum Landkreis Cuxhaven. Zu den besonderen Merkmalen zählt seine historische Fachwerkhaus-Altstadt (Abb. links). In der Puppenstube, einem Museum, werden in einer Ausstellung etwa 1.300 Puppen von 1890 bis heute gezeigt.

➡️ Eine bequeme Art, die herrliche Landschaft des größten Moores im Landkreis kennenzulernen, ist eine Fahrt mit der Moorbahn.

➡️ Das touristische Herzstück der Gemeinde Otterndorf ist die Freizeitanlage See Achtern Diek. Sie bietet dem Besucher die Nähe des grünen Nordseestrandes, den wunderschönen Wasser- und Landschaftspark, die Badeseen und eine Spiel- und Spaßhalle für Groß und Klein. ◾

➡️ Der Landkreis Ottweiler lag bis zu seiner Auflösung 1974 im Saarland.

➡️ Das Saarländische Schulmuseum in Ottweiler zeigt Exponate aus 1000 Jahren Schulgeschichte in mehreren original eingerichteten Schulklassen. Nebenan befinden sich das Stadtmuseum mit der Buchdruck-Werkstatt, das Insektenmuseum sowie eine Museumsapotheke. Friedrich Joachim Stengel erbaute 1758 anstelle des verfallenen Schlosses ein barockes Jagd- und Lustschlösschen, den Stengel-Pavillon.

➡️ Mountain-Bike-Freunde sind in Ottweiler, auf dem Flowtrail, willkommen. Dies ist eine modellierte Abfahrtsstrecke mit diversen Sprüngen für Gelände-Anfänger wie auch für Downhill-Fahrer. Auf der zwei Kilometer langen Strecke werden drei Schwierigkeitsgrade angeboten. Die Benutzung der Strecke ist kostenlos und bei trockener Witterung möglich. ■

➡️ Der Landkreis Oberviechtach lag bis zu seiner Auflösung 1972 im bayerischen Regierungsbezirk Oberpfalz.

➡️ In der Stadt dreht sich alles um den 1663 in Oberviechtach geborenen Doktor Eisenbarth. Für diesen berühmten Wanderarzt wurde 2006 ein eigenes Museum in der Marktmühle eröffnet. Seit 2002 wird jährlich am Marktplatz das Doktor-Eisenbarth-Festspiel aufgeführt, das von über hundert Akteuren abwechslungsreich und mitreißend dargeboten wird.

➡️ Wer sich über die Geschichte des Goldes in Bayern erkundigen will, der sollte sich auf den Gold-Lehrpfad in Oberviechtach begeben. An den Schautafeln kann man eine Menge über die Geschichte des Goldabbaus lernen. Schon im 14. Jahrhundert wurde das begehrte Metall in der Region gefunden und abgebaut. In Langenau befindet sich der älteste urkundlich erwähnte Goldbergbau der Oberpfalz. ■

Ottweiler

Orte im Kreis:
Ottweiler, Neunkirchen (Saar)
Saarland

Stengel-Pavillon und Barockrosengarten

Oberviechtach

OVI Ⓐ

Orte im Kreis:
Oberviechtach, Schönsee, Teunz
Bayern

OTT

OSL

OTW

OVI

Landkreise Klingenthal und Oelsnitz (Obervogtland)

OVL ⒶA

Sachsen

Der Landkreis Ostvorpommern lag bis zur Gebiets-

Ostvorpommern

OVP ⒶA

Orte im Kreis:
Anklam, Heringsdorf, Wolgast
Mecklenburg-Vorpommern

➡ Die Landkreise Klingenthal und Oelsnitz bestanden bis zu ihrer Auflösung 1994 im Freistaat Sachsen.

➡ Klingenthal befindet sich im Naturpark Erzgebirge/Vogtland. Die Stadt ist durch den Musikinstrumentenbau, als Ferienort und Wintersportzentrum bekannt. Auf der Skisprungschanze (Abb. links) in der Vogtland Arena finden regelmäßig Weltcupspringen statt und auf dem Gelände die Läufe der Nordischen Kombination. Für den Wintersportler bieten sich auf herrlichen Pisten Langlauf, Skiabfahrt und Rodeln an.

➡ Klingenthal wird auch die Musikstadt genannt. In der ältesten Manufaktur für Akkordeons können Besucher alles über das Instrument mit den Tasten, Knöpfen und Bälgen erfahren. Im Harmonikamuseum im benachbarten Zwota wird eine beeindruckende Sammlung von historischen und neuzeitlichen Instrumenten gezeigt. ▪

➡ Der Landkreis Ostvorpommern lag bis zur Gebietsreform 2011 in Mecklenburg-Vorpommern.

➡ Im Otto Lilienthal Museum der Hansestadt Anklam erfahren die Besucher einiges über den Flugzeugpionier und die Geschichte der Flugzeugentwicklung. Die Geschichte der Stadt wird im Museum am Stein-

Quiz Im Muschelmuseum Heringsdorf können rund 3000 Exponate bestaunt werden. Darunter Buddelschiffe, Schiffsmodelle, Muscheln, Perlen, Korallen und sogar eine 95 Kilogramm schwere Riesenmuschel. Wie heißt der hier ebenfalls ausgestellte gelbe Schmuckstein aus fossilem Harz, den man mit Glück am Ostseestrand findet?

Auflösung: Seite 444

Seebrücke Ahlbeck auf Usedom

tor wieder lebendig. Es ist das höchste Stadttor Pommerns und das älteste Gebäude und Wahrzeichen der Stadt und bietet einen herrlichen Rundblick über das Peenetal. Die Eisenbahnbrücke Anklam über die Peene wurde als Schwingbrücke bzw. Rollklappbrücke konstruiert und gehört zu den ältesten in Deutschland erhaltenen Brücken dieser Bauart.

➡ Unweit von Anklam liegt die Ostseeinsel Usedom, die, aufgeteilt in den deutschen und den kleineren polnischen Bereich, zu den sonnenreichsten Gegenden Deutschlands gehört. Herrliche Sandstrände laden zum Baden ein. ◼

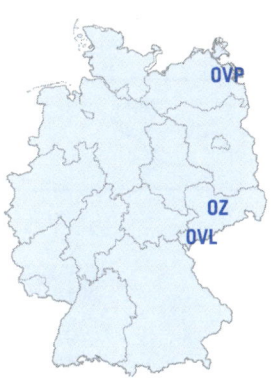

➡ Der Landkreis Oschatz lag bis zu seiner Auflösung 1994 in Sachsen.

➡ Wer einmal richtig unter Dampf stehen möchte, der sollte sich eine Fahrkarte für den „Wilden Robert" kaufen und von Oschatz nach Mügeln fahren.

➡ Zwei der ältesten Gebäude in Oschatz sind die Klosterkirche des ehemaligen Franziskanerklosters und das 1180 errichtete Vogtshaus, der älteste Profanbau Mitteldeutschlands. Bei einem Abstecher in das Waagenmuseum erfährt man an über 100 ausgestellten Exponaten viel über die Geschichte der Waage. Neueste Sehenswürdigkeit ist eine Brücke aus Textilbeton, die die erste ihrer Bauart weltweit ist und an der TU Dresden entwickelt wurde.

➡ Viele reizvolle Wander- und Radwege führen durch den Stadtwald zum Wüsten Schloss Osterland, zum Collmberg, dem Wermsdorfer Wald und in das Gebiet der Dahlener Heide (Abb. rechts). ◼

Oschatz

OZ[Ⓐ]

Orte im Kreis:
Mügeln, Oschatz, Wermsdorf
Sachsen

Quiz Wie heißt die Kirche auf dem Neumarkt in Oschatz, deren zwei Türme weit über das Land hin sichtbar sind? Die Kirche ist gleichermaßen Wahrzeichen und Hauptattraktion für Touristen. Im Südturm können 199 Stufen erklommen und die historisch eingerichtete Türmerwohnung besucht werden.

Auflösung: Seite 444

Potsdam

P

Brandenburg

➡ Die Stadt Potsdam mit knapp 160.000 Einwohnern liegt in Brandenburg und grenzt mit ihrem Ostteil direkt an Berlin.

➡ Bereits 1990 wurde die komplette Potsdamer Kulturlandschaft zum UNESCO-Welterbe erklärt. Dazu gehören die Parkanlagen Sanssouci, Neuer Garten, Babelsberg, Glienicke und die Pfaueninsel mit ihren Schlössern sowie Schloss und Park Sacrow mit der Heilandskirche. 1999 wurde das Welterbe um 14 Denkmalbereiche erweitert, dem Schloss und Park Lindstedt, der Russischen Kolonie Alexandrowka, dem Belvedere (Abb. links), dem Kaiserbahnhof, der Sternwarte am Babelsberger Park u.a.

➡ Potsdam bringt man immer mit Schloss Sanssouci (Abb. unten), der Sommerresidenz von Friedrich II., in Verbindung. Die restlichen elf Schlösser sind ebenso erwähnenswert. Ein Kleinod ist Schloss Cecilienhof, wo sich der Tisch befindet, an dem die Unterschriften im Rahmen der Potsdamer Konferenz auf die Verträge gesetzt wurden. Die unzähligen Touristenströme, die täglich durch die Straßen geschleust werden, besuchen aber auch das Holländische Viertel, die Russische Kolonie Alexandrowka und das einstige Weberviertel, die vielen Gewässer im Zentrum Potsdams und den Templiner See.

➡ Ein Muss für die Besucher der Stadt ist die Filmwelt im Filmpark Babelsberg. „Die Feuerzangenbowle", „Die drei Musketiere", „Die Bourne Verschwörung", „Die unendliche Geschichte", „Der Vorleser" sowie viele weitere Filmhits, Telenovelas und Fernsehserien, die um den Erdball gingen, wurden in den Studios vor den Toren Berlins geschaffen. ∎

➡️ Der Kreis Passau liegt im südöstlichen Zipfel von Deutschland an der Grenze zu Österreich und seine gleichnamige Kreisstadt hat über 50.000 Einwohner.

➡️ Passau (Abb. rechts) muss man einfach erlebt haben. Die wunderschöne Altstadt mit dem alles überragenden Stephansdom lädt zu ausgiebigem Bummeln ein. Passau war das flächengrößte Bistum des Heiligen Römischen Reichs Deutscher Nation. Die Grenzen gingen damals bis nach Ungarn. Die Stadt wird auch durch ihre Lage am Zusammenfluss der Donau, Inn und Ilz als die Dreiflüssestadt bezeichnet. Seit der Fertigstellung des Rhein-Main-Donau-Kanals ist Passau Teil der Europäischen Schifffahrtslinie von Rotterdam bis zum Schwarzen Meer.

➡️ Die Besucher des Stephansdoms müssen sich schon einen Termin aussuchen, um die Domorgel, die mit ihren 17.774 Pfeifen und 233 Registern die größte Domorgel der Welt ist, zu hören. ■

Passau

Bayern

➡️ Der bayerische Landkreis Pfaffenhofen an der Ilm liegt zwischen Augsburg und Regensburg und hat knapp 118.000 Einwohner.

➡️ Die Hallertau ist das größte Hopfenanbaugebiet (Abb. rechts) der Welt. Im Ort Wolnzach an der Autobahn A93 befindet sich das Deutsche Hopfenmuseum, dessen Gebäude einem Hopfengarten nachempfunden ist.

➡️ In Pfaffenhofen können die Besucher auch ein Wachszieher- und ein Lebzelterreimuseum besuchen. Die Lebzelter sind Bäcker, die sich auf die Herstellung von Lebkuchen spezialisiert haben.

➡️ Manching ist die zweitgrößte Gemeinde im Kreis und beherbergt ein sehenswertes Kelten- und Römermuseum. In Maching entwickelte die EADS den Eurofighter. Daher verfügt der Ort über einen Flugplatz mit einer 3 km langen Start- und Landebahn. ■

Pfaffenhofen an der Ilm

Orte im Kreis:
Pfaffenhofen an der Ilm, Manching, Wolnzach
Bayern

Rottal-Inn

PAN

Orte im Kreis:
Eggenfelden, Pfarrkirchen
Bayern

➡ Der bayerische Landkreis Rottal-Inn hat über 100.000 Einwohner und liegt südlich von Regensburg an der österreichischen Grenze.

➡ Geschichte und Kultur werden auf der knapp 150 Kilometer langen Rottaler Museumsstraße geboten. Auf 22 Stationen können historische Sehenswürdigkeiten besichtigt oder aber auch lebendiges Brauchtum bewundert werden.

➡ Im Rottaler Bäderdreieck gibt es Wellness pur. In Bad Birnbach laden heiße Quellen ein und in den Rottaler Thermen nutzt man die Heilkraft aus der Tiefe des Urgesteins.

➡ Das Wahrzeichen Pfarrkirchens, das Wimmer-Ross (Abb. links), erinnert an die lange Pferdetradition der Stadt. 1895 wurde hier die mittlerweile älteste Trabrennbahn Bayerns eröffnet. Neben den Trabrennen an Pfingsten werden auch internationale Sandbahnrennen ausgerichtet. ◾

Parsberg

PAR

Orte im Kreis:
Hemau, Seubersdorf, Velburg
Bayern

➡ Der Landkreis Parsberg gehörte bis zu seiner Auflösung 1972 zum Regierungsbezirk Oberpfalz.

➡ Rund um Parsberg bestehen wunderschöne Wander- und Radwege durch den Oberpfälzer Jura oder das Labertal. Wer im Sommer lieber Ski fahren möchte, der kann sich auf dem Monte Kaolino bei Hirschau austoben. Die „Pistenjäger" fahren aber nicht auf Schnee oder Eis, sondern auf einer Piste aus purem Sand (Abb. links). Ein Berg, der aus der Zeit der Kaolin-Gewinnung übrig geblieben ist, wurde mit einer 260 Meter langen Skiabfahrt und einem Gefälle von 35 Grad präpariert.

➡ Der Freizeitpark Monte Kaolino verfügt nicht nur über eine Riesendüne mit Seilbahn und Sandskistrecke, sondern auch über ein Dünenbad mit Wasserrutsche, einen Hochseilgarten, eine Inlinerstrecke, eine Sommerrodelbahn, einen Farbenwald und den „GeoPark Kaolinrevier Hirschau-Schnaittenbach". ◾

➡ Paderborn liegt südlich von Gütersloh in Nordrhein-Westfalen und hat knapp 150.000 Einwohner.

➡ Die Stadt hat sich der Musik und dem Theater gewidmet. Allein der Schlosssommer im Barockgarten von Schloss Neuhaus bietet etwas für jeden Geschmack.

➡ Eines der wichtigsten Baudenkmäler und auch das Wahrzeichen der Stadt ist der Dom (Abb. rechts) aus dem 10. bis 13. Jahrhundert. Weitere Sehenswürdigkeiten sind die 1603 erbaute Wewelsburg und in der Umgebung der Stadt die Karstquellen und das Paderquellgebiet mit dem Padersee.

➡ Das Deutsche Traktoren- und Modellautomuseum in Paderborn hat 10.000 Modellautos und über 100 historische Traktoren als Originale ausgestellt. ◾

➡ Der Landkreis Parchim lag in Mecklenburg-Vorpommern und hatte bis zur Kreisreform 2011 knapp 100.000 Einwohner.

➡ Parchim ist eine Stadt, die mit ihrem besonderen Flair den Besucher in ihren Bann zieht. Für die Altstadt mit dem Rathaus, ursprünglich ein gotischer Backsteinbau aus dem 14. Jahrhundert, oder die mächtige St. Georgenkirche und die vielen kulturhistorisch wertvollen Sehenswürdigkeiten sollte man viel Zeit mitbringen.

➡ Ein Eldorado für Wasserwanderer ist die durch die Stadt Parchim verlaufende Müritz-Elde-Wasserstraße (Abb. unten). Diese stellt eine Verbindung für die Binnenschifffahrt zwischen der Elbe und der Mecklenburgischen Seenplatte, über den westlich von Parchim abzweigenden Störkanal auch zum Schweriner See, dar. Auch Nordic-Walking-Pfade, Wander- und Radwege führen durch die unberührte Natur. ◾

Paderborn

PB

Nordrhein-Westfalen

Parchim

PCH Ⓐ

Orte im Kreis:
Lübz, Parchim, Plau am See
Mecklenburg-Vorpommern

Peine

PE

Orte im Kreis:
Lengede, Peine, Vechelde
Niedersachsen

Pegnitz

PEG

Orte im Kreis:
Betzenstein, Creußen, Pegnitz
Bayern

➡ Der Landkreis Peine liegt zwischen Hannover und Braunschweig in Niedersachsen und hat 130.000 Einwohner.

➡ Das Kreismuseum widmet sich der historischen Peiner Alltagskultur und der langen Tradition der ansässigen Stahlindustrie. Der gefertigte Stahl und die Stahlträger haben in der ganzen Welt einen sehr guten Ruf. Das Schokoland des Süßwarenherstellers Rausch zeigt die Geschichte des Kakaos, der Schokoladenherstellung und bietet Einblicke in die heutige Fertigung.

➡ Die großen Feste sind das Peiner Freischießen, das Highland Gathering, bei dem sich Pipe- und Drumbands einen Wettkampf liefern, und die Highland Games.

➡ Einen schönen Ehrenplatz bekam der 1819 in Peine geborene Schriftsteller Friedrich Martin von Bodenstedt. ◼

➡ Der Landkreis Pegnitz gehörte bis zu seiner Auflösung 1972 zum bayerischen Regierungsbezirk Oberfranken.

➡ In Pegnitz lässt sich im Stollen Erwein die Geschichte der Eisensteinzeche erleben. 1908 begann in diesem Gebiet, unter anderem in der Eisensteinzeche „Kleiner Johannes", der Bergbau. Das Werk musste 1967 schließen, in den letzten Jahren wurde es restauriert, damit im Stollenmund Erwein ein Museum eingerichtet werden konnte.

➡ Die Stadt Pegnitz und auch der Veldensteiner Forst bieten viele Freizeitmöglichkeiten. Es laden Themenwege wie der Wald- und Imkerlehrpfad und der wasserwirtschaftliche Lehrpfad zum Wandern ein. Beim Bierquellen-Wanderweg rund um die Stadt kann zwischen dem Wandern auch die eine oder andere Rast eingelegt werden, um das Bier der Region bei einer deftigen Brotzeit zu probieren. ◼

➡ Der ehemalige brandenburgische Kreis Perleberg lag im Süden von Schwerin und wurde 1994 im Zuge der Kreisreform aufgelöst.

➡ Perleberg liegt an der Stepenitz in der Landschaft Prignitz und der Perleberger Heide. Die „Gänsetour" im Flusstal führt auf einem 70 Kilometer langen Radwanderweg durch historische Stätten vom Oberlauf der Stepenitz bis zur Mündung.

Rathaus in Perleberg

➡ Es riecht nach Öl und Gummi, wenn man die Halle der Oldtimerschau in Perleberg betritt. Über 50 alte Fahrzeuge, Motoren, Pkw, Traktoren und Motorräder sind zu bewundern. Höhepunkt ist ein Flugzeug-Eigenbau, der für die Flucht aus der DDR gebaut wurde. ◼

Perleberg

PER Ⓐ

Orte im Kreis:
Bad Wilsnack, Perleberg, Wittenberge
Brandenburg

Quiz Welche bekannte deutsche Politikerin zog kurz nach ihrer Geburt im Jahr 1954 mit ihrer Familie in das Dorf Quitzow (heute ein Stadtteil von Perleberg)? Ihr Vater trat dort eine Stelle als Pfarrer an. Ein kleiner Tipp: Sie erholt sich gern in der Uckermark.

Auflösung: Seite 444

➡ Pforzheim liegt zwischen Karlsruhe und Stuttgart im Nordwesten von Baden-Württemberg und hat 120.000 Einwohner.

➡ Gold und Schmuck haben der Stadt im Schwarzwald den Titel „Goldstadt" eingebracht. Das Schmuckmuseum im Reuchlinhaus besitzt eine Sammlung von Originalen, die Weltruhm haben.

➡ Im Stadtmuseum ist die original Wein- und Mostwaage von Ferdinand Oechsle zu sehen. Dieser hat mit seiner Waage die Möglichkeit geschaffen, den Gehalt der Mostdichte in Oechsle-Graden anzugeben.

➡ Der Wallberg ist eine natürliche Erhebung, die durch den Schutt der Stadt nach dem Zweiten Weltkrieg aufgestockt wurde. Der Wallberg wurde mit weithin sichtbaren Stelen zum Mahnmal ausgebaut (Abb. rechts) und dient als Aussichtspunkt auf die Stadt und die angrenzenden Täler. ◼

Enzkreis

PF

Orte im Kreis:
Eutingen an der Enz, Niefern
Baden-Württemberg

Pinneberg

PI

Orte im Kreis:
Elmshorn, Pinneberg, Wedel
Schleswig-Holstein

➡ Der Kreis Pinneberg liegt in Schleswig-Holstein, nördlich von Hamburg, und hat über 300.000 Einwohner.

➡ Auf dem Elberadweg kann man das Naturschutzgebiet Schleswig-Holstein und die Schönheit des Kreises erkunden. Die Willkomm-Höft in Wedel begrüßt und verabschiedet Schiffe des Hamburger Hafens und informiert die Besucher über Lautsprecher über das jeweilige Schiff.

➡ Das Uetersener Rosarium mit mehr als 35.000 Rosen und 1020 Rosensorten ist der Mittelpunkt der deutschen Rosenzucht. Die größte Strauch-Pfingstrosen-Sammlung Deutschlands kann man im Arboretum Ellerhoop-Thiensen bewundern.

➡ Die Hochseeinsel Helgoland mit dem Ober- und Unterland, der Langen Anna und dem Lummenfelsen ist ein staatlich anerkanntes Seeheilbad. Eine Attraktion ist das Ausbooten der Fähren mit den Börtebooten. ◾

Sächsische Schweiz – Osterzgebirge

PIR

Orte im Kreis:
Bad Schandau, Pirna, Königstein
Sachsen

➡ Der Landkreis Sächsische Schweiz – Osterzgebirge liegt in Sachsen südlich von Dresden.

➡ Zwischen Weinbergen, Schlössern und dem Elbsandsteinmassiv des Nationalparks Sächsische Schweiz liegt die Stadt Pirna mit ihrem mittelalterlichen Stadtkern und den vielen Kirchtürmen. Pirna gehört zu den schönsten Städtezentren in Sachsen und gilt als das Tor zur „Sächsischen Schweiz". Besonders sehenswert ist das Gebiet der historischen Altstadt rund um den Markt und die Marienkirche.

➡ In Graupa befinden sich ein Richard-Wagner-Museum und das größte Denkmal des Komponisten. In der Stadt entstanden wesentliche Teile der Lohengrin-Komposition. Die Ausstellung vermittelt Informationen über die Aufenthalte Richard Wagners im Jagdschloss von Graupa (Abb. links). ◾

➡ Der Landkreis Pritzwalk lag bis zu seiner Auflösung 1993 im Land Brandenburg.

➡ In den ehemaligen Lagerkellern der Pritzwalker Brauerei ist seit 2002 das Stadt- und Brauereimuseum untergebracht. Die Besucher erfahren einiges zur Stadt- und Regionalgeschichte sowie über die Kunst des Bierbrauens.

➡ Die Ausstellung im Mühlenmuseum Kathfelder Mühle informiert über die Geschichte der Wassermühlen in und um Pritzwalk und präsentiert die Technik einer Getreidemühle aus den dreißiger Jahren des 20. Jahrhunderts.

➡ In dem Waldpark Hainholz bestehen für den Besucher zahlreiche Möglichkeiten, die Natur zu genießen und sich in der „Grünen Akademie" über Artenschutz zu informieren. Naturerlebnisse vermitteln die Waldexkursionen und Fachvorträge sowie der Lehrpfad oder der Wald- und Naturlehrgarten. ◼

➡ Plauen liegt in Sachsen, zwischen Hof und Zwickau unweit der tschechischen Grenze, und hat über 66.000 Einwohner.

➡ Berühmt sind die Plauener Spitzen. Besucher der Stadt haben die Gelegenheit, im Museum und in einer Schaustickerei alles über die 200-jährige Tradition und die Herstellung zu erfahren.

➡ In Plauen und Umgebung sind drei imposante Brücken anzutreffen. Die über 100 Jahre alte Friedensbrücke mit einem Bogen von 90 Meter Spannweite zählt zu den weitestgespannten Steinbogenbrücken Europas. Die aus 11 Bogen bestehende Syratalbrücke ist eine Eisenbahnbrücke mit einer Länge von 201 Metern, und die alte Elsterbrücke (Abb. rechts) wurde erstmals 1244 erwähnt. Sie zählt zu den ältesten Steinbrücken, und schon Napoleon I. und Johann Wolfgang von Goethe sollen sie überquert haben. ◼

Pritzwalk

Orte im Kreis:
Meyenburg, Pritzwalk, Putlitz
Brandenburg

Plauen

Orte im Kreis:
Jößnitz, Syrau, Weischlitz
Sachsen

Plön

PLÖ

Orte im Kreis:
Bönebüttel, Preetz, Schwentinental
Schleswig-Holstein

➡ Der Landkreis Plön liegt in Schleswig-Holstein, zwischen Kiel und Lübeck, an der Ostsee und hat 133.000 Einwohner.

➡ Die meiste Fläche des Plöner Stadtgebietes verteilt sich auf elf Seen. Gleich zwei Seen tragen den Namen der Stadt, der Kleine Plöner See und der größte See Schleswig-Holsteins, der Große Plöner See. Die hübsche Altstadt mit der Nikolaikirche, dem Kreismuseum, dem Rathaus und den Geschäften und Cafés lädt zum Bummeln ein.

➡ Zu dem Wahrzeichen der Stadt, dem Schloss Plön (Abb. links), gehört eine der schönsten Schlossanlagen Schleswig-Holsteins. Aufwendig restaurierte Gebäude, schattige Alleen und ein alter Baumbestand laden zum Erkunden und Flanieren ein.

➡ Für sportliche Besucher gibt es einen Planetenpfad, 900 Kilometer Radwege, Golfplätze, Reitpfade, Wassersportmöglichkeiten und ruhige Angelplätze. ■

Potsdam-Mittelmark

PM

Orte im Kreis:
Bad Belzig, Kleinmachnow, Teltow
Brandenburg

➡ Der Landkreis Potsdam-Mittelmark liegt im Westen Brandenburgs und hat über 200.000 Einwohner.

➡ Die Kreisstadt Bad Belzig liegt mitten im Naturpark Hoher Fläming. Der Wechsel von Wiesen und Wäldern und mittelalterlichen Burgen begeistert jeden Besucher, der erstmals in dieses Gebiet kommt. Einige Sehenswürdigkeiten der Stadt sind die Burg Eisenhardt, der historische Stadtkern mit der Marienkirche und dem Rathaus und eine kursächsische Postmeilensäule.

➡ Sport und Kunst bilden im Kreis eine gelungene Symbiose, eine Projektgruppe setzt künstlerische Projekte im Hohen Fläming um. Das erste Projekt war die „Kunstspur" (Abb. links), ein 2,5 Kilometer langer Wanderweg. Zwischen den Bahnhöfen Bad Belzig und Wiesenburg/Mark wurde der 33 Kilometer lange internationale Kunstwanderweg „Hoher Fläming" mit gestalteten Kunstwerken angelegt. ■

➡ Der Landkreis Pößneck liegt in Thüringen und wurde 1994 dem Saale-Orla-Kreis zugeordnet.

➡ Das Wahrzeichen der Stadt Pößneck ist der 1453 erbaute Weiße Turm, einer der vier Ecktürme der alten Stadtbefestigung. Die unteren drei Stockwerke wurden als Verlies für Schwerverbrecher genutzt.

➡ 2002 eröffnete die seit über 140 Jahren ansässige Rosenbrauerei ein Brauereimuseum mit historischen Exponaten des Brauwesens und einer Malzmühle.

➡ Die Natur-Motocross-Strecke von Pößneck ist regelmäßig Gastgeber für deutsche Meisterschaften. Sonst laden Wälder und Hügel zum Reiten, Golfen, Wandern und Radfahren ein. In der Umgebung locken die Saalestauseen, die zu den größten und schönsten Europas zählen. Interessierte finden hier die bedeutendsten Zechstein-Riffe Deutschlands. ▪

Pößneck

PN Ⓐ

Orte im Kreis:
Neustadt an der Orla, Pößneck, Triptis
Thüringen

➡ Der brandenburgische Landkreis Prignitz liegt zwischen Berlin und Hamburg und hat über 80.000 Einwohner.

➡ Die Gegend um Prignitz verfügt über eine Kulturlandschaft mit einem Tausende Jahre alten Erbe. 3500 Fundstellen sind bekannt, sieben sind besonders erwähnenswert. Dies sind Burg Lenzen, das Grab von Mellen, das Königsgrab in Seddin, der Teufelsberg in Wolfshagen, Schloss Meyenburg (Abb. rechts), Schloss Freyenstein und Wittstock.

➡ Kunst und Kultur in ländlichem Ambiente wird in Prignitz mit verschiedenen Veranstaltungen angeboten. Dazu zählen im Rahmen des „Prignitz-Sommers" Ausstellungen in Schlössern oder Bauernhöfen, Theater und Konzerte, aber auch Projekte wie das Dixielandfest in Wittenberge oder die Lotte-Lehmann-Woche in Perleberg. Publikumsrenner sind der Prignitzer Märchentag und die Schlossnacht in Meyenburg. ▪

Prignitz

PR

Orte im Kreis:
Perleberg, Wittenberge
Brandenburg

Prüm

PRÜ

Orte im Kreis:
Birresborn, Densborn, Duppach
Rheinland-Pfalz

Südwestpfalz

PS

Rheinland-Pfalz

➡ Der ehemalige Landkreis Prüm, in Rheinland-Pfalz gelegen, ist heute dem Eifelkreis Bitburg-Prüm zugeordnet.

➡ Das Prümer Wahrzeichen, mit zwei Türmen und einem Langhaus, ist die St.-Salvator-Basilika (Abb. rechts) aus dem Jahr 1721. In der Nähe von Prüm, in Bleialf, kann das Besucherbergwerk und Kulturdenkmal „Mühlenberger Stollen" besichtigt werden. Die Besucher fahren über das Einstiegbauwerk in den Stollen und erfahren alles über die Geologie und die Geschichte des Bleiabbaus.

➡ In der großen touristischen Region „Eifel-Ardennen" liegt das Obere Ourtal, ein Teil des Naturparks Hohes Venn-Eifel. In dieses Gebiet eingebunden sind eine Stauseeanlage und mehr als 40 Kilometer Fließgewässer. ■

➡ Pirmasens ist der Verwaltungssitz des Landkreises Südwestpfalz, liegt in Rheinland-Pfalz, westlich von Saarbrücken, und hat über 40.000 Einwohner.

➡ In der ehemals deutschen Schuhmetropole finden immer noch regelmäßige Ausstellungen zum Thema Schuhe statt. Aber auch ein Museum und eine Schuhfachschule sind hier zu finden.

➡ Bei einem Besuch in Pirmasens sollte man auf keinen Fall vergessen, den Exerzierplatz mit dem Neuen Rathaus, den Schlossplatz, den Schlossbrunnen und die Schlosstreppen (Abb. links) zu besuchen. Zu den weiteren Sehenswürdigkeiten gehören das Alte Rathaus, das Dynamikum Science Center oder aber auch das Westwallmuseum Gerstfeldhöhe und die süße WAWI-Schokowelt, in der man viel über die süße Versuchung erfahren kann. ■

➡ Der Landkreis Pasewalk wurde 1994 aufgelöst und lag in Mecklenburg-Vorpommern.

➡ Von der mittelalterlichen Stadtbefestigung Pasewalks stehen noch Reste der Stadtmauer sowie das Mühlen- und Prenzlauer Tor, der Pulverturm und „Kiek in de Mark" (Abb. rechts) als Wahrzeichen der Stadt. Auch die historischen Kirchen, mit der Nikolaikirche als ältester Kirche im Ort, lohnen einen Besuch.

➡ Leitern aus dem 17. Jahrhundert und Handdruckspritzen sowie Feuerwehrfahrzeuge und viele historische Ausstellungsstücke können die Besucher im Feuerwehrmuseum Pasewalk anschauen.

➡ Schloss Penkun ist eine Dreiflügelanlage auf einem alten Burghügel. Die Tordurchfahrt ziert ein Wappenschmuck von 1614. Sehenswert sind der Schlosspark und das Museum im Verwalterhaus. Das Freilichtmuseum bei Penkun zeigt die frühe slawische Geschichte. ◼

➡ Der Landkreis Prenzlau liegt im Land Brandenburg und wurde 1994 dem Landkreis Uckermark zugeordnet. Um den nördlichen Teil des Unteruckersees erstreckt sich die Stadt Prenzlau. Radfahrer finden in Prenzlau ebenso wie Wassersportler ideale Bedingungen. Dank der mehr und mehr ausgebauten Fernradwege und thematischen Routen in der Region fühlen sich Radtouristen zunehmend angesprochen.

➡ Der Mitteltorturm und die Marienkirche sind das Wahrzeichen von Prenzlau (Abb. rechts). Das ehemalige Dominikanerkloster Prenzlau gehört heute zu den besterhaltenen mittelalterlichen Klosteranlagen in Nordostdeutschland. Es beherbergt u.a. das Kulturhistorische Museum, die „Kultur arche", in der zahlreiche kulturelle Veranstaltungen stattfinden, die Stadtbibliothek, das Historische Stadtarchiv und die KlosterLadenGalerie, in der Souvenirs und Werke uckermärkischer Künstler bestaunt und erstanden werden können. ◼

Pasewalk

Mecklenburg-Vorpommern

Prenzlau

PZ

Orte im Kreis:
Brüssow, Prenzlau, Strasburg
Brandenburg

Querfurt

QFT

Orte im Kreis:
Freyburg (Unstrut), Laucha, Querfurt
Sachsen-Anhalt

➡ Der frühere Landkreis Querfurt lag in Sachsen-Anhalt und bestand bis 1994.

➡ Die Altstadt von Querfurt profitierte von einem Bauboom in den 1990er-Jahren. Alte Höfe und Häuser wurden restauriert, der Markt und die Straßen saniert und die historische Altstadt zu einem schönen Ganzen geformt. Die Burg Querfurt (Abb. links) gehört zu den größten mittelalterlichen Burgen in Deutschland und ist sieben Mal größer als die Wartburg.

➡ Auf einer Fläche von fast 72.000 Hektar können die Landschaft, die Kultur und die Geschichte des Naturparks „Saale-Unstrut-Triasland" auf Wander- oder Fahrradwegen erkundet werden. Im Naturpark sind Orchideen zu entdecken, aber auch die Schönheiten der Weinberge, Streuobstwiesen, Burgen, Schlösser und der idyllischen Dörfer und Städte. ◾

Quedlinburg

QLB Ⓐ

Orte im Kreis:
Güntersberge, Harzgerode, Thale
Sachsen-Anhalt

➡ Quedlinburg liegt im Harz, südwestlich von Magdeburg, in Sachsen-Anhalt und hat über 28.000 Einwohner.

➡ 2006 wurde die Selketalbahn verlängert und an das Netz der Harzer Schmalspurbahn angeschlossen, somit kann man von Quedlinburg aus zu einer Fahrt in den Harz und auf den Brocken starten.

➡ Einzigartig ist die Altstadt von Quedlinburg. Auf einer Fläche von 90 Hektar verteilt sind mehr als 1300 Fachwerkhäuser zu finden. Die Fachwerkhäuser und das Grab des ersten deutschen Königspaares in der Krypta der Stiftskirche auf dem Schlossberg (Abb. unten) waren der Grund, warum Quedlinburg das Prädikat „UNESCO-Welterbe" bekam. Neben dem Schlossmuseum gibt es noch das Mitteldeutsche Eisenbahn- und Spielzeugmuseum, das Museum für Glasmalerei und Kunsthandwerk und das Fachwerkmuseum zu besichtigen. ◾

➡ Die bayerische Stadt Regensburg liegt zwischen Nürnberg und Passau und hat knapp 140.000 Einwohner.

➡ Die Stadt, die von der UNESCO zum Weltkulturerbe ernannt wurde, kann mit vielen Highlights aufwarten. Die Regensburger Domspatzen gehören zu den ältesten Knabenchören der Welt. Die Wurstkuchl ist eine neben der Steinernen Brücke gelegene Wurstbraterei, die als weltweit ältester Bratwurst- oder Fastfood-Stand gilt. Die Steinerne Brücke über die Donau ist die älteste erhaltene Steinbrücke Deutschlands.

➡ Regensburg besitzt neben mehreren Parks und Galerien auch etliche Museen verschiedener Träger. Zum Beispiel das Historische Museum, das Kepler-Gedächtnishaus, das Reichstags- und das Naturkundemuseum, die Bistumsmuseen Regensburg, das Donau-Schifffahrts-Museum sowie das Brückturm-, das Uhren- und das Postmuseum.

➡ Das fürstliche Schloss St. Emmeram ist mit seinen 500 Zimmern das größte bewohnte Schloss in Deutschland und beherbergt die Fürstliche Schatzkammer Thurn und Taxis Regensburg sowie das Marstallmuseum mit der Kutschensammlung.

➡ Nur einige Kilometer von Regensburg entfernt steht die Ruhmes- und Ehrenhalle „Walhalla", eines der Hauptwerke des bayerischen Königs Ludwigs I. In dem nachempfundenen griechischen Tempel sind Büsten von Größen aus allen Bereichen und Jahrhunderten ausgestellt.

➡ Astronomiefreunde können das Dach der Sternwarte besteigen, um in die unendlichen Weiten zu schauen, und Informationen über Johannes Kepler bekommen, der 1630 in Regensburg verstarb. ∎

Regensburg

Orte im Kreis:
Donaustauf, Wörth/Donau
Bayern

Innenhof von Schloss St. Emmeram

Stadtansicht Regensburg

Rastatt

RA

Orte im Kreis:
Iffezheim, Rastatt
Baden-Württemberg

➡️ Der Landkreis Rastatt liegt südlich von Karlsruhe an der französischen Grenze in Baden-Württemberg und hat über 225.000 Einwohner.

➡️ Das 1698 erbaute Residenzschloss ist das Wahrzeichen Rastatts (Abb. links). Weitere Sehenswürdigkeiten sind das Schloss Favorite, die Pagodenburg, das historische Rathaus, die Einsiedler Kapelle, der Wasserturm und die Kasematten, Festung Rastatt, das Rossi-Haus, die Fruchthalle und mehrere Kirchen.

➡️ Im Naturpark Schwarzwald Mitte/Nord findet der Besucher eine noch intakte Schwarzwaldlandschaft. Im Gebiet um Gaggenau und Bischweiler sind Erholungssuchende genauso willkommen wie sportlich aktive Nordic-Walker oder Mountain-Biker. In einigen Orten und Tälern der Region sind Skilifte und Loipen vorhanden, um die Wintersportarten Langlauf, Rodeln, Schneeschuhwandern oder Snowboarden auszuüben. ◾

Reichenbach

RC

Orte im Kreis:
Lengenfeld, Mylau, Netzschkau
Sachsen

➡️ Der ehemalige Landkreis Reichenbach lag im Freistaat Sachsen und wurde 1996 dem Vogtlandkreis zugeordnet.

➡️ Die größte Ziegelsteinbrücke der Welt, die Göltzschtalbrücke, wurde in den Jahren 1846–1851 als Eisenbahnbrücke zwischen Leipzig und Nürnberg errichtet (Abb. links). Sie hat eine Höhe von 78 Metern und eine Länge von 574 Metern.

➡️ Der 510 Meter hohe Kuhberg bei Netzschkau bietet sich für einen Familienausflug an. Über einen Naturlehrpfad erreicht man den 21 Meter hohen Aussichtsturm mit Blick auf die Region und das Plateau mit den fahrenden Gartenmodelleisenbahnen.

➡️ In Mühlwand befindet sich die Tropfsteingrotte Alaunwerk Mühlwand, die farbenprächtige Sinter aufweist. Etwa einhundert Meter weiter ist das geologische Denkmal „Liegende Falte" zu finden. ◾

➡ Der Kreis Rendsburg-Eckernförde liegt westlich von Kiel in Schleswig-Holstein und hat knapp 270.000 Einwohner.

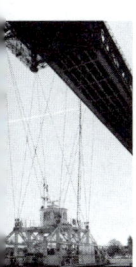

➡ Eine kleine Sensation ist die Eiserne Lady, eine 42 Meter hohe Eisenbahnbrücke über den Nord-Ostsee-Kanal. Sie ist einzigartig, weil unter ihr eine Schwebefähre (Abb. links) hängt, die noch immer im Einsatz ist. Vor Ort erhalten Besucher Informationen über vorbeifahrende Schiffe, die mit dem Dippen der Flagge und der Nationalhymne begrüßt werden.

➡ Wer nicht nur am Strand liegen möchte, sondern lieber sportlich sein will, der kann das Angebot Nordic Walking, Tauchen, Radtouren zur Schlei oder Schnuppersegeln auf der Ostsee in Anspruch nehmen. Aber auch eine Wanderritt auf Eseln oder eine Kutschfahrt durch die Landschaft der Hüttener oder der Duvenstedter Berge zum Bistensee ist möglich. ■

➡ Der ehemalige Kreis Ribnitz-Damgarten liegt in Mecklenburg-Vorpommern und wurde 1996 dem Landkreis Vorpommern-Rügen angegliedert.

➡ Dem Ruf, die Bernsteinstadt Deutschlands zu sein, wird man mit Europas größter Bernsteinausstellung in der Schaumanufaktur gerecht. Eines der wertvollsten Stücke im Deutschen Bernsteinmuseum ist ein in Bernstein eingeschlossener Skorpion.

➡ Der Landkreis besitzt eine Vielzahl von historischen Gebäuden und Stätten, Mühlen, Kirchen und vielen weiteren Sehenswürdigkeiten. Er hat eine 60 Kilometer lange Ostseeküste mit der Fischland-Darß-Zingst-Halbinselkette und den Boddengewässern. Fischland-Darß-Zingst ist eine 45 Kilometer lange Halbinsel mit den Ferienorten Wustrow, Ahrenshoop, Born a. Darß, Wieck a. Darß, Prerow und Zingst. ■

Rendsburg-Eckernförde

RD

Orte im Kreis:
Eckernförde, Rendsburg
Schleswig-Holstein

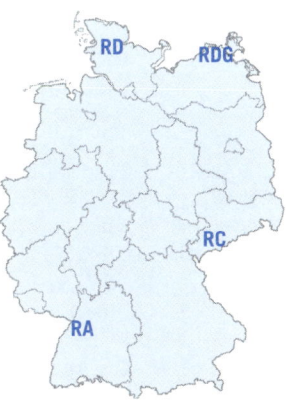

Ribnitz-Damgarten

RDG Ⓐ

Orte im Kreis:
Barth, Marlow, Ribnitz-Damgarten
Mecklenburg-Vorpommern

Steilküste bei Ahrenshoop

Recklinghausen

RE

Orte im Kreis:
Dorsten, Marl, Recklinghausen
Nordrhein-Westfalen

Regen

REG

Orte im Kreis:
Regen, Zwiesel
Bayern

➡ Die Stadt Recklinghausen liegt nördlich von Bochum am Rand des Ruhrgebiets in Nordrhein-Westfalen und hat über 115.000 Einwohner.

➡ International hat sich die Stadt durch die Ausrichtung der Ruhrfestspiele in der Kunstszene etabliert. Es ist das älteste und größte Theaterfestival Europas. Jedes Frühjahr verwandelt sich Recklinghausen in eine internationale Kulturmetropole. Viele namhafte Theatergrößen, Regisseure und Schauspieler haben sich schon in die Ensembles eingefügt, in denen auch immer junge Talente Berücksichtigung finden.

➡ Zu den sportlichen Höhepunkten der Stadt gehört das jährliche Recklinghäuser Marktplatzspringen, das seit über 30 Jahren im Stadtzentrum veranstaltet wird. Zahlreiche nationale wie internationale Stabhochsprungartisten, Weltmeisterschafts- und Olympiateilnehmer haben sich hier schon in ungeahnte Höhen geschwungen. ◼

➡ Der bayerische Landkreis Regen liegt östlich von Regensburg an der tschechischen Grenze und hat knapp 80.000 Einwohner.

➡ Der Nationalpark Bayerischer Wald und der angrenzende tschechische Nationalpark Šumava ergeben zusammen das größte Waldschutzgebiet Mitteleuropas. Auf einer Fläche von 900 Quadratkilometern herrscht reine Waldwildnis.

➡ Die Jahrhunderte alte Glasindustrie wird im Glasmuseum Frauenau dokumentiert. Zu sehen sind hier Objekte der Themengebiete „Anfänge des Glases", „das Glas in der Renaissance und im Barock", „Leben und Arbeiten mit der Glaskunst". ◼

Glasarche II im Glasmuseum in Frauenau

➡ Der Landkreis Rehau gehörte bis 1972 zum bayerischen Regierungsbezirk Oberfranken.

➡ Das Museum in Rehau zeigt Exponate zur Stadtgeschichte und zur Industrie, die für die Entwicklung der Stadt prägend waren. Besonders wird auf die Themen Gerberhandwerk, Porzellanherstellung und Flussperlmuscheln eingegangen. In der Heimat- und Weberstube wird das kulturelle Erbe der Sudetendeutschen dokumentiert und in dem Puppenmuseum werden Puppen und Blechspielzeug aus über einem Jahrhundert gezeigt.

➡ Die Rehauer nehmen für sich in Anspruch, den ersten geschichtlichen Nachweis vom Kartoffelanbau zu haben. Seit 1998 verleiht die Stadt deshalb den Preis der Goldenen Kartoffel.

➡ Bis 1919 gehörte auch die Stadt Selb zum Kreis Rehau. Selb ist heute Große Kreisstadt im Landkreis Wansiedel im Fichtelgebirge. ■

➡ Die bayerische Stadt Bad Reichenhall liegt südwestlich von Salzburg an der österreichischen Grenze und hat 18.000 Einwohner.

➡ Den Titel „Schönste Saline der Welt" hat die Kurstadt seit 1846 inne und zählt damit zu den Industriedenkmälern in Bayern (Abb. rechts). Einblicke in die Geschichte der Stadt, der Saline und des Salzes erhält man im Salzmuseum. In der Saline beeindrucken die in Marmor gefassten unterirdischen Solequellen, die sich durch ein verzweigtes Stollensystem ziehen. Das 1910 erbaute Gradierwerk im Kurgarten wird noch heute als Freiluft-Inhalatorium genutzt.

➡ Die Predigtstuhlbahn von 1928 ist die älteste original erhaltene Großkabinen-Seilschwebebahn der Welt. Sehr bekannt sind auch die Mozartkugeln der Firma Reber und das Reichenhaller Salz, das vor Ort abgebaut wird. Das Salzbergwerk mit der SalzZeitReise wird jährlich von 400.000 Besuchern erkundet. ■

Rehau

Orte im Kreis:
Rehau, Selb, Schönwald
Bayern

Quiz — Auflösung: Seite 444

Die Stadt Rehau vergibt jedes Jahr den Preis der Goldenen Kartoffel, der an die Pioniertat der Pilgramsreuther Bauern im Kartoffelanbau erinnern soll. Auch ein prominenter Sternekoch hat den Preis schon gewonnen? Wer ist es?

Bad Reichenhall

REI Ⓐ

Bayern

Riesa-Großenhain

RG

Orte im Kreis:
Gröditz, Großenhain, Riesa
Sachsen

➡ Der Landkreis Riesa-Großenhain liegt im Freistaat Sachsen und wurde 2008 dem Landkreis Meißen zugeordnet.

➡ Nach dem Vorbild des Versailler Schlossparks wurde der Barockgarten Zabelitz mit Palais (Abb. links) und Schloss errichtet. 1728 gab Graf von Wackerbarth den Auftrag zu der Anlage, die heute zu den touristischen Höhepunkten des Kreises gehört.

➡ Direkt am Kreuzungspunkt der „Via Regia" und der „Sächsischen Salzstraße" gelegen, hatte Großenhain einst große Bedeutung als Fernhandels- und Tuchmacherstadt. Wer die Schönheit der Altstadt von oben sehen möchte, der muss die Stufen zum 27 Meter hohen Aussichtsturm Bergfried erklimmen. Im Turmzimmer gibt es Informationstafeln, auf denen Hintergründe über die Geschichte des Kulturschlosses zu erfahren sind. ◾

Roth

RH

Orte im Kreis:
Hilpoltstein, Roth
Bayern

Schlenzgerhaus in Spalt

➡ Der bayerische Landkreis Roth liegt südlich von Nürnberg und hat 120.000 Einwohner.

➡ Allein der Rothsee ist einen Besuch wert. Der See bietet alles, was das Segler- und Surferherz begehrt, und Strände für den optimalen Badespaß. Auch die Rad- und Wanderwege rund um den See und in der gesamten Region laden zu Entdeckungstouren ein.

➡ Ein Schmuckstück ist Schloss Ratibor mit einem wunderschönen Prunksaal. In den weiteren Räumen sind Sammlungen über die Geschichte des Schlosses und der Stadt ausgestellt. Aber auch zu den Burgen Abenberg, Stauf und Wernfels lohnt sich ein Abstecher.

➡ Die Stadt Roth beteiligt sich mit dem Hafen Nürnberg-Roth GmbH an einem der größten Güterumschlagplätze am Main-Donau-Kanal. Die Schleuse Leerstetten gehört mit zu den größten ihrer Art in Europa. ◾

➡ Der ehemalige Landkreis Grafschaft Schaumburg liegt in Niedersachsen und wurde 1977 dem Landkreis Schaumburg angegliedert.

➡ Die Weser ist ein Paradies für die Freunde des Kanufahrens. Egal ob die Besucher sich ins eigene Schlauchboot setzen, ein Kanu oder Tretboot mieten oder sich doch lieber auf dem Dampfer einfinden und gemütlich auf der Weser fahren, es ist für jeden etwas dabei.

➡ Für Golfer stehen zwei 18-Loch-Plätze zur Verfügung. Wer es etwas spaßiger haben möchte, der kann in Göstrup eine Partie „Gössel-Golf" spielen.

➡ Bückeburg besitzt eine schöne Innenstadt mit einer im Weserrenaissance-Stil errichteten Stadtkirche. Unmittelbar an die Innenstadt grenzt das 1911 erbaute Schloss Bückeburg. Es liegt in einem ausgedehnten Park, in dem sich auch das Mausoleum des Fürstenhauses Schaumburg-Lippe befindet. ◾

➡ Der Landkreis Riedenburg gehörte bis zu seiner Auflösung im Jahr 1972 zum bayerischen Regierungsbezirk Oberpfalz.

➡ Einen unvergesslichen Tag können die Gäste des Erlebnisbauernhofs Echendorf erleben. Es können nicht nur alte Gerätschaften bewundert werden, sondern die Besucher dürfen selbst melken, Butter schlagen, Seile drehen oder Holz sägen.

➡ Viele Wander- und Radwege sowie der Badesee sind nur einige Freizeitangebote Riedenburgs. Oberhalb von St. Agatha ist das Drachenfliegen möglich. Spaß bietet die Sommerrodelbahn Altmühlbob (Abb. rechts). Auf Edelstahlrohren fahren die Schlitten ins Tal, wobei der Gast das Tempo selbst bestimmt. Das „Klingende Museum" besitzt Originalgeräte zur Tonwiedergabe, vom Grammophon bis zum iPod. Das Kristallmuseum beherbergt auch die „Fasslwirtschaft", in der man in alten Bierfässern sitzt. ◾

Grafschaft Schaumburg

Orte im Kreis:
Bad Nenndorf, Rinteln
Niedersachsen

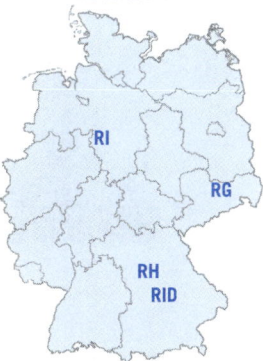

Riedenburg

Orte im Kreis:
Dietfurt a.d. Altmühl, Riedenburg
Bayern

Riesa

RIE Ⓐ

Orte im Kreis:
Gröditz, Riesa, Strehla
Sachsen

➡ Der Landkreis Riesa bestand bis zu seiner Auflösung im Jahr 1994 im Freistaat Sachsen und wurde dann dem Landkreis Riesa-Großenhain zugeordnet.

➡ Nudeln in allen Variationen gibt es bei einem Besuch im Nudelcenter Riesa zu entdecken. Bei einem Rundgang durch die Produktion erfährt der Besucher, wie die Lieblingsspeise der ganzen Familie hergestellt und verpackt wird. In dem modernen Betrieb erfährt man im Nudelmuseum Interessantes über die Geschichte der Teigwaren.

➡ 1874 erwarb die Stadt Riesa vom Baron Curt Heinrich Freiherr von Welck das Schloss, das ursprünglich ein Benediktinerkloster war und jetzt als Rathaus dient. 1895 erfolgte der erste Spatenstich zum Bau der Trinitatiskirche (Abb. links), die die Stadt der Stiftung eines Riesaer Geschäftsmanns zu verdanken hat. ◾

Rochlitz

RL Ⓐ

Orte im Kreis:
Burgstädt, Penig, Rochlitz
Sachsen

➡ Der Landkreis Rochlitz lag bis zu seiner Auflösung 1994 im Freistaat Sachsen.

➡ Der 2,7 Kilometer lange Porphyrlehrpfad Rochlitzer Berg vermittelt etwas über die Entstehungsgeschichte des Berges mit seinem Porphyrtuff, die Abbaumethoden, das Leben der Steinmetze, bedeutende Bauten und geschichtliche Hintergründe. Der Lehrpfad führt über den Haberkorn'schen Bruch mit seiner einzigartigen Maserung über die Einsiedelei bis zu den rund 70 Meter senkrecht abfallenden Porphyrwänden.

➡ Auf dem Berggipfel steht der 1860 erbaute Friedrich-August-Turm (Abb. links), der zum Gedenken an König Friedrich August II. von Sachsen errichtet wurde. Von hier hat man einen guten Rundumblick bis nach Chemnitz und zum Fichtelgebirge.

➡ Die „Performance zum Stein" findet jährlich mit der Mittelsächsischen Philharmonie und anderen Klangkörpern in einem der Steinbrüche statt. ◾

➡️ Der ehemalige Landkreis Röbel/Müritz liegt in Mecklenburg-Vorpommern und wurde 1994 dem Landkreis Müritz und dieser wiederum 2011 dem Landkreis Mecklenburgische Seenplatte zugeordnet.

➡️ Der Müritz-Nationalpark kann mit rund einhundert Seen aufwarten, die in eine herrliche Waldlandschaft eingebettet sind, die sich in einem urwaldähnlichen Zustand zeigt. Hier werden Buchen-, Eichen- und Kiefernwälder sich selbst überlassen. In dem Gebiet gibt es ungefähr 360 Kilometer Wanderwege.

➡️ Die größte Feldsteinscheune Deutschlands ist ein Marktplatz für mecklenburgische Produkte und steht in Bollewick. In dem 125 mal 34 Meter großen Bauwerk von 1881 sind neben den zahlreichen Händlern auch Handwerk, Kultur, Läden und Werkstätten mit einem bunten und vielseitigen Programm vertreten. ◾

➡️ Der ehemalige Landkreis Rathenow liegt in Brandenburg und wurde 1994 dem Landkreis Havelland zugeordnet.

➡️ Rathenow, die Stadt der Optik, präsentiert ihren Titel auch durch den Optikpark. Die Besucher können hier Natur, Kultur und Entspannung auf der Schwedendamminsel erleben. Farbpyramiden mit blühenden Regenbogenstrahlen, begehbare Farbräume sowie faszinierende optische Phänomene garantieren bei dem Besuch ein faszinierendes Erlebnis aus Blumen und Blüten.

➡️ Der Bismarckturm (Abb. rechts) auf dem Rathenower Weinberg wurde 1914 zu Ehren des ehemaligen Reichskanzlers Fürst Otto von Bismarck erbaut, der in Schönhausen bei Rathenow geboren wurde. Das Stadtbild wird vom Wasser bestimmt. Vier Arme der Havel umschließen Rathenow. Über den Fluss ist sie mit den Städten Havelberg, Brandenburg, Potsdam und Berlin, aber auch mit der Nord- und Ostsee verbunden. ◾

Röbel/Müritz

Orte im Kreis:
Altenhof, Bollewick, Röbel/Müritz
Mecklenburg-Vorpommern

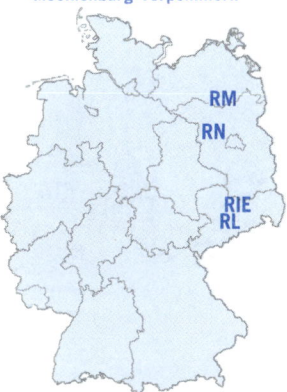

Rathenow

Orte im Kreis:
Nauen, Rathenow
Brandenburg

Rosenheim

RO

Orte im Kreis:
Bad Aibling, Wasserburg
Bayern

➡ Die bayerische Stadt Rosenheim liegt südöstlich von München in der Nähe des Chiemsees und hat knapp 62.000 Einwohner.

➡ In und rund um Rosenheim befinden sich phantastische Freizeitangebote. Zum Beispiel Ausflüge mit dem Rad zu den Badeseen Happinger See, Ausee und Floriansee oder aber Mountainbiking, Walking, Bergwandern, Klettern und Gleitschirmfliegen. Weitere Ausflugziele sind der Chiemsee, München oder die Alpen, die in Sichtweite sind. Wer Ruhe und Entspannung sucht, findet dies in der Therme von Bad Aibling, dem ältesten Moorheilbad Bayerns.

➡ Die Gemeinde Chiemsee besteht aus den im Chiemsee liegenden Inseln Herrenchiemsee, Frauenchiemsee und Krautinsel. Der Chiemsee selbst gehört nicht zum Landkreis Rosenheim. Schloss Herrenchiemsee (Abb. links) wurde 1878 unter dem Märchenkönig Ludwig II. nach dem Vorbild des Schlosses von Versailles erbaut. ◼

Roding

ROD Ⓐ

Orte im Kreis:
Falkenstein, Nittenau, Roding
Bayern

➡ Der Landkreis Roding gehörte bis zu seiner Auflösung 1972 zum bayerischen Regierungsbezirk Oberpfalz.

➡ Über dem Ort Falkenstein thront die historische Höhenburg Falkenstein (Abb. links) mit dem angrenzenden Schlosspark, dem zweitgrößten Natur- und Felsenpark Bayerns. Hier findet man auch das sehr seltene, Licht reflektierende Leuchtmoos. Auf der Burg werden regelmäßig Theaterstücke im Rahmen der Burghofspiele aufgeführt. Das Burgmuseum „Jagd und Wild" zeigt Präparate von teils gefährdeten Tieren aus der Region sowie Jagdwaffen und -trophäen. Ein Schwerpunkt des Museums ist die Falknerei.

➡ Roding liegt im landschaftlich reizvollen Naturpark Oberer Bayerischer Wald. Die Stadt am Fluss Regen bietet eine Fülle von Freizeitmöglichkeiten wie Wandern, Radeln oder eine Paddeltour auf dem Fluss Regen und ein breit gefächertes kulturelles Angebot. ◼

➡ Der 1972 aufgelöste Landkreis Rotenburg (Fulda) liegt in Hessen und wurde größtenteils dem Landkreis Hersfeld-Rotenburg zugeordnet.

➡ Die Fulda trennt die Alt- und die Neustadt und diente früher zwischen Hersfeld und Hannoversch Münden als Wasserstraße. Durch die Stadt verlaufen einige Radfernwege wie der 250 Kilometer lange Fulda-Radweg von der Rhön, an der Fulda entlang, bis an die Weser.

➡ Eine außergewöhnliche Erkundungstour durch Rotenburg ist die Landgrafen-SEGWAY-Tour. Der Besucher cruist vom Wehr und der Schleuse zum Schloss, durch den weitläufigen Schlosspark mit seinen Baumalleen in Richtung Storchensee, über die Fulda zurück an etlichen Bronzefiguren vorbei in die Altstadt. Auch eine Nachtwächterführung mit Anekdötchen, der Besuch der Museen vor Ort oder die Festspiele im benachbarten Bad Hersfeld gehören zu einem interessanten Aufenthalt in Rotenburg. ■

➡ Der ehemalige Landkreis Rotenburg in Hannover existierte bis 1977 und lag in Niedersachsen zwischen Bremen, Hannover und Hamburg.

➡ „Kunst Open Air" in der Innenstadt Rotenburgs ist ein Angebot an alle, sich mit der Kunst auseinanderzusetzen. Sehenswert sind der Pferdebrunnen (Abb. rechts), die Fohlengruppe, das Tor zur Stadt, der Adlermensch und das spektakuläre moderne Kunstwerk der „Paar-oh-die" auf dem Neuen Markt. Die Kinder lieben den Pferdebrunnen, der an den Pferdehandel früherer Zeiten erinnert. Witzig ist auch die Handpumpe, mit der Besucher nach kurzem Druck auf einen Schalter Wasser in den Brunnen sprudeln lassen können.

➡ Die reizvolle Landschaft kann man auf einer der 40 Themenrouten zu Fuß, per Rad, zu Pferde, bei einer Kanutour oder auch aus der Luft entdecken. ■

Rotenburg (Fulda)

ROF Ⓐ

Orte im Kreis:
Bebra, Obersuhl,
Rotenburg (Fulda)
Hessen

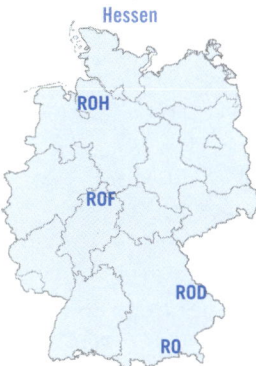

Rotenburg in Hannover

ROH

Orte im Kreis:
Bremervörde, Rotenburg (Wümme)
Niedersachsen

Rockenhausen

ROK Ⓐ

Orte im Kreis:
Alsenz, Ebernburg, Rockenhausen
Rheinland-Pfalz

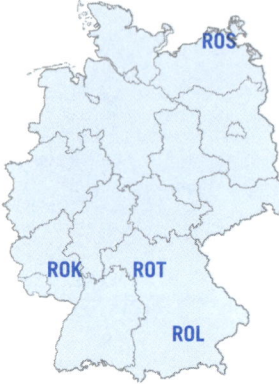

Rottenburg an der Laaber

ROL Ⓐ

Orte im Kreis:
Langquaid, Pfeffenhausen,
Rottenburg an der Laaber
Bayern

➡ Der 1969 aufgelöste Landkreis Rockenhausen liegt in Rheinland-Pfalz und wurde größtenteils dem Donnersbergkreis zugeordnet.

➡ Bei einem Besuch in Rockenhausen sollte man sich Zeit nehmen und das „Museum für Zeit", das Turmuhrenmuseum, besichtigen. Zurzeit sind hier Großuhren, Demonstrationen der Mechanik an funktionstüchtigen Exponaten, Sonnen-, Sand- und astronomische Uhren sowie die technisch modernste und genaueste astronomische Großuhr Europas zu sehen.

➡ Zwei weitere Kunst-Kleinode sind das Kahnweilerhaus (hier wird an Daniel-Henry Kahnweiler, den Förderer und Freund Picassos, erinnert) und die Galerotika mit Kunstwerken von Uwe Naumann.

➡ Sattelfeste Radler können sich über Berge und Täler freuen und ihre Konditionsgrenzen testen, aber auch Radwege im Tal entlang der Alsenz und der Appel abfahren. ◼

➡ Der ehemalige Landkreis Rottenburg an der Laaber lag bis zu seiner Auflösung im Jahr 1972 im Regierungsbezirk Niederbayern.

➡ Der Besuch des 6,7 Kilometer langen Rottenburger Naturerlebnispfades rund um die Gemeinde bringt an zehn Stationen dem Besucher Natur, Geschichte und Interessantes der Region näher.

➡ Der Hopfenanbau hat im Landkreis eine lange Tradition. So wurde 1878 die erste eigene Hopfensiegelordnung eingeführt, der Ort Pfeffenhausen erhielt das offizielle Hopfensiegelrecht.

➡ Das aus dem 17. Jahrhundert stammende Binder-Pehr-Haus ist bayernweit die erste Einrichtung, die eine Binderwerkstatt im tatsächlichen Werkstattraum am ursprünglichen Standort zeigen kann. Das Radiomuseum in Rottenburg macht mit 250 Geräten die Rundfunkgeschichte sichtbar und hörbar. ◼

➡ Der ehemalige Landkreis Rostock wurde 1994 aufgelöst und dem Landkreis Bad Doberan zugeordnet. 2011 wurden die Landkreise Bad Doberan und Güstow zum Landkreis Rostock „LRO" zusammengelegt.

➡ Das „miniland MV" ist ein Miniatur- und Landschaftspark in Göldenitz. Auf einer Fläche von rund viereinhalb Hektar befinden sich mehr als 45 detailgetreue Nachbildungen von Bauwerken aus Mecklenburg-Vorpommern.

➡ Die Seebrücke im Seeheilbad Graal-Müritz ist 350 Meter lang und verfügt über einen 12,5 Meter breiten Brückenkopf. Der Ort besitzt einen über vier Kilometer langen, natürlichen Sandstrand und ist umgeben vom Waldgebiet „Rostocker Heide". Das Heimatmuseum zeigt die Ausstellung „Vom Fischerdorf zum Seeheilbad". Der Rhododendronpark (Abb. rechts) ist mit seiner Größe und 2500 Stauden einzigartig in Mecklenburg-Vorpommern und einer der größten Deutschlands. ◾

➡ Die Stadt Rothenburg ob der Tauber liegt westlich von Nürnberg in Bayern und hat 11.000 Einwohner.

➡ Rothenburg mit der mittelalterlichen Altstadt und vielen verschachtelten Gässchen, Türmen und kleinen Plätzen ist zu einem Anziehungspunkt für Touristen aus aller Welt geworden.

➡ Ein wunderschöner Blick über die Stadt bis ins Taubertal bietet sich bei einem Besuch des Burggartens an. Im Lotosgarten werden die Besucher von Bachläufen, Kieswegen und Brücken auf eine Reise der Besinnung geschickt.

➡ Einzigartig in ganz Europa ist das Rechtskundemuseum. Hier wird die ganze Bandbreite der Kriminalgeschichte in Form von Dokumenten und Exponaten präsentiert. Bei einem Rundgang können die Besucher die Hintergründe von Aufsehen erregenden Kriminalfällen kennenlernen. ◾

Rostock

ROS

Mecklenburg-Vorpommern

Rothenburg ob der Tauber

ROTⒶ

Bayern

Plönlein mit Siebers- und Kobolzellertor

Rotenburg (Wümme)

ROW

Orte im Kreis:
Bremervörde, Rotenburg (Wümme)
Niedersachsen

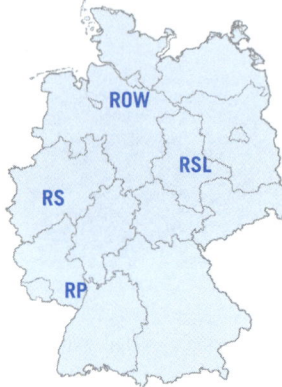

Rhein-Pfalz-Kreis

RP

Orte im Kreis:
Schifferstadt, Mutterstadt
Rheinland-Pfalz

➡ Der Landkreis Rotenburg (Wümme) befindet sich östlich von Bremen in Niedersachsen und hat knapp 160.000 Einwohner.

➡ Der Landkreis bietet Hochmoore, Geestlandschaften mit Moränenhügeln, Heide, Wald-, Fluss- und Seengebiete, die ein kühles Bad versprechen. Die Landschaften kann man auf 40 Themenrouten zu Fuß, per Rad, mit dem Pferd oder im Kanu entdecken.

➡ Neben der „Kunst Open Air" in Rotenburg und vielen Museen und Veranstaltungen im Landkreis können Sie auch die Städte Bremen, Bremerhaven, Cuxhaven, Lüneburg, den Heide-Park Soltau oder den Serengeti Park Hodenhagen besuchen.

➡ Auf dem Eichenring bei Scheeßel hat sich eines der größten deutschen Musikfestivals etabliert, das Hurricane Rock-Festival. Alle zwei Jahre findet hier auch das internationale Beeke-Festival für Folkloregruppen statt. ∎

➡ Der Rhein-Pfalz-Kreis befindet sich westlich von Mannheim und Heidelberg in Rheinland-Pfalz und hat knapp 150.000 Einwohner.

➡ Der „Gemüsegarten Deutschlands" ist geprägt von den Rheinauen mit fruchtbaren Feldern und von urigen Wäldern. Der 139 Kilometer lange „Kraut-und-Rüben-Radweg" führt durch die herrliche, unter Naturschutz stehende Landschaft.

➡ Eine archäologische Sensation war der Fund des Goldenen Hutes von Schifferstadt im Jahr 1835. Der Hut wird einem Kreis priesterlicher Weisen zugesprochen. Er gehört zu vier ähnlich aussehenden

Fundstücken dieses Typs und ist im Historischen Museum von Speyer zu besichtigen. Erwähnenswert sind auch das Propst-Maudrai'sche Schloss und das Hallberg-Schloss. ∎

Schloss Kleinniedesheim

Remscheid

➡ Remscheid liegt südlich von Wuppertal in Nordrhein-Westfalen und hat knapp 110.000 Einwohner.

RS

Nordrhein-Westfalen

➡ Das Rathaus (Abb. rechts) mit dem 58 Meter hohen Rathausturm prägt zusammen mit dem „Waterbölles" das Stadtbild. Sehenswert sind das Deutsche Museum, das Museum Haus Cleff und das weltweit einzigartige Deutsche Röntgenmuseum, das Wilhelm Conrad Röntgen gewidmet ist, der 1845 in Lennep zur Welt kam, aber auch die erste Trinkwassertalsperre Deutschlands, die Eschbachtalsperre.

➡ Unter der Müngstener Brücke im Brückenpark trifft die Natur auf Technik. Die 1897 erbaute Brücke mit einer Länge von 500 Metern und einer Höhe von 107 Metern gilt bis heute als technisches Wunderwerk und ist Deutschlands höchste Eisenbahnbrücke. Mit der Schwebefähre im Tal kann man auf einzigartige Weise die Wupper überqueren und so von Remscheid nach Solingen gelangen. ■

Roßlau

➡ Der ehemalige Landkreis Roßlau lag bis zu seiner Auflösung 1994 in Sachsen-Anhalt.

RSL Ⓐ

Orte im Kreis:
Coswig, Rodleben, Roßlau
Sachsen-Anhalt

➡ 1869 wurde die Tradition des Schiffbaus in der Sachsenberg Werft begründet und der erste Frachtdampfer getauft und zu Wasser gelassen. Aber auch Erfindungen, wie das geteilte Schaufelrad, trugen zum Erfolg dieses Wirtschaftszweiges in der Stadt bei. Zu den Ausstellungsstücken im Schiffbau- und Schifffahrtmuseum Roßlau gehören zahlreiche Schiffsmodelle, Gegenstände der Ausrüstung und Arbeitsgeräte, aber auch die Patentausstellung.

➡ Die Ursprünge der Wasserburg Roßlau sind bis ins 12. Jahrhundert zurückzuführen. Bei Ausgrabungsarbeiten wurde neben einer Schachfigur auch der „Roßlauer Treuering" gefunden. ■

Exzentergesteuertes Schaufelrad an der Roßlauer Schiffswerft

Reutlingen

RT

Orte im Kreis:
Metzingen, Reutlingen
Baden-Württemberg

Rudolstadt

RU

Orte im Kreis:
Blankenburg, Rudolstadt, Schwarza
Thüringen

➡ Der Landkreis Reutlingen liegt südlich von Stuttgart in Baden-Württemberg und hat über 280.000 Einwohner.

➡ Als „Tor zur Schwäbischen Alb" hat Reutlingen Anteil am Biosphärengebiet Schwäbische Alb. Auf der Achalm, dem Hausberg der Stadt, stand früher eine Grafenburg, auf deren Fundamenten ein 18 Meter hoher Aussichtsturm errichtet wurde. Besucher können aber auch das Heimat- und Naturkundemuseum, das Städtische Kunstmuseum oder das Feuerwehrmuseum und Reste der Stadtmauer mit Tübinger Tor, Gartentor und Zwinger und die Sternwarte und das Planetarium Reutlingen besuchen.

➡ Die 1247 erbaute Marienkirche ist das Wahrzeichen Reutlingens und gilt als eines der schönsten Bauwerke der Gotik in Württemberg. Die nur 40 cm breite Spreuerhofstraße in der Altstadt ist laut Guinnessbuch der Rekorde die engste Straße der Welt. ◾

➡ Der Landkreis Rudolstadt lag in Thüringen und wurde 1994 dem Landkreis Saalfeld-Rudolstadt zugeordnet.

➡ Die Burgen, Schlösser, Städte und Dörfer schrieben Geschichte, und die Berge rundherum zeugen von alter Bergbautradition. In den Saalfelder Feengrotten wird man in die wundervolle Märchenwelt unter Tage entführt.

➡ Wer das Abenteuer liebt und alles über Schiefer wissen möchte, der sollte den Geopark Schieferland besuchen. In den Bergwerken und den Ausstellungen erfährt der Besucher alles über die vielen Schieferbrüche und den einst florierenden Handel damit.

➡ Neben Schloss Heidecksburg gehören das Stadtschloss Ludwigsburg und die St. Andreaskirche zu den bedeutenden historischen Bauwerken der Stadt. Das ehemalige Rittergut mit Schloss Kochberg (Abb. links) ist durch die Besuche Goethes bekannt. ◾

➡ Der Rheingau-Taunus-Kreis in Hessen grenzt direkt an Wiesbaden und den Rhein und hat über 180.000 Einwohner.

➡ Die Highlights des Kreises sind die Weinstadt Lorch, als Welterbe Oberes Mittelrheintal, und die Stadt Rüdesheim am Rhein mit dem Niederwalddenkmal und der berühmten Drosselgasse, die von Besuchern aus aller Welt bevölkert wird. Auch der Binger Mäuseturm auf der Rheininsel und das Kloster Eberbach (Abb. rechts) gehören dazu. Das Kloster zählt zu den Kunstdenkmälern Deutschlands und diente schon als Filmkulisse für den Film „Im Namen der Rose". Es ist auch die Aufführungsstätte für die Konzerte des Rheingau Musik Festivals. Ein weiterer musikalischer Höhepunkt ist das Jazz-Festival in der historischen Altstadt von Idstein.

➡ Für die sportlichen Radler startet in Rüdesheim der Rhein-Main-Kinzig-Radweg nach Tann in der Rhön. ◼

Rheingau-Taunus-Kreis

Orte im Kreis:
Bad Schwalbach, Rüdesheim
Hessen

➡ Der Landkreis Rügen war identisch mit der Insel in der Ostsee in Mecklenburg-Vorpommern und bestand bis 2011.

➡ Die größte deutsche Insel in der Ostsee hat nicht nur Wasser zu bieten. Der Nationalpark Jasmund mit dem größten zusammenhängenden Buchenwaldrevier Deutschlands und die weltberühmten Kreidefelsen (Abb. rechts), das einzigartige Flächendenkmal Kap Arkona mit zwei Leuchttürmen und Wallanlage, die historische Schmalspurbahn „Rasender Roland", die vielen Alleen und die Nachbarinsel Hiddensee sind nur einige der Attraktionen.

➡ Seit vielen Jahren werden auf der Naturbühne Ralswiek die Abenteuer des Seeräubers Klaus Störtebecker im Rahmen der Störtebecker Festspiele nachgespielt. Bei diesem Theaterstück nehmen über 150 Schauspieler und Statisten, vier Schiffe und 30 Pferde teil. ◼

Rügen

Orte im Kreis:
Bergen, Sassnitz
Mecklenburg-Vorpommern

Ravensburg

RV

Orte im Kreis:
Ravensburg, Weingarten
Baden-Württemberg

➡ Der Kreis Ravensburg liegt nördlich von Friedrichshafen am Bodensee in Baden-Württemberg und hat über 275.000 Einwohner.

➡ Ravensburg nennt sich auch „Stadt der Türme und Tore". Der 51 Meter hohe Mehlsack (Abb. links), ein runder weißer Turm an der höchsten Stelle der Stadtbefestigung, ist das Wahrzeichen der Stadt. Die 1368 erstmals erwähnte Burghaldentorkel unterhalb der Veitsburg ist die älteste erhaltene Weinpresse in Oberschwaben. Bei dem Rutenfest, das seit dem 17. Jahrhundert stattfindet, hallt tagelang allgegenwärtiger Trommelklang durch die Stadt.

➡ Die Fernhandelsfamilie Humpis begann um 1380 mit der Einrichtung des Museums Humpis-Quartier, eines der größten kulturhistorischen Museen der Region. Das Museum „Ravensburger" zeigt im Stammhaus Bücher und Spiele aus der Geschichte des Verlags, darunter auch das erste Gesellschaftsspiel von 1884 „Reise um die Erde" sowie der Klassiker „Fang den Hut". ◼

Rottweil

RW

Orte im Kreis:
Oberndorf, Rottweil
Baden-Württemberg

➡ Der Kreis Rottweil liegt nördlich von Villingen-Schwenningen in Baden-Württemberg und hat über 135.000 Einwohner.

➡ Die Geschichte der ältesten Stadt Baden-Württembergs kann bis in die Römerzeit zurückgeführt werden. Der Landkreis verfügt über 17 historisch aufschlussreiche Burgen und Ruinen aus dem 11. bis 15. Jahrhundert und mehrere Schlösser. Bekannt ist die Stadt als Hochburg der „Schwäbisch-Alemannischen Fasnet" mit dem Narrensprung (Abb. links).

➡ Das RadParadies Schwarzwald und Alb bietet Radlern Fahrradspaß pur. Insgesamt 30 ausgeschilderte Rundrouten mit rund 1150 Kilometern Strecke warten auf Entdecker, Naturliebhaber und Genießer.

➡ Rottweil ist Namensgeber der Hunderasse Rottweiler. ◼

➡ Die heute zu Mönchengladbach gehörende Stadt Rheydt liegt in Nordrhein-Westfalen und hat knapp 130.000 Einwohner.

➡ Schloss Rheydt (Abb. rechts) ist das besterhaltene Renaissance-Schloss am Niederrhein und größtenteils für Besucher offen, einschließlich der Wallanlage und Teilen der Kasematten. Es beherbergt seit 1922 das Städtische Museum und zeigt eine umfangreiche Sammlung von Kunst- und Kulturgegenständen der Renaissance- und Barockzeit sowie zur Textilgeschichte Mönchengladbachs. Auf Schloss Rheydt finden jährlich die bekannten Ritterspiele statt. Ein buntes Spektakel mit Ritterkämpfen, Handwerkern und dem großen Ritterkonzert am Abend.

➡ Rheydt hat nicht nur den höchsten Trümmerberg Deutschlands, sondern auch wunderschöne Parks, die zum Verweilen einladen: der Bresges Park, der Hugo-Junkers-Park, der Stadtwald und der Schmölderpark. ◼

➡ Der Kreis Herzogtum Lauenburg liegt östlich von Hamburg in Schleswig-Holstein und hat über 185.000 Einwohner.

➡ Die Stadt Ratzeburg liegt im Naturpark Lauenburgische Seen und ist Bestandteil der Metropolregion Hamburg. Der Dom und die Altstadt liegen auf einer Insel im Ratzeburger See.

➡ Das seit 1927 bestehende Elbschifffahrtsmuseum in Lauenburg widmet sich der Elbschifffahrt von Böhmen bis Hamburg. Die 1398 erbaute Palmschleuse vor Ort ist die älteste Kesselschleuse Europas und komplett aus Holz.

➡ Mölln besitzt eine gut erhaltene Altstadt mit der sie überragenden gotischen Kirche Sankt Nicolai und das Till-Eulenspiegel- und Heimatmuseum im alten Rathaus aus dem Jahr 1373. Die Stadt behält den Schalk nicht nur mit einem Museum und Denkmal, sondern auch mit Theateraufführungen in Erinnerung. ◼

Rheydt

Nordrhein-Westfalen

Herzogtum Lauenburg

RZ

Orte im Kreis:
Geesthacht, Ratzeburg
Schleswig-Holstein

Stuttgart

Baden-Württemberg

SAB

S   SAD

Mercedes-Benz-Museum

➡ Die Landeshauptstadt von Baden-Württemberg, Stuttgart, hat über 610.000 Einwohner und ist damit die sechstgrößte Stadt der Bundesrepublik. Die Stadt Stuttgart ist ein Zentrum der Autoindustrie. Die DaimlerChrysler AG in Untertürkheim und der Sportwagenhersteller Porsche AG in Zuffenhausen haben hier ihren Firmensitz. Das Alte Schloss liegt im Zentrum Stuttgarts am Schlossplatz und geht auf eine Wasserburg aus dem 10. Jahrhundert zurück. Direkt daneben befindet sich das Neue Schloss. Zu besuchen sind auch noch das Schloss Hohenheim, Schloss Rosenheim und Jagd- und Repräsentationsschloss Solitude (Abb. unten).

➡ Der weltweit erste Fernsehturm in Stahlbetonbauweise ist der 1954 erbaute, fast 217 Meter hohe Stuttgarter Fernsehturm, ein Wahrzeichen der Stadt.

➡ Stuttgart bietet in Sachen Kultur und Museum für jeden etwas: das Drei-Sparten-Staatstheater mit Oper, Ballett und Schauspiel und die Staatsgalerie mit ihren Kunstsammlungen. Technikfreunde kommen im Mercedes-Benz- und im Porsche-Museum ins Schwärmen. Naturliebhaber fühlen sich im Staatlichen Museum für Naturkunde wohl. Der zoologisch-botanische Garten Stuttgarts, die Wilhelma, beherbergt auf etwa 28 Hektar ungefähr 5000 Pflanzenarten und rund 8000 Tiere in 1050 Arten.

➡ Guten Fußball in der Stadt bieten der VfB Stuttgart und die Stuttgarter Kickers. Die größten Sportarenen sind die Mercedes-Benz-Arena und die Hanns-Martin-Schleyer-Halle, die noch für weitere Großveranstaltungen genutzt wird. ▪

➡ Der Landkreis Saarburg bestand im Bezirk Trier in Rheinland-Pfalz und wurde nach seiner Auflösung 1969 dem Landkreis Trier-Saarburg zugeordnet.

➡ Eingebettet in eine abwechslungsreiche Landschaft am Ufer der Saar findet man in Saarburg den größten innerstädtischen Wasserfall Europas. Zu den weiteren Höhepunkten gehört die wunderschöne Altstadt mit der mächtigen Burgruine und in der Saarburger Unterstadt das Museum der ehemaligen Glockengießer.

➡ Handwerkliche Berufe wie Drucker, Glockengießer, Schuster oder Gerber gehören zu den Hauptthemen im „Amüseum am Wasserfall" (Abb. rechts). Die ehemalige kurfürstliche Mühle ist Herberge des Städtischen Museums, das interessante Ausstellungen bietet. Auch ein Weinlehrpfad durch die Weinberge, Schiffsfahrten auf der Saar, eine Sommerrodelbahn und ein Greifvogelpark mit Flugshow sind lockende Ziele. ■

Saarburg

Orte im Kreis:
Freudenburg, Konz, Saarburg
Rheinland-Pfalz

➡ Landkreis und Stadt Schwandorf liegen östlich von Nürnberg im Regierungsbezirk Oberpfalz in Ostbayern.

➡ Eine der attraktivsten Landschaften erschließt sich in der mittleren Oberpfalz. Die Einstellung des Braunkohlenabbaus vor 20 Jahren hat einen enormen Anteil daran. Im Oberpfälzer Seenland (Abb. unten) gibt es viele Gelegenheiten, die Seele baumeln zu lassen. Alle Arten von Wassersport, Wandern und Radfahren entlang der Flüsse und Seen sind möglich.

Schwandorf

Orte im Kreis:
Burglengenfeld, Schwandorf
Bayern

Säckingen

SÄK

Orte im Kreis:
Rheinfelden (Baden), Säckingen
Baden-Würtemberg

➡ Der ehemalige Landkreis Säckingen lag in Baden-Württemberg direkt an der Schweizer Grenze und wurde 1973 aufgelöst.

➡ Eine Welt der Mineralien befindet sich in der Villa Berberich in Bad Säckingen. Ein Hauptaugenmerk wird auf Mineralien aus dem Südschwarzwald, dem Jura und den Vogesen gelegt.

➡ Ein zerfledderter Teddy war das erste Ausstellungsstück des ersten Müllmuseums.

➡ Bevor der rechte Rheinarm 1830 zugeschüttet wurde, lag die Stadt auf einer Rheininsel und war durch Brücken mit dem Umland verbunden. Heute gibt es zwei Brücken von Bad Säckingen auf die Schweizer Seite. Die Holzbrücke (Abb. links) ist mit 204 Metern die längste gedeckte Holzbrücke Europas. ◾

Stadtsteinach

SAN

Orte im Kreis:
Marktleugast, Stadtsteinach
Bayern

➡ Der ehemalige Landkreis Stadtsteinach bestand bis zu seiner Auflösung 1972 im bayerischen Regierungsbezirk Oberfranken.

➡ Ein Ziel für Wanderer sollte die alte Schneidmühle am Hochofen bei Stadtsteinach sein, die noch bis 1980 ihren Dienst tat. Danach wurde sie von Studenten der Fachschule Düsseldorf in den Urzustand ihrer Gründungszeit 1867/68 zurückversetzt. Heute kann die Mühle wieder mit der Kraft des Mühlrades Holz sägen, und die Inneneinrichtung der Mühle mit Hobelbank, Regalen, Ofen, Schreibpult und Hockern ist auch an ihrem angestammten Platz.

➡ Wer noch kein Lunarium oder alte Topfkacheln aus der Burg Nordeck gesehen hat, der sollte einen Abstecher ins Heimatmuseum von Stadtsteinach machen.

➡ Beim Wandern durch die Steinachklamm (Abb. rechts) findet jeder ein sehenswertes Eckchen. ◾

344

➡ Der Altmarkkreis Salzwedel lag in Sachsen-Anhalt und wurde nach seiner Auflösung 1994 dem Altmarkkreis Salzwedel zugeordnet.

➡ Salzwedel hat eine mittelalterliche Fachwerkaltstadt (Abb. rechts) mit einer Stadtbefestigung und dem Stein- und dem Neuperver Stadttor. Der begehbare Rathausturm bietet eine schöne Aussicht über die Stadt.

➡ Ein wunderschönes Erlebnis ist der Besuch des Märchenparks Salzwedel. Auf einer 45.000 Quadratmeter großen Fläche werden über 36 Märchen dargestellt. Zusätzlich gibt es einen Duft- und Tastgarten mit einer Wasserwelt und etwa 142 verschiedene Pflanzenarten zu sehen.

➡ Bis in das Jahr 1807 lässt sich die Salzwedeler Baumkuchenherstellung zurückverfolgen. Damals hat der Konditormeister Schernikow das Rezept mit nach Salzwedel gebracht. Seitdem wird nach diesem Rezept, handgemacht über offenem Feuer, der Baumkuchen hergestellt. ◼

➡ Die Hauptstadt des Saarlandes, Saarbrücken, hat über 175.000 Einwohner.

➡ Wer sich in Saarbrücken in die Zeit vor 500 Jahren zurückbegeben möchte, der sollte das Historische Museum unter dem Schloss (Abb. rechts) besuchen. 14 Meter unter der Erde können eindrucksvolle Architekturzeugnisse vom 13. bis 18. Jahrhundert sowie Teile einer mittelalterlichen Burg mit Schießkammer, Wehranlage und Kemenate besichtigt werden.

➡ Es gibt nur wenige Parkanlagen, die sich in der Form der 50er- und 60er-Jahre so zeigen, wie dies der Deutsch-Französische Garten bietet. Hier gibt es Erholung und Entspannung und bei interessanten Führungen erfährt man viele Details über die Botanik und das Gelände bis hin zum heutigen Erscheinungsbild.

Altmarkkreis Salzwedel

SAW

Orte im Kreis:
Klötze, Salzwedel
Sachsen-Anhalt

Saarbrücken

SB

Orte im Kreis:
Saarbrücken, Völklingen
Saarland

Auflösung: Seite 444

Quiz

Nördlich von Saarbrücken gibt es den „Urwald vor den Toren der Stadt", ein herrliches Naturschutz- und Naherholungsgebiet. Mitten in dem Wald gibt es ein Gebiet mit Namen „Hirschsprung" und südwestlich davon einen kleinen Weiher mit ähnlichem Namen. Wie heißt er?

Strasburg

SBG Ⓐ

Orte im Kreis:
Göhren, Strasburg, Woldegk
Mecklenburg-Vorpommern

➡ Auf dem Saarbrücker Halberg wurde in vorchristlicher Zeit ein Mithras-Kult ausgeübt. Dazu wurde im Sandstein des Halberges ein tonnengewölbtes Mithräum (Abb. links), auch Heidenkapelle genannt, geschaffen. Nach der Christianisierung wurde die Grotte zu einem Wallfahrtsort.

➡ Das Naturdenkmal am Brennenden Berg ist eine Sehenswürdigkeit der Region. Der Brennende Berg beherbergt ein schwelendes Kohlenflöz, das im 17. Jahrhundert in Brand geriet und bei dem heute noch aus Felsspalten Wärme austritt.

➡ Der Saarbrücker Zoo beherbergt über 1000 Tiere in 160 verschiedenen Arten. Der Schwerpunkt liegt hier auf Tieren der afrikanischen Steppe und Regenwälder sowie des Amazonas-Regenwaldes und der Anden. Als größte Attraktion gelten die Lemuren. ◼

➡ Der ehemalige Landkreis Strasburg lag bis zu seiner Auflösung 1994 in Mecklenburg-Vorpommern.

➡ Die Region bietet in den Brohmer Bergen vielfältige Möglichkeiten für sportliche Fitness. Seit vielen Jahren wird in Strasburg der deutsch-polnische Jugendaustausch mit dem Jugendfestival Pomerania gepflegt. Mit Musik und Tanz, Sport, Workshops und Lagerfeuer werden im Wechsel auf deutscher und polnischer Seite Veranstaltungen zum Thema Jugendzusammenführung angeboten.

➡ Eine ganz besondere Rarität ist im Heimatmuseum von Strasburg zu sehen. Hier steht eine Uhr, die ganz aus Stroh hergestellt wurde. Von 1892 bis 1907 baute der damalige Schuhmachermeister Otto Wegener nach eigenen Plänen eine funktionsfähige Uhr. Gehäuse, Zifferblatt, Zeiger, Laufwerk und Gewicht sind ebenfalls aus trockenem Stroh. ◼

➡ Der ehemalige Landkreis Schönebeck lag in Sachsen-Anhalt und gehört jetzt, nach seiner Auflösung 2007, zum Salzlandkreis.

➡ Der Schönebecker Operettensommer der Mitteldeutschen Kammerphilharmonie lockt jedes Jahr Tausende von Besuchern auf die Freilichtbühne „Bierer Berg".

➡ Fast Museumscharakter haben die Gierselfähren an Elbe und Saale. Die Fähren überqueren den Fluss ohne Lärm und Motor. Sie gleiten unter Nutzung der Strömungskraft des Wassers von einem Ufer zum anderen.

➡ In Bad Salzelmen befindet sich das älteste Solbad Deutschlands (Abb. rechts). Von dem ursprünglichen Gradierwerk sind noch 350 Meter erhalten und werden für Kurzwecke genutzt. Der Soleturm war eine Holländerwindmühle und diente dazu, die Sole aus dem Schacht zu fördern. Der Turm ist heute ein Teil des musealen Kunsthofs Bad Salzelmen. ■

➡ Schwabach liegt im Regierungsbezirk Mittelfranken und ist die kleinste kreisfreie Stadt in Bayern.

➡ In der „Goldschlägerstadt" Schwabach wird seit dem Mittelalter Blattgold geschlagen, mehr darüber berichtet der Kunstwanderweg Goldene Meile. Die Ortung Schwabach ist eine regelmäßig stattfindende Kunstausstellung zum Thema „Gold", an der sich Künstler aus ganz Deutschland beteiligen. Das Museum besitzt eine Sammlung über das heimische Handwerk und Gewerbe, aber auch über andere interessante Themenbereiche wie die weltweit größte Sammlung von Spielwaren der Firma Fleischmann.

➡ Die Altstadt ist durchzogen von einem Labyrinth von Felsenkellern. Bei einer Führung durch diese erfährt man viel über die Geschichte der Hugenotten, die sich vor über 320 Jahren in der Stadt niederließen. ■

Schönebeck

SBK

Orte im Kreis:
Calbe (Saale), Schönebeck (Elbe)
Sachsen-Anhalt

Schwabach

SC

Bayern

Mit Blattgold gedecktes Dach des Schwabacher Rathauses

Schleiz

SCZ Ⓐ

Orte im Kreis:
Schleiz, Lobenstein, Hirschberg
Thüringen

➡ Der ehemalige Landkreis Schleiz lag in Thüringen und wurde nach seiner Auflösung 1994 dem Saale-Orla-Kreis zugeordnet.

➡ Die älteste deutsche Naturrennstrecke, das „Schleizer Dreieck", lockt seit 1923 Tausende von Besuchern an. Heute finden auf der Strecke, die gegen den Uhrzeigersinn gefahren wird, die unterschiedlichsten Rennen statt.

➡ Eine schöne Radtour führt vom Schleizer Dreieck zum Thüringer Meer. Entlang an historischen Schlössern und Burgen, wie Schloss Burgk (Abb. rechts) und dem Bleilochstausee, gibt es einiges zu sehen.

➡ Das sehr gut erhaltene Schloss Burgk liegt oberhalb der Talsperre Burgkhammer mit Palas, Bergfried, Zugbrücke, Schlosskapelle und dem Roten Turm. Der Saaleturm in Burgk ist ein 43 Meter hoher Aussichtsturm mit 192 Stufen und einer herrlichen Aussicht über das Schloss und die Umgebung. ◼

Sondershausen

SDH Ⓐ

Orte im Kreis:
Sondershausen, Frankenhausen
Thüringen

➡ Der Landkreis Sondershausen lag in Thüringen und wurde 1994 zum größten Teil dem Kyffhäuserkreis zugeordnet.

➡ Das Residenzschloss Sondershausen (Abb. links) ist eine aus einer Burg hervorgegangene Vierflügelanlage. Die Alte Wache am Marktplatz ist ein Bestandteil des Terrassenensembles des Schlosses. Bis ins Jahr 1637 lässt sich die Geschichte eines Stadtorchesters nachweisen. Der Fürstlichen Hofkapelle folgten eine Kantorei und die Thüringer Schlossfestspiele.

➡ In Bad Frankenhausen steht Europas größtes Rundgemälde, das mit 1700 Quadratmetern bemalter Leinwand ein Muss für Kunstliebhaber ist.

➡ Auf dem Berg Possen steht der in Fachwerk erbaute älteste und höchste Aussichtsturm Europas inmitten eines denkmalgeschützten Ensembles aus Gebäuden sowie einer Parkanlage. ◼

➡ Der Landkreis Stendal liegt zwischen Berlin und Wolfsburg in Sachsen-Anhalt und hat knapp 120.000 Einwohner.

➡ Der Altmärkische Mühlenweg (Abb. rechts) bietet eine Auswahl von 33 Wasser-, Wind- und Motormühlen. Liebhaber finden hier Mühlen, die von Hobbymüllern und Vereinen betrieben werden oder zu Gaststätten umgebaut wurden.

➡ Im Landkreis befinden sich mehrere wunderschöne Landschaftsgärten. In Krumke liegt ein englischer Landschaftsgarten mit Originalbauwerken und Altbäumen auf einer 11 Hektar großen Anlage. Mit einem Alter von ca. 400 Jahren steht hier die älteste europäische Buchsbaumhecke ihrer Art. Der Stadtpark in Tangerhütte ist Bestandteil der Tourismusmarke „Gartenträume – Historische Parks" in Sachsen-Anhalt. Die Gestaltung erfolgte im englischen und französischen Gartenstil mit einem künstlichen Wasserfall. ◾

➡ Die Stadt Schwedt liegt rund 110 Kilometer nordöstlich von Berlin an der polnischen Grenze in Brandenburg und hat über 30.000 Einwohner.

➡ Die Stadt liegt in der Uckermark, einer seenreichen Landschaft zwischen der Oder und der Havel. Zwischen der Stadt und der Oder verläuft der Kanal „Hohensaaten-Friedrichsthaler Wasserstraße". Zwischen der Oder und dem Kanal befindet sich eine naturnahe Auenlandschaft mit reichlich Flora und Fauna, die in Mitteleuropa sehr selten ist. Dieses Gebiet wurde 1995 zum Nationalpark Unteres Odertal erklärt. Für Radwanderer bietet sich der rund 630 Kilometer lange Oder-Neiße-Radweg an, der in Ahlbeck auf Usedom endet.

➡ Mit der Entwicklung von Schwedt zur Industriestadt wurde die Theatertradition in der Stadt neu belebt. An der Stelle des ehemaligen Schlosses entstanden die heutigen Uckermärkischen Bühnen Schwedt, kurz UBS genannt. ◾

Stendal

SDL

Orte im Kreis:
Stendal, Tangermünde
Sachsen-Anhalt

Schwedt an der Oder

SDT Ⓐ

Brandenburg

Segeberg

SE

Orte im Kreis:
Bad Bramstedt, Bad Segeberg
Schleswig-Holstein

➡ Der Landkreis Segeberg liegt nördlich von Hamburg in Schleswig-Holstein und hat über 260.000 Einwohner.

➡ In Bad Segeberg ist eines der schönsten Freilichttheater (Abb. links) Europas zu finden. Seit 1952 finden hier die Karl-May-Festspiele statt. Die Besucher erwartet Spannung pur im Wilden Westen des Jahres 1870.

➡ Das „Land-Museum Gestüt Traventhal" bringt anhand von Dokumenten dem Besucher die Geschichte der Anlage, der Tiere und der Menschen um Schloss Traventhal näher. Das Museum beinhaltet auch eine Sammlung alter landwirtschaftlicher und handwerklicher Gerätschaften.

➡ Spielende Kinder fanden 1913 in Bad Segeberg die größte begehbare Gipshöhle in Deutschland, die Kalkberghöhle. Neben Touristen bevölkern hauptsächlich Fledermäuse die Höhle, als größtes Fledermausquartier Nordeuropas. ■

Sebnitz

SEB

Orte im Kreis:
Sebnitz, Neustadt, Lohmen
Sachsen

➡ Der ehemalige Landkreis Sebnitz liegt im Freistaat Sachsen und ist seit 2008 Teil des Landkreises Sächsische Schweiz-Ostererzgebirge.

➡ In der Kunstblumenstadt Sebnitz ist eine der weltweit wenigen Manufakturen zu finden, in der noch künstliche Blumen in traditioneller Handarbeit hergestellt werden. Einige der schönsten Produkte dieses seit 1834 ausgeführten Handwerks sind in der Schaumanufaktur „Deutsche Kunstblume Sebnitz" zu sehen. Aber auch der Urzeitpark, das Modelleisenbahnmuseum und der fast 37 Meter hohe Holzaussichtsturm auf dem Weifberg lohnen sich für einen Besuch.

➡ In der Sächsischen Schweiz sollte man sich den Lichtenhainer Wasserfall (Abb. links) und eine Bootsfahrt in der romantischen Kirnitzschtalklamm nicht entgehen lassen. Die touristischen Kahnfahrten auf dem Grenzfluss gibt es seit 1879. ■

➡ Der ehemalige Landkreis Seelow lag im Land brandenburg und wurde nach der Auflösung 1993 dem Landkreis Märkisch-Oderland zugeordnet.

➡ Die „Seelower Höhen" und der „Kessel von Halbe" gelten als die größten Kriegsschauplätze im Zweiten Weltkrieg um die damalige Reichshauptstadt Berlin. Bei den Kämpfen fanden Tausende Soldaten auf beiden Seiten und eine unbekannte Zahl an zivilen Personen den Tod. Heute wird mit mehreren Veranstaltungen an dieses Ereignis erinnert, unter anderem in der Gedenkstätte Seelower Höhen.

➡ Im Naturschutzgebiet Adonishänge blühen im April die goldgelben Adonisröschen, die Wiesenküchenschelle und das Sandfingerkraut; im Mai Salbe, gelbes Mädesüß und die Sonnenröschen, ein Genuss für jeden Naturliebhaber. ◾

➡ Der Landkreis Scheinfeld gehörte bis zu seiner Auflösung im Jahr 1973 zum bayerischen Bezirk Mittelfranken.

➡ Scheinfeld wird auch „Das Tor zum Steigerwald" genannt und stellt mit seinen Ortsteilen eine ideale Lage am Südwestabfall des Steigerwaldes dar. Die Stadt ist in Verbindung mit dem idyllisch gelegenen Schloss Schwarzenberg ein ideales touristisches Zentrum der Region. Das Schloss Schwarzenberg (Abb. unten) geht auf eine mittelalterliche Wehranlage zurück, die später in ein Schloss umgebaut wurde.

➡ Einmal im Jahr ist das Holz im Steigerwald der Mittelpunkt des Scheinfelder Holztages. Über 120 Fachaussteller zeigen bei der Messe, wie man wirtschaftlich mit Holz umgeht und dieses verarbeitet. Hier zeigt man viele Arten der Verwendung, ob als Möbelstück oder auch als Kunstwerk. ◾

Seelow

Orte im Kreis:
Bad Freienwalde, Strausberg
Brandenburg

Scheinfeld

SEF Ⓐ

Orte im Kreis:
Iphofen, Scheinfeld, Burghaslach
Bayern

351

Selb

SEL Ⓐ

Bayern

SFA

SFB

SEL

SF

Sonthofen

SF Ⓐ

Orte im Kreis:
Sonthofen, Immenstadt im Allgäu,
Oberstaufen, Bad Hindelang
Bayern
Befestigter Weg in der Starzlachklamm

➡ Selb liegt südlich von Hof in Bayern und hat über 15.000 Einwohner.

➡ Die Stadt ist ein Zentrum der Porzellanherstellung. Das Porzellanikon, ein Museumskomplex in der historischen Porzellanfabrik Selb, ist ein Punkt der Europäischen Route der Industriekultur. In vier Spezialmuseen zu Kunst, Technik und Design von Porzellan kann der Besucher erleben, mit welchem Aufwand die Porzellanerzeugnisse entstehen. Ein einmaliges Wahrzeichen Selbs ist das Porzellangässchen, dort wurden 55.000 farbige Porzellanfliesen zu einem Mosaik zusammengefügt. Zwei der größten Kunstwerke aus Porzellan sind die Stadtgeschichte auf Porzellan am Welzel-Haus und das Porzellanglockenspiel aus Meißner Porzellan am Rathaus.

➡ Einen Besuch wert ist auch das Fichtelgebirgsmuseum, das mit 2900 Quadratmetern Ausstellungsfläche das größte Regionalmuseum in Bayern ist. ◾

➡ Der Landkreis Sonthofen gehörte bis zu seiner Auflösung im Jahr 1972 zum bayerischen Regierungsbezirk Schwaben.

➡ Der Landkreis bietet viele Seen und Bergwanderwege zur Erholung an und lädt ein, per Rad, zu Fuß oder im Winter mit Skiern, aktiv zu werden. Ein Wanderziel ist das Naturerlebnis Starzlachklamm.

➡ Die Allgäuer Alpen erreichen im Bereich Oberstdorf eine Höhe von über 2600 Metern und gehören den nördlichen Kalkalpen an. Die bekanntesten Gipfel sind das Nebelhorn, das durch eine Seilbahn erschlossen ist, der Hausberg Rubihorn und der Schattenberg.

➡ Von Sonthofen aus lassen sich in kürzester Zeit auch das Schloss Neuschwanstein, der Alpsee Immenstadt, die Skiflugschanze Oberstdorf, die Sturmannshöhle Obermaiselstein, die Bodenseeregion, Österreich und die Schweiz erreichen. ◾

➡ Der Landkreis Soltau-Fallingbostel wurde 2011 in Landkreis Heidekreis umbenannt und liegt zwischen Hamburg und Hannover.

➡ Der Landkreis liegt inmitten der Lüneburger Heide in einem Gebiet, in dem auch die meisten Freizeitparks anzutreffen sind. Die Besucher haben die Auswahl zwischen dem Heide-Park Soltau mit der größten Holzachterbahn Europas, dem Serengeti-Park, wo man durch eine afrikanische Steppe fahren kann, und dem Weltvogelpark Walsrode, der für seine Botanik und seine seltenen Vögel berühmt ist.

➡ Wer dem Trubel ausweichen möchte, kann im Dreieck zwischen Bremen, Hamburg und Hannover die größte zusammenhängende Heidefläche in Westeuropa, die Lüneburger Heide, besuchen. Hier kann man bei einem Bummel die Heidepflanzen bewundern, durch Wälder und Moore wandern oder aber den Heidschnucken beim Grasen zusehen. ◼

➡ Der frühere Landkreis Senftenberg lag im Land Brandenburg und wurde 1993 dem Landkreis Oberspreewald-Lausitz zugeordnet.

➡ Die größte von Menschenhand geschaffene Wasserlandschaft Europas im Lausitzer Seenland lockt mit jeder Menge Freizeitangeboten. „Vom Sandstrand zum Kohlenflöz" heißt das Angebot der Kleinbahn Seeschlange am Senftenberger See. Am Südufer steht der schiefe Aussichtsturm Hosena (Abb. rechts), der einen herrlichen Ausblick über die Region ermöglicht. Aber auch Wintersport mitten im Sommer ist durch die Skihalle Snowtropolis möglich.

➡ Sehr beliebt, vor allem bei Kindern, ist ein Besuch im Miniaturpark Brieske. Hier können die Besucher einen kompletten Kohlen-Tageabbau, Modellgruppen wie den Senftenberger See, den Spreewald, das Brandenburger Tor, den Fernsehturm, den Flugplatz Tegel und mehrere fahrende Zugeinheiten auf einer 400 Meter langen Gleisanlage bestaunen. ◼

Soltau-Fallingbostel

SFA Ⓐ

Orte im Kreis:
Fallingbostel, Soltau
Niedersachsen

Senftenberg

SFB Ⓐ

Orte im Kreis:
Senftenberg, Ortrand, Ruhland
Brandenburg

Staßfurt

SFTⒶA

Orte im Kreis:
Egeln, Güsten, Hecklingen,
Kroppenstedt, Staßfurt
Sachsen-Anhalt

➡ Der ehemalige Landkreis Staßfurt lag bis zu seiner Auflösung 1994 in Sachsen-Anhalt.

➡ Die Stadt Staßfurt besitzt noch eine mittelalterliche Stadtmauer mit mehreren Türmen und ein gut erhaltenes Rondell. An vielen Punkten der Stadt wird an die ehemalige Tradition des Salzbergbaus erinnert. So im Stadt- und Bergbaumuseum, wo die geologischen Verhältnisse der Region, Sammlungen von Mineralien und Gerätschaften sowie restaurierte Bergbaumaschinen zu sehen sind.

➡ Im Fahrzeugmuseum wird alles, was zwischen Kap Arkona und Fichtelberg in den letzten Jahrzehnten bewegt und gepflegt wurde, präsentiert. Etwa 300 Fahrzeuge locken in das Museum, in dem ein Polizei-Lada neben einem Kinderroller steht.

➡ Der Europaradweg (Abb. links) von Boulogne-sur-Mer nach Sankt Petersburg verläuft auch durch Staßburg. Bei der Routengestaltung wurde auf Familienfreundlichkeit geachtet. ◼

Solingen

SG

Nordrhein-Westfalen

➡ Solingen liegt südöstlich von Düsseldorf in Nordrhein-Westfalen und hat knapp 160.000 Einwohner.

➡ Die Klingenstadt versteht es, auf die Geschichte dieses Industriezweiges hinzuweisen. Das Deutsche Klingenmuseum zeigt Bestecke, Waffen und Schneidwaren. Im Bergischen Museum in der Burg sind unter anderem Ritterrüstungen und Schwerter ausgestellt. Die Gesenkschmiede Hendrichs des Rheinischen Industriemuseums zeigt eine hundert Jahre alte Scherenschlägerei und Gesenkschmiede in ursprünglicher Form. Und das Schleifermuseum Balkhauser Kotten bewahrt die bedeutsamen historischen Schleifmethoden. Bei dem Balkhauser Kotten und dem Wipperkotten, handelt es sich um zwei Schleiferwerkstätten aus dem 17. Jahrhundert.

Kunstmuseum Solingen im alten Gräfrather Rathaus

➡ Das 2007 eröffnete Museum Plagiarius ist wahrscheinlich weltweit das erste Museum gegen Produktpiraterie.

➡ Über die Region hinaus bekannt ist die 107 Meter hohe Müngstener Brücke. Sie ist Deutschlands höchste Stahleisenbahnbrücke und überspannt das Tal der Wupper und verbindet Solingen mit Remscheid. Mit der Schwebefähre im Tal kann man auf einzigartige Weise ebenfalls die Wupper überqueren und in die Nachbarstadt gelangen.

➡ Einen schönen Gegenpol zur Industriehektik bietet der Besuch im Botanischen Garten Solingens. Hier befinden sich auf einer großen Freifläche ein Alpinum, mehrere Themengärten und Pflanzenhäuser. ◼

Häuser am Gräfrather Markt

➡ Der Landkreis Sangerhausen lag in Sachsen-Anhalt und wurde durch die Kreisgebietsreform 2007 dem Landkreis Mansfeld-Südharz zugeordnet.

➡ Im 1903 gegründeten Europa-Rosarium ist mit über 8300 Rosenarten die größte Rosensammlung der Welt zu finden. Die Vielfalt der Königin der Blumen wird in einem 13 Hektar großen Rosenpark präsentiert. Der Besucher erhält einen Einblick in die Entwicklungsgeschichte und die Zucht der Rose.

➡ Rund um Sangerhausen ist der früheste Bergbau in Deutschland nachgewiesen. Bis in die Bronzezeit zurück lassen sich die Schmelzstätten, die auf den Abbau von Kupferschiefer zurückzuführen sind, datieren. Von 1200 bis 1990 existierten in dem Landkreis 270 Schächte. Das älteste Fördergerüst Europas aus dem Jahr 1888 besitzt das Schaubergwerk Röhrigschacht (Abb. rechts). ◼

Sangerhausen

SGH ⒜

Orte im Kreis:
Allstedt, Sangerhausen, Stolberg
Sachsen-Anhalt

Schwäbisch Hall

SHA

Orte im Kreis:
Crailsheim, Schwäbisch Hall
Baden-Württemberg

➡ Der Landkreis Schwäbisch Hall liegt zwischen Heilbronn und Crailsheim in Baden-Württemberg und hat über 185.000 Einwohner.

➡ Zu den Sehenswürdigkeiten von Schwäbisch Hall gehört die Altstadt mit Marktplatz (Abb. links) und großer Freitreppe, das barocke Rathaus und die Kirche St. Michael. Die Großcomburg ist ein ehemaliges Benediktinerkloster aus dem Jahr 1078. Die Außenanlagen des burgartigen Komplexes und ein Wehrgang sind frei zugänglich.

➡ Auf einem weitläufigen Gelände in Wackershofen werden im Hohenloher Heimatmuseum insgesamt 70 Gebäude aus über fünf Jahrhunderten präsentiert. Dazu werden Handwerkszeug, Nutztiere, Geräte und vieles mehr ausgestellt.

➡ Rad- und Wandertouren stehen auf dem touristischen Angebot des Kreises ganz oben. Das Eldorado ist der Kocher-Jagst-Radrundweg mit Verbindung zum Taubertal. ■

Schaumburg

SHG

Orte im Kreis:
Rinteln, Stadthagen, Bückeburg
Niedersachsen

➡ Der Landkreis Schaumburg liegt zwischen Hannover und Osnabrück in Niedersachsen.

➡ In einem historischen Gebäude aus dem Jahr 1553 wurde ein Museum eingerichtet, das besonders durch seine Schausammlungen beeindruckt. In dem Museum befinden sich eine Geigenbauwerkstatt aus der zweiten Hälfte des 19. Jahrhunderts und kostbare Trachten aus dem Schaumburger Land. Auf drei Etagen sind die Sammlungen und Exponate aus der Entwicklung sowie des Wirtschaftslebens der Stadt ausgestellt.

➡ Wer die liebliche Landschaft mit der Eisenbahn erkunden möchte, sollte eine Fahrkarte für die Strecke Stadthagen–Rinteln erwerben. Mit dem Schienenbus „Der Schaumburger" kann man den Charme der alten Kulturlandschaft Wesertal genießen und dem Triebwagenführer über die Schulter schauen. ■

➡ Der Saale-Holzland-Kreis liegt zwischen Weimar und Gera in Thüringen und hat über 85.000 Einwohner.

➡ Kanufahrer haben im Saale-Holzland-Kreis viele Möglichkeiten. Seit 2007 wurden an der Saale zahlreiche Anlege- und sogenannte „Umtragestellen" geschaffen, damit man die Wehre umgehen kann und eine Wasserwanderung von der Quelle bis zur Mündung, auf der Länge von 360 Kilometern, möglich wird.

➡ Im Kreis warten Burgen, Schlösser, Mühlen und die Porzellanstadt Kahla auf ihre Entdeckung. Die Leuchtenburg (Abb. rechts) in Kahla gilt als eine der schönsten Burganlagen Deutschlands. Die Jagdanlage Rieseneck ist die einzige in Deutschland erhaltene barocke Jagdanlage und ein Kulturdenkmal zur Jagdtechnik und -geschichte des 18./19. Jahrhunderts. ■

Saale-Holzland-Kreis

SHK

Orte im Kreis:
Eisenberg, Hermsdorf
Thüringen

➡ Der Landkreis Suhl wurde 1994 aufgelöst, Suhl blieb als kreisfreie Stadt erhalten und liegt in Thüringen zwischen Eisenach und Coburg.

➡ Durch die 500-jährige Tradition genießt die Stadt Suhl bei der Herstellung von Jagd- und Sportwaffen einen weltweiten Ruf. Mit der Hilfe von Gravur-Künstlern werden besondere Einzelstücke gefertigt. Das Waffenmuseum gibt einen Einblick in die Geschichte der Handfeuerwaffen.

➡ Neben der Waffenproduktion bestimmte auch der Bergbau und die Verhüttung den Alltag vieler Menschen in der Region. Seit dem 16. Jahrhundert kann die Stadt den Titel „Bergstadt" führen, auch wenn die Produktion der Erzgewinnung Ende des 19. Jahrhunderts eingestellt wurde.

Suhl

SHL

Orte im Kreis:
Dillstädt, St. Kilian, Suhl
Thüringen

➡ Zwischen Suhl, Ilmenau und Schleusingen liegt das 17.000 Hektar große UNESCO-Biosphärenreservat Vessertal-Thüringer Wald (Abb. links). ■

Siegen-Wittgenstein

SI

Nordrhein-Westfalen

➡ Die Stadt Siegen in Nordrhein-Westfalen liegt zwischen Gießen und Olpe und hat über 100.000 Einwohner.

➡ Siegen ist auch die Kreisstadt des Landkreises Siegerland-Wittgenstein, dem waldreichsten Kreis von Deutschland. Die Besucher können hier den Rothaarsteig erwandern, sich auf den einzigartigen WaldSkulpturen-Weg (Abb. links) begeben oder einen der vielen Fluss- und Panoramawege erkunden.

➡ Das Eisen prägt seit 2600 Jahren das Gebiet im Siegerland und Wittgenstein. Die Tradition der Eisenverhüttung und der Eisenweiterverarbeitung wird im „historischen Hauberg" lebendig.

➡ Das 1259 erstmals urkundlich erwähnte Obere Schloss beherbergt seit 1905 das Siegerlandmuseum, das unter anderem Gemälde und Grafiken des in Siegen geborenen Barockmalers Peter Paul Rubens ausstellt. ◾

Sigmaringen

SIG

Orte im Kreis:
Pfullendorf, Sigmaringen
Baden-Württemberg

➡ Der Landkreis Sigmaringen liegt zwischen Stuttgart und dem Bodensee in Baden-Württemberg und hat knapp 130.000 Einwohner.

➡ Der Naturpark Obere Donau gehört zu den schönsten und artenreichsten Landschaften Süddeutschlands. Neben der Natur bietet der Landkreis auch einige Klöster, Burgen, Schlösser, eine Freilichttheaterbühne und mehrere überregionale Museen wie das Mattes Zündapp-Museum mit der weltweit größten Zündapp-Sammlung.

➡ Das Schloss Sigmaringen (Abb. links), oder Hohenzollernschloss, ist das Wahrzeichen der Stadt und zeigt eindrucksvoll die geschichtliche Entwicklung von einer mittelalterlichen Burg aus dem Jahr 1077 zu einem fürstlichen Residenzschloss. ◾

➡ Der ehemalige Landkreis Simmern lag im Regierungsbezirk Koblenz in Rheinland-Pfalz und wurde nach seiner Auflösung 1969 dem Rhein-Hunsrück-Kreis zugeordnet.

➡ Johann Bückler, auch „Schinderhannes" genannt, hat wesentlich zur Geschichte der Region beigetragen. Dem Räuber gelang 1799 die Flucht aus dem Turm, der als Pulvermagazin und Gefängnis diente. Das ehemalige Verlies dient heute als Ausstellungsraum, in dem Exponate zur Lebensgeschichte des „Schinderhannes" zu sehen sind.

➡ Wegen der zentralen Lage zur Mosel, zum Mittelrhein und zur Nahe lässt die Lage Simmerns viele Tagestouren zu. Der im Hunsrück gelegene 38 Kilometer lange Schinderhannes-Radweg verläuft über die Trasse der ehemaligen Hunsrückbahn und ist für Radfahrer, Skater und Spaziergänger freigegeben. Zu einem festen Termin ist der Hunsrück-Marathon, die größte Veranstaltung auf dem Radweg, geworden. ■

➡ Der Saalkreis (Schreibweise ohne „e") lag im Süden von Sachsen-Anhalt und fusionierte im Rahmen der Kreisgebietsreform vom Juli 2007 mit dem Landkreis Merseburg-Querfurt zum Saalekreis (Schreibweise mit „e").

➡ Das weithin sichtbare Wahrzeichen von Landsberg im Saalkreis ist die romanische Doppelkapelle St. Crucis (Abb. rechts unten) auf dem Kapellenberg. Sie stammt aus dem 12. Jahrhundert und gehörte zur Burg Landsberg. Sie ist ein Teil der „Fürstenstraße der Wettiner" und ein Bauwerk am „Lutherweg".

➡ Der Walderlebnispark „Bergholz" in Petersberg wurde im Rahmen eines Jugendprojektes errichtet. Gleich neben dem Museum Petersberg liegt der 800 Meter lange attraktive Rundweg durch den Park. An 13 Stationen können Informationen über den heimischen Wald und seine Tiere gesammelt werden. ■

Rhein-Hunsrück-Kreis

SIM

Orte im Kreis:
Boppard, Simmern
Rheinland-Pfalz

Saalekreis

SK

Orte im Kreis:
Landsberg, Wettin
Sachsen-Anhalt

Schleswig-Flensburg

SL

Orte im Kreis:
Glücksburg, Kappeln, Schleswig
Schleswig-Holstein

➡️ Der Kreis Schleswig-Flensburg an der Ostsee liegt in Schleswig-Holstein, an der Grenze zu Dänemark, und hat 200.000 Einwohner.

➡️ Der Landkreis hoch im Norden bietet lange Küstenstrecken, schöne Badestrände, ein tolles Segelrevier, wunderschöne Waldgebiete, gut ausgebaute Rad- und Wanderstrecken, Golfanlagen, Schlösser, Reetdächer, Holländerwindmühlen, jede Menge Museen und eine gemütliche Atmosphäre.

➡️ Der Mittelpunkt des Danewerk-Museums ist die Wallanlage Danewerk, das größte Bodendenkmal Nordeuropas. Durch das einzige Tor im Danewerk verlief der Ochsenweg, der seit der Bronzezeit besteht.

➡️ Das Renaissanceschloss Glücksburg (Abb. links) zählt zu den bedeutendsten Schlössern Nordeuropas und beherbergt heute ein Museum. Für das Nydam-Schiff und seine Moorleichen ist das Archäologische Landesmuseum in Schloss Gottorf bekannt. ◾

Schleiden

SLE ⒶA

Orte im Kreis:
Hausen, Heimbach, Hergarten, Vlatten
Nordrhein-Westfalen

Nationalpark Eifel, Urfttalsperre

➡️ Der Landkreis Schleiden lag im Regierungsbezirk Aachen und wurde 1972 größtenteils dem Kreis Euskirchen zugeordnet.

➡️ Im Sturmiuspark findet sich das Element Wasser in Aktions-, Aufenthalts- und Ruhebereichen wieder. Am Eifelstrand planschen und bauen, durchs Wasser waten, Kletterfelsen erklimmen, auf der Skateranlage toben, auf der Boulebahn entspannen, ein Picknick machen oder im Winter Schlittschuh laufen ist möglich.

➡️ Inmitten von Buchenwäldern, knorrigen Eichen, klaren Bächen und bizarren Felsen kann man im Nationalpark Eifel auf Entdeckungsreise gehen. Eine verbotene Zone war das Militärgebiet Vogelsang oberhalb der Urfttalsperre. 1933 gegründet, wechselten immer wieder die Nutzer dieses Truppenübungsplatzes. Seit 2006 ist die Anlage wieder öffentlich zugänglich und wird von fast 700.000 Besuchern pro Jahr besucht. ◾

➡ Der Landkreis Saalfeld lag in Thüringen und wurde nach der Auflösung 1994 größtenteils dem Landkreis Saalfeld-Rudolstadt zugeordnet.

➡ Einen Besuch wert sind die Saalfelder Feengrotten. Die Erlebniswelt begeistert die Besucher mit ihrem tollen Angebot und den nach eigenen Angaben farbenreichsten Schaugrotten der Welt. Am Rande des Thüringer Waldes kann man im Grottoneum, dem Erlebnismuseum der Feengrotte, einiges über die Geheimnisse des historischen Bergbaus, der Tropfsteine und Mineralien erfahren.

➡ Die Stadt Saalfeld mit einer über 1100-jährigen Geschichte ist geprägt durch einen historischen Stadtkern, das Renaissance-Rathaus mit seiner kunstvollen Fassade, alten Patrizierhäusern mit aufwendigen Giebeln, Torbögen und Erkern sowie die stilvolle Hallenkirche St. Johannes und die Burgruine „Hoher Schwarm". ◾

➡ Der ehemalige Landkreis Saulgau lag bis zu seiner Auflösung im Zuge der Kreisreform 1973 in Oberschwaben im südlichen Baden-Württemberg. Die Stadt Bad Saulgau legt großen Wert auf Natur- und Umwelterlebnisse. Hierzu gehören verschiedene Naturlehrpfade und Wanderwege, die Feldgehölze in Friedberg und Fugenstadt und einige Biotopanlagen.

➡ Als Hochburg der schwäbisch-alemannischen „Fasnet" ist die „Dorauszunft Saulgau e.V." seit 1355 treibende Kraft und Traditionsbewahrer in Saulgau. Während der Fastnacht ist ihr Narrenruf: „Doraus, detnaus – bei d'r alta Lenda naus" unüberhörbar.

➡ 1977 wurde in Bad Saulgau die wärmste und ergiebigste schwefelhaltige Thermalquelle des Bundeslandes gefunden. Sie ist eine Oase der Entspannung für jedermann. ◾

Saalfeld-Rudolstadt

SLF

Orte im Kreis:
Rudolstadt, Saalfeld
Thüringen

Saulgau

SLGⓐ

Orte im Kreis:
Altshausen, Saulgau, Riedlingen,
Mengen, Bad Buchau
Baden-Württemberg

Narrenbrunnen

Salzlandkreis

SLK

Orte im Kreis:
Alsleben, Bernburg
Sachsen-Anhalt

➡ Der Salzlandkreis befindet sich zwischen Magdeburg und Halle an der Saale in Sachsen-Anhalt und hat über 200.000 Einwohner.

➡ Wie schon der Begriff im Namen des Landkreises aussagt, gehört Salz zur Region. In Schönbeck/ Bad Salzelmen befindet sich das älteste Soleheilbad Deutschlands. Die Salzerzeugung wurde zwar 1967 eingestellt, aber die Sole ist immer noch Bestandteil des seit 1802 bestehenden Kurbetriebes. Das Gradierwerk in Bad Salzelmen war einst das längste in Europa. Seit 1890 dient es ausschließlich der Freiluftinhalation.

➡ Das Renaissanceschloss Bernburg (Abb. links) liegt auf einem Sandsteinfelsen am Saaleufer oberhalb der Stadt. Das Museum Schloss Bernburg beherbergt die Folterausstellung. Die Schlossterrasse bietet einen schönen Panoramablick über das Saaletal und das Harzvorland, bei guter Sicht bis zum Brocken. ◾

Schmölln

SLN Ⓐ

Orte im Kreis:
Gößnitz, Ponitz, Schmölln
Thüringen

➡ Der Landkreis Schmölln lag bis zu seiner Auflösung 1994 in Thüringen und gehört nun zum Landkreis Altenburger Land.

➡ Das Gewerbe der Knopfherstellung wurde erstmals 1863 im Dorf Altkirchen von einem Perlmuttknopfdrechsler angemeldet. Er legte den Grundstein für die bis zur Jahrhundertwende entstandenen 29 Knopffabriken. „Schmöllner" waren es auch, die den Fruchtsamen der Steinnusspalme für die Knopfproduktion entdeckten. Heute gibt es nur noch zwei Firmen vor Ort. Im Knopf- und Regionalmuseum werden neben Knöpfen auch die Steinnuss sowie Gerätschaften und Maschinen ausgestellt.

➡ Ein 30 Meter hohes technisches Denkmal ist der 1893 errichtete Aussichtsturm auf dem Pfefferberg. Anlässlich des 40. Hochzeitstages des damaligen Herzogpaares wurde der Turm auf den Namen „Ernst-Agnes-Turm" (Abb. links) getauft. ◾

➡ Der Landkreis Saarlouis liegt im Saarland zwischen Saarbrücken und Luxemburg und hat über 200.000 Einwohner.

➡ Saarlouis ist gleichermaßen Wirtschaftsstandort für Auto- und Stahlbauer, Handwerker und Dienstleister als auch Kulturstadt mit Museen, Theater und Kulturtreibenden Vereinen. Eine Besonderheit ist das „Laboratorium", ein Institut für aktuelle Kunst. Hier werden Daten über Kunstwerke und Künstler des Saarlandes gesammelt und zugänglich gemacht.

➡ Der Emilianus-Stollen diente dem Abbau des Kupferminerals Azurit. Der Stollen ist unverändert seit der Römerzeit und kann besichtigt werden.

➡ Fliegen und Fallschirmspringen ist auf dem Flugplatz in Wallerfangen möglich. ■

➡ Der Landkreis Schlüchtern lag bis zu seiner Auflösung 1974 in Hessen und gehört heute zum Main-Kinzig-Kreis.

➡ Das historische Rathaus und die Kirche Sankt Michael mit dem Benediktinerkloster bilden ein Ensemble in der Schlüchterner Innenstadt. Schloss Ramholz mit dem Schlosspark, Burg Steckelberg, Burg Brandenstein und die Städte Steinau, Bad Soden-Salmünster sowie Fulda sind lohnende Ausflugsziele.

➡ Die Flusslandschaft der Kinzig, der Weitwanderweg „Eselweg" und der hessische Radwanderweg von Rüdesheim über Schlüchtern in die Rhön sind beliebte Wander- und Radtourstrecken. In der Umgebung locken noch das Biosphärenreservat Rhön, der Naturpark Spessart und der Hohe Vogelsberg.

➡ Im Museum von Schlüchtern stellt eine Modellanlage den gesamten Streckenabschnitt der Bahnlinie Frankfurt-Fulda bis zum Distelrasentunnel nach. ■

Saarlouis

SLS

Orte im Kreis:
Dillingen, Saarlouis
Saarland

Schlüchtern

SLÜ Ⓐ

Orte im Kreis:
Schlüchtern, Steinau, Salmünster
Hessen

Bad Salzungen

SLZ

Orte im Kreis:
Bad Salzungen, Dorndorf, Merkers
Thüringen

➡ Der Landkreis Bad Salzungen lag bis zu seiner Auflösung 1994 in Thüringen und gehört heute zum Wartburgkreis.

➡ Im Stadtzentrum von Bad Salzungen befindet sich der Burgsee. Eine Besonderheit aber ist der Erlensee. Als Binnensalzstelle mit seltenen Salzpflanzen und Insekten wurde er schon 1940 als Naturdenkmal ausgewiesen.

➡ Wie schon im Namen der Stadt zu ersehen, bestimmt Salz das Stadtleben. In fast allen Jahrhunderten, bis zurück in die Römerzeit, sind geschichtliche Spuren von Salz in der heutigen Gegend um Bad Salzungen zu finden. 1590 wurde das erste von insgesamt 24 Gradierwerken erbaut. Als um 1800 die Heilwirkung der Sole entdeckt wurde, begann der Kurbetrieb. Alle Gradierwerke bis auf die heutige Ostwand wurden abgerissen. 1901 errichtete man eine völlig neue Gradierhalle. ■

Schmalkalden-Meiningen

SM

Orte im Kreis:
Meiningen, Schmalkalden
Thüringen

➡ Der Landkreis Schmalkalden lag in Thüringen und wurde nach der Auflösung 1994 dem Landkreis Schmalkalden-Meiningen zugeordnet.

➡ Das Lutherhaus, das Hochofenmuseum Neue Hütte und die Holzpfeifenorgel sind nur einige der Sehenswürdigkeiten von Schmalkalden. Auch das Bergwerk Finstertal ist einen Besuch wert. Die Eisen- und Braunsteingrube war bis 1934 in Betrieb und ist seit 1959 als Lehr- und Besucherbergwerk zu besichtigen.

➡ Schloss Wilhelmsburg (Abb. links) in Schmalkalden ist eine Renaissanceanlage, die bis heute kaum baulich verändert wurde und nahezu im Originalzustand erhalten ist. Die prächtige Schlosskirche gehört zu den schönsten und ältesten deutschen Kirchen. Die Renaissance-Orgel wurde das erste Mal 1590 zur Einweihung des Schlosses und der Kirche gespielt. Sie ist eine der ältesten noch bespielbaren Instrumente dieser Art in Mitteleuropa. ■

➡ Der Landkreis Schwabmünchen lag bis zu seiner Auflösung im Zuge der Gebietsreform 1972 im Regierungsbezirk Schwaben.

➡ Das Wahrzeichen Schwabmünchens sind die Hexentürmchen (Abb. rechts) aus dem 16. Jahrhundert. Der Schwabmünchner Wasserturm, eines der ersten Stahlbetongebäude Deutschlands, wurde ab 1913 auch als Bezirksmuseum genutzt.

➡ Im Westen grenzt Schwabmünchen an den „Naturpark Augsburg – Westliche Wälder". Im Naturpark befinden sich über 1000 Kilometer markierte Wander- und Radwege, 50 Rundwanderwege und mehrere Themenwege. Für Nordic-Walking-Fans existieren Rundstrecken mit unterschiedlichen Schwierigkeitsstufen.

➡ 1562 bekam die Stadt das Markrecht. Somit war die Durchführung von Märkten wie dem Michaeli-Jahrmarkt, der schon vorher zu einer festen Einrichtung der Stadt gehörte, gesichert. ■

Schwabmünchen

SMÜ

Orte im Kreis:
Bobingen, Königsbrunn,
Schwabmünchen, Großaitingen
Bayern

➡ Die Stadt Schwerin liegt zwischen Hamburg und Rostock und ist mit rund 91.000 Einwohnern die Hauptstadt Mecklenburg-Vorpommerns.

➡ Die Stadt dehnte sich rund um den Schweriner Innensee aus, mit dem Schloss (Abb. rechts) als Ausgangspunkt. Die Anlegestelle der Weißen Flotte für Fahrgäste zur Insel Kaninchenwerder im Schweriner See befindet sich in der Nähe des Schlosses. Touristische Punkte sind auch die elf Seen im Stadtgebiet mit ihren ufernahen Parkanlagen und den Naturerfahrungsräumen SeeNa-Tour. Das Wahrzeichen der Stadt, das Schloss, ist seit 1990 Sitz des Landtages.

➡ Zu den kulturellen Höhepunkten der Stadt gehört der Schweriner Kultur- und Gartensommer, der mit einer multimedialen Wassershow im April eröffnet und mit zahlreichen Veranstaltungen fortgesetzt wird. Zu den vielen Terminen gehören unter anderem

Schwerin

SN

Mecklenburg-Vorpommern

Schweriner Dom St. Marien und St. Johannis

SO

SNH

SOB

Sinsheim

Orte im Kreis:
Bad Rappenau, Sinsheim, Sulzfeld
Baden-Württemberg

die Schlossfestspiele, der PfingstJazz, der Gourmet-Garten und die SchlossgartenNacht.

➡ Der Name „Schweriner Fernsehturm" entstand nicht nur aus dem Fernseh-Sendebetrieb, sondern wegen der Fernsicht über die Schweriner Seen und die Landschaft um den Turm. Der 1964 eröffnete Turm ist insgesamt 138,7 Meter hoch und beherbergt in einer Höhe von 101 Metern ein Restaurant und darunter eine Aussichtsplattform.

➡ Am 2. Mai 1945 endete vor den Toren Schwerins der Todesmarsch aus dem Konzentrationslager Sachsenhausen. Zur Erinnerung an die 6000 Häftlinge, die auf ihrem zehntägigen Leidensweg ermordet wurden, und an die 18.000 Überlebenden findet jährlich in Schwerin der Sachsenhausen-Gedenklauf statt. ◼

➡ Der Landkreis Sinsheim lag bis zu seiner Auflösung im Rahmen der Kreisreform 1973 in Baden-Württemberg.

➡ Den Besucher des Auto- und Technikmuseums Sinsheim erwarten auf einer Fläche von über 50.000 Quadratmetern mehr als 3000 Exponate. Darunter die größte permanente Formel-1-Sammlung Europas, zahllose Oldtimer, Motorräder, Sportwagen, Lokomotiven und vieles mehr zum Thema Technik. Das Museum ist der einzige Ort, an dem man beide Überschallpassagiermaschinen, eine Concorde der Air France und die russische Tupolev Tu-144, zusammen sehen kann (Abb. links).

➡ Zusätzlich befindet sich in Sinsheim noch das Museum „Erlebnispark-Fördertechnik". Hier werden Ausstellungsstücke aller Entwicklungsepochen des Transportwesens gezeigt, angefangen vom Rad bis zur Hightech-Anlage. Die Geräte können nicht nur besichtigt, sondern auch in Funktion erlebt werden. ◼

➡ Der Landkreis Soest liegt zwischen Dortmund und Paderborn in Nordrhein-Westfalen und hat über 300.000 Einwohner.

➡ In der Soester Innenstadt stehen über 600 Gebäude unter Denkmalschutz. Besonders der Burghof, das barocke Rathaus, das Haus zur Rose oder das Pilgrim-Haus, eine ehemalige Pilgerherberge. Von den vielen Kirchen und Kapellen der Altstadt besitzt die St.-Andreas-Kirche zu Ostönnen eine der ältesten bespielbaren Orgeln der Welt. Der mächtige Dom St. Patrokli dominiert das Bild der Altstadt.

➡ Die Warsteiner Brauerei ist eine der größten Brauereien Deutschlands und veranstaltet jährlich die „Warsteiner Internationale Montgolfiade", den größten europäischen Heißluftballon-Wettbewerb. An den Titelkämpfen nehmen mehrere Hundert Teams aus Europa teil. Die Piloten bieten mit ihren Heißluftballons Wettkämpfe, Massenstarts und Mitfahrgelegenheiten (Abb. rechts) an. ■

Soest

SO

Orte im Kreis:
Lippstadt, Soest, Werl
Nordrhein-Westfalen

Schrobenhausen

SOB Ⓐ

Orte im Kreis:
Gerolsbach, Schrobenhausen
Bayern

➡ Der ehemalige Landkreis Schrobenhausen lag bis zu seiner Auflösung 1972 im Regierungsbezirk Oberbayern.

➡ Der Landkreis beteiligt sich an dem LEADER-Projekt „Altbaierischer Oxenweg". Über vier Jahrhunderte wurden jährlich 200.000 Grauochsen aus der Ungarischen Tiefebene in den Westen exportiert, um die Menschen mit Fleisch zu versorgen. Die alten Kultur- und Handelswege sind weitgehend in Vergessenheit geraten. Seit 2003 ist man nun dabei, diese Kulturwege in Erinnerung zu rufen. Daraus wurde ein transnationales Projekt mit Aktionsgruppen aus Ungarn, Österreich und Deutschland.

➡ Das Europäische Spargelmuseum zeigt die Geschichte und Technik des Spargelanbaus. Die Exponate aus der ganzen Welt reichen von Anbaugerätschaften und Spargelbestecken über Kunstobjekte bis hin zu Kuriositäten rund um den Spargel. ■

Quiz Sieben Kilometer westlich von Schrobenhausen wurde ein bestehendes Gehöft um 1580 als Schloss im Renaissance-stil ausgebaut. Der Name des Schlosses geht auf ein Adelsgeschlecht zurück. Wie ist der Name des Schlosses?

Auflösung: Seite 444

Schongau

SOG

Orte im Kreis:
Hohenpeißenberg, Peiting, Schongau
Bayern

Das Maxtor, ein Stadttor mit achteckigem
Befestigungsturm aus dem 15. Jahrhundert

➡ Der ehemalige Landkreis Schongau gehörte bis zu seiner Auflösung durch die Gebietsreform 1972 zum Regierungsbezirk Oberbayern.

➡ Der kulturelle Höhepunkt in Schongau ist der „Festliche Sommer in der Wies". Der besondere Reiz an dieser Veranstaltung liegt im Zusammenspiel von Landschaft, Kunst und Musik. Seit über 50 Jahren wird über mehrere Monate im Jahr ein musikalischer Bogen gespannt von alpenländischer und geistlicher Musik, Werken von großen Komponisten wie Mozart oder Haydn, vom Adventskonzert bis hin zur Serenade.

➡ Ein Anziehungspunkt, besonders für kleinere Kinder, ist der Schongauer Märchenwald. Hier finden die Besucher bewegliche Märchenfiguren in zauberhaften kleinen Häusern, Märchenerzählungen mit Märchen der Gebrüder Grimm und viele Tiere im Wildgehege wie Hängebauchschweine, Bergziegen oder Fasane. ■

Saale-Orla-Kreis

SOK

Orte im Kreis:
Pößneck, Schleiz
Thüringen

➡ Der Saale-Orla-Kreis liegt im Südosten von Thüringen zwischen Jena und Hof und hat knapp 90.000 Einwohner.

➡ Die Amerikaner nannten das 50-Einwohner-Dorf Mödlareuth „Little Berlin". Nach dem zweiten Weltkrieg bildete der Tannbach die Demarkationslinie zwischen Ost und West. Im Jahr 1952 wurden ein übermannshoher Holzbretterzaun und 1966 die 700 Meter lange und 3,40 Meter hohe Betonmauer durch das Dorf gezogen. Der Teilabriss der Mauer (Abb. links) bildet die Geburtsstunde des Deutsch-Deutschen Museums Mödlareuth, das an die Teilung in Ost und West erinnert.

➡ Deutschlands größter Stausee ist der Bleilochstausee im Saale-Orla-Kreis. Er ist ein Teil der fünffach gestuften Saale-Kaskade. Eine Attraktion ist die Zeit des Vogelzugs, wenn sich Tausende von Staren und Zugvögeln einfinden. ■

➡ Der frühere Landkreis Soltau lag bis zu seiner Auflösung 1977 in Niedersachsen und gehört nun zum Landkreis Heidekreis.

➡ Die Stadt liegt mitten in der Lüneburger Heide und hat durch den Heide-Park Soltau und die Soltau-Therme überregionale Bekanntheit erlangt.

➡ Im gesamten Innenstadtbereich Soltaus laden spannende Spielinstallationen zum Mitmachen ein. Kinderspiele aus vier Jahrhunderten nicht nur bewundern, sondern teils sogar ausprobieren können die Besucher im Spielmuseum. Der Böhme-Familienpark, mit Wasserfontänen und einem Wasserrad an der Waldmühle, lädt ebenfalls zum Verweilen ein. Wer jedoch aktiver sein möchte, der kann sich im Sport-/ Spiel-Aktivbereich oder am Wasserspielplatz austoben. Das Kinderhilfswerk hat die Stadt mit ihrem Projekt „Spielraum Soltau" sogar zur Modellkommune für „Spiel! Platz ist überall" erklärt. ■

➡ Der Landkreis Sömmerda liegt nördlich von Erfurt und Weimar im Norden von Thüringen und hat über 72.000 Einwohner.

➡ Die Stadt verfügt über eine gut erhaltene Befestigungsanlage mit sechs Türmen aus den Jahren 1589-1595. Der durch Sömmerda verlaufende Fluss Unstrut bietet beste Möglichkeiten für Wasserwanderer. Bei einer Bootstour kann das schöne Panorama mit den Weinbergen, den mittelalterlichen Burgen und Schlössern genossen werden.

➡ Nach der Eröffnung des Kulturwanderwegs wurde ein museales Schaudepot in Sömmerda eingerichtet. Das Historisch-Technische Museum zeigt von historischen Büro-, Fakturier- und Rechenmaschinen bis hin zu Computern und Druckern alles aus der Produktionspalette des ehemaligen Büromaschinenwerkes. Auch alte Fototechnik wie die Weltax-Fotokamera, die in Sömmerda produziert wurde, hat hier ihren Platz gefunden. ■

Soltau

SOL

Orte im Kreis:
Dittmern, Soltau, Wolterdingen
Niedersachsen

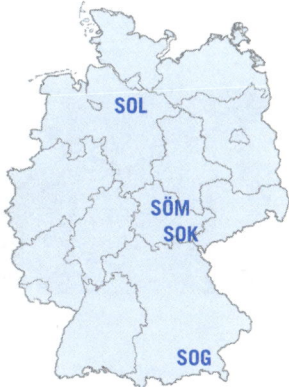

Sömmerda

SÖM

Orte im Kreis:
Kölleda, Sömmerda
Thüringen

Stadtmauer Sömmerda

Sonneberg

SON

Orte im Kreis:
Neuhaus, Sonneberg
Thüringen

Speyer

SP

Rheinland-Pfalz

▭➤ Der Landkreis Sonneberg liegt im Freistaat Thüringen zwischen Jena und Bamberg und hat knapp 60.000 Einwohner.

▭➤ Mit den weltgrößten Produktionsstätten für Spielzeug wurde Sonneberg einst als die „Werkstatt des Weihnachtsmannes" bezeichnet. Als Station auf der Deutschen Spielzeugstraße erfährt der Besucher bei einem Stadtrundgang einiges über die Historie und die Herstellung. Das 1901 gegründete Deutsche Spielzeugmuseum (Abb. links) zeigt eine Auswahl aus dem etwa 100.000 Objekte umfassenden Fundus. Das Astronomie-Museum in den Räumen der 1925 gegründeten Sternwarte informiert auch über das Leben des Sternwartegründers C. Hoffmeister.

▭➤ Wer in Thüringen Haie sehen will, kann sich im Meeresaquarium-Exotarium Nautiland in Sonneberg „unter Wasser" begeben. Den Besucher erwarten in der Unterwasserwelt Haie, Raubmuränen und Seepferdchen. Über Wasser sind exotische Tiere wie Schildkröten und diverse Reptilien zu bewundern. ◼

▭➤ Speyer liegt in Rheinland-Pfalz an der Grenze zu Baden-Württemberg und hat über 50.000 Einwohner.

▭➤ Seit 1981 gehört der über 1000 Jahre alte Kaiserdom in Speyer (Abb. links) zum UNESCO-Weltkulturerbe. Der Dom, als größtes romanisches Bauwerk der Welt, ist Ruhestätte von Kaisern und Königen und etlichen Bischöfen.

▭➤ Der älteste flüssige Traubenwein der Welt aus dem Jahr 325 n. Chr. wird im Historischen Museum der Pfalz aufbewahrt. In einer Unterabteilung sind weitere Exponate aus der Geschichte des Weinanbaus und die älteste vollständig gefüllte Weinflasche Deutschlands aus dem Jahr 1678 zu finden.

▭➤ Das Technikmuseum Speyer beinhaltet technische Meisterleistungen aus dem Fahrzeug- und Flugzeugbau, unter anderem die Boeing 747-230 und die russische Raumfähre Buran. ◼

Spremberg

➡ Der einstige Landkreis Spremberg wurde nach seiner Auflösung 1993 dem Landkreis Spree-Neiße zugeordnet.

➡ Eines der leistungsstärksten Braunkohlenkraftwerke der Welt, das Kraftwerk „Schwarze Pumpe", hat sich zu einer Sehenswürdigkeit entwickelt. Die Besucher erfahren im multimedialen Infozentrum alles Wissenswerte über die Region, den Tagebau und die Verstromung.

➡ Das Wahrzeichen Sprembergs ist der 1902 erbaute Bismarckturm im Stadtwald. Von der Aussichtsplattform des 20 Meter hohen Turms hat man einen phantastischen Blick über die Stadt und das Schloss bis hin zum Kraftwerk „Schwarze Pumpe". Zu einem beliebten Erholungsgebiet hat sich das Naturschutzgebiet Talsperre Spremberg entwickelt. Der benachbarte Hochseilgarten mit Riesenschaukel, Seilbahn und Pfahlsprung ist das sportliche Highlight der Region. ■

➡ Der Landkreis Spree-Neiße liegt in Brandenburg, südlich von Frankfurt/Oder, direkt an der polnischen Grenze und hat über 120.000 Einwohner.

➡ Das Gebiet des Spreewaldes ist ein Paradies für Rad- und Wasserwanderer. Hier kann man mit Paddelbooten, Kanus und Kajaks bei einer gemütlichen Tour das 300 Kilometer lange Wasserwegenetz erkunden. Zu den vielen Sehenswürdigkeiten gehören die alten Blockhäuser mit Stroh- oder Schilfdächern, die von der slawischen Besiedlung des Gebietes zeugen.

➡ Wer nach der Ruhe in der Natur etwas Abwechslung mag, der ist in der südöstlich gelegenen Kreisstadt Cottbus genau richtig. Mit dem Fürst-Pückler-Park, dem Schloss Branitz mit Anlage, dem Staatstheater und den zahlreichen Museen wird Cottbus ihrem Ruf als Kultur- und Kunststadt gerecht. ■

SPB ⒜

Orte im Kreis:
Bühlow, Dubraucke, Jehserig
Brandenburg

Spree-Neiße

SPN

Orte im Kreis:
Forst, Guben, Spremberg
Brandenburg

Springe

SPR Ⓐ

Orte im Kreis:
Münder, Pattensen, Springe
Niedersachsen

➡ Der Landkreis Springe lag bis zu seiner Auflösung, im Rahmen der Kreisreform 1974, in Niedersachsen.

➡ Die Stadt Springe liegt an einem flachen Talpass, der Deisterpforte. Dort wurden in einer Kiesgrube Mammutzähne gefunden, die darauf hindeuten, dass das Gebiet vor 20.000 Jahren als Zugstraße der Tiere diente.

➡ Der Saupark Springe ist ein rund 14 Quadratkilometer großes und von einer zwei Meter hohen Steinmauer eingefasstes Wildgehege. Der Haupteingang liegt neben dem „Jagdschloss Springe" (Abb. links), wo sich auch das Museum für Natur, Jagd und Kultur befindet. Der Park war Hofjagdgebiet der Könige und Kaiser und bietet heute zahlreiche Wanderwege. Im Nordosten der Anlage liegt das Wisentgehege mit vielen Wildtierarten. Zu beobachten sind hier Wisent, Wildpferd, Elch, Rotwild, Muffelwild, Fischotter, Bär, Wolf, Vielfraß, Uhu und Auerhahn. ◼

Straubing-Bogen

SR

Bayern

➡ Die Stadt Straubing liegt zwischen Regensburg und Deggendorf im Regierungsbezirk Niederbayern und hat 45.000 Einwohner.

➡ Ein Muss bei einem Besuch der Stadt ist das Gäubodenmuseum. Hier kann man den weltberühmten Straubinger Römerschatz sowie Schmuck- und Waffenstücke der Bajuwaren bestaunen, aber auch Fundstücke zu der Stadtgeschichte, sakraler Kunst und Volksfrömmigkeit. Das Grauböden Volksfest ist eines der größten in Bayern und lockte im Jahr 2012 1,4 Millionen Besucher an.

➡ Der Tiergarten Straubings hat sich zu einem Besuchermagnet der Region entwickelt. Über 1700 exotische und einheimische Tiere in 200 Arten werden in verschiedenen Gehegen gehalten. Dazu zählt das Afrika-Gebiet mit Zebras und Watussi-Rindern, eine Kattas-Anlage für Halbaffen, ein Streichelzoo, das Danubium mit einem Feuchtbiotop und Fischottern, Bibern und Pelikanen. ◼

➡ Der frühere Landkreis Strausberg wurde nach seiner Auflösung 1990 dem heutigen Landkreis Märkisch-Oderland zugeordnet.

➡ Auf der 1956 erbauten Radrennbahn in Fredersdorf wurden einst die DDR-Meisterschaften im Zweier-Mannschaftsfahren der Männer und Gocart-Rennen ausgetragen. Nach einer grundlegenden Restaurierung finden jetzt regelmäßig Rennen des Bundes Deutscher Radfahrer statt.

➡ Der Museumspark Rüdersdorf ist ein großes Freilicht-Industriemuseum, das die Gewinnung und Verarbeitung von Kalkstein zeigt. Der Besucher reist zurück in die Trias-Zeit und lernt die Lebensbedingungen vor 240 Millionen Jahren am Originalschauplatz kennen. Aus der 2000-jährigen Geschichte findet man hier einen germanischen Kalkbrennofen, aber auch einen der modernsten Zementöfen der Welt. ■

Strausberg

Orte im Kreis:
Rüdersdorf, Strausberg
Brandenburg

Rumfordofen im Museumspark Rüdersdorf

➡ Der ehemalige Landkreis Stadtroda lag in Thüringen und wurde nach seiner Auflösung 1994 dem Saale-Holzland-Kreis zugeordnet.

➡ Ein ausgeprägtes Rad- und Wanderwegenetz lädt zu Ausflügen in die Umgebung ein, die für ihre zerklüfteten Felsen des Roten Buntsandsteins bekannt ist. Weitere Ausflugsziele sind das Jagdschloss „Zur Fröhlichen Wiederkunft", die Dornburger Schlösser oder die Städe Kahla, Pößneck, Naumburg, Jena, Gera und Weimar.

➡ Im Landkreis liegt auch das Städtchen Eisenberg, dessen Schlosskirche St. Trinitatis als die prunkvollste Barockkirche Thüringens gilt. Bereits Ende des 18. Jahrhunderts begannen Handwerksbetriebe hier Komponenten für Tasteninstrumente zu fertigen. Aus diesen Betrieben gingen die Klavierbaumanufakturen wie Wilhelm Steinberg hervor, die Klaviere und Flügel aus Eisenberg weltweit berühmt machten. ■

Stadtroda

Orte im Kreis:
Eisenberg, Kahla, Stadtroda
Thüringen

Schlosskirche Eisenberg

Steinfurt

ST

Orte im Kreis:
Steinfurt, Tecklenburg
Nordrhein-Westfalen

**Das Kennzeichen „ST"
wurde nur im Juli 1956 auch
im Landkreis Stade
in Niedersachsen geführt.**

Starnberg

STA

Orte im Kreis:
Gauting, Starnberg
Bayern

➡ Der Landkreis Steinfurt liegt zwischen Osnabrück und der holländischen Grenze in Nordrhein-Westfalen und hat über 440.000 Einwohner.

➡ Der 1914 in Burgsteinfurt gegründete „Kreis Obst- und Gemüsegarten" auf einer Fläche von 30.000 Quadratmetern ist heute ein Demonstrations- und Lehrgelände, in dem sich jeder über die vielfältigen Möglichkeiten der Gartengestaltung informieren kann.

➡ Fest etabliert im Kalender vieler Kunstliebhaber hat sich das Münsterland-Festival, ein Kunst- und Kulturprogramm mit musikalischen Schwerpunkten auf Jazz, Pop, Folk und Klassik.

➡ Im Natur- und Geopark Terra.vita lassen sich 300 Millionen Jahre Erdgeschichte so lückenlos dokumentieren wie an kaum einem anderen Ort. Ein Netz von Rad- und Wanderwegen hilft bei der Erkundung dieser Landschaft. ◾

➡ Der bayerische Landkreis Starnberg grenzt direkt südwestlich an München und hat über 130.000 Einwohner.

➡ Die Kaiserin Elisabeth und König Ludwig verbrachten viel Zeit am Starnberger See. Spuren der beiden sind noch heute zu sehen und zu bewundern. Darunter Schloss Possenhofen, wo „Sissi" die Sommermonate verbrachte, und die Roseninsel, wo der Märchenkönig Kaiserin Elisabeth empfing. Ein Museum im alten Possenhofer Bahnhof widmet sich diesem Thema. Der Naturfreund wandert lieber auf dem König-Ludwig-Weg vom Starnberger See nach Füssen.

➡ Im kulturellen Bereich kann die Stadt auf die Besonderheit eines Marionettentheaters verweisen. Seit 1986 werden hier Stücke von verschiedenen Autoren, oft mit direktem Bezug zum Starnberger See, auf die Bühne gebracht. ◾

➡️ Der ehemalige Landkreis Sternberg lag bis zu seiner Auflösung 1994 in Mecklenburg-Vorpommern.

➡️ „Lütt Acker" ist ein Projekt der Umweltbildung und -erziehung im Naturpark Sternberger Seenland. Dazu zählen unter anderem ein Rosengarten mit 300 verschiedenen Rosen, ein Grünes Klassenzimmer und ein Kräuter- und Bienengarten mit Lehrpfad.

➡️ 1924 ging „Zülow", eines der größten Wasserkraftwerke Mecklenburg-Vorpommerns, erstmals ans Netz. Das technisches Denkmal kann nach Vereinbarung auch besichtigt werden.

➡️ Das Archäologische Freilichtmuseum Groß Raden (Abb. rechts) ist schon von weitem durch den kreisrunden Burgwall zu erkennen. Bei umfangreichen Ausgrabungen wurden hier Reste einer slawischen Siedlung des 9. und 10. Jahrhunderts freigelegt und rekonstruiert. ▪️

Sternberg

STB ⒶA

Orte im Kreis:
Brüel, Sternberg, Warin
Mecklenburg-Vorpommern

➡️ Der Landkreis Stade liegt westlich von Hamburg in Niedersachsen und hat knapp 200.000 Einwohner.

➡️ Zu den Sehenswürdigkeiten Stades gehört die Altstadt mit malerischen Fachwerkhäusern, der Alte Hansehafen und der Schwedenspeicher aus dem Jahr 1705, der seit 1977 als Museum dient. Aber auch das Schiff Greundiek und das Freilichtmuseum auf der Insel sind einen Besuch wert.

➡️ Im Küstenschifffahrts-Museum Kehdingen können die Besucher in einem alten Getreidespeicher, im Hafen und auf der „Iris-Jörg" alles über die Geschichte der Küstenschifffahrt erfahren, was wichtig ist.

➡️ Die grachtenartige Fleetanlage ist besonders charakteristisch für den innerstädtischen Buxtehuder Hafen, der gegen Ende des 13. Jahrhunderts mit künstlichen Wasserläufen angelegt wurde (Abb. rechts). ▪️

Stade

STD

Orte im Kreis:
Buxtehude, Stade
Niedersachsen

Staffelstein

STE Ⓐ

Orte im Kreis:
Ebensfeld, Rattelsdorf, Staffelstein

Bayern

➡ Der Landkreis Staffelstein gehörte bis zu seiner Auflösung im Zuge der Gebietsreform 1972 zum bayerischen Regierungsbezirk Oberfranken.

➡ Bad Staffelstein liegt im sogenannten „Gottesgarten" am Obermain, der viele Sehenswürdigkeiten aufweist. Neben der Therme lockt die Region mit hervorragenden Wander- und Radwegen. Ideal für den gemütlichen Wanderer sind die Strecken um die Seenlandschaft, und für den Läufer bieten sich die Touren nach Vierzehnheiligen oder Kloster Banz an. In freier Natur und wunderschöner Landschaft können auch Kletterer im Waldklettergarten ihrem Hobby nachgehen. Ein sportliches Highlight ist der Obermain-Marathon, der in vier verschiedenen Kategorien angeboten wird.

➡ Für Besichtigungen stehen Kloster Banz und die Basilika Vierzehnheiligen, eine der bekanntesten Wallfahrtskirchen, zur Verfügung. ◼

Schaumburg-Lippe

STH Ⓐ

Orte im Kreis:
Bückeburg, Stadthagen

Niedersachsen

➡ Der frühere Landkreis Schaumburg-Lippe bestand bis zu seiner Auflösung im Zuge der Kreisreform 1977 in Niedersachsen.

➡ Nördlich des Gebietes liegt das Steinhuder Meer, in dem sich die ehemalige schaumburg-lippische Inselfestung (Abb. links unten) und die Militärschule Wilhelmstein befinden. Heute ist die Insel ein beliebtes Ausflugsziel.

➡ Der „Untere Eisenhammer" in Exten ist ein geschütztes Bau- und Industriedenkmal. Bis 2004 wurden hier von erfahrenen Blankschmieden Spaten und Hacken in Handarbeit hergestellt. Die Ausstellung umfasst die komplett erhaltene alte und funktionstüchtige Handwerkstechnik mit Maschinen aus der Zeit um die Jahrhundertwende. ◼

➡ Der Landkreis Stollberg im Freistaat Sachsen wurde nach seiner Auflösung 2008 dem Erzgebirgskreis zugeordnet.

➡ Eine bewegte Geschichte hat Schloss Hoheneck (Abb. rechts) hinter sich. Die ehemalige Burg, die sich heute in Privateigentum befindet, wurde 1287 erstmals erwähnt. Nach häufigem Besitzerwechsel wurde das Schloss 1862 abgetragen und an gleicher Stelle das königlich-sächsische „Weiberzuchthaus" errichtet. Die imposante Anlage war das größte Frauengefängnis der DDR und bekannt für seine katastrophalen Haftbedingungen. Das Gebäude wurde noch bis 2001 als Gefängnis genutzt.

➡ Der alte Bahnhof von Stollberg wurde zu einer Kulturstätte umgebaut. Im rechten Flügel hat der Modelleisenbahnclub Platz für seine 209 Gleismeter, Weichen und Gebäude gefunden. Im linken Hausteil pflegt der Schnitz- und Klöppelverein die alte Handarbeitstradition aus dem Erzgebirge. ◾

Stollberg

STL Ⓐ

Orte im Kreis:
Lugau, Oelsnitz, Stollberg
Sachsen

➡ Der Landkreis Stockach lag bis zu seiner Auflösung im Zuge der Kreisreform 1973 in Baden-Württemberg.

➡ Die „Zizenhausener Terrakotten" sind von Sammlern hoch begehrte Tonfiguren, die von dem Kirchenmaler Anton Sohn angefertigt wurden. Sie dokumentieren das Biedermeier und zugleich den Zeitgeist des Vormärz. Ein Teil dieser Figuren ist im Schloss Zizenhausen und im Stockacher Stadtmuseum zu bewundern. Neben zahlreichen Darstellungen ist besonders der „Basler Totentanz" bekannt.

➡ Geologisch interessant sind auch die im Ortsgebiet gelegenen Heidenhöhlen (Abb. rechts). Bei ihnen handelt es sich um künstlich in den Felsen gehauene Gänge und Räume am Heidenbühl oberhalb des Ortsteils Bleiche. Die älteste Erwähnung der Anlage stammt aus einem Gedicht von 1786, das über dem Eingang einer der Höhlen eingemeißelt ist. ◾

Stockach

STO Ⓐ

Orte im Kreis:
Aach, Meßkirch, Stockach
Baden-Württemberg

Rhein-Sieg-Kreis

SU

Orte im Kreis:
Bornheim, Siegburg
Nordrhein-Westfalen

➡ Der ehemalige Siegkreis lag bis zu seiner Auf-lösung 1969 im Regierungsbezirk Köln und bildet den Kern des heutigen Rhein-Sieg-Kreises.

➡ Der Drachenfels bei Königswinter ist das Wahrzei-chen und seit mehr als hundert Jahren ein Besucher-magnet des Siebengebirges. Ein Grund dafür ist die älteste Zahnradbahn Deutschlands (Abb. links). Auf der Mittelstation liegen die Drachenhöhle und die Ni-belungenhalle. Auch der Fernwanderweg Rheinsteg, von Bonn nach Wiesbaden, führt über den Berg. Das 1882 erbaute Schloss Drachenburg mit der heraus-ragenden Parkanlage beherbergt das Museum zur Geschichte des Naturschutzes.

➡ Weitere touristische Höhepunkte sind die Veran-staltung „Rhein in Flammen" mit Großfeuerwerken und Schiffsrundfahrten, der Keramikmarkt in Sieg-burg und das Bilderbuchmuseum in Troisdorf, das einzige seiner Art in ganz Europa. ■

Sulzbach-Rosenberg

SUL Ⓐ

Orte im Kreis:
Sulzbach-Rosenberg, Neukirchen
Bayern

➡ Der Landkreis Sulzbach-Rosenberg gehörte bis zu seiner Auflösung 1972 zum bayerischen Regie-rungsbezirk Oberpfalz.

➡ Die Maxhütte war ein traditionsreiches Stahlwerk und ist heute ein Industriedenkmal der Stadt. Die An-fänge der Anlage reichen bis in das 19. Jahrhundert zurück und zeigen sich in einer der ältesten deut-schen Stahlfachwerkhallen. Der heutige Bergbaupfad verbindet die Tagesanlagen auf den ehemaligen We-gen der Bergleute zur Arbeitsstätte.

➡ Bereits 1664 erstmals registriert, war die Stadt lange Zeit ein bedeutender Druckerei- und Verlags-standort. Das Archiv der Verlagsbibliothek Seidel reicht bis in das 17. Jahrhundert zurück. Als kleine Sensation wird der Fund der Bildergeschichte „Der Kuchenteig" von Wilhelm Busch gewertet, die unbe-kannte Vorstudie zu „Max und Moritz". Die Räume der Druckerei beinhalten heute ein Ausstellungs-zentrum. ■

➡ Der Landkreis Südliche Weinstraße liegt zwischen Karlsruhe und Ludwigshafen in Rheinland-Pfalz und hat knapp 110.000 Einwohner.

➡ Die Trauben im Wappen stehen symbolisch für die vom Weinbau geprägte Region, die über das ganze Jahr hinweg hochkarätige Kulturveranstaltungen anbietet. „Palatia Jazz", „Villa Musica", die Schlossfestspiele Edesheim und die Schauspiele in der Jugendstil-Festhalle Landau sind nur einige davon. Als Ausflugsziel bietet sich neben den vielen Burgen, Schlössern und Museen für Familien das aufregende Abenteuer des Holiday Parks in Haßloch an.

➡ Die letzten urständigen Bachauenwälder Süddeutschlands stehen im Naturschutzgroßprojekt Bienwald zwischen dem Pfälzer Wald und den Rheinauen. Aus nationaler und europäischer Sicht ist das Gebiet eine einmalige Schwemmfächerlandschaft mit unterschiedlichsten Biotopen. ■

Südliche Weinstraße

SÜW

Orte im Kreis:
Bad Bergzabern, Herxheim
Rheinland-Pfalz

➡ Die Stadt Schweinfurt liegt nördlich von Würzburg im bayerischen Regierungsbezirk Unterfranken und hat über 50.000 Einwohner. Seit fast 400 Jahren prägt der Schrotturm (Abb. rechts) das Gesicht der südlichen Altstadt mit der historischen Stadtmauer, den Bastionen und Türmen. Regelmäßig lädt die Stadt zum großen mittelalterlichen Bürgerfest ein. Die Besucher können sich dann auf eine Zeitreise ins Mittelalter begeben. Sie lernen Gaukler, Musikanten, Handwerker und Ritter kennen.

➡ In Sachen Kunst gehört das Festival Nachsommer, das an den ungewöhnlichsten Orten stattfindet, zu den herausragenden Terminen. Film, Theater, Tanz, Literarisches, Vokales und Instrumentales wird gemischt und ohne jegliche Grenzen präsentiert. ■

Schweinfurt

SW

Orte im Kreis:
Gerolzhofen, Sömmersdorf
Bayern

Untertaunuskreis

SWA Ⓐ

Orte im Kreis:
Bad Schwalbach, Idstein, Wehen
Hessen

Hexenturm in Idstein

Grafschaft Hoya

SY Ⓐ

Orte im Kreis:
Bassum, Hoya, Syke
Niedersachsen

Beleuchtete Straßenbrücke über die Weser

➡ Der Untertaunuskreis lag bis zu seiner Auflösung 1976 im Regierungsbezirk Wiesbaden.

➡ Das Staatsbad Bad Schwalbach hat eine eigene Eisenbahn. Genauer gesagt wurde die ehemalige Moorbahn, die zwischen 1926 und 1991 den Transport des Torfes von den Moorgruben zum Moorbadehaus durchführte, vor dem Verfall gerettet. Seit 2000 fährt das Bähnchen nun die Gäste durch den Ort.

➡ Die optimale Lage Bad Schwalbachs am Rande des Rheingaus bietet sich für Wanderungen, Fahrradtouren und Ausritte hoch zu Ross an. Den kulturellen Ausgleich bieten die Zentren Wiesbaden, Mainz und Frankfurt und das Jazz-Festival in Idstein.

➡ Erstmals 1339 n. Chr. urkundlich erwähnt wurde das um 90 n. Chr. erbaute römische Kastell Zugmantel. Der hier einst verlaufende Limes zählt zu den ältesten obergermanischen Abschnitten. ◾

➡ Der Landkreis Grafschaft Hoya lag bis zu seiner Auflösung, im Rahmen der Kreisreform im Jahr 1977, in Niedersachsen.

➡ In den kleinen, aber interessanten Museen werden frühgeschichtliche Funde und die Orts- und Regionalgeschichte gezeigt. Das aufgegebene ehemalige Gotteshaus in Hoya dient heute als Kulturzentrum.

➡ Die Grafschaft Hoya bietet mit der Weser, den großen Waldgebieten, Geestlandschaften und idyllisch gelegenen Seen ein abwechslungsreiches Landschaftsbild. Sehenswert sind auch die malerischen Orte und historisch gewachsenen Städte. Einfach mal die Beine baumeln lassen und die Landschaft vom Wasser aus genießen kann man während einer Schiffsfahrt auf der Weser, selbstverständlich auch mit Drahtesel an Bord. ◾

➡ Die Stadt Salzgitter liegt südlich von Braunschweig in Niedersachsen und hat rund 100.000 Einwohner.

➡ Salzgitter-Bad verfügt über eine der stärksten Naturthermalsolequellen Deutschlands. Die Altstadt mit den historischen Bauten, verwinkelten Straßen und Plätzen hat ihr besonderes Flair. Geschichte schreiben aber auch Schloss Ringelheim, Wasserburg Gebhardshagen, Kapelle Engerode, Gut Flachstöckheim und die Ruine der Burg Lichtenberg. Vom Bergfried aus eröffnet sich eine herrliche Sicht auf die Stadt und bis nach Braunschweig.

➡ Das Naherholungszentrum Salzgittersee gilt als Revier für Segler, Surfer, Ruderer und Kanuten. Für die kleinen Besucher ist das Piratencamp ein besonderes Erlebnis. Eine Attraktion ist die Wasserskiseilbahn am Westufer des Sees. Für viele weitere sportliche Möglichkeiten stehen kostenlose Freizeitanlagen zur Verfügung. ■

➡ Der Landkreis Schwarzenberg lag bis zu seiner Auflösung 1994 im Freistaat Sachsen und gehört nun zum Erzgebirgskreis.

➡ Freunde der Eisenbahn und Dampflok kommen im Museum in Schwarzenberg ins Schwärmen. Hier befindet sich eine der größten Fahrzeugsammlungen in Normalspur. Fast 140 Jahre erzgebirgische Eisenbahngeschichte ist präsent und bei einer Fahrt unter Dampf auch zu erleben.

➡ Der Aussichtsturm der aus dem 12. Jahrhundert stammenden Befestigungsanlage Schwarzenberg kann erklommen werden.

➡ Untrennbar mit der Geschichte der Stadt verbunden ist der Erzabbau im sächsischen Obergebirge. Im 16. Jahrhundert wurde hier Eisen, Zinn, Kupferkies, Zinkblende, Spate und Marmor abgebaut. Heute zeugen überwachsene Halden vom einstigen Bergbau. ■

Salzgitter

SZ

Niedersachsen

Schwarzenberg

SZB Ⓐ

Orte im Kreis:
Lößnitz, Schwarzenberg
Sachsen

Main-Tauber-Kreis

TBB

Orte im Kreis:
Bad Mergentheim,
Tauberbischofsheim
Baden-Württemberg

➡ Der Landkreis Tauberbischofsheim/Main-Tauber-Kreis liegt zwischen Würzburg und Heilbronn in Baden-Württemberg und hat über 130.000 Einwohner.

➡ Herrliche Fachwerkbauten können in Tauberbischofsheim bestaunt und besichtigt werden, so wie das neugotische Rathaus, die „Alte Post", die Stern-Apotheke oder das De-la-Roche-Haus. Verpasst werden darf auch nicht das „Liebler-Haus", das zu den schönsten Gebäuden gehört. Das Kurmainzische Schloss (Abb. links) mit dem Türmersturm ist das markante das Wahrzeichen der Stadt.

➡ Die Stadt ist Sitz des Bundesleistungszentrums für Fechtsport und Olympiastützpunkt für mehrere Sportarten. Auch Wanderer oder Radler finden ein großes Wegenetz an ebenen Strecken entlang der Tauber sowie Mountainbiketouren ins Gelände und Fernwanderwege, die durch Baden-Württemberg führen. ■

Nordsachsen

TDO

Orte im Kreis:
Delitzsch, Torgau, Oschatz
Sachsen

➡ Der sächsische Landkreis Nordsachsen grenzt direkt an Leipzig und hat 200.000 Einwohner.

➡ Ein Schmuckstück ist der Tierpark Eilenburg, der sich mit dem Warmhaus Tropicana und den modernen Gehegen zu einem Besucherziel entwickelt hat.

➡ Der Landkreis ist reich an Kulturschätzen, Burgen und Schlössern, ehemaligen Rittergütern oder Mühlen. Torgau ist mit dem Schloss Hartenfels und „St. Marien" eine der schönsten Renaissancestädte. ■

Landkreis Tecklenburg

TE

Orte im Kreis:
Ibbenbüren, Lengerich, Tecklenburg
Nordrhein-Westfalen

➡ Der Landkreis Tecklenburg lag bis zu seiner Auflösung 1975 in Nordrhein-Westfalen. Die Burgruine Tecklenburg ist die Veranstaltungsstätte der seit 1927 stattfindenden Freilichtspiele.

➡ Von Münster aus können Radler die „100 Schlösser Südkurs Route" antreten. Auf dem 210 Kilometer langen Streckenverlauf liegen märchenhafte Schlösser, wehrhafte Burgen und verträumte Herrenhäuser.

➡ Der Landkreis Teterow mit der gleichnamigen Kreisstadt lag bis zu seiner Auflösung 1994 in Mecklenburg-Vorpommern.

➡ Zu den markantesten Erhebungen der Mecklenburgischen Schweiz zählen die Teterower Heidberge, die eine Hinterlassenschaft der letzten Eiszeit sind. Von der Aussichtsplattform des Ehrenmals, das 1927 an dieser Stelle errichtet wurde, hat der Besucher einen wundervollen Blick über die Landschaft.

Orte im Kreis:
Gnoien, Teterow
Mecklenburg-Vorpommern

➡ Internationale Speedwayfahrer bezeichnen den Bergring, mit einer Steigung von 22 Prozent, als eine der schönsten Grasrennbahnen der Welt.

 ➡ Nordöstlich der Stadt liegt das Segelrevier Teterower See. Auf der Burgwallinsel, die über eine Seilfähre (Abb. links) oder eine Barkasse zu erreichen ist, können Natur- und Wasserfreunde ihrer Leidenschaft nachgehen. ◾

➡ Der Landkreis Teltow-Fläming liegt südlich von Berlin im Bundesland Brandenburg und hat über 160.000 Einwohner.

TF

➡ Zwischen dem Spreewald und Fläming liegt die dreihundertjährige gewachsene Siedlung Glashütte, die mittlerweile ein europäisches Denkmal ist. Angezogen von der einmaligen Atmosphäre aus Fachwerk, Ziegel und Lehm leben hier Glasbläser und eine Reihe anderer Handwerker und Künstler. In ihren Werkstätten stellen sie mit traditionellen Techniken Unikate und Kleinserien her und verhelfen dem Werksweiler so zu einem lebendigen Museumsdorf.

Orte im Kreis:
Luckenwalde, Zossen
Brandenburg

➡ Eine weitere touristische Attraktion ist der Boden-Geo-Park. In den Sperenberger Gipsbrüchen und der Klausdorfer Tongrube erfahren die Interessierten alles über den Boden als lebenswichtiges Naturgut und die Entstehung und Nutzung der Gipsbrüche. ◾

Torgau

TG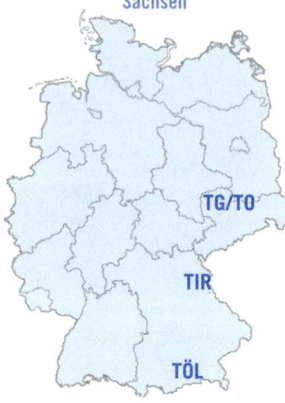

Orte im Kreis:
Annaburg, Schildau, Torgau
Sachsen

➡ Der ehemalige Landkreis Torgau lag bis zu seiner endgültigen Auflösung 1994 nordöstlich von Dresden in Sachsen.

➡ Die Stadt Torgau zählt mit seinem Schloss Hartenfels und der Kirche „St. Marien" zu einer der schönsten Renaissancestädte in Deutschland. Der Museumspfad präsentiert die Sehenswürdigkeiten vor Ort, vom Schloss bis zur Kurfürstlichen Kanzlei.

➡ Im Süden Torgaus liegt der „Große Teich", der auf eine lange Tradition verweisen kann. Im Jahr 1485 fand hier bereits das erste Abfischen von Karpfen und Hechten statt. Noch heute kommen regelmäßig viele Besucher, um das Spektakel zu beobachten. Früher war der Teich als Wasserreservoir für die Bewässerung der Festungsgräben von großer Bedeutung, heute ist er Teil eines Naturschutzgeländes und ein europäisches Vogelschutzgebiet. 1995 wurde der „Biberhof Torgau" eingerichtet, der sich inzwischen zu einem wahren Publikumsmagnet entwickelt hat. ◼

Tirschenreuth

TIR

Orte im Kreis:
Tirschenreuth, Waldsassen
Bayern

➡ Der bayerische Landkreis Tirschenreuth liegt nordwestlich von Nürnberg an der tschechischen Grenze und hat über 70.000 Einwohner.

➡ Der Oberpfälzer Wald ist eine der burgenreichsten Gegenden Deutschlands. Einige Anlagen sind mittlerweile verfallen oder zeigen sich in einem imposanten, verwitterten Bild. Es gibt aber auch Burgen, die besichtigt werden können.

➡ Der Landkreis gehört zum „Land der tausend Teiche". Im Mittelalter gab es in dem Areal 10.000 Gewässer. Heute sollen noch 3724 Teiche und Weiher in der „Tirschenreuther Teichpfanne" existieren. Die meisten werden für die Karpfenzucht verwendet und sind in das Naturschutzprojekt Waldnaabaue eingegliedert. Das Fischereimuseum zeigt in mehreren großen Aquarien die einheimischen Gewässerlandschaften. ◼

Torgau-Oschatz

➡ Der Landkreis lag in Sachsen und gehört seit seiner Auflösung 2008 zum Landkreis Nordsachsen.

➡ Wer nicht so richtig weiß, wie viel er wiegt, der kann diese Wissenslücke im Waagemuseum in Oschatz wunderbar schließen und sich wiegen lassen. Hier werden über 100 Waagen und Wiegegeräte, viele Zubehörteile und Gewichte ausgestellt.

➡ Ein Kleinod in Sachen Baukultur ist das Stadtzentrum von Oschatz. Hier befindet sich ein Rathaus, das 1477 errichtet und 60 Jahre später wieder abgerissen wurde um danach noch viel größer und schöner erbaut zu werden. Der Neumarkt (Abb. rechts) soll einer der schönsten Marktplätze im Freistaat Sachsen sein. Einen besonderen Reiz bekommt der Platz durch den 1588 errichteten Brunnen des Leipziger Steinmetzes Gregor Richter. ▪

TO Ⓐ

Orte im Kreis:
Dahlen, Oschatz, Torgau
Sachsen

Bad Tölz-Wolfratshausen

➡ Der Landkreis Bad Tölz-Wolfratshausen liegt in Bayern zwischen dem Starnberger See und Österreich und hat über 120.000 Einwohner.

➡ Die Stadt Bad Tölz, mit dem herrlichen Blick auf die bayerischen und Nordtiroler Kalkalpen, ist für ihren hohen Freizeitwert bekannt. Einen grenzenlosen Spaß und pure Erholung bieten im Sommer eine Floßfahrt auf der Isar, Klettern oder die Kräuterakademie und im Winter Alpinski, Rodeln oder eine Pferdeschlittenfahrt. Japan in Bayern kann in Wolfratshausen mit der komponierten Landschaft „Yuko Nihon Teien" besichtigt werden. Und für die Kleinsten gibt es einen Märchenwald mit vielen Attraktionen.

➡ Eingebettet in die voralpenländische Landschaft präsentiert sich das Freilichtmuseum Glentleiten, das aus vielen zusammengetragenen Bauernhöfen, Mühlen, Almgebäuden und Werkstätten besteht, die hier originalgetreu aufgestellt wurden. ▪

TÖL

Orte im Kreis:
Bad Tölz, Wolfratshausen
Bayern

Quiz

Auflösung: Seite 444

Sehenswert sind in Bad Tölz die prachtvollen Häuser der Tölzer Kaufmannsfamilien und Patrizier im barocken Stil, welche allesamt mit Fassadenmalereien geschmückt sind. Wie nennt man diese besondere Art der Malerei?

Eiderstedt

TÖN [Ⓐ]

Orte im Kreis:
Garding, Tönning
Schleswig-Holstein

➡ Der Landkreis Eiderstedt lag bis zu seiner Auflösung 1970 in Schleswig-Holstein.

➡ Das Wahrzeichen der Halbinsel ist der Leuchtturm Westerheversand (Abb. links). Touristische Attraktionen sind auch das Katinger Watt, das Eidersperrwerk, die ehemalige Kreisstadt Tönning und Sankt Peter-Ording. Nicht verpassen sollte man einen Schiffsausflug zu den Seehundsbänken, wo die Tiere in freier Natur beobachtet werden können.

➡ Das Multimar in Tönning ist das größte Informationszentrum des Nationalparks Schleswig-Holsteinisches Wattenmeer. Angefangen an einem flachen Gezeitenbecken geht der Besucher an Aquarien und Aufzuchtsplätzen bedrohter Tiere entlang und bekommt einen Eindruck von den verschiedenen Lebensräumen der Meeresbewohner. Eine der Hauptattraktionen ist ein ca. 250.000 Liter fassendes Becken mit einer sechs mal sechs Meter großen Panoramascheibe. ■

Templin

TP [Ⓐ]

Orte im Kreis:
Lychen, Templin, Zehdenick
Brandenburg

➡ Der ehemalige Landkreis Templin lag bis zu seiner Auflösung 1993 in Brandenburg.

➡ Der Wilde Westen beginnt am Südufer des Röddelinsees. In der originalgetreu nachgebauten Westernstadt „Eldorado" (Abb. links) treffen die Besucher auf Attraktionen, Informationen und Shows im Western-Stil. Für die kleineren Besucher gibt es einen Streichelzoo, einen Ritt auf dem Trailpfad, Goldwaschen sowie Bogenschießen und Hufeisenwerfen. In Verbindung mit dem Park finden noch zahlreiche Veranstaltungen statt, wie das Civil-War- und US-Car-Weekend, das Indianer- und Bikertreffen, die Eldorado-Nacht oder der Line Dance Cup.

➡ Die Natur hautnah zu erleben wird durch viele Freizeitmöglichkeiten angeboten. So wie ein Besuch vom Aschbergmoor, den Naturschutzgebieten Knehdenmoor und Reiersdorfer Seebruch, dem Damwildgehege Klosterwalde und dem Naturpark Uckermärkische Seen. ■

Trier-Saarburg

➡ Trier liegt am Westrand von Rheinland-Pfalz an der Grenze zu Luxemburg und hat über 100.000 Einwohner.

➡ Weltberühmt ist die älteste Stadt Deutschlands durch die Porta Nigra (Abb. rechts), dem römischen Tor aus dem Jahr 180 n. Chr., die Konstantin-Basilika, das Amphitheater, die Thermen am Viehmarkt und die Kaiserthermen. Aber auch der Dom, ein Sakralbau, muss sich nicht hinter den römischen Bauten verstecken. Die über die Mosel führende Römerbrücke gehört als älteste Brücke Deutschlands natürlich auch zu den Sehenswürdigkeiten Triers.

➡ Einen Besuch wert sind auch die vielen Kirchen, das Kurfürstliche Palais, das Dreikönigenhaus, das Karl-Marx-Haus und viele andere Museen, aber auch Plätze wie der Hauptmarkt und der Viehmarktplatz und Denkmäler wie die Mariensäule. ■

➡ Die bayerische Stadt Traunstein liegt am Ostufer des Chiemsees und hat rund 18.000 Einwohner.

➡ Zu den Wahrzeichen der Stadt gehören der Jackl-Turm, der Lindl-Brunnen, das Viadukt von 1860 und der Hochberg als einer der schönsten Aussichtspunkte. Man kann Ausstellungen und Museen erkunden, Konzerte und Brauchtumsveranstaltungen, wie den berühmten Georgiritt, besuchen oder den Durst mit einem süffigen Bier aus einer der ortsansässigen Brauereien löschen. Für die Jüngeren gibt es eine Stadt-Rallye.

➡ Traunstein bietet zu jeder Jahreszeit Sport- und Freizeitmöglichkeiten wie wunderschöne Radwanderwege, Bergtouren, im Winter Langlaufloipen und Skiabfahrten. Olympisch wird es in den Orten Inzell und Ruhpolding. Hier befinden sich das Bundesleistungszentrum für den Roll- und Eisschnelllauf und seit 1964 das Biathlon-Leistungszentrum Chiemgau-Arena mit Sprunganlagen, Loipen und Rollerbahnen. ■

Rheinland-Pfalz

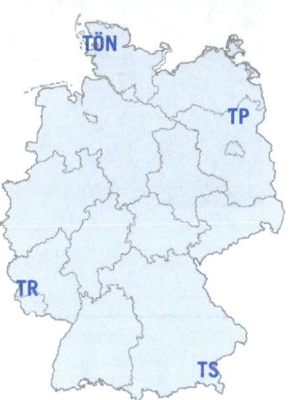

Traunstein

TS

Orte im Kreis:
Traunstein, Trostberg
Bayern

Tettnang

Orte im Kreis:
Friedrichshafen, Tettnang
Baden-Württemberg

➡ Der Landkreis Tettnang lag bis zu seiner Auflösung im Zuge der Kreisreform 1973 in Baden-Württemberg.

➡ Der weitbekannte Hopfenanbau der Stadt wird zum Anlass genommen, den Tettnanger Hopfenwandertag anzubieten. Die Brauereien locken dann mit ihren Produkten und die Bierdörfer mit Live-Musik, Spielen und Wettbewerben. Das Museum zeigt die über 150-jährige Geschichte des Anbaus mit alten Geräten und Maschinen und lebensecht dargestellte Szenen. Der Mottoweg „Vom Bauer zum Brauer" weiht den Besucher in die Geheimnisse und Besonderheiten des Hopfenanbaus und des Bierbrauens in der Kronenbrauerei ein.

➡ Das Neue Schloss (Abb. links) ist eines von dreien der Stadt und zählt zu den schönsten Oberschwabens. Die phantasievollen Räume und Kabinette ermöglichen einen Eindruck vom Lebensstil des Montforter Adelsgeschlechts. ∎

Tübingen

Orte im Kreis:
Rottenburg, Tübingen
Baden-Württemberg

➡ Der Landkreis Tübingen liegt südlich von Stuttgart in Baden-Württemberg und hat über 220.000 Einwohner.

➡ Einen Besuch abstatten kann man nicht nur den Universitäten und wissenschaftlichen Instituten, sondern auch der vollständig erhaltenen Altstadt mit den engen Gassen, etlichen Kirchen, Schlössern, Parks und Museen wie dem Auto- und Spielzeugmuseum Boxenstopp.

➡ Aktiv erleben lässt sich der Landkreis zwischen der Schwäbischen Alb und dem Naturpark Schönbuch zu Fuß genauso wie mit dem Rad, zu Wasser oder hoch zu Pferd. Ein klassisches Freizeitangebot sind die Stocherfahrten auf dem Neckar. In Tübingen gibt es viele Studentenverbindungen, die besonders durch ihre imposanten Kooperationshäuser das Bild der Stadt mitprägen. Das Stocherkahnrennen ist ein traditionelles Bootsrennen studentischen Ursprungs und zählt zu den Höhepunkten eines Semesters. ■

Hölderlinturm
am Neckar

➡️ Der Landkreis Tuttlingen liegt am nördlichen Rand des Bodensees in Baden-Württemberg und hat über 130.000 Einwohner.

➡️ Wie es früher war, als man noch bei „Tante Emma" einkaufen konnte oder der Bauer seine Milch in Kannen am Sammelplatz abstellte, erlebt man noch heute im Freizeitmuseum Neuhausen ob Eck (Abb. unten). Liebevoll wurden alte Häuser wieder zum Leben erweckt und vermitteln einen wunderschönen Einblick in die früheren Alltag.

Im Mittelpunkt des Dorfes stehen Schule mit Kirche, Kaufhaus, Hafnerei, Schmiede, Farrenstall und Brunnen.

➡️ Das Donaubergland verfügt über etliche Höhlen wie die Kölbinger und die Mühlheimer Felsenhöhle. Ein besonderes Highlight ist die nur mit Taucherausrüstung zugängliche Wulfbachquellhöhle.

➡️ Das pittoreske Dampflok- und Modelleisenbahnmuseum mit Drehscheibe besitzt 26 historische Dampflokomotiven. ■

Tuttlingen

TUT

Orte im Kreis:
Konz, Tuttlingen
Baden-Württemberg

Quiz

Im Mittelalter fand Tuttlingen erstmals 797 Erwähnung und gehörte später zum Kloster Reichenau, das sich auf der Insel Reichenau im Bodensee befand. Dieses Kloster wurde 1803 aufgehoben und das Klostergebäude wurde einer weltlichen Nutzung zugeführt. Wie wird das Gebäude des ehemaligen Klosters Reichenau heute genutzt?

Auflösung: Seite 444

Überlingen

ÜB (A)

Orte im Kreis:
Markdorf, Pfullendorf, Überlingen
Baden-Württemberg

Uelzen

UE

Orte im Kreis:
Bad Bevensen, Uelzen
Niedersachsen

➡ Der Landkreis Überlingen lag bis zu seiner Auflösung 1973 am nördlichen Bodenseeufer im Süden von Baden-Württemberg.

➡ Um die Lebensqualität zu erhöhen, lebt die Stadt, als Mitglied der Cittàslow, aktiv gegen die Lebensbeschleunigung. Wer dafür den Blick in die Sterne wagen möchte, der sollte in der Sternwarte vorbeischauen. Bei einem Gang durch die Altstadt zeugen die stattlichen Bauwerke von einer reichsstädtischen Vergangenheit. Der Naturliebhaber fühlt sich zwischen alten Baumbeständen, exotischen Pflanzen und unzähligen Kakteen im Stadtgarten oder auf dem Bodensee-Rundweg durch drei Länder, aber immer mit dem Blick auf den See, am wohlsten.

➡ Ein UNESCO-Welterbe und touristischer Anziehungspunkt ist das seit 1922 bestehende Pfahlbaumuseum Unteruhldingen (Abb. links). Es präsentiert archäologische Funde und Nachbauten von Pfahldörfern aus der Stein- und Bronzezeit. ◾

➡ Der Landkreis Uelzen liegt südlich von Hamburg im Norden Niedersachsens und hat knapp 94.000 Einwohner.

➡ Kultur und Köstlichkeiten werden auf Schloss Holdenstedt durch zahlreiche Veranstaltungen, unter anderem Kammermusik, Orchesterkonzerte, Liederabende, Lesungen und Opernausschnitte, präsentiert. Beim „Uelzen Open R" stehen Bands wie Die Ärzte, Mando Diao, Silbermond, Amy Macdonald, Eisblume, Culcha Candela, Die Fantastischen Vier und Herbert Grönemeyer auf der Bühne.

➡ Die Fachwerkarchitektur und beachtliche Bauwerke der norddeutschen Backsteingotik prägen die Uelzener Innenstadt. Ein farbenprächtiges Gebäude ist der Hundertwasser-Bahnhof (Abb. links). Durch seine farbenfrohen Mosaiken, bunten Säulen, den Flussbett-Hallenboden und die fantasievolle Bahnsteigpflasterung wurde er ein beliebtes Reiseziel. ◾

➡ Der Landkreis Ueckermünde lag in Mecklenburg-Vorpommern und wurde 1994 aufgelöst. Er gehört heute zum Landkreis Vorpommern-Greifswald.

➡ Dem Segler erschließt sich hier eines der schönsten Segelreviere. Vom Ueckermünder Hafen aus werden Törns nach Stettin, Usedom, Rügen, Dänemark und Schweden gestartet.

➡ Natur pur bieten der Naturpark am Stettiner Haff, der die gesamte Stadt von der Landseite her umschließt, und die Ueckermünder Heide mit Fluss-, Wald- und Wiesenlandschaften. Der beliebte Badestrand ist eine über 800 Meter lange und sehr breite Uferzone.

➡ Wer mit Wasser nichts anfangen kann, der sollte einen Abstecher zum Tierpark unternehmen. Auf einem 18 Hektar großen Gelände im Stadtwald leben über 100 Tierarten in artgerechten Gehegen und Volieren. ◾

➡ Der ehemalige Landkreis Uecker-Randow lag bis zu seiner Auflösung 2011 in Mecklenburg-Vorpommern.

➡ Im Ukranenland in Torgelow (Abb. rechts) wurden Block-, Bohlen- und Flechtwandhäuser des 9. und 10. Jahrhunderts in Originalgröße rekonstruiert. Tagsüber bevölkern Handwerker die Siedlung. Der Besucher kann zuschauen oder selbst probieren, wie unter Hammerschlägen etwas Neues entsteht. 1000 Jahre zurückversetzt fühlt man sich an den historischen Markttagen, wenn die Svarog, das erste in Deutschland rekonstruierte Slawenschiff, einläuft.

➡ Der ehemalige Landkreis zwischen Stettiner Haff und Ueckermünder Heide bietet ein gut ausgebautes Wander- und Radwegenetz sowie Schiffsverbindungen nach Usedom, Swinemünde und Stettin. ◾

Ueckermünde

UEM Ⓐ

Orte im Kreis:
Neuwarp, Pasewalk, Ueckermünde
Mecklenburg-Vorpommern

Uecker-Randow

UER Ⓐ

Orte im Kreis:
Pasewalk, Torgelow
Mecklenburg-Vorpommern

Uffenheim

UFF

Orte im Kreis:
Bad Windsheim, Uffenheim
Bayern

Schloss Uffenheim

➡ Der ehemalige Landkreis Uffenheim gehörte bis zu seiner Auflösung 1973 zum bayerischen Regierungsbezirk Mittelfranken.

➡ Bereits im Jahr 1914 wurde die regionalgeschichtliche Sammlung des Gollachgaumuseums eröffnet, die sich in drei nebeneinander liegenden Gebäuden befindet. Im Schnellerturm sind neben Wohnkultur und Hausrat noch wertvolle Bibelsammlungen, in der Schranne landwirtschaftliche Geräte und in der Oberamtskanzlei Werkstätten von Handwerkern zu besichtigen.

➡ Wer ein Freund des Militärs ist, der kann in Uffenheim das Museum für Zivil- und Wehrtechnik aufsuchen. Auf einer Fläche von 5700 Quadratmetern sind militärische Fahrzeuge der Bundeswehr, der NVA, der US-Army und Ausrüstungsgegenstände, Waffen, Orden sowie Urkunden ausgestellt. ■

Unstrut-Hainich-Kreis

UH

Orte im Kreis:
Bad Langensalza, Mühlhausen
Thüringen

➡ Der Unstrut-Hainich-Kreis liegt im Nordwesten von Thüringen zwischen Kassel und Erfurt und hat über 100.000 Einwohner.

➡ Der Besucher Mühlhausens wird von einem mittelalterlichen Stadtmauerring (Abb. links) mit Wehrgang und dem inneren und äußeren Frauentor empfangen. Die fünfschiffige gotische Marienkirche bestimmt ebenfalls das Stadtbild.

➡ Nicht weit vom Opfermoor fanden Archäologen eine prähistorische Siedlung. Es ist die größte untersuchte archäologische Wohnstätte in Thüringen. Die Funde belegen, dass sie bereits vor Christus entstand und bis zum 13. Jahrhundert ununterbrochen bewohnt wurde.

➡ Der Thuringia Funpark beherbergt die größte Halfpipe Deutschlands und den Weltmeisterschaftspark der Skateboarding Monster Mastership aus Dortmund, der auf mehreren Sattelzügen die Reise nach Mühlhausen absolvierte. ■

➡️ Die Stadt Ulm liegt rund 75 Kilometer südöstlich von Stuttgart im Tal der Donau am Rande der Schwäbischen Alb und hat über 120.000 Einwohner.

➡️ Der erst 1890 vollendete 162 Meter hohe Turm des Ulmer Münsters (Abb. rechts) ist der höchste Kirchturm der Welt. Doch Ulm hat noch mehr zu bieten: sakrale Bauten, Museen, Gärten und Parks sowie die 1842 bis 1859 erbaute Bundesfestung Ulm.

➡️ Gleich zwei berühmte Söhne sind mit Ulm verbunden: der Nobelpreisträger Albert Einstein, der 1879 in Ulm zur Welt kam und mit seiner Relativitätstheorie das physikalische Weltbild revolutionierte, und Albrecht Ludwig Berblinger, besser bekannt als der Schneider von Ulm. Er hat 1811 durch einen selbst konstruierten Hängegleiter die ersten ernst gemeinten Flugversuche unternommen. ■

Kreis Ulm und Alb-Donau-Kreis

UL

Orte im Kreis:
Ehingen, Oberdischingen
Baden-Württemberg

➡️ Der Landkreis Uckermark liegt im Nordosten von Brandenburg und hat knapp 130.000 Einwohner.

➡️ Die über 500 Seen, Flussläufe und Wiesen, der Nationalpark Unteres Odertal, das Biosphärenreservat Schorfheide-Chorin und der Naturpark Uckermärkische Seen bieten ideale Voraussetzungen für einen erholsamen Urlaub.

➡️ Schloss Boitzenburg (Abb. rechts), oder auch „Neuschwanstein des Ostens", ist eines der größten Schlösser der Region.

➡️ Wer noch mehr erleben möchte, kann Ausflüge in eine Naturtherme, Westernstadt, Mühle oder Glashütte unternehmen. Ein Eldorado für Eisenbahnfreunde ist das Museum in Gramzow. ■

Uckermark

UM

Orte im Kreis:
Angermünde, Prenzlau
Brandenburg

Unna

UN

Orte im Kreis:
Lünen, Schwerte, Unna
Nordrhein-Westfalen

➡ Der Landkreis Unna befindet sich zwischen Dortmund und Hamm in Nordrhein-Westfalen und hat über 400.000 Einwohner.

➡ Nach der Einstellung der Kohlenproduktion sind viele Fördertürme und Kohlenhalden verschwunden. Der Preußenhafen in Lünen wurde zu einem Wasserwanderer-Rastplatz mit Kanalpromenade und Hafenhaus verwandelt. Eingebunden in das regionale Radwegenetz hat er sich inzwischen zu einer beliebten Anlaufstelle auch für Radler entwickelt.

➡ Licht strahlt Wärme aus, ist geheimnisvoll, umnebelt die Sinne, flößt Vertrauen ein oder erscheint kalt und unpersönlich. Licht täuscht aber auch das Auge und spielt mit ihm. Das Kulturprojekt „Hellweg – ein Lichtweg" (Abb. links) ist weltweit das einzige Museum, das sich der Lichtkunst widmet. Tief unter der Erde, in den Räumen der ehemaligen Brauerei, befindet sich eine Präsentation, wie sie faszinierender nicht sein könnte. ■

Usingen

Orte im Kreis:
Neu-Anspach, Schmitten, Usingen
Hessen

➡ Der Landkreis Usingen lag in Hessen und wurde durch die Gebietsreform 1972 aufgelöst.

➡ Durch ihre zentrale Lage im Taunus ist die Stadt Usingen ein idealer Ausgangspunkt für Wanderungen. Zentral gelegen, lassen sich in kürzester Zeit das Freilichtmuseum Hessenpark, das Römerkastell Saalburg und der Vogelpark Hochtaunus in Weilrod erreichen.

➡ Ein Highlight der Region sind die Eschbacher Klippen mit bis zu 12 Meter hohen Quarzgesteinsfelsen. Sie sind ein Kletterparadies und beliebter Ausgangspunkt für Wanderungen.

➡ Der höchste Berg des Taunus, der Große Feldberg (Abb. links) mit 879 Metern Höhe, lockt jedes Jahr Hunderttausende Besucher. Hier entspringend, schlängelt sich die Weil durch den Naturpark Hochtaunus mit herrlichen Radwegen. ■

➡ Der Vogtlandkreis liegt südlich von Leipzig im Freistaat Sachsen und hat knapp 250.000 Einwohner.

➡ Im Vogtlandkreis spielen der Musikinstrumentenbau im „Musikwinkel", die Plauener Spitze, der Wintersport und die Erholung eine bedeutende Rolle. Nachdem Exilanten die Kunst des Geigenbaus nach Markneukirchen brachten, gilt das Jahr 1677 als das Geburtsjahr des Instrumentenbaus im Vogtland. Der Gründer des 1883 eröffneten Musikinstrumenten-Museums beabsichtigte eine Lehrstätte zu schaffen und sammelte so Exponate aus allen Ländern der Welt. Alles über das Akkordeon kann man zusätzlich in der ältesten Manufaktur, in Klingenthal, erfahren.

➡ Die Talsperre Pöhl bietet Badebuchten, Schiffsfahrten, Segeln, Tauchen und sonstigen Freizeitsport. Vom Mosenturm oberhalb des Stausees bietet sich ein schöner Rundblick. ◼

➡ Der ehemalige Landkreis Vaihingen lag bis zu seiner Auflösung 1973 nordwestlich von Stuttgart in Baden-Württemberg.

➡ In einer riesigen freitragenden Kelterhalle des Weinmuseums Horrheim erfährt der Liebhaber edler Tropfen alles über den früheren und heutigen Anbau der Reben und den Arbeitsablauf im Weinberg. Nach der Besichtigung steht einer kleinen Verköstigung des Rebensaftes nichts mehr im Weg. Ein Lehrwanderpfad durch die Weinberge rundet das Programm ab. Freunde des Wassersports und „Freizeitkapitäne" können die Landschaft auch auf der Enz und dem Nekar entdecken.

➡ Das Kloster Maulbronn (Abb. rechts) in der gleichnamigen Stadt zwischen Bretten und Mühlacker ist ein einmaliges Zeugnis mittelalterlicher Baukunst. Außerordentlich beliebt und von großer musikalischer Qualität sind die Konzerte des alljährlichen Musikfestivals. ◼

Vogtlandkreis

Orte im Kreis:
Auerbach, Klingenthal
Sachsen

Vaihingen

Orte im Kreis:
Mühlacker, Knittlingen, Vaihingen
Baden-Württemberg

Vogelsbergkreis

VB

Orte im Kreis:
Alsfeld, Lauterbach
Hessen

➡ Der Vogelsbergkreis liegt zwischen Fulda und Gießen in der Region Mittelhessen und hat über 100.000 Einwohner.

➡ Der Vogelsberg ist das größte zusammenhängende Vulkanmassiv Mitteleuropas. Der seit etwa 10 Millionen Jahren nicht mehr aktive Vulkan hat in der Landschaft seine Spuren hinterlassen. Härtere Basalte blieben fast unberührt und bilden heute teils bizarre Formen.

➡ Tolle Erlebnisse bieten die Sommerrodelbahn, der Kletterpark und der Baumkronenpfad (Abb. links) auf dem Hoherodskopf bei Schotten.

➡ Der Schottenring war eine der ältesten Rennstrecken Deutschlands. Heute finden nur noch historische Grand-Prix-Läufe statt, die an die große Vergangenheit dieser Strecke erinnern. ■

Vechta

VEC

Orte im Kreis:
Lohne, Vechta
Niedersachsen

➡ Der Landkreis Vechta liegt zwischen Bremen und Osnabrück im Westen von Niedersachsen und hat knapp 140.000 Einwohner.

➡ Das Goldenstedter Moor gehört zu den ungewöhnlichsten Landschaften in Norddeutschland. Im „Haus im Moor" wird die einzigartige örtliche Pflanzen- und Tierwelt dargestellt und dank der Moorbahn auch aus der unterirdischen Perspektive.

➡ Zu den beliebten Ausflugszielen gehören auch die prähistorischen Steinsetzungen, die Wassermühlen in Visbek (Abb. links), das Kutschenmuseum oder die Burg Dinklage, die bedeutendste Wasserburg des Oldenburger Münsterlandes.

➡ In Steinfeld säumen rund 60 lebensgroße und bunte Vierbeiner die Pferdestraße, die zu den vielen Sehenswürdigkeiten führt. Hier in Steinfeld züchteten und trainierten Paul und Alwin Schockemöhle viele ihrer erfolgreichen Springpferde, die u.a. auch olympische Medaillen errangen. ■

➡️ Der Landkreis Verden liegt rund 20 Kilometer südöstlich von Bremen in der Mitte von Niedersachsen
und hat über 130.000 Einwohner.

➡️ Eine ehemalige Kavalleriekaserne beherbergt
heute das Deutsche Pferdemuseum des „Reiterkrei-
ses". In den Pferdeställen und Mannschaftsräumen
bekommt der Besucher einiges über die Beziehung
zwischen Mensch und Pferd erklärt, aber auch über
die geschichtliche Entwicklung vom katzengroßen Ur-
waldbewohner zum heutigen Sportpferd.

➡️ Zu den sehenswerten archäologischen Denkmalen
aus mehr als 100.000 Jahren Menschheitsgeschichte zählen die Hügelgräberheide bei Kirchlinteln, der
mächtige Wall der mittelalterlichen Hünenburg bei
Achim-Baden und die eisenzeitliche Kultstätte im
Daisch bei Hohenaverbergen. Wer Zauberei und Märchen sucht, findet diese im Magic Park Verden, einem
Freizeitpark für Kinder. ■

➡️ Der Landkreis Vorpommern-Greifswald liegt in
Mecklenburg-Vorpommern an der Ostsee und hat
über 240.000 Einwohner.

➡️ Das Kreisgebiet mit dem Ostseestrand und der Insel Usedom ist fast so groß wie die Insel Mallorca und
auch so beliebt. Ein 40 Kilometer langer feiner Sandstrand, Sonne, Wasser und die längste Promenade Europas ziehen jedes Jahr aufs Neue die Gäste an.

➡️ Der berühmte Berlin-Usedom-Radfernweg führt
direkt von der Hauptstadt zum Ostsee-Inselparadies.
Auf Usedom angekommen, informiert das Historisch-Technische Museum über die wechselhafte
Geschichte des Ortes und seiner Umgebung. Ähnlich wie einige andere Städte verfügt auch Peene-
münde über eine Phänomena, die dem Besucher
Alltagsphänomene der Physik spielerisch nahe
bringt. Im Hafen angekommen, lädt die Crew des
ausgedienten U-Boots U-461 (Abb. rechts) der Bal-
tischen Flotte zu einer Besichtigungstour ein. ■

Verden

VER

Orte im Kreis:
Achim, Verden (Aller)
Niedersachsen

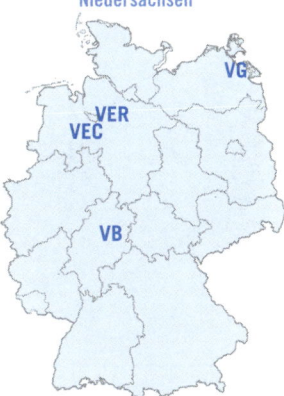

Vorpommern-Greifswald

VG

Orte im Kreis:
Anklam, Greifswald, Ueckermünde
Mecklenburg-Vorpommern

Vilsbiburg

Orte im Kreis:
Geisenhausen, Velden, Vilsbiburg
Bayern

➡ Der ehemalige Landkreis Vilsbiburg lag bis zu seiner Auflösung 1972 im südöstlichen Bereich von Bayern.

➡ Seit über 500 Jahren findet in Vilsbiburg der älteste Pferdemarkt Niederbayerns, der Dionysimarkt, statt, dessen Höhepunkt der Umritt mit über 250 Pferden und 40 Kutschen-Gespannen ist. Keiner außer der Narrhalla Vilsbiburg kommt auf die Idee, mitten im Winter eine ganze Halle mit Sand zu befüllen und sommerliche Temperaturen einzuheizen, um dann eine Beach Party zu feiern.

➡ Bei Großbettenrain wird noch heute blauer Ton abgebaut, der früher die Grundlage für die Kröninger Hafnerei bildete. Das Heimatmuseum zeigt eine große Ausstellung der schönsten Stücke. Sehenswert sind auch das Alte Rathaus, der Torturm, die imposante Stadtpfarrkirche Mariä Himmelfahrt und der längliche Stadtplatz mit gut erhaltenen Bürgerhäusern. ∎

Viersen

VIE

Orte im Kreis:
Kempen, Nettetal, Viersen, Willich
Nordrhein-Westfalen

➡ Viersen liegt nördlich von Mönchengladbach in Nordrhein-Westfalen und hat über 75.000 Einwohner.

➡ Die Stadtbesucher schätzen das Internationale Jazz-Festival, den Skulpturenpark und das begehbare Labyrinth im geografischen Mittelpunkt der Stadt. Naturliebhaber mögen das Naturschutzgebiet der Heidemoore, den Geohydrologischen Wassergarten und die Wassermühlen im Naturpark Schwalm-Nette. Die Sequoiafarm in Kaldenkirchen begann mit der ersten Mammutbaum-Anzucht Europas. Heute befinden sich dort Jahrzehnte alte Berg- und Küstenmammutbäume sowie mehr als 400 seltene Gehölzarten.

➡ „Die Scheune" am Krickenbecker See zeigt die Bedeutung der Leinen- und Samtweberei im Nettetal. Die Narrenmühle (Abb. links) mit Museum und Weisheitssaal ist der Sitz der 1554 gegründeten „Dülkener Narrenakademie", deren Jecken zur Saisoneröffnung auf Steckenpferden um die Mühle reiten. ∎

➡ Der ehemalige Landkreis Viechtach gehörte bis zu seiner Auflösung 1972 zum Regierungsbezirk Niederbayern.

➡ Der Quarzfelsenkamm „Großer Pfahl" (Abb. rechts) ist ein Naturdenkmal, das bereits 1939 unter Naturschutz gestellt wurde. Ein Lehrpfad führt zu den weiß schimmernden Quarzriffen und einem tiefen Quarzbruch.

➡ Für die Besucher sehenswert ist die phantastische Malkunst im „Gewölbe der Geheimnisse", die Glitzerwelt der Mineralien im Kristallmuseum und die Legenden, Sagen und Mythen in der „Gläsernen Scheune" in Rauhbühl. Die Motorradfans fühlen sich im Wurzelhaus zwischen Adler, BMW, DKW, Horex und NSU am wohlsten.

➡ Das kleine, aber feine Fischledermuseum zeigt einmalige Bekleidungsstücke aus Fischleder und Gebrauchsgegenstände des sibirischen Urvolkes der Nanai. ■

Viechtach

Orte im Kreis:
Prackenbach, Teisnach, Viechtach
Bayern

➡ Völklingen liegt westlich von Saarbrücken im Saarland und hat über 40.000 Einwohner.

➡ Neben dem Weltkulturerbe „Völklinger Hütte" (Abb. rechts) mit der Wunderwelt Ferrodrom, die die Eisenerzeugung lebendig werden lässt, kann auch das Industriedenkmal „Erlebnisbergwerk Velsen", das letzte Bergwerk aus der Steinkohlenära des Saarlandes, besichtigt werden. Das Gelände der Hüttenlandschaft wird auch gern für Open-Air-Rockkonzerte und Ausstellungen genutzt und seit einigen Jahren zusätzlich durch eine Lichtinstallation illuminiert.

➡ Für den Anfänger und den durchtrainierten Wanderer, Walker und Jogger gibt es ein Netz von ausgewiesenen Touren. Die bekannteste Radlerstrecke ist der Saar-Radweg, von Frankreich kommend und parallel der Saar verlaufend bis nach Konz, mit vielen Ruhebänken zum Relaxen. ■

Völklingen

Saarland

Villingen

Orte im Kreis:
Villingen, St. Georgen, Triberg
Baden-Württemberg

➡ Der Landkreis Villingen hieß zuletzt Villingen-Schwenningen und lag bis zu seiner Auflösung 1973 im südwestlichen Schwarzwald in Baden-Württemberg.

➡ Die auf 750 Meter Höhe liegende Parkanlage „Hubenloch" oberhalb der historischen Innenstadt Villingens ist einer der höchstgelegenen Rosengärten und ein Muss für Gartenliebhaber.

➡ Hörenswert sind die 51 Glocken des Villinger Glockenspiels in der Benediktinerkirche. Sehenswert dagegen sind die Neckarquelle im Stadtpark, das Naturschutzgebiet Schwenninger Moos (Abb. rechts), das Internationale Luftfahrtmuseum und das Luftrettungszentrum, das Heimat- und Uhrenmuseum und die Helios-Arena mit dem Eishockeyverein SERC Wild Wings.

➡ Das Haus der ehemaligen Uhrenfabrik Bürk in Villingen-Schwennigen beheimatet heute das Uhrenindustriemuseum. In Vorführungen wird gezeigt, wie hier in den 1920er Jahren Uhren und Zeitmesser aller Art hergestellt wurden. ■

Vilshofen

Orte im Kreis:
Aidenbach, Osterhofen, Vilshofen
Bayern

➡ Der ehemalige Landkreis Vilshofen lag bis zu seiner Auflösung 1972 im Regierungsbezirk Niederbayern.

➡ Die Geschichte der „Dreiflüssestadt" Vilshofen ist am historischen Stadtplatz mit dem Stadtturm (Abb. links), in den kleinen Gassen zwischen Altstadt und Donau und an vielen weiteren Stellen spürbar.

➡ Die kulturellen Höhepunkte Vilshofens sind der „schwimmende Christkindlmarkt", die Kabaretttage und „Donau in Flammen". Beim Promenadenfest an beiden Donauufern tummeln sich Tausende von Besuchern, um das farbenprächtige Feuerwerk und das Eintreffen der Schiffe zu bestaunen.

➡ Der Donauplanetenweg von Winzer nach Vilshofen ist ein barrierefrei gestalteter und auch für Sehbehinderte angelegter Weg. Auf dem Radweg sind Modelle unseres Sonnensystems im Maßstab 1:1 Milliarde dargestellt. ■

Quiz

Auflösung: Seite 444

Die Stadt Vilshofen wurde ausgezeichnet von der Initiative „Deutschland – Land der Ideen" für ihren „Schwimmenden Christkindlmarkt" und ging als einer der Sieger aus diesem bundesweiten Wettbewerb hervor. Warum heißt der Christkindlmarkt „Schwimmender Christkindlmarkt"?

➡ Der ehemalige Landkreis Vohenstrauß lag bis zu seiner Auflösung 1972 im bayerischen Regierungsbezirk Oberpfalz.

➡ „Schätze aus der Oberpfalz" sind im Edelsteinmuseum Vohenstrauß zu bewundern. Darunter die büschelförmig gestreckten Kristalle des Childro-Eosporit, Phosphate und Mineralienstufen aus der Feldspatgrube Hagendorf-Süd. Die umfangreiche Sammlung beinhaltet über 3000 Exponate aus der ganzen Welt.

➡ Ein Kleinod ist die Ausstattung der Burgkirche von Waldau, die durch zwei wunderschöne Altäre, den Hochaltar von etwa 1700 und den etwas jüngeren rechten Seitenaltar, besticht.

➡ Eines der schönsten Geotope Bayerns und ein Naturdenkmal ist der 38 Meter hoher Rosenquarzfels in Pleystein. Rosenquarz ist in der Esoterikwelt ein Heilstein und ein Symbol für Liebe und Fruchtbarkeit. ■

Vohenstrauß

VOH Ⓐ

Orte im Kreis:
Eslarn, Pleystein, Vohenstrauß
Bayern

Schloss Friedrichsburg in Vohenstrauß

Vorpommern-Rügen

VR

Orte im Kreis:
Grimmen, Sassnitz, Stralsund
Mecklenburg-Vorpommern

Leuchtturm auf dem Dornbusch, Hiddensee

➡ Der Landkreis Vorpommern-Rügen liegt an der Ostsee und besteht aus dem nördlichen Teil Vorpommerns und einem kleinen Teil Mecklenburgs. Er hat knapp 230.000 Einwohner.

➡ Die Besucher des Landkreises lieben neben der Altstadt Stralsunds die langen Sandstrände und die einzigartige Natur, die Insel Rügen mit den vorgelagerten Inseln Hiddensee und Ummanz sowie die Leuchttürme am Kap Arkona, die Halbinselkette Fischland-Darß-Zingst, den Vogelpark Marlow und das Bernsteinmuseum.

➡ Ein besonderes Ausflugsziel ist der Königsstuhl, mit 118 Meter Höhe der berühmteste Kreidefelsvorsprung im Nationalpark Jasmund auf Rügen. 412 Stufen führen von dort an den Strand zurück.

➡ Hiddensees Wahrzeichen, auf dem Schluckswiek, ist der mit 102 Stufen zu erklimmende Leuchtturm. Das Heimatmuseum informiert die Besucher über die Inselgeschichte und das Haus im Nationalpark über die vorpommersche Boddenlandschaft. ◼

Schwarzwald-Baar-Kreis

VS

Orte im Kreis:
Donaueschingen
Villingen-Schwenningen
Baden-Württemberg

➡ Der Schwarzwald-Baar-Kreis liegt östlich von Freiburg in Baden-Württemberg und hat knapp über 200.000 Einwohner.

➡ Der Landkreis bietet für Aktivurlauber Wanderrouten wie den atemberaubenden Schluchtensteig. Radler erkunden auf über 30 Radtouren die Natur. Pilger können hier den Weg zu sich selbst wiederfinden oder in einer der Wellnesseinrichtungen entspannen. Im Winter genießt man das Skivergnügen vom Rodeln bis hin zum Schneeschuhwandern.

➡ Die Donaueschinger Musiktage sind ein jährlich in Donaueschingen veranstaltetes Festival für zeitgenössische Musik. Es besteht in der Regel ausschließlich aus Uraufführungen neuer Werke und gilt international als eines der wichtigsten Festivals der Gegenwartsmusik. ◼

➡ Wuppertal liegt östlich von Düsseldorf in Nordrhein-Westfalen und hat rund 350.000 Einwohner.

➡ Weltberühmt ist die 1901 eröffnete Wuppertaler Schwebebahn (Abb. rechts), die allein durch ihre Konstruktion auf sich aufmerksam macht. Ihr Tragegerüst wird regelmäßig historisch erneuert und modernisiert, somit bleibt die Hängebahn ein sicheres und schnelles Nahverkehrssystem, das täglich von über 75.000 Fahrgästen genutzt wird.

➡ In früheren Zeiten haben wohlhabende Bürger riesige Grünanlagen geschaffen. Heute ergibt sich durch die Verknüpfung der Parks ein grünes Netz mit vielen Erholungs- und Freizeitmöglichkeiten. Die Stadt bietet neben den „grünen Oasen" zahlreiche Museen, einen Botanischen Garten, eine Freilichtbühne für Open-Air-Konzerte und Türme mit einzigartigen Ausblicken. Durch die Hanglage zählt man in der City 469 öffentliche Treppen mit insgesamt 12.383 Stufen. Die wohl bekannteste ist das Tippen-Tappen-Tönchen. Wuppertal erhielt wegen seiner engen Straßenzüge auch den Beinamen „San Francisco Deutschlands" (Abb. unten). Die steilen Straßenzüge, die Idylle und Industrie machten die Stadt auch zu einem beliebten Produktionsort für Filme wie

„Manta, Manta", „Das Experiment", „Knockin' on Heaven's Door" und „Freche Mädchen".

➡ Zwischen altem Baumbestand liegt der Wuppertaler Zoo mit rund 5000 Tieren von knapp 500 Arten. Zu den Attraktionen gehören Raubkatzen wie Löwen und Tiger, aber auch Säugetiere wie Affen, Elefanten, Tapire und Eisbären sind zu bewundern. Natürlich gibt es exotische Vögel in der Freiflughalle, und die Wappentiere des Zoos, die Pinguine, sind ebenfalls zu sehen. ∎

Wuppertal

Nordrhein-Westfalen

Waldeck

Orte im Kreis:
Korbach, Züschen
Hessen

➡ Der Landkreis Waldeck lag bis zu seiner Auflösung 1972 im Regierungsbezirk Kassel in Hessen.

➡ Oberhalb des 28,5 Kilometer langen Edersees thront das Wahrzeichen der Region, Schloss Waldeck. Von der Terrasse hat man einen grandiosen Ausblick auf den Stausee. „Hinter Schloss und Riegel" lautet hier das Motto des Burgmuseums.

➡ Der Stausee, mitten im Nationalpark Kellerwald-Edersee, lockt Angler, Surfer, Segler und Wasserskifahrer. Für Badegäste gibt es Strandbäder, und die Uferpromenaden laden zum Flanieren ein. Die Wander- und Radwege über die Staumauer (Abb. links) und um den See können mit einem Ausflugsschiff abgekürzt werden. Aber auch der Kletterpark, das Maislabyrinth, die Liebesinsel im Edersee oder das Sperrmauer-Museum lohnen einen Besuch. Das E.ON Informationszentrum zeigt, „woher der Strom kommt", und nimmt den Besucher mit in das Sperrmauerkraftwerk und mit der Standseilbahn auf den Peterskopf. ■

Warendorf

WAF

Orte im Kreis:
Ahlen, Beckum, Warendorf
Nordrhein-Westfalen

Hengstparade Warendorf

➡ Der Landkreis Warendorf liegt zwischen Dortmund und Osnabrück in Nordrhein-Westfalen und hat knapp 280.000 Einwohner.

➡ Warendorf wird auch „die heimliche Hauptstadt des Pferdes" genannt. In der Stadt sind die Deutsche Reiterliche Vereinigung, das Olympiade-Komitee und das Bundesleistungszentrum für Reiterei ansässig. Die Fachschule Hof Schulze Niehues, das 1826 gegründete nordrhein-westfälische Landgestüt sowie die Deutsche Reitschule, die auch besichtigt werden können, sind hier zu Hause. Die Bundeswehr mit Sportschule und -fördergruppe, der Olympiastützpunkt und das Sportmedizinische Institut haben ihren Sitz ebenfalls in Warendorf.

➡ Das Freizeitangebot umfasst eine Vielzahl von ausgeschilderten Rad- und Reitwegen, Kanustrecken auf der Ems oder Weser, Klettertouren, Golfplätze und Erlebnisbäder zum Relaxen. ■

➡ Der Wartburgkreis liegt zwischen Kassel und Erfurt in Sachsen und hat knapp 130.000 Einwohner.

➡ Unterhalb der Frankensteinruine liegt Bad Salzungen an der Werra. Von hier aus führt der Skulpturen-Wanderweg direkt in die Wartburgstadt Eisenach.

➡ Ein Muss für jeden ist das Erlebnisbergwerk Merkers mit einer herrlichen Kristallgrotte und einem Labyrinth von Kalistollen. Einmalig sind die Konzerte unter Tage und für ganz Sportliche die Mountainbike-Touren im Stollennetz.

➡ Schon Junker Jörg, besser bekannt als Martin Luther, soll einen der romantischen Wege durch den Thüringer Wald genommen haben, als er auf die Wartburg gebracht wurde. Der UNESCO-Nationalpark Hainich mit einem Wildkatzendorf ist nur einen Sprung entfernt. Die Drachenschlucht oder einen Waldgeist trifft man eventuell auch im Kleinformat im Freizeitpark Miniathür von Ruhla wieder. ◾

➡ Die Stadt Wanne-Eickel liegt östlich von Gelsenkirchen in Nordrhein-Westfalen und hat knapp 100.000 Einwohner.

➡ Auf dem jetzigen Stadtgebiet sollen vor über 100 Jahren fünf Dörfer gestanden haben, die durch den Kohlenabbau die heutige Stadt gründeten. Die Zechen sind zwar nicht mehr in Betrieb, dafür präsentiert sich die Region jetzt als Kulturlandschaft.

➡ Ein Anlaufpunkt Wanne-Eickels ist die Cranger Kirmes, das größte Volksfest im Ruhrgebiet mit Ausmaßen wie das Münchner Oktoberfest.

➡ Viele Rad- und Wanderwege laden zu Touren entlang des Rhein-Herne-Kanals ein. Die Schleusengruppe Wanne-Eickel, die vierte der fünf Kanalstufen, überbrückt eine Fallhöhe von 8,40 Metern und ist Teil der Route der Industriekultur. ◾

Wartburgkreis

WAK

Orte im Kreis:
Bad Salzungen, Ruhla
Thüringen

Wanne-Eickel

WAN

Nordrhein-Westfalen

Schachtanlage Pluto-Wilhelm
in Herne-Wanne

Warburg

Nordrhein-Westfalen

➡ Die Stadt Warburg liegt zwischen Paderborn und Kassel in Nordrhein-Westfalen und hat rund 24.000 Einwohner.

➡ Das Brauchtum pflegt die Stadt mit der Ausrichtung des Warburger Kalkfestes. Der Name leitet sich von den Kalkgruben der Gerber ab, die früher vor den Altstadtmauern an der Diemel angelegt wurden. In Bürgerspielen wird die Geschichte der Stadt und der Region Warburg wieder lebendig. Der Sackturm (Abb. links), ein um 1443 erbauter Wachturm, wurde errichtet, um die nahe gelegene Warburg zu kontrollieren. Die Fachwerkbauten der Innenstadt zählen zu den ältesten in Nordrhein-Westfalen.

➡ Durch den Nordic-Walking-Park an der Diemel entlang joggen oder in dem 18 Stationen umfassenden Warburger Generationenpark skaten, die Region bietet für jeden Sportler das passende Fitnessprogramm. ∎

Wattenscheid

Nordrhein-Westfalen

➡ Die ehemalige kreisfreie Stadt Wattenscheid ist heute mit ihren etwa 74.000 Einwohnern ein Stadtteil von Bochum in Nordrhein-Westfalen.

➡ Der 1898 eröffnete Stadtgarten hat sich zu einem beliebten Freizeit- und Naherholungsgebiet entwickelt. Der Park bietet, neben zahlreichen Sportstätten, einen großen Gondelteich, einen Botanischen Garten, Gewächshäuser, Vogelgehege und Außenvolieren. Die Freilichtbühne auf dem Areal ist mittlerweile ein beliebter Veranstaltungsort für Theateraufführungen, Konzerte und Musicals. Die Stadtgeschichte und alte bäuerliche Gebrauchsgegenstände werden in dem idyllischen Helfs Hof präsentiert.

➡ Über mehr als ein Jahrhundert wurde Wattenscheid vom Bergbau geprägt. Der Bergbauwanderweg führt durch die reizvolle Landschaft an ehemaligen Standorten des Ruhrbergbaus entlang und gehört zur Route der Industriekultur. ∎

➡ Der Landkreis Wittenberg liegt in Sachsen-Anhalt zwischen Leipzig und Berlin und hat etwas über 120.000 Einwohner.

➡ Eine besondere Feier wird mit der drei Tage langen „Luthers Hochzeit" in prächtigen Gewändern begangen. Die 1525 erfolgte Vermählung wird heute vor Tausenden von Besuchern nachgespielt. Die Stadt präsentiert sich dabei mit Rittern, Händlern, Fanfarenzügen, historischen Lagern und Märkten sowie einem Festumzug.

➡ Nicht nur die evangelischen Christen besuchen die Schlosskirche Wittenberg (Abb. rechts). An diesem historischen Ort schlug Martin Luther im Jahr 1517 die weltberühmten 95 Thesen an die Tür des Haupteingangs. Heute kann hier das Grab von Martin Luther besichtigt werden. Es besteht die Möglichkeit, den 88 Meter hohen Turm zu besteigen. ◼

Wittenberg

Orte im Kreis:
Gräfenhainichen, Wittenberg
Sachsen-Anhalt

➡ Der Landkreis Worbis in Thüringen wurde nach seiner Auflösung 1994 dem Landkreis Eichsfeld zugeordnet.

➡ Der „Alternative Bärenpark Worbis" ist eine Freizeitanlage, die in Not geratenen Bären aus kleinen Käfigen oder Wanderzirkussen ein neues Zuhause bietet. In dem vier Hektar großen Gelände lebt auch ein Wolfsrudel. Ein separates Gehege wird von Waschbären bewohnt. Der Besucher kann, durch einen Drahttunnel geschützt, das Areal besuchen. Im Informationszentrum und auf einen Lehrpfad erfährt er dann alles über die Lebensweise der Bären, aber auch über die Missbräuche, die mit ihnen getrieben wurden.

➡ Worbis liegt an der Deutschen Fachwerkstraße und bietet neben interessanten Häusern im Stadtkern auch eine reizvolle Umgebung mit gut markierten Wanderwegen. Das Heinrich-Werner-Denkmal, Burg Bodenstein oder der Bornberg sind nur einige der Ausflugsziele. ◼

Worbis

WBS Ⓐ

Orte im Kreis:
Worbis
Thüringen

Wiedenbrück

WD ⒜

Orte im Kreis:
Gütersloh, Rheda, Wiedenbrück
Nordrhein-Westfalen

Wassermühle beim Schloss Rheda

➡ Der Landkreis Wiedenbrück lag bis zu seiner Auflösung im Rahmen der Gebietsreform 1973 im östlichen Nordrhein-Westfalen.

➡ Ein eindrucksvolles Kutschenmuseum kann im Schloss Rheda besucht werden. Die große Sammlung aus drei Jahrhunderten wie Landauer, Reise-Chaisen, Schlitten, Kinderkutschen und eine historische Feuerspritze zählt zu den Besten ihrer Art. Die Burganlage des heutigen Schlosses Rheda wurde erstmals 1170 erwähnt. Durch Heirat gelangten Burg und die Herrschaft in den Besitz der Grafen von Bentheim, die bis heute hier ihren Wohnsitz haben. Das Schloss ist in Teilen als Museum zugänglich, ebenso wie einige Wirtschafts- und Nebengebäude und die Orangerie im Park.

➡ Zahlreiche überregionale Wander- und Radtouren führen durch die wunderschöne Landschaft entlang der heimischen Flüsse oder aber auf ausgeschilderten Wegen rund um Rheda-Wiedenbrück. ◾

Werdau

WDA ⒜

Orte im Kreis:
Crimmitschau, Werdau
Sachsen

Quiz

Im Dampfmaschinenmuseum in Werdau ist eine Dampfmaschine von 1899 der Zwickauer Dampfmaschinenfabrik zu sehen. Diese wurde bis 1941 in der Produktion der Firma „C.F.Schmelzer und Sohn" eingesetzt. Was wurde in der Firma hergestellt?

Auflösung: Seite 444

➡ Der ehemalige Landkreis Werdau bestand von 1991 bis 1994 im Freistaat Sachsen.

➡ Nachdem 1998 die Ausstellung „100 Jahre industrieller Fahrzeugbau in Werdau" reichlich Anklang fand, hat sich das Treffen zum jährlichen Großereignis der Nutzfahrzeug-Oldtimer entwickelt.

➡ Das Museum der Stadt zeigt in einer Ausstellung die Entwicklung und Exponate der 1868 gegründeten Porzellanmanufaktur, die später als Porzellanfabrik Fraureuth AG Weltruf erlangte.

➡ Eine der größten noch erhaltenen Dampfmaschinen Mitteleuropas steht im Museum in Werdau. Die Maschine wurde 1899 von der Zwickauer Maschinenfabrik hergestellt und bis 1941 fest in den Produktionsprozess einer Streichgarn- und Vigogne-Spinnerei integriert. Vor ihrer Stilllegung im Jahr 1951 diente sie noch der Notstromerzeugung. ◾

➡ Die Stadt Weimar liegt östlich von Erfurt in Thüringen und hat über 65.000 Einwohner.

➡ Die Stadt ist reich an Sehenswürdigkeiten, von denen normalerweise keine verpasst werden sollte. Dazu zählen Goethes Wohnhaus, das Stadtschloss, das Bauhaus-Museum, die Gedenkstätte Buchenwald, die Oper, der Rokokosaal und eine Vielzahl von Museen. Auch die kulinarischen Genüsse Thüringer Bratwurst und Wein sind empfehlenswert.

➡ So reich wie Weimar an historischen Bauten ist, ist es auch in Bezug auf Parkanlagen. Goethes Einfluss ist noch heute im Park an der Ilm zu spüren. Weitere sehenswerte Anlagen sind der Schlosspark und die Orangerie Belvedere, die Parks der Schlösser Tiefurt und Ettersburg, der Weimarhallenpark, Goethes Hausgarten und sein Garten am Stern, das Kirms-Krackow-Haus und die Anlage an Herders Wohnhaus. ■

➡ Der ehemalige Oberwesterwaldkreis lag bis zu seiner Auflösung 1974 in Rheinland-Pfalz.

➡ Im Landkreis liegt der Tertiär- und Industrie-Erlebnispark Stöffel (Abb. links). Hier ist eine der bedeutendsten Fossillagerstätten in einem ehemaligen Basaltbruch zu besichtigen.

➡ Der Erlebnisbahnhof Westerburg hat sich zu einem Mekka der Eisenbahnfreunde gemausert. In der ehemaligen Lokstation wurde eine ganze Reihe historischer Bundeswehr-Loks zusammengetragen und das ehemalige Ausbesserungswerk zu einem Museum ausgebaut.

➡ Der Wiesensee ist ein beliebtes Urlaubs- und Naherholungsziel nicht nur für „Wasserratten" und Wanderer, sondern auch für Windsurfer und Segler. ■

Weimar

Thüringen

Schloss Belvedere in Weimar

Oberwesterwaldkreis

Orte im Kreis:
Bad Marienberg, Westerburg
Rheinland-Pfalz

Wegscheid

WEG ⒜

Orte im Kreis:
Hauzenberg, Obernzell, Wegscheid
Bayern

➡ Der Landkreis Wegscheid lag bis zu seiner Auflösung 1972 im Regierungsbezirk Niederbayern.

➡ „Willst leben, musst weben!" war der Leitspruch der Leinenweberei. Das Webereimuseum zeigt die Geschichte des Handwerks. Ein ideales Ausflugsziel ist auch das Graphitwerk Kropfmühl, in dem noch heute Graphit abgebaut wird. Der reine Kohlenstoff wird nicht nur für die Bleistiftminen, sondern für viele High-Tech-Produkte benötigt. Nach einer Videopräsentation steht dem Besuch in der Tiefe nichts mehr im Wege.

➡ Das Bärnloch (Abb. links) ist ein beliebtes Wanderziel. Über gut ausgebaute Wege am wilden Osterbach kommt man den rauschenden Wasserfällen ganz nah. Wer hoch hinaus möchte, muss auf den Friedrichsberg wandern und die noch höher liegende Plattform des Aussichtsturms erklimmen. Dort belohnt ihn ein herrlicher Blick über die Bergwelt. ◼

Oberlahnkreis

WEL ⒜

Orte im Kreis:
Merenberg, Runkel, Weilburg
Hessen

➡ Der Oberlahnkreis lag in Hessen und wurde nach seiner Auflösung 1974 dem Landkreis Limburg-Weilburg zugeordnet.

➡ Das Renaissanceschloss in Weilburg (Abb. links) mit Unterer und Oberer Orangerie, Schlosskirche, Park und historischem Vorplatz prägt das Stadtbild und lädt zum Flanieren ein. Im Renaissancehof finden jährlich die berühmten Schlosskonzerte statt, die Musikbegeisterte aus nah und fern anlocken.

➡ In der Kubacher Höhle, der einzigen Kristallhöhle der Bundesrepublik, führen 347 Stufen zu einer 30 Meter hohen Klufthöhle, die mit unzähligen Kalkspatkristallen und Perlsinter besetzt ist.

➡ Einzigartig auf der Welt ist das „Weilburger Tunnelensemble". Hier liegen Tunnel für Auto, Schiff und Eisenbahn direkt beieinander. Der 1847 eröffnete Schifffahrtstunnel ist ein Erlebnis für alle Boots- und Kanufahrer auf der Lahn. ◼

Wesermünde

Orte im Kreis:
Geestemünde, Wesermünde
Niedersachsen

Skyline Bremerhaven, Havenwelten

➡ Der ehemalige Landkreis Wesermünde hat seit 1932 eine politisch verwirrende Entwicklung durchlebt und wurde 1977 zusammen mit dem Landkreis Land Hadeln und der Stadt Cuxhaven zum neuen Landkreis Cuxhaven zusammengefasst. Allerdings wurde die frühere Stadt Wesermünde bereits 1947 in das Land Bremen eingegliedert und in Bremerhaven umbenannt. Bremerhaven gehört also heute nicht zum Landkreis Cuxhaven.

➡ In Bremerhaven gibt es im und rund um das Stadtgebiet vieles zu sehen. Dazu zählen die Überseehäfen, der Fischereihafen, die Werften, die Schifffahrtsausstellung mit Museum, Denkmäler, Kirchen, Leucht- und Wassertürme, Galerien und Mühlen. Weitere interessante Punkte sind das Historische Museum Bremerhaven und die Häuser im Speckenbütteler Park.

➡ Natur- und Umweltliebhaber locken das Atlanticum mit dem Thema Fische und Fischerei, das „Klimahaus 8° Ost" mit einer Weltreise entlang des 8. östlichen Längengrades, das Deutsche Auswandererhaus und der Themenzoo. ■

➡ Die Stadt Weiden liegt östlich von Nürnberg an der tschechischen Grenze in Bayern und hat über 40.000 Einwohner.

➡ Max Reger, einer der größten spätromantischen Komponisten, hat in Weiden seine Spuren hinterlassen. Seine Sammlungen sind im Stadtmuseum und -archiv zu bewundern.

➡ Der „Waldsassener Kasten", ein ehemaliger Getreidespeicher des Klosters Waldsassen, ist der Sitz des Internationalen Keramik-Museums Weiden. Die Ausstellung zeigt Keramik- und Porzellanerzeugnisse aus deutschen und europäischen Manufakturen, vom Rokoko bis zum 20. Jahrhundert, sowie Exponate aus allen Teilen der Welt. Einen Bereich belegt die von dem Weidener Unternehmer Seltmann zusammengetragene Sammlung chinesischen Porzellans. ■

Weiden in der Oberpfalz

Bayern

411

Wertingen

WER Ⓐ

Orte im Kreis:
Biberbach, Meitingen, Wertingen
Bayern

➡ Der Landkreis Wertingen lag bis zu seiner Auflösung 1972 im bayerischen Regierungsbezirk Schwaben.

➡ Eine der schönsten Sehenswürdigkeiten der Stadt ist das alte Wertinger Schloss (Abb. links) aus dem 14. Jahrhundert. Der „Zusam Radwanderweg" bietet zusätzlich eine geschichtsträchtige Route.

➡ Schenkungen haben dazu geführt, dass in Wertingen ein Radiomuseum eingerichtet werden konnte. Die Sammlung besteht derzeit aus teilweise noch spielbaren 280 Radiogeräten, Grammophonen, Musikboxen, Plattenspielern und Hunderten von Schellack- und Vinyl-Schallplatten.

➡ Das Ofenmuseum zeigt in seiner Sammlung 160 gusseiserne Öfen aus drei Jahrhunderten. Sie ermöglichen einen Einblick in die Entwicklung von Heiz- und Kochmöglichkeiten, der Stilrichtungen und der Wohnkultur vergangener Zeiten. ▪

Wesel

WES

Orte im Kreis:
Dinslaken, Moers, Wesel, Xanten
Nordrhein-Westfalen

Quiz

Auflösung: Seite 444

Das Wappen des ehemaligen Kreises Rees zeigt auf rotem Grund einen Wellenbalken als Symbol des Rheins und darunter einen Schlüssel. Darüber ist ein Wappentier dargestellt. Um welches Tier handelt es sich?

➡ Der Landkreis Wesel liegt in Nordrhein-Westfalen am Niederrhein.

➡ Eine der schönsten Rheinstrecken und die Flüsse Lippe und Issel eignen sich bestens für Rad- und Flusstouren. Es bieten sich viele Möglichkeiten, die Freizeit, mit Blick auf den Rhein-Schiffsverkehr, im und am Wasser zu genießen. Auch zahlreiche touristische Attraktionen in den Städten ziehen die Besucher an.

➡ Auf einer begehbaren Sonnenuhr im Skulpturenpark Rees kann man mit dem eigenen Schatten die Zeit ablesen oder in die mittelalterlichen Kasematten eintauchen. Danach steht noch ein Besuch der Kornwindmühle an, die noch heute das Korn zur Herstellung des Reeser Mühlenbrotes und des -schnapses mahlt.

➡ Wie heißt der Bürgermeister von Wesel? Das Esel-Echo ist über die Landesgrenzen hinweg bekannt.

Dies nahm die Stadt zum Anlass, die Kunstaktion „Ein Esel für Wesel" zu starten. Mit viel Witz und Charme entstanden so 111 kunstvoll gestaltete lebensgroße Tiere entlang des „Eselpfades".

➡ Das technische Denkmal „Altes Wasserwerk" und der Trinkwasser-Lehrpfad vermitteln ein umfassendes Bild der Weseler Wasserversorgung.

➡ Am Niederrhein durch eine Römerstadt schlendern ist im Archäologischen Park Xanten (Abb. rechts oben) möglich. In einem weitläufigen Areal laden die Überreste der Colonia Ulpia Traiana in die Antike ein. In die Welt der römischen Spiele eintauchen können die kleinen Gäste im Spielehaus und auf dem Abenteuer-Wasserspielplatz. ◼

Wolfenbüttel

➡ Der Landkreis Wolfenbüttel liegt in Niedersachsen südlich von Braunschweig und hat über 120.000 Einwohner.

➡ Unter Niedersachsens Schlössern nimmt das Welfenschloss von Wolfenbüttel (Abb. unten) eine ganz besondere Stellung ein. Es ist nicht nur das zweitgrößte seiner Art, sondern beherbergt auch die einzigen hochbarocken Staatsappartements des Landes. Bei „Kinder im Museum" laden Projekte und Erlebniswerkstätten zu kreativem Gestalten ein.

WF

Orte im Kreis:
Cremlingen, Wolfenbüttel
Niedersachsen

➡ Die 1572 gegründete Herzog August Bibliothek ist eine der ältesten, unversehrt erhaltenen Bibliotheken der Welt. Heute befindet sich in dem Gebäude eine moderne Forschungsbibliothek von internationalem Rang mit einem Bestand von circa 800.000 Bänden, davon ungefähr 350.000 Bücher aus dem 15. bis 18. Jahrhundert. Unter ihnen das 1983 für 32,5 Millionen DM ersteigerte Evangeliar Heinrichs des Löwen. ◼

Wangen (Allgäu)

WG

Orte im Kreis:
Wangen im Allgäu, Isny im Allgäu
Baden-Württemberg

Wangen, Martinstor

Wilhelmshaven

WHV

Niedersachsen

➡ Der Landkreis Wangen lag bis zu seiner Auflösung 1973 im südöstlichsten Winkel von Baden-Württemberg teilweise in Oberschwaben und im Allgäu.

➡ Ein reichhaltiges Angebot an Museen lässt in Wangen keine Langeweile aufkommen. Zur Auswahl stehen das Deutsche Eichendorff- und das Gustav-Freytag-Museum, das Badestuben-, Heimat- und Käsereimuseum, eine Druckerei, eine Sammlung für mechanische Musikinstrumente und für ländliches Kulturgut.

➡ Von mehreren Aussichtspunkten aus kann man den Blick über die Allgäuer Landschaft schweifen lassen. So wie am Christkönigsberg bei Karsee, bei der Grillhütte Frauenholz und im Südwesten auf der Aussichtsplatte Bergerhöhe. Sportliche Besucher finden hier Rad- und Wanderwege, eine Halbmarathonstrecke, einen Fitness-Parcours, eine Skatehalle oder für den Winter Skilifte, Loipen und eine Kunsteisbahn. ■

➡ Die kreisfreie Stadt Wilhelmshaven liegt westlich von Bremerhaven in Niedersachsen und hat rund 76.000 Einwohner.

➡ Wilhelmshaven ist der größte Standort der deutschen Marine und künftig auch der Bundeswehr. Zu den Großveranstaltungen am Hafen gehört das Fest „Großsegler zu Gast an der Jade".

➡ In Wilhelmshaven sehenswert sind die 1905 erbaute Kaiser-Wilhelm-Brücke, das Deutsche Marinemuseum (Abb. links) und das gegenüberliegende Besucherzentrum für den Nationalpark Niedersächsisches Wattenmeer. Aber auch das Küstenmuseum Wilhelmshaven beschäftigt sich mit der Vergangenheit, Gegenwart und Zukunft des Küstenraumes sowie der Stadtgeschichte.

➡ Die „Grüne Stadt am Meer" besitzt zur Entspannung außer dem Stadtpark und dem Rosarium noch zahlreiche Grünanlagen. ■

➡ Wiesbaden ist mit 280.000 Einwohnern die Landeshauptstadt von Hessen und liegt zwischen Frankfurt a.M. und Mainz.

➡ Die Kurstadt besitzt einen wunderschönen englisch angelegten Park, der hinter dem Kurhaus beginnt. Das Stadtbild prägen historische Gebäude, aber auch das Stadtschloss, in dem der Hessische Landtag residiert (Abb. unten), das Alte Rathaus, die Markt- und die Bonifatiuskirche sowie das Hessische Staatstheater. Das am Rhein gelegene Schloss Biebrich dient zu Repräsentationszwecken der Landesregierung.

➡ Der Hausberg der Wiesbadener ist der mit einer Bergbahn (Abb. rechts) zu erreichende Neroberg. Von der Anhöhe hat man einen fantastischen Blick bis in den Rheingau. Bei Sonnenschein kann man die goldenen Kuppeln der am Berg gelegenen russischen Kirche glänzen sehen. Ein erwähnenswertes, außergewöhnliches Museum ist das Lach- oder Humormuseum, das „Ideen im Harlekinäum", in Erbenheim. ■

Wiesbaden

WI

Hessen

Bernkastel-Wittlich

WIL

Orte im Kreis:
Bernkastel-Kues, Wittlich
Rheinland-Pfalz

Wismar

WIS ⓐ

Orte im Kreis:
Neukloster, Rerik, Wismar
Mecklenburg-Vorpommern

➡ Der Landkreis Wittlich liegt in Rheinland-Pfalz zwischen Trier und Koblenz und hat heute rund 110.000 Einwohner in 107 Gemeinden.

➡ Eines der größten Volksfeste in Rheinland-Pfalz ist die Säubrennerkirmes in Wittlich. Das Fest gründet auf die mittelalterliche Säubrennersage und findet seit 1950 jedes Jahr im August statt.

➡ In Wittlich wird Tabak und Wein angebaut. Der erste Weinberg wurde bereits im Jahr 1065 urkundlich erwähnt. Heute werden auf den wärmespeichernden Schieferböden der Südhänge Riesling, Weißer und Blauer Spätburgunder, Kerner und Müller-Thurgau angebaut.

➡ Auf einer ehemaligen Eisenbahnstrecke gleiten nun die Radfahrer und Inline-Skater. Wanderer nutzen den ausgebauten, durch die Vulkaneifel und an Weinbergen vorbeiführenden Maare-Mosel-Radweg als Wanderstrecke. ■

➡ Der Landkreis Wismar lag in Mecklenburg-Vorpommern und wurde nach seiner Auflösung 1994 hauptsächlich dem Landkreis Nordwestmecklenburg zugeordnet.

➡ An jeder Ecke in Wismar ist ein historisches Zeugnis zu sehen, was letztendlich dazu geführt hat, die Stadt als UNESCO-Welterbe einzustufen. In der alten Hansestadt befinden sich unter anderem das um 1380 erbaute Haus „Alter Schwede" oder die Krämergasse mit dem Haus, in dem Rudolph Karstadt 1881 sein Konzern-Imperium gründete.

➡ Die Wismarbucht, die Ostsee, die Halbinsel Poel und Wustrow (Abb. links) sind schöne Ziele für Angler, aber auch für alle anderen Wassersportbegeisterten. Eine wunderschöne Radstrecke ist die Straße von Rerik auf die Halbinsel Wustrow oder über den befahrbaren Damm an die Strände der Halbinsel Poel. ■

➡ Die Stadt Witten im Ennepe-Ruhr-Kreis liegt südlich von Bochum in Nordrhein-Westfalen und hat knapp 100.000 Einwohner.

➡ Die ehemalige Kohle-Industrie in der Stadt wird durch zahlreiche historische Stätten am Leben gehalten. Darunter das Industriemuseum „Zeche Nachtigall" (Abb. rechts) mit dem Besucherbergwerk und das Gruben- und Feldbahnmuseum „Zeche Theresia", wo historische Schienenfahrzeuge zu bewundern sind. Das einzige erhaltene Bethaus für Bergleute im Ruhrgebiet steht im Muttental. Ganz modern geht es im Märkischen Museum zu. Die Stadt verfügt über eine Sammlung von 4500 Werken deutscher Malerei und Grafiken des 20. Jahrhunderts.

➡ Der Schwesternpark lädt nach 150 Kilometern Wander- und Radrundwegen zum Verweilen ein. Der Berliner Platz, ein Outdoortreffpunkt, ist besonders bei Kindern beliebt und der Kemnader Stausee bei Bade- und Wassersportfans. ▪

➡ Der Landkreis Witzenhausen lag bis zu seiner Auflösung 1974 in Nordhessen.

➡ „Den Kirschen auf der Spur" sind die Besucher des Kirschenerlebnispfades in Witzenhausen. Entlang der Route wurden alte Kirschsorten angepflanzt und Stationen eingerichtet, die auf den Verlust der Sortenvielfalt aufmerksam machen.

➡ Die letzte noch produzierende Kautabakmanufaktur Deutschlands steht in Witzenhausen. Die Besucher können den bei Seeleuten und Bergmännern beliebten Priem und sein Aroma bei einer Führung durch die Manufaktur erkunden.

➡ Das Witzenhausener Museum zeigt auch Geräte zur Gewinnung, Verarbeitung und zum Genuss von Nahrung aus Agrarkulturen in Afrika und Südamerika. Für Besucher geöffnet ist auch das tropische Nutzpflanzengewächshaus der Universität. ▪

Witten

Orte im Kreis:
Hattingen, Ennepetal
Nordrhein-Westfalen

Witzenhausen

Orte im Kreis:
Bad Sooden-Allendorf, Witzenhausen
Hessen

Blüte der Süßkirsche

Wittstock

WK Ⓐ

Orte im Kreis:
Gadow, Freyenstein, Wittstock
Brandenburg

➡ Der Landkreis Wittstock lag nordwestlich von Berlin in Brandenburg und wurde nach seiner Auflösung 1993 dem Landkreis Ostprignitz-Ruppin zugeordnet.

➡ Nach alten Chroniken war Wittstock 1244 erstmals ummauert. Die 2,4 Kilometer lange und ehemals neun Meter hohe Befestigung ist fast nur aus Backsteinen im Klosterformat gebaut, was einzigartig in Deutschland ist (Abb. links). Das Ostprignitzmuseum zeigt Ausstellungen zur Geschichte der Region.

➡ Der Aussichtsturm Blumenthals, mit der Konstruktionsidee aus Holz und einer Plattform in 36,4 Metern Höhe, wurde zu einem beliebten Wanderziel.

➡ Der Schulbauernhof lehrt Naturkunde mithilfe von einem „Grünen Klassenzimmer". ◼

Harburg

WL

Orte im Kreis:
Buchholz i.d. Nordheide,
Winsen a.d. Luhe
Niedersachsen

➡ Der Landkreis Harburg liegt südlich von Hamburg in Niedersachsen und hat knapp 250.000 Einwohner.

➡ Im Freilichtmuseum am Kiekeberg (Abb. unten) wurden wieder historische Gebäude errichtet, die die Vorfahren einst in der Lüneburger Heide und der Winsener Marsch gebaut hatten. Die Bauernhäuser, Scheunen und Wirtschaftsgebäude bieten ein realistisches Bild der letzten Jahrhunderte. Außer Gestein und Landschaft können auch die damaligen Tierarten wie Pommersche Gänse bestaunt werden.

➡ Wer in der Gegend ist, sollte auch das Schiffshebewerk Scharnebeck besuchen. In einem der größten Fahrstühle der Welt werden jährlich 21.000 Schiffe innerhalb von 15 Minuten von der Elbmarsch 38 Meter nach oben gehoben.

➡ Ob zu Fuß, im Wasser oder in der Luft, Winsen verfügt über viele Möglichkeiten der Freizeitaktivität. ◼

➡ Der Landkreis Wolgast lag bis zu seiner Auflösung 1994 im nordöstlichen Mecklenburg-Vorpommern zwischen Greifswald und Usedom an der Ostsee.

➡ Die Peenebrücke, eine Klappbrücke (Abb. rechts), führt über den Meeresarm Peenestrom, der das Stettiner Haff mit der Ostsee verbindet und die Insel Usedom und Teile der Stadt Wolgast vom Festland trennt.

➡ Der durch Wolgaster Bürger entstandene Tierpark beherbergt ca. 400 Tiere in 52 verschiedenen Arten. Die Haltung geschieht in einem gewachsenen Waldstück so naturnah wie möglich.

➡ Auf dem Erlebnislernpfad im „Wald der Sinne" trifft man auf ein Insektenhotel, Heupferde, Asseln, Hummeln und Rotpunktkäfer, die alle in unterschiedlichsten Baumaterialien ihre Herberge haben. Das blinde Erkennen eines Baumes, nur durch Ertasten der Rinde, ist auch eine der Pfadaufgaben. ■

Wolgast

Orte im Kreis:
Lassan, Wolgast, Zinnowitz
Mecklenburg-Vorpommern

➡ Der Landkreis Weilheim-Schongau liegt im Voralpenland südlich des Ammer- und des Starnberger Sees.

➡ Weilheim in Oberbayern präsentiert sich so, wie man sich eine typisch bayerische Stadt vorstellt, mit Altstadt, einer spätgotischen Stadtkirche, dem Marienplatz, dem Museum des Pfaffenwinkels und vielem mehr.

➡ Die Stadt ist Ausgangspunkt für etliche Wander- und Radtouren in die seenreiche Umgebung, wie an den Ammersee (Abb. rechts) oder den Starnberger See. Der Dietlhofer See, innerhalb Weilheims, ist neben dem Ufer der Ammer eines der beliebtesten Naherholungsgebiete. Ein interessantes Ausflugsziel sind der Barfußpfad bei Gut Hub in Penzberg und das „Museum der Phantasie" auf dem Gelände von Schloss Höhenried am Starnberger See. ■

Weilheim-Schongau

WM

Orte im Kreis:
Penzberg, Schongau, Weilheim
Bayern

Wolmirstedt

WMS

Orte im Kreis:
Barleben, Wolmirstedt
Sachsen-Anhalt

➡ Der Landkreis Wolmirstedt lag in Sachsen-Anhalt und wurde nach seiner Auflösung 1994 dem heutigen Landkreis Börde zugeordnet.

➡ Bei Glindenberg überquert der Mittellandkanal auf der längsten Kanaltrogbrücke Europas die Elbe. Die Kanalbrücke besteht aus drei Feldern, der 228 Meter langen Strombrücke und den 16 Feldern der 690 Meter langen Vorlandbrücke. Für das Wasserstraßenkreuz Magdeburg wurden, bei einer Wassertiefe von vier Metern und einer Trogbreite von 34 Metern, 68.000 Kubikmeter Stahlbeton verbaut. Die architektonische Pfeilergestaltung der Vorlandbrücke erinnert durch ihre geschwungene Form an Schiffsspanten und stellt damit den Bezug zur Schifffahrt her.

➡ Nach einer Wanderung zur noch voll funktionstüchtigen Bockwindmühle vor den Toren der Stadt Wolmirstedt kann sie auch von innen besichtigt und auf Wunsch in Betrieb genommen werden. ◾

Rems-Murr-Kreis

WN

Orte im Kreis:
Backnang, Schorndorf, Waiblingen
Baden-Württemberg

➡ Der Rems-Murr-Kreis liegt nordöstlich von Stuttgart in Baden-Württemberg.

➡ Die Altstadt Waiblingens kann mit historischen Fachwerkhäusern, einem Rathaus mit offenen Arkaden, einem Wehrgang, Türmen und Kirchen, wie dem Nonnenkirchle, aufwarten. Sehenswert sind der Turm des Beinsteinertors (Abb. links) und der Apotheker-Garten, der nach einem Klostergarten-Vorbild angelegt wurde.

➡ Die an der Rems liegende Galerie Stihl zeigt Ausstellungen zum Thema Arbeiten auf bzw. aus Papier, von der klassischen Zeichnung über Comics und Bildergeschichten bis hin zur angewandten Grafik.

➡ In der „Talaue" gibt es eine Skating-Anlage und eine Kneipp-Anlage, die müden Füßen wieder auf die Sprünge hilft, sowie Lehrpfade durch die herrliche Natur. ◾

➡ Der Landkreis St. Wendel liegt im nördlichen Saarland und hat knapp 90.000 Einwohner.

➡ Zu einem Aktivzentrum für Wassersportler ist der Bostal-Stausee geworden. Zwei große Sandstrände und Liegewiesen laden zum Baden, Sonnen oder Sandburgbauen ein. Die Sportlicheren können sich beim Beach-Volleyball, Surfen, Segeln, Wandern oder Radfahren austoben. Der See ist gleichzeitig auch der Endpunkt der in St. Wendel beginnenden Straße der Skulpturen.

➡ Schon Mitte des 17. Jahrhunderts gab es in der Region die ersten Eisenhütten. Nach dem Dreißigjährigen Krieg ließ sich hier ein belgischer Nagelschmied nieder, da es alles, was er für sein Handwerk brauchte, vor Ort gab. Nach und nach wurden nun alle Arten von Nägeln hergestellt, darunter Schloss-, Schiffs- und Schuhnägel. Die historische Nagelschmiede in Sitzerath ist regelmäßig zur Besichtigung geöffnet. ▪

➡ Die Stadt Worms am Rhein liegt in Rheinland-Pfalz, nördlich von Mannheim, und hat über 80.000 Einwohner.

➡ Worms ist untrennbar mit der Nibelungengeschichte verbunden. Gleich an mehreren Orten wird man auf das Nibelungenlied aufmerksam gemacht. Darauf verweisen das 1906 erbaute Hagendenkmal oder der im Jahr 1921 aufgestellte Siegfriedsbrunnen sowie das Nibelungenmuseum.

➡ „Hier stehe ich, ich kann nicht anders. Gott helfe mir. Amen." Diese berühmten Worte sprach der Augustinermönch Martin Luther 1521 auf dem Reichstag zu Worms. Der junge Kaiser Karl V. bekam sie damals zu hören, heute sind sie am Weltdenkmal der Reformation zu lesen. Das Lutherdenkmal von 1868 steht unweit des Doms St. Peter, wo der Reichstag eröffnet und beschlossen wurde. ▪

St. Wendel

WND

Orte im Kreis:
St. Wendel, Tholey
Saarland

Worms

WO

Rheinland-Pfalz

Der Brückenturm der Nibelungenbrücke

Wolfsburg

WOB

Niedersachsen

➡ Wolfsburg liegt nordwestlich von Braunschweig in Niedersachsen und hat über 120.000 Einwohner.

➡ Wer annimmt, in Wolfsburg gäbe es außer VW und Fußball nichts, der irrt. Direkt neben dem Bahnhof liegt die mit 9000 Quadratmetern wohl größte begehbare Skulptur, das „phæno" – die Experimentierlandschaft. An 300 Stationen wird die spannende Welt der Naturwissenschaft und Technik erlebt. Ein Muss ist auch die „Autostadt" (Abb. links), ein Erlebnispark und Museum der Volkswagen AG. Ein Platz zum Relaxen findet sich bestimmt im Allerpark.

➡ Die Annahme, Wolfsburg sei rund um das VW-Werk entstanden, ist nicht richtig. Von der historischen Vergangenheit der Stadt zeugen Schloss Wolfsburg als eines der prachtvollsten norddeutschen Renaissancegebäude und Burg Neuhaus, die als eine der am besten erhaltenen Wasserburgen im norddeutschen Raum gilt. ◾

Wolfhagen

WOH ⓐ

Orte im Kreis:
Volkmarsen, Wolfhagen, Zierenberg
Hessen

➡ Der Landkreis Wolfhagen lag in Nordhessen und wurde nach seiner Auflösung 1972 dem Landkreis Kassel zugeordnet.

➡ Im Gewölbe des Alten Rathauses befindet sich der „Grimm Märchenkeller" mit Bildern des Malers Ludwig Emil Grimm, ein Bruder der Märchenerzähler. Im dem historischen Ambiente mit lebensgroßen Figuren finden Lesungen und Theateraufführungen statt. Der böse Wolf und das Geißlein stehen am Brunnen am Marktplatz.

➡ Die Weidelsburg (Abb. links) ist bis auf die Fenster- und Türleibungen aus kantigen Basaltsäulen errichtet. Vom besteigbaren Wohnturm aus hat man einen herrlichen Ausblick über das Umland.

➡ Das sportliche Angebot im Wolfhager Land ist eine attraktive Abwechslung zum Alltag. Egal ob Wandern, Radeln, Reiten, Angeln, Tennis oder Golfen, es ist für jeden etwas dabei. ◾

➡ Der Landkreis Wolfach lag bis zu seiner Auflösung 1973 im Schwarzwald rund 25 Kilometer südwestlich von Freudenstadt und 25 Kilometer östlich von Lahr.

➡ Im Erlebnispark „Dorotheenhütte" kann man den Glasbläsern über die Schulter schauen, ein Glasmuseum besuchen und sich mit Weihnachtsschmuck eindecken. Weitere Besuchermagnete sind das Besucherbergwerk „Grube Wenzel" in Oberwolfach, Grube Clara bei Wolfach und in Gutach das Schwarzwälder Freilichtmuseum Vogtsbauernhof. Das Museum stellt das Leben, Wohnen und Arbeiten der Menschen im Schwarzwald der letzten Jahrhunderte dar. Das realistische Alltagsleben beinhaltet Mühlen- und Handwerksvorführungen sowie Mitmachprogramme für Kinder.

➡ Das sportliche Angebot spricht nicht nur Wanderer an. Die Stadt bietet einen Bike-Park mit Offroad-Parcours für Cross-Fahrer an und hat auch ein Herz für Motorrad- und Mountainbike-Fahrer. Aber auch die schwäbisch-alemannische Fastnacht sollte nicht vergessen werden. ■

➡ Der Landkreis Wolfratshausen lag im Regierungsbezirk Oberbayern und wurde nach seiner Auflösung 1973 größtenteils dem Landkreis Bad Tölz-Wolfratshausen zugeordnet.

➡ In Wolfratshausen kann man in der Freizeit flößen. Das Vergnügen auf der Isar fängt jeden Tag mit dem Zusammenbau der Floße an. Nach zwei Stunden und 120 verbauten Eisenkeilen, Drahtgeflechten und Querhölzern tritt das Floß mit den Erbauern, Musik, Brotzeit und Bier die Reise in Richtung München an.

➡ Pure Erholung bieten die Wanderthemenwege, Klettern oder die Kräuterakademie und im Winter Alpinski, Rodeln oder eine Pferdeschlittenfahrt. Japan in Bayern kann im Japanischen Garten „Yuko Nihon Teien" besichtigt werden. Und für die Kleinsten gibt es einen Märchenwald mit vielen Attraktionen. ■

Wolfach

Orte im Kreis:
Haslach im Kinzigtal, Wolfach
Baden-Württemberg

Wolfratshausen

Orte im Kreis:
Geretsried, Wolfratshausen
Bayern

Floßfahrt auf der Isar

Wolfstein

WOS Ⓐ

Orte im Kreis:
Freyung, Röhrnbach, Waldkirchen
Bayern

Die Saußbachklamm im Naturschutzgebiet
Saußbachleite

➡ Der Landkreis Wolfstein lag bis zu seiner Auflösung 1973 im Regierungsbezirk Niederbayern.

➡ Schloss Wolfstein in Freyung war Namensgeber des Landkreises und liegt auf einem vom Saußbach umgebenen Felsvorsprung. Es beherbergt die Kunstsammlung Galerie Wolfstein und das Jagd- und Fischereimuseum des Landkreises.

➡ Nervenkitzel pur erlebt man im Kletterwald Waldkirchen zwischen sechs Parcours mit unterschiedlichen Höhen und Schwierigkeitsgraden. In Neuschönau im Nationalpark Bayerischer Wald wurde der 44 Meter hohe Baumwipfelpfad in Form eines Eies errichtet. Naturfreunde finden auch im Naturschutzgebiet Saußbachleite Ruhe und Erholung.

➡ Am Erlauzwiesler See warten Wanderwege, Feuchtbiotope, ein Themengarten und eine Kneippanlage zur Erfrischung der müden Glieder auf Besucher. ◼

Wernigerode

WR Ⓐ

Orte im Kreis:
Blankenburg, Wernigerode
Sachsen-Anhalt

➡ Der Landkreis Wernigerode wurde nach seiner Auflösung 2007 dem neuen Landkreis Harz zugeordnet.

➡ In Wernigerode startet die Harzer Schmalspurbahn zum Brocken und quer über den Harz nach Thüringen. Bei der Besichtigung der über 40 zum Teil original eingerichteten Wohnräume des Schlosses fühlt man sich in die Zeit des deutschen Hochadels zurückversetzt.

➡ Das Museum für Luftfahrt und Technik in Wernigerode entführt in die Welt der Fliegerei. Hier können mehr als 50 Flugzeuge und Hubschrauber, darunter auch Starfighter und eine Mirage, Schleudersitze, Cockpits, Navigationsinstrumente, Pilotenausrüstungen und Flugmodelle bestaunt und hautnah besichtigt werden.

Rathaus am Marktplatz in Wernigerode

➡ Das Harzmuseum präsentiert sich mit Naturkunde, Geschichte, Harzkunst und Grünem Klassenzimmer naturwissenschaftlich und stadtgeschichtlich orientiert. ■

➡ Der Landkreis Waren lag in Mecklenburg-Vorpommern und wurde nach seiner Auflösung 1994 dem Landkreis Müritz und dieser wiederum im Jahr 2010 dem neuen Landkreis Mecklenburgische Seenplatte angegliedert.

➡ Waren liegt eingebettet in einer Seenlandschaft direkt an der Müritz, dem größten vollständig in Deutschland liegenden Binnensee. Um die Stadt herum liegen die Nossentiner-Schwinzer Heide und der Müritz-Nationalpark, der eine einzigartige Flora und Fauna aufweist.

➡ Als Naturerlebniszentrum mit Deutschlands größtem Süßwasseraquarium für heimische Fische gehört das Müritzeum in Waren zu einer der führenden Erlebniswelten Mecklenburg-Vorpommerns. Die Schönheiten und Besonderheiten der Mecklenburgischen Seenplatte und des Müritz-Nationalparks mit seinen Wasserwelten, Tieren und Pflanzen werden erlebbar gemacht.

➡ Auch sportlich dreht sich alles um den Binnensee. Dort finden jährlich die „Müritz Sail", der Waren-Triathlon, das „Müritz-Schwimmen" und der „Müritz-Lauf" rund um den See statt. ■

Waren

WRN

Orte im Kreis:
Malchow, Penzlin, Röbel, Waren
Mecklenburg-Vorpommern

Wasserburg am Inn

WS ®

Orte im Kreis:
Rott am Inn, Wasserburg am Inn
Bayern

➡ Der Landkreis Wasserburg lag bis zu seiner Auflösung 1972 im Regierungsbezirk Oberbayern rund 50 Kilometer östlich von München.

➡ Die Besonderheit Wasserburgs ist die landschaftliche Lage. Die mittelalterliche Altstadt liegt auf einer vom Inn fast vollständig umflossenen Halbinsel, die nur über eine schmale Landzunge erreichbar ist. Bei einem Stadtbummel sollte man die Rote Brücke, das Brucktor (Abb. links) mit der Wandmalerei von 1568 und das Heilig-Geist-Spital mit dem „Imaginären Museum" besichtigen. Der Hochwasserdamm, der die Innschleife säumt, bietet dem Skulpturenpark eine faszinierende Kulisse zur Präsentation.

➡ „Nahui in Gott´s Nam!" ist der Gruß der Inn-Schiffer, die mit einer Flussfahrt die Besonderheiten der Stadt vermitteln. Für den sportlichen Besucher bietet das Wasserburger Land ein gut ausgebautes Wander- und Radwegenetz mit Blick auf die Alpenkette. ■

Weißenfels

WSF ®

Orte im Kreis:
Hohenmölsen, Lützen, Weißenfels
Sachsen-Anhalt

➡ Der Landkreis Weißenfels lag in Sachsen-Anhalt und wurde nach seiner Auflösung 2007 dem Burgenlandkreis zugeordnet.

➡ Weißenfels wird auch als die „Schuhstadt" bezeichnet. Das Handwerk hat hier eine lange Tradition und wird durch das 1910 im Schloss Neu-Augustusburg (Abb. links) gegründete Museum gewürdigt. Zu den Ausstellungsstücken gehören historische Fußbekleidungen von der Antike bis zur Gegenwart. Völkerkundliche Accessoires aus vier Erdteilen veranschaulichen kulturelle, geografische und klimatische Einwirkungen auf die Entwicklung und Entstehung des Schuhwerks.

➡ Die Schlosskirche St. Trinitas zeugt noch heute von einstiger Pracht. Ihre Geschichte ist eng mit Georg Friedrich Händel, dessen Talent an der Orgel hier entdeckt wurde, und Johann Sebastian Bach, der den Titel eines „Weißenfelser Hofkapellmeisters von Hause aus" trug, verbunden. ■

➡ Der Landkreis Ammerland liegt nördlich von Oldenburg in Niedersachsen und hat knapp 120.000 Einwohner.

➡ Auf einer stillgelegten Bahnstrecke kann zwischen Westerstede und Ocholt mit Fahrraddraisinen die Gegend des Ammerlandes genossen werden.

➡ Das Ammerland gilt schon seit Jahren als bedeutendes Baumschulgebiet. Aufgrund der Verfügbarkeit von Torf gibt es heute mehr als 350 Baumschulen, in denen Rhododendronbüsche und Freilandazaleen gezüchtet werden. Auf dem 14 Hektar großen Areal der ehemaligen Lehr- und Versuchsanstalt für Gartenbau wurde der „Park der Gärten" errichtet.

➡ Das Zwischenahner Meer (Abb. rechts) wird auch die Perle des Ammerlandes genannt. Auf dem See wird hauptsächlich nach Aalen gefischt, die eine der kulinarischen Spezialitäten der Region darstellen. ◼

➡ Der Landkreis Weißwasser lag in Sachsen und wurde nach seiner Auflösung 1994 dem Landkreis Niederschlesischer Oberlausitzkreis und dieser wiederum 2008 dem Landkreis Görlitz zugeordnet.

➡ Der Fürst-Pückler-Park Bad Muskau ist der größte Landschaftspark Zentraleuropas im englischen Stil. Der Park liegt, verbunden durch mehrere Neißebrücken, in Bad Muskau, der Lausitzer Neiße und der polnischen Stadt Łęknica. Der Landschaftsgarten ist damit einer der wenigen staatenübergreifenden Weltkulturerbestätten. Im heutigen Areal befinden sich das Neue Schloss, das Kavaliershaus, der Bade- und Bergpark, ein Museum im Alten Schloss, das historische Tropenhaus, der Schlosspark sowie die in maurischem Stil erbaute Orangerie.

➡ Das etwas andere Glasmuseum zeigt Glas für Wissenschaft und Technik, historische Werkstätten und Werkzeuge zur Glasherstellung, -verarbeitung und -veredlung sowie Lausitzer Glas. ◼

Ammerland

WST

Orte im Kreis:
Bad Zwischenahn, Westerstede
Niedersachsen

Weißwasser

WSW Ⓐ

Orte im Kreis:
Bad Muskau, Weißwasser
Sachsen

Waldshut

WT

Orte im Kreis:
Bad Säckingen, Waldshut-Tiengen
Baden-Württemberg

➡ Der Landkreis Waldshut liegt in Baden-Württemberg zwischen Basel und Konstanz an der Grenze zur Schweiz und hat knapp 170.000 Einwohner.

➡ Im Weiler bei Stühlingen-Blumegg gibt es „Die Mühle, die es nur einmal gibt!". Sie ist eine der ältesten Gipsmühlen, teilweise noch vollständig erhalten (Abb. links) und mit ihren drei Mühlrädern und fünf Mahl- und Stampfwerken eine Rarität.

➡ Das Hüsli mit dem heruntergezogenen Dach, den gemütlichen Stuben, bemalten Wandschränken und Original-Interieur vermittelt einen Einblick in die sogenannte gute alte Zeit im Hochschwarzwald der früheren Jahrhunderte.

➡ 2400 Kilometer Wanderwege mit wildromantischen Schluchten im Schwarzwald, Radfernwege am Hochrhein, Skisport, Rheinrafting und historische Rhein-Fähren stehen für einen hohen Freizeitwert der Region. ◾

Wittlage

WTL Ⓐ

Orte im Kreis:
Bohmte, Ostercappeln
Niedersachsen

Quiz Die Burg Wittlage, wurde 1309 von Bischof Engelbert II. von Osnabrück in Auftrag gegeben, diente zur Sicherung der nordöstlichen Landesgrenze. Welche Funktion erfüllt die Burg heute?

Auflösung: Seite 444

➡ Der Landkreis Wittlage lag bis zu seiner Auflösung 1972 im Regierungsbezirk Osnabrück in Niedersachsen.

➡ Nicht nur für Kinder ist der Besuch des Natur- und Geoparks TERRA.vita in Bad Essen-Barkhausen ein Vergnügen. Im Wald wird den Besuchern eine Begegnung mit Spuren aus der Urzeit vor über 150 Millionen Jahren präsentiert. Durch Bodenverwerfungen sind hier wieder Saurierfährten an die Oberfläche gelangt. Neben den realen Spuren kann man die Verursacher als Modell in Originalgröße sehen.

➡ Bad Essens Wahrzeichen ist eine historische Wassermühle, die heute noch funktionstüchtig ist und zu Mahlvorführungen genutzt wird.

➡ Einmal im Jahr steht der Sole-Kurort auch im Mittelpunkt eines historischen Markts, der Tausende von Besuchern in die gute alte Zeit eintauchen lässt. ◾

➡ Der Landkreis Wittmund liegt in Niedersachsen, zwischen Wilhelmshaven und Emden an der Nordsee, und hat knapp 60.000 Einwohner.

➡ Ganz auf die Erhaltung der Gesundheit ausgerichtet sind die Programme der Nordseebäder im Landkreis Wittmund. Kuranlagen, Meerwasserhallenbäder, Saunen, Solarien und sonstige Kur- und Sporteinrichtungen runden das Angebot ab. Freizeitangebote sind unter anderem Wattwanderungen, der Besuch des Sielhafen- und Buddelschiffmuseums sowie Radtouren entlang des Deichs. Aber auch das größte Investitionsvorhaben Norddeutschlands im benachbarten Wilhelmshaven, der „JadeWeserPort", kann besuucht werden.

➡ Wer die absolute Ruhe und frische Nordseeluft sucht, der sollte die beiden autofreien Ostfriesischen Inseln Langeoog und Spiekeroog besuchen. ■

Spiekerooger Inselbahn

Wittmund

WTM

Orte im Kreis:
Friedeburg, Wittmund
Niedersachsen

➡ Würzburg liegt am Main in der Mitte zwischen Frankfurt und Nürnberg in Unterfranken und hat über 130.000 Einwohner.

➡ Die Stadt Würzburg bietet eine enorme Auswahl an Sehenswürdigkeiten und Museen. Die Würzburger Residenz (Abb. unten) mit Hofgarten und Residenzplatz wurde 1981 in das UNESCO-Weltkulturerbe aufgenommen. Eine Besichtigungstour durch die Stadt sollte beinhalten: die Residenz als eines der

Würzburg

WÜ

Orte im Kreis:
Ochsenfurt, Veitshöchheim
Bayern

WÜM

WUG

bedeutendsten Schlösser Europas, die Festung Marienberg, die Alte Mainbrücke, das Käppele, die Marienkapelle, den Dom St. Kilian als viertgrößte romanische Kirche Deutschlands und das Falkenhaus mit einer der schönsten Rokokofassaden.

➡ Eine Attraktion ist das größte Deckenfresko der Welt in der fürstbischöflichen Residenz, die von Balthasar Neumann erbaut wurde. Der Venezianer Giovanni Battista Tiepolo schuf in den Jahren 1752/53 im Treppenhaus der Residenz das 576 Quadratmeter große Werk. ■

Blick auf die Altstadt von Würzburg

Waldmünchen

WÜM Ⓐ

Orte im Kreis:
Rötz, Tiefenbach, Waldmünchen
Bayern

➡ Der Landkreis Waldmünchen lag bis zu seiner Auflösung 1972 im Regierungsbezirk Oberpfalz.

➡ Jährlich im Sommer findet auf der Freilichtbühne der kulturelle Höhepunkt Waldmünchens statt. Zur Erinnerung an das Jahr 1742, als der berüchtigte Pandurenoberst Franziskus Freiherr von der Trenck mit seinen Truppen Angst und Schrecken verbreitete, als er Cham geplündert und niedergebrannt hatte und auch in Waldmünchen einfiel, wird das Freilichtspiel „Trenck, der Pandur von Waldmünchen" aufgeführt. An die alten Zeiten erinnert auch ein rußiger Geselle, der an einem Kohlenmeiler das alte Handwerk der Holzkohlenherstellung zeigt.

Quiz Wie genau der Name der Siedlung Waldmünchen entstand, kann man bis heute nicht sicher sagen. Doch Historiker haben eine Vermutung, wie die Stadt warscheinlich, zu ihrem Namen kam. Wie ist der Name vermutlich entstanden?

Auflösung: Seite 444

➡ Der Perlsee (Abb. oben) bei Waldmünchen ist ein beliebtes Ausflugs- und Naherholungsziel. Neben einem Badestrand und vielen Wassersportmöglichkeiten gibt es Wanderwege, einen Naturhochseilpark und im Winter Gelegenheit zum Eislaufen. ■

➡ Der Landkreis Weißenburg-Gunzenhausen entstand 1972 durch die Zusammenlegung der Landkreise Weißenburg und Gunzenhausen. Sitz der Verwaltung des Kreises ist in Weißenburg.

Weißenburg-Gunzenhausen

WUG

Bayern

➡ Der Montanhistorische Lehrpfad Grubschwart im Bayerischen Staatsforst begleitet mit 21 Informationstafeln den Besucher auf den Wegen der einstigen Bergleute. Das Waldgebiet zwischen Weißenburg, Eichstätt und Pappenheim ist ein Geheimtipp unter Wanderfreunden.

➡ Ein historisches Wahrzeichen der Stadt ist das Ellinger Stadttor (Abb. rechts). Die Römischen Thermen von Weißenburg gehören zu den Relikten eines römischen Kastells. Die Stadt Gunzenhausen hat rund 16000 Einwohner und liegt in Mittelfranken. Direkt bei der Stadt führt der rätische Limes vorbei. Das frühere Kastell wurde von der Stadt vollständig überbaut. Sehenswert sind heute noch die Altstadt mit Stadtmauer und Wehrgang sowie die Kirchen und der Färberturm. ■

Wunsiedel

WUN

Orte im Kreis:
Bad Berneck, Wunsiedel
Bayern

➡ Der bayerische Landkreis Wunsiedel liegt östlich von Bayreuth an der tschechischen Grenze und hat knapp 80.000 Einwohner.

➡ Das weiße Gold, wie man das Porzellan auch nennt, hat in Wunsiedel eine lange Tradition. 1814 gründete C. M. Hutschenreuther eine Niederlassung in Hohenberg. Es folgten weitere Firmen wie Lorenz Hutschenreuther, Zeidler in Selb und Schumann in Arzberg. Der Grund für die Ansiedlung dieser Firmen waren die enormen Kaolinvorkommen in Böhmen und das Holz des Fichtelgebirges zur Feuerung der Brennöfen. Das Porzellanikon in Hohenberg zeigt die verschiedensten Arten von Porzellan.

➡ Granit ist eines der bekannten Tiefengesteine, das das Landschaftsbild von Nordostbayern mitprägt. Das Luisenburg-Felsenlabyrinth (Abb. links) ist ein Felsenmeer aus Granitblöcken des Naturschutzgebietes bei Wunsiedel. Der Geo-Tour-Granitweg zeigt die Auswirkungen und Nutzungsmöglichkeiten des Gesteins. ■

Wurzen

WUR ⒶA

Orte im Kreis:
Bennewitz, Brandis, Wurzen
Sachsen

➡ Der Landkreis Wurzen lag bis zu seiner Auflösung 1994 in Sachsen.

➡ Die Stadtsilhouette wird von den Türmen des Domes, des Bischofsschlosses, der spätgotischen Stadtkirche St. Wenceslai und den imposanten Türmen der ehemaligen Krietschmühle geprägt. Zahlreiche kulturhistorische Zeitzeugen, wie das Museum mit der

Marktplatz in Wurzen

bedeutendsten Ausstellung zu Leben und Werk von Joachim Ringelnatz, sind noch heute erhalten.

➡ Für das Wurzener Land charakteristisch sind ausgedehnte Wälder, Flussauen, sanfte Hügel, Schlösser und Badeseen. Auf dem Ringelnatzpfad wird an den Dichter Joachim Ringelnatz gedacht, der in Wurzen geboren wurde. Der Weg führt zu 13 markanten Punkten in der historischen Altstadt. An jedem Standort befindet sich eine Stele mit dem Konterfei des Dichters und einem Auszug aus einem seiner Gedichte. ■

Westerwaldkreis

➡ Der Westerwaldkreis liegt, wie der Name schon sagt, zwischen Gießen und Koblenz im Westerwald in Rheinland-Pfalz und beheimatet fast 200.000 Einwohner.

Orte im Kreis:
Hachenburg, Montabaur
Rheinland-Pfalz

➡ Ein Paradies für Freunde der Erholung und des Wassersports ist die Westerwälder Seenplatte mit der Krombachtalsperre, dem Wiesensee und vielen weiteren größeren und kleineren Seen.

➡ Das weithin sichtbare Schloss Montabaur (Abb. rechts) ist das Wahrzeichen der Stadt Montabaur, wo sich auch die Kreisverwaltung befindet. Es ist auch Startpunkt eines romantischen Radwegs durch das Gelbachtal bis zur Lahn. Auf dem Köppel steht ein 39 Meter hoher Aussichtsturm mit herrlicher Sicht auf das Kannenbäckerland, die Eifel, den Hunsrück und den Taunus.

➡ Der Westerwaldsteig von Herborn bis Bad Hönningen führt an einzigartigen Naturschauspielen wie der Holzbachschlucht vorbei, wo das Wasser sich eine 30 Meter tiefe Rinne durch den harten Basaltfelsen gegraben hat. ■

Wetzlar

WZ

Orte im Kreis:
Braunfels, Wetzlar
Hessen

➡ Der Landkreis Wetzlar lag in Hessen und wurde nach seiner Auflösung 1976 dem Lahn-Dill-Kreis zugeordnet.

➡ Optik ist einer der wichtigen Industriezweige der Stadt. Durch einen Parcours kann man die Phänomene der Optik hautnah erleben. Zum Beispiel durch einen großen Brillant aus optischem Glas. Die historische Altstadt (Abb. links) zieht sich mit Gassen und kleinen Plätzen terrassenförmig zur Lahn hinab. Sehenswert sind der unvollendete Dom aus dem Jahr 1230, das Stadt- und Industriemuseum, das Reichskammergerichtsmuseum und viele weitere Ausstellungen mit speziellen Themen und Sammlungen wie das Lottehaus.

➡ Kulturelle Höhepunkte sind die Wetzlarer Festspiele, die Phantastische Bibliothek und die Rittal Arena mit Konzerten, Sportveranstaltungen und Shows. Für sportliche Aktivitäten gibt es die Lahn und den Lahntalradweg. ◼

Wanzleben

WZL

Orte im Kreis:
Egeln, Hadmersleben, Wanzleben
Sachsen-Anhalt

➡ Der Landkreis Wanzleben lag bis zu seiner Auflösung 1994 in Sachsen-Anhalt.

➡ Von der monumentalen Burganlage des 12. Jahrhunderts sind noch der weithin sichtbare Bergfried (Abb. links), ein Torturm und die Unterbauten von drei weiteren Mauertürmen erhalten. Mit seinen kolossalen Mauern von drei Metern Dicke, spärlichen Fenstern und schwer zugänglicher Tür in 9,5 Metern Höhe stellt der Bergfried die imponierendste mittelalterliche Verteidigungsanlage der Börde dar. Unterhalb der Burg befindet sich der Volkspark mit beachtlichen alten Bäumen und einer idyllischen Teichanlage.

➡ In dem 1145 erstmals erwähnten Dorf Klein Wanzleben im nördlichen Teil der Börde steht eine der größten und modernsten Zuckerfabriken Europas. Seit 1883 hat sich der Ort der Zuckerrübenzüchtung und -verarbeitung verschrieben. ◼

➡ Die Stadt Zwickau liegt in Sachsen zwischen Hof und Chemnitz und hat knapp 95.000 Einwohner.

➡ Zwickau ist die Wiege der sächsischen Automobilindustrie. Das August-Horch-Museum im ehemaligen Audi-Werk ist ein Ankerpunkt der Europäischen Route der Industriekultur. Auf einer riesigen Ausstellungsfläche werden ca. 70 Großexponate der historischen Marken Audi, DKW, Horch und Wanderer gezeigt.

Eine Besonderheit des Museums ist die Ausstellung der Exponate im Kontext der jeweiligen Epoche. Beispielsweise ist eine für die Besucher offene Straßenszene aus den dreißiger Jahren nachgestellt.

Gewandhaus in Zwickau

➡ Der Alte Gasometer (Abb. unten) ist ein beliebter Veranstaltungsort für Konzerte, Theateraufführungen, Varietés und Kleinkunst. Neben den Parks hat Zwickau auch 121 Kleingartenanlagen, die sich zu einem bedeutenden Bestandteil des öffentlichen Grünsystems entwickelt haben. ■

Zwickau

Z

Orte im Kreis:
Crimmitschau, Werdau
Sachsen

Quiz Die evangelisch-lutherische Kirche St. Marien in Zwickau ist auch als „Zwickauer Dom" bekannt. Die früher romanische Kirche entstand im 12. Jahrhundert und wurde zwischen 1453 und 1563 im spätgotischen Stil umgebaut. Damals entstand auch das Südportal der Kirche, das heute einen speziellen Beinamen hat und von zehn Frauenfiguren eingefasst wird. Wie nennt man das Portal und die Frauenfiguren?

Auflösung: Seite 444

Zerbst

ZE Ⓐ

Orte im Kreis:
Coswig, Roßlau, Zerbst
Sachsen-Anhalt

➡️ Der Landkreis Zerbst lag in Sachsen-Anhalt und wurde nach seiner Auflösung 1994 dem Landkreis Anhalt-Zerbst und dieser wiederum im Jahr 2007 dem neuen Landkreis Anhalt-Bitterfeld zugeordnet.

➡️ Ein Denkmal im Zerbster Schlossgarten soll an die russische Zarin Katharina II. erinnern, die aus dem Fürstenhaus von Anhalt-Zerbst stammte und in der Stadt lebte. Sie war eine der größten und schillerndsten Herrscherinnen Europas.

➡️ Die aus dem Mittelalter stammende mächtige Stadtmauer mit Toren und Türmen, ehemalige Klöster und Kirchen sowie historische Bauten erinnern an den Glanz fürstlicher Zeiten. Prägend für das Stadtbild sind die schönen Grünanlagen und Jahrhunderte alte traditionelle Feste und Märkte.

Kavaliershäuser in Zerbst

➡️ Der Elberadweg und weitere schöne Radstrecken durch ebene grüne Landstriche und Ausläufer des Flämings laden zur Aktiverholung in und um Zerbst ein. ◼️

Zell

ZEL Ⓐ

Orte im Kreis:
Traben-Trabach, Zell
Rheinland-Pfalz

➡️ Der Landkreis Zell bestand bis zur Gebietsreform 1969 und wurde in den neuen Landkreis Cochem-Zell integriert.

➡️ Der Besucher von Zell kann sich auf eine schöne Moselpromenade mit herrlichem Blick auf die Natur und die engste Schleife der Mosel freuen. Auch ein Besuch im Wild- und Freizeitpark Klotten, der historischen Senfmühle in Cond, eine Mosel-Schiffsfahrt, eine Weinbergwanderung mit Sesselbahnunterstützung oder ein Besuch des ehemaligen Bunkers der Bundesbank könnten zum Freizeitprogramm gehören.

Quiz

Auflösung: Seite 444

Zell ist weltberühmt geworden durch seine Weine. Ganz besonders eine Sorte, die nach einem „Unglückstier" benannt wurde, ist bekannt. Wie heißt dieser Wein?

➡ Die Stadt Zell und das ganze Umland entlang der Mosel werden durch den Weinbau geprägt. Zell hat rund 331 Hektar Rebfläche und ist die größte Weinbaugemeinde an der Mosel. Hier wird überwiegend der bekannte Mosel-Riesling angebaut. Der Weinbau ist natürlich die Basis für Handel und Tourismus, die ohne den Wein so nicht vorstellbar wären. ■

➡ Der Landkreis Zittau lag im Freistaat Sachsen und wurde 1994 aufgelöst und gehört seit 2008 dem neu gebildeten Landkreis Görlitz an.

➡ Der Weinaupark ist eine im englischen Stil angelegte Parkanlage am Stadtrand von Zittau. Auf dem Gelände befinden sich das als Radrennbahn mit Tribüne erbaute Weinaustadion und der Tierpark der Stadt. Der Zoo bietet neben den Pinguinfütterungen auch eine Lamawanderung an.

➡ Die Zittauer Blumenuhr vor der Fleischerbastei wurde 1907 errichtet. Das Uhrwerk stammt aus einer

Zittau

ZI Ⓐ

Orte im Kreis:
Seifhennersdorf, Zittau
Sachsen

Fleischerbastei mit Blumenuhr und
Meißner Porzellanglockenspiel

alten Turmuhr und das Zifferblatt ist ein Blumenbeet.
Neben der Uhr befindet sich ein aus Meißner Porzellan bestehendes Glockenspiel, das jede halbe und
volle Stunde ein bekanntes Volkslied spielt.

➡ Mit wahren Kostbarkeiten können das Kulturhistorische Museum und das Franziskanerkloster durch
das Große und Kleine Fastentuch aufwarten. ◼

Ziegenhain

ZIG Ⓐ

Orte im Kreis:
Neukirchen, Schwarzenborn,
Ziegenhain
Hessen

➡ Der Landkreis Ziegenhain lag bis zu seiner Auflösung 1974 in Nordhessen zwischen Marburg und
Fulda.

➡ Zu den herausragenden Bauten des Landkreises
gehört das Ziegenhainer Schloss mit Paradeplatz und
Gouverneursflügel. Das Lüdertor bot nach Anlage der
Festung den einzigen Zugang zur Stadt. Der heute
noch sichtbare Torbogen wurde 1537 vom Rangen-
turm hierher versetzt
und trägt den Namen
des ersten Festungs-
kommandanten Heinz
von Lüder. Ein Rund-
gang durch den histo-
rischen Stadtbereich
mit dem Rathaus (Abb.
rechts), dem „Steiner-

nen Haus", das heute das Museum der Schwalm beherbergt, der „Alten Wache", Schlosskirche, Kugelkeller und dem Haus „Zum Rosengarten" bringt Besucher zum Schwärmen.

➡ Rund um Ziegenhain laden zahlreiche Wanderwege zur Erkundung ein. Ebenfalls durch die Orte des Landkreises führt der Pilgerweg „Elisabethenpfad II" von Eisenach nach Marburg. ◾

➡ Der Landkreis Zschopau lag im Freistaat Sachsen und bestand bis zu seiner Auflösung 1994.

➡ Schloss Wildeck (Abb. unten) steht auf einem Felssporn bei Zschopau. Außer der Aussichtsplattform auf dem Bergfried können auch die Renaissanceräume des Schlosses, ein Barockgarten, eine Münzwerkstätte sowie das Druckerei- und das Motorradmuseum besichtigt werden. Jährlich veranstaltet die Stadt rund um das Schloss ein großes Fest mit mittelalterlichem Flair und historischem Armbrustschießen.

Zschopau

ZP Ⓐ

Orte im Kreis:
Ehrenfriedersdorf, Thum, Zschopau
Sachsen

➡ 1920 als Zuverlässigkeits- oder Testfahrt deklariert, fand 1952 eine Bestenprüfung statt, und mit der Unterstützung des Motorradwerkes Zschopau wurde daraus 1955 die erste Geländefahrt „Rund um Zschopau". Das regelmäßig stattfindende Rennen gilt wegen des anspruchsvollen Kurses und der oft schlechten Wetterbedingungen als eine der schwersten Enduroveranstaltungen. ◾

Quiz Zschopau ist eine Automobilstadt mit Tradition. Ein in der damaligen DDR besonders bei Frauen beliebtes Kleinkraftrad wurde hier von 1971 bis 1986 vom VEB Fahrzeug und Gerätewerk Simson Suhl bzw. später im VEB Fahrzeug- und Jagdwaffen hergestellt. Wie lautete die erste Baureihenbezeichnung des Kleinkraftrades?

Auflösung: Seite 444

Zeulenroda

ZR Ⓐ

Orte im Kreis:
Auma, Triebes, Zeulenroda
Thüringen

➡ Der Landkreis Zeulenroda lag im Freistaat Thüringen und wurde nach seiner Auflösung 1994 dem Landkreis Greiz zugeordnet.

➡ Eines der beliebtesten Ausflugsziele ist das Tiergehege in der Rabensleite am nördlichen Stadtrand. Im idyllischen Wald können etwa 150 Tiere in Gehegen und Volieren bewundert werden – vom heimischen Rot- und Damwild über Zwergziegen bis hin zu Kängurus, Waschbären, Lamas, Sikahirschen, Greifvögeln und Uhus.

➡ Unter der Marke „DSV nordic aktiv" entstand im Thüringer Vogtland, in der Region um die Talsperre Zeulenroda (Abb. unten), das erste Nordic-Walking-Zentrum des Deutschen Skiverbandes in den neuen Bundesländern. Mit einer Gesamtstrecke von über 40 Kilometern und unterschiedlichen Schwierigkeitsgraden bietet der Park jedem Besucher optimale Voraussetzungen, seinem Sport rund um die Talsperre nachzugehen. ◾

Zossen

ZS Ⓐ

Orte im Kreis:
Baruth, Mahlow, Zossen
Brandenburg

➡ Der Landkreis Zossen lag bis zu seiner Auflösung 1993 in Brandenburg.

➡ Mit einem Garnisonsmuseum wird in Zossen-Wünsdorf an die über 85-jährige Geschichte des einstigen Militärstandortes erinnert. Auf der 40 Streckenkilometer langen Trasse der ehemaligen Militärbahn verkehren heute Draisinen, besser bekannt als „Erlebnisbahn Zossen–Jüterbog".

➡ In Zossen befindet sich eine der längsten zusammenhängenden Strecken für Flaeming-Skate. Die Bezeichnung steht für ein Wegesystem, das speziell für die Bedürfnisse von Inlineskatern konzipiert wurde, aber auch von Radlern und anderen Rollsportlern genutzt werden kann.

➡ Die Museums- und Begegnungsstätte „Alter Krug" (Abb. unten) in den Zossener Weinbergen ist ein Denkmal märkischer Heimatgeschichte, das die handwerkliche und technische Entwicklung zeigt. Das schilfgedeckte Haus selbst besticht durch seine schlichte Schönheit und ist ein Beispiel für die Zweckmäßigkeit dörflichen Bauens früherer Zeiten. ∎

➡ Die Stadt Zweibrücken liegt zwischen Saarbrücken und Kaiserslautern in Rheinland-Pfalz und hat über 30.000 Einwohner.

➡ Zweibrückens „Europa Rosengarten" (Abb. unten) zählt mit über 50.000 Quadratmetern zu den größten Gärten Europas. Im Park sind über 60.000 Rosen in 2000 verschiedenen Sorten zu sehen. Das Gegenstück, der Wildrosengarten mit fast 1000 Arten, befindet sich im Naherholungsgebiet Fasanerie. Die beiden Anlagen sind durch den „Rosenweg", einen Rad- und Wanderweg, miteinander verbunden. Zu den Sehenswürdigkeiten der Rosenstadt

Zweibrücken

ZW

Rheinland-Pfalz

gehört aber auch das Residenzschloss von Pfalz-Zweibrücken (Abb. oben).

➡ Araber, Isländer, Spanier und viele Rassen mehr sind auf dem europaweit bekannten Landesgestüt Zweibrücken zu bewundern. Das weit verzweigte Wanderwegenetz, der Themenweg „Gärten und Landschaft" und ein Kletterzentrum sind weitere interessante Anlaufpunkte. ■

Zeitz

ZZ Ⓐ

Orte im Kreis:
Bröckau, Zeitz
Sachsen-Anhalt

➡ Der Landkreis Zeitz lag in Sachsen-Anhalt und wurde nach seiner Auflösung 1994 dem Burgenlandkreis zugeordnet.

➡ Die Sehenswürdigkeiten der Stadt wie das unterirdische Zeitz, das Schloss Moritzburg (Abb. links) mit dem Kinderwagenmuseum, der Dom und die Alte Mälzerei sind weit über die Grenzen der Region bekannt. Zur Erholung laden die Orangerie, das Badehaus, der Rossner-Park, der Japanische Garten und die Lustgärten im Schlosspark ein. Die Open-Air-Bühne, das Tiergehege und der Wasserspielplatz runden das Parkangebot ab. Erlebbare Industriekultur präsentiert die Brikettfabrik „Herrmannschacht", die als älteste erhaltene Brikettfabrik der Welt gilt.

➡ Entlang des Elsterradwegs kann man an Weinbergführungen und Weinproben teilnehmen oder auf den drei miteinander verbundenen Erlebnis-Pfaden die Natur entdecken. Ein Muss für alle Schleckermäuler ist das Zuckerfest im Herbst. ■

Quiz-Lösungen:

Sonder-Kennzeichen der Fahrzeuge von Landes- und Bundesbehörden, technischem Hilfswerk, Polizei, Bundeswehr und US-Streitkräften

Sonder-Kennzeichen der Dienstfahrzeuge der Bundesländer

B =	Berlin
BBL =	Brandenburg
BWL =	Baden-Württemberg
BYL =	Bayern
HB =	Bremen
HEL =	Hessen
HH =	Hamburg
LSA =	Sachsen-Anhalt
LSN =	Sachsen
MVL =	Mecklenburg-Vorpommern
NL =	Niedersachsen
NRW =	Nordrhein-Westfalen
RPL =	Rheinland-Pfalz
SAL =	Saarland
SH =	Schleswig-Holstein
THL =	Thüringen

Kennzeichen der Dienstfahrzeuge des Bundes

Das Kennzeichen des Dienstwagens des Bundespräsidenten ist „0 – 1", des Bundeskanzlers „0 – 2", des Außenministers „0 – 3", des Ersten Staatssekretärs im Auswärtigen Amt „0 – 4". Der Bundestagspräsident führt das Kennzeichen „1 – 1". Die Kennzeichen aller anderen Dienstwagen des Bundestags, des Bundesrats, der Bundesregierung, des Bundespräsidialamts und des Bundesverfassungsgerichts beginnen mit „BD".

Diplomatenkennzeichen

Fahrzeugkennzeichen des diplomatischen Corps (Botschafter und gleichgestellte Personen) beginnen mit der Ziffer Null „0".

Kennzeichen der Bundesbahn und Bundespost

Die Deutsche Bundesbahn und Deutsche Bundespost führten bis zu ihrer Privatisierung in den 1990er Jahren die Kennzeichen „DB" und „BP".

Kennzeichen der Wasser- und Schifffahrtsverwaltung des Bundes

Die Wasser- und Schifffahrtsverwaltung des Bundes führt das Kennzeichen „BW".

Bundesanstalt Technisches Hilfswerk

Das Technische Hilfswerk führt das Kennzeichen „THW".

Bundespolizei

Dienstwagen der Bundespolizei führen seit 30. April 2006 die Kennung „BP".

Bundeswehr

Der Bundeswehr führt den Buchstaben „Y" auf ihren Kfz-Kennzeichen.

Kennzeichen der NATO

Die Dienstfahrzeuge der NATO in Deutschland führen auf den Kennzeichen ein „X".

Kennzeichen der US-Streitkräfte

Für Dienstfahrzeuge der US-Streitkräfte wird das Kennzeichen „IF" geführt.

Für Privatfahrzeuge der in Deutschland stationierten amerikanischen Soldaten verwendete man von 2000 bis 2005 Kennzeichen, die optisch mit den deutschen identisch waren, sogenanntes „Lookalike-Kennzeichen". Sie begannen mit „AD", „AF" oder „HK". Seit Ende 2005 wird aus Sicherheitsgründen ein reguläres deutsches Kennzeichen des jeweiligen Zulassungsbezirks verwendet, in dem der Soldat wohnt bzw. seinen Dienstsitz hat.

glamour.de: 134 u.; Reise-Line, creative commons license: 135 o.; Settembrini, creative commons license: 135 u.; Gun Powder Ma, creative commons license: 136 o.; Misburg3014, creative commons license: 136 u.; Softeis, creative commons license: 137; Rmollik, creative commons license: 138 o.; EmhaManuel Heinrich, creative commons license: 138 u.; Karl-Heinz Meurer-Charlie, creative commons license: 139; Xzerbanato, creative commons license: 140 u.; Sir Gawain, creative commons license: 140 o.; Erell, creative commons license: 141 o.; Stadt Gelnhausen, pressefoto: 141 u.; Tobias Knab, creative commons license: 143 u.; m.ferber, creative commons license: 143 o.; Kreuzschnabel, creative commons license: 144; Goerlitzinformation, creative commons license: 145 o.; Willow, creative commons license: 145 u.; X-Weinzar, creative commons license: 146; Carl August-CEST, creative commons license: 147; Wolfgang Pehlemann, creative commons license: 148 o.; Tobias Helfrich, creative commons license: 148 u.; Mazbln, creative commons license: 149; Oktave, creative commons license: 150; Mkummerer, creative commons license: 151; Tetris L, creative commons license: 152; Foto..Axt, creative commons license: 153 o.; GFreihalter, creative commons license: 153 u.; Harald Bischoff, creative commons license: 154 o.; Andree Stephan, creative commons license: 154 u.; R. Stein, creative commons license: 155 u.; Klaus Ehlers, creative commons license: 155 o.; Picture8, creative commons license: 156 u.; Omits, creative commons license: 156 o.; Jürgen Howaldt, creative commons license: 157; Garitzko, creative commons license: 158 o.; Bernd Hutschenreuther, creative commons license: 158 u.; harzlife der online Reiseführer: 159; A. Kniesel, creative commons license: 160 o.; Capture, creative commons license: 160 u.; Dirk Goldhahn, creative commons license: 161 o.; Public domain: 161 u.; Wistula, creative commons license: 162 o.; Times, creative commons license: 162 u.; Public domain: 163; Stefan Didam, Schmallenberg, creative commons license: 164 o.; Sir Gawain, creative commons license: 164 u.; Wassen, creative commons license: 165; Holger Weinandt, creative commons license: 166; Public domain: 167 o.; Blohm+Voss, Hamburg: 167 u.; Torsten Bolten, creative commons license: 168 o.; flamenc, creative commons license: 168 u.; Heinz-Josef Lücking, creative commons license: 169; I. Hebbet, creative commons license: 170; Jürgen Howaldt, creative commons license: 171 ; Fotodienst Nord, creative commons license: 172 o.; Beckstet, creative commons license: 172 u.; AxelHH, creative commons license: 173 o.; Memorino, creative commons license: 173 u.; T. E. Ryen, creative commons license: 174 o.; ID 85797, creative commons license: 174 u.; Franzfoto, creative commons license: 175; LoKiLeCh, creative commons license: 176 o.; Mussklprozz, creative commons license: 176 u.; sachsenring.de: 177; Armin Kübelbeck, creative commons license: 178; Andree Stephan, creative commons license: 179 u.l.; Peter Kaboldy_03. 2007, creative commons license: 179 u.r.; Andreas Kosmehl, creative commons license: 180 u.; OmiTs, creative commons license: 180 u.; www.bobbahn. de: 181 u.; Hatewe, creative commons license: 181 o.; JSteinhardt, creative commons license: 182 o.; Klugschnacker, creative commons license: 182 u.; RudolfSimon, creative commons license: 183 u.; Rudolf Stricker, creative commons license: 183 o.; PodracerHH, creative commons license: 184; Rainer Ortmann, creative commons license: 185 u.; PodracerHH, creative commons license: 185 o.; Hagar66, creative commons license: 186 ; public domain: 187 o.; Frank Vincentz, creative commons license: 187 u.; Hejkal, creative commons license: 188 u.; Dirk Schmidt, creative commons license: 189; Thomas Mirtsch, creative commons license: 190; audi-mediaservices.com: 191 u.; public domain: 191 o.; Stefan Didam - Schmallenberg, creative commons license: 192 o.; Nightflyer, creative commons license: 192 u.; Nightflyer, creative commons license: 193; Clemensfranz, creative commons license: 194 u.; André Karwath, creative commons license: 194 o.; Doris Antony, Berlin, creative commons license, 195 o.; Leit, creative commons license: 195 u. ; Raimond Spekking, creative commons license: 197; Martin Dürrschnabel, creative commons license: 198; Dirk Schmidt-Celsius, creative commons license: 199; Tors, creative commons license: 200 o.; Tilman2007, creative commons license: 200 u.; Va.sc., creative commons license: 201; Mattana, creative commons license: 202; Sigismund von Dobschütz, creative commons license: 203 o.; Hans Weschta, creative commons license: 203 u. ; RThiele, creative commons license: 204 o.; Karle Horn, creative commons license: 204 u.; Mussklprozz, creative commons license: 205 o.; O.Falkner, creative commons license: 205 u.; Frank11NR, creative commons license: 206 u.; Benjamin Reinhard, creative commons license: 206 o.; Vincent de Groot, videgro.net, creative commons license: 207; Fb78Licence, creative commons license: 208; Holger Weinandt, creative commons license: 209; Michael Sander, creative commons license: 210; Johannes1024, creative commons license: 211 u.; Kai11, creative commons license: 211 o.; Martin Egg, creative commons license: 212 o.; Pedelecs, creative commons license: 212 u.; Schlurcher, creative commons license: 213 u.; Nikanos, creative commons license: 213 o.; Guido Radig, creative commons license: 214 u.; KlausFoehl, creative commons license: 214 u.; Lienhard Schulz, creative commons license: 215 u.; deutsche-wein-strasse.de: 215 o.; public domain: 216 o.; Havelbaude, creative commons license: 216 u.; Manecke, creative commons license: 217 u.; schoenes-leipzig.de: 217 o.; Bertl 85, creative commons license: 218 o.; Edl, creative commons license: 218 u.; lauterbach-hessen.de: 219 o.; Rainer Lippert, creative commons license: 219 u.; Michael Sander, creative commons license: 220 u.; Donald, creative commons license: 220 o.; Lucien Monfils, creative commons license: 221; Dietrich Krieger, creative commons license: 222 o.; ArtMechanic, creative commons license: 222 u.; Franzfoto, creative commons license: 223; BuzzWoof, creative commons license: 224 o.; Vitold Muratov, creative commons license: 224 u.; Matthias Süen, creative commons license: 224 u.; H005, creative commons license: 225; Frank Vincentz, creative commons license: 226 o.; Rainer Lippert, creative commons license: 226 u.; Wikinaut2010, creative commons license: 227 u.; Josef Jung, Limburg: 227 o.; Michael Sander, creative commons license: 228; Daniel Schwen, creative commons license: 229 o.; Ingo2802, creative commons license: 229 u.; Rudolf Bauer, creative commons license: 230 o.; Josef Jung, Limburg: 230 u.; Taxiarchos228, creative commons license: 231; Sven Teschke, creative commons license: 232 u.; Lingen Huang, creative commons license: 232 o.; Achim Raschka, creative commons license: 233 u.; Clemensfranz, creative commons license: 233 o.; Harke, creative commons license: 234 u.; Kerish Lizenzstatus, creative commons license: 234 o.; Steffen Prüdorf, creative commons license: 235 u.; Asio otus, creative commons license: 235 o.; Immanuel Giel, creative commons license: 236; Silvercork, creative commons license: 237 o.; Jürgen Kosche, creative commons license: 237 u.; Arnold Paul, creative commons license: 238 o.; Doris Antony, creative commons license: 238 u.; PodracerHH, creative commons license: 239; Guido Radig, creative commons license: 240 o.; Richard Bartz, creative commons license: 240 u.; Patrick Huebgen, creative commons license: 241 o.; Sweet Chiliy, creative commons license: 241 u.; Andreas Praefcke, creative commons license: 242 u.; Harald Bischoff, creative commons license: 242 o.; Rüdiger Maas, creative commons license: 243 o.; Stefanie Eichler, creative commons license: 243 u.; Stefan Stegemann, creative commons license: 244; Konrad Lackerbeck, creative commons license: 245; Rufus46, creative commons license: 246; Doris Antony creative commons license: 247 o.; Flickr Magdeburger Dom, creative commons license: 247 u.; Hadhuey, creative commons license: 248 u.; Jacob Enos, creative commons license: 248 p; UlrichAAB, creative commons license: 249 o.; Andree Stephan, creative commons license: 249 u.; Christian Skubich, creative commons license: 250 o.; André Karwath, creative commons license: 250 u.; LeonWeber, creative commons license: 251; Z.thomas, creative commons license: 252 o.; Thomas Zimmermann, creative commons license: 252 u.; Dietrich Krieger, creative commons license: 253 o.; Josef Jung, Limburg: 253 u.; Hans Peter Schaefer, creative commons license: 254 o.; Schorle, creative commons license: 254 u.; Dontworry, retouched by Eva K., creative commons license: 255 o.; Doc Feelgood, creative commons license: 255 u.; Csassenberg, creative commons license: 256 u.; Public domain: 256 o.; Asio otus, creative commons license: 257 u.; Bytfisch, creative commons license: 257 o.; Presse03, creative commons licens: 258 o.; Rainer Lippert, creative commons license: 258 u.; burg-querfurt.de: 259 o.; Johannes Böckh, creative commons license: 259 u.; Therme Bad Wörishofen 2010: 260; Arne Hückelheim, creative commons license: 261; AlterVista, creative commons license: 262 u.; A.Savin, creative commons license: 262 o.; Nikanos, creative commons license: 263 u.; Jwaller, creative commons license: 263 o.; Rüdiger Wölk, creative commons license: 264 o.; Zhaoyang ZengTK, creative commons license: 264 u.; Niteshift, creative commons license: 265 o.; Matthias Kuhn, creative commons license: 265 u.; festspiele-im-schlossgarten.de: 266; Johannes Robalotoff, creative commons license: 267 u.; Karsten11, creative commons license: 267 o.; Alexander Z., creative commons license: 268 u.; Marcel Dennhardt (MacDevil), creative commons license: 268 o.; Hungchaka, creative commons license: 269; Pesopesado, creative commons license: 270; Blueduck4711, creative commons license: 271 u.; Diether, creative commons license: 271 o.; Steffen Schmitz, creative commons license: 272 o.; Roland Struwe, creative commons license: 272 u.; LKMerzigWadern creative commons license: 273 u.; Moguntiner, creative commons license: 273 o.; KaterBegemot, creative commons license: 274 o.; Artmechanic, creative commons license: 274 u.; Martin Geisler, creative commons license: 275; Botaurus stellaris, creative commons license: 276; Mendli, creative commons license: 277 o.; Josef Jung, Limburg: 277 u.; Andreas Lischka, creative commons license: 278 o.; Xocolatl, creative commons license: 278 u.; Thilo Langbein, creative commons license: 279; Alois Köppl, creative commons license: 280 o.; Rainer Lippert, creative commons license: 280 u.; Ignaz Wiradi, creative commons license: 281 o.; Richard Huber, creative commons license: 281 u.; Temporalata, creative commons license: 282 o.; Michael Sander, creative commons license: 282 u.; Corradox, creative commons license: 283; Pahu, creative commons license: 284 o.; neumarkt4you.de: 284 u.; neumuenster.de: 285 u.; Necrophorus creative commons license: 285 o.; Arch, creative commons license: 286 u.; Ramessos, creative commons license: 286 o.; Gunther Tschuch PaulT, creative commons license: 287; Jörg M. Unger, creative commons license: 288 u.; nationalpark-wattenmeer-erleben.de: 288 o.; Reinhardhauke, creative commons license: 289; Michael Vogt, creative commons license: 290 u.; Flickr.com: 290 o.; strasse-der-demokratie.eu: 291 ; Corinna Görcke, creative commons license: 292 o.; DBU_plaza-der-vielfalt.de_ Dirk Weiss: 292 u.; E-W, creative commons license: 293; Softeis, creative commons license: 294 u.; Franzfoto, creative commons license: 294 o.; Thomas Machoczek, creative commons license: 295 o.; Own Photo, creative commons license: 295 u.; Vanellus Foto, creative commons license: 296 u.; Sabienes, creative commons license: 296 o.; Afr66, creative commons license: 297 u.; motorsportarena.com: 297 o.; PodracerHH, creative commons license: 298 o.; elspe.de: 298 u.; Kerish, creative commons license: 299; samtgemeinde-oberharz.de: 300 u.; Eagle X, creative commons license: 300 o.; Schlesinger, creative commons license: 301; Nuxvonhier, creative commons license: 302; taubenschlag.de: 303 o.; tauchgondel.de: 303 u.; A.Savin, creative commons license: 304 o.; Doris Antony, creative commons license: 304 u.; Manfred Brückels, creative commons license: 305 o.; Sail over, creative commons license: 305 u.; LeonRascal, creative commons license: 306 o.; Ra Boe, creative commons license: 306u.; Martin Andres, creative commons license: 307; Sophie Kümmling, creative commons license: 308 o.; usedom.de: 308 u.; heidestadtdahlen.de: 309; SK49, creative commons license: 310 o.; Steffen Heilfort, creative commons license: 310 u.; Aconcagua, creative commons license: 311 o.; Eppasandas, creative commons license: 311 u.; bayerischer-wald-ferien.de: 312 u.; pfarrkirchen.de: 312 o.; flussinfo.net: 313 u.; Zefram, creative commons license: 313 o.; Doris Antony, creative commons license: 315 o.; pforzheimer-wochenmarkt-de: 315 u. ; TomCatX, creative commons license : 316 o.; Z thomas, creative commons license: 316 u.; NBeule78, creative commons license: 317; AnitaBeimert, creative commons license: 318 o.; Naturparkverein Flaeming e.V.: 318 u.; Doris Antony, creative commons license: 319; Spotter2, creative commons license: 320 u.; Prümer, creative commons license: 320 o.; Lupi82, creative commons license: 321 o.; Michael Sander, creative commons license: 321 u.; Dr. Volkmar Rudolf, creative commons license: 322 o.; APreussler, creative commons license: 322 u.; HH58, creative commons license: 323 u.; PeterBraun74, creative commons license: 323 o.; UlrichAAB, creative commons license: 324 o.; Oliverrode, creative commons license: 324 o.; VollwertBIT, creative commons license: 325 o.; Nikater, creative commons license: 325 u.; ronald-fischer Glasgestalter in Frauenau.de: 326; Beatrice, creative commons license: 327; Holm Engelmann, creative commons license: 328 o.; Anne-Karina, creative commons license: 328 u.; altmühlbob.com: 329; Maja Dumat, creative commons license: 330 u.; Wolfgang Pehlemann, creative commons license: 330 o.; Krank-Hover, creative commons license: 331; Guido Radig, creative commons license: 332 o.; burgenseite.de: 332 u.; Frank Vincentz, creative commons license: 333; User-Nikater, creative commons license: 335 o.; Berthold Werner, creative commons license: 335 u.; Immanuel Giel, creative commons license: 336; M_H.DE, creative commons license: 337 u.; Johannes1024, creative commons license: 337 o.; Martin Geisler, creative commons license: 338; Dieter Schenk_eltville.de: 339 o.; LarsOOO1, creative commons license: 339 u.; ravensburg.de: 340 o.; Ncarste, creative commons license: 340 u.; www.limburg-bernd.de, creative commons license : 341; Inge Kanakaris-Wirtl, creative commons license: 342 o.; pjt56, creative commons license: 342

u.; Berthold Werner, creative commons license: 343 o.; Alois Köppl, creative commons license: 343 u.; Taxiarchos228, creative commons license: 344 o.; Weki2012, creative commons license: 344 u.; Björn Gäde creative commons license: 345 o.; Wolfgang Staudt, creative commons license: 345 u.; creative commons license: 346; M_H.DE, creative commons license: 347 o.; Sven Killig_ Sonic74, creative commons license: 347 u.; Geisler Martin, creative commons license: 348 o.; HieRo GlyPhe-r, creative commons license: 348 u.; Olaf Meister, creative commons license: 349 ; Hecki, creative commons license: 350 o.; Hedwig Storch, creative commons license: 350 u.; JMiddle, creative commons license: 351 u.; H. der Löwe, creative commons license: 351 o. ; andy.mendyk: 352; Willow, creative commons license: 353 o.; meinsachsen.net: 353 u.; Stephan Czuratis, creative commons license: 354 o.; A.Savin, creative commons license: 354 u.; sangerhausen-tourist.de: 355 u.; S.Möller, creative commons license: 355 o.; Tilman2007, creative commons license: 356; Hellner, biosphaerenreservat-vessertal.de: 357 u.; Dr. Thomas Köhler, creative commons license: 357 o.; Welt-der-Form, creative commons license: 358 o.; Salsaloco, creative commons license: 358 u.; Der offizielle Veranstaltungskalender der Stadt Halle-kulturfalter.de: 359; Wolfgang Pehlemann, creative commons license: 360 o.; Christoph Paulus, creative commons license: 360 u.; Krieger, creative commons license: 361; Franzfoto, creative commons license: 362 o.; Agash C, creative commons license: 362 u.; Lokilech, creative commons license: 363; Tilman2007, creative commons license: 364; Vilsecker, creative commons license: 365 o.; Kolossos, creative commons license: 365 u.; Backslash, creative commons license: 366 o.; technik-museum.de: 366 u.; Nize Nicolai Schäfer, creative commons license: 367; Rufus46, creative commons license: 368 o.; Andreas Praefcke, creative commons license: 368 u.; I, Michael Sander, creative commons license: 369; Störfix, creative commons license: 370 o.; Lokilech, creative commons license: 370 u.; Ra Boe, creative commons license: 371; creative commons license: 372; museumspark.de: 373 o.; I, Michael Sander, creative commons license: 373 u.; Ronny Krüger, creative commons license: 375 o.; flamenc-yes, creative commons license: 375 u.; creative commons license: 376; Oxensepp, creative commons license: 377 o.; creative commons license: 377 u.; Flickr upload bot, creative commons license: 378 o.; H.G.Graser, creative commons license: 378 u.; Tilman2007, creative commons license: 379; CreatorMichael Wendt, creative commons license: 380 u.; Frank Winkelmann, creative commons license: 380 o.; Devilsanddust, creative commons license: 381; Reinhard Kirchner: 382; Botaurus stellaris, creative commons license: 383; Corradox, creative commons license: 384; Bgabel, creative commons license: 385; Olaf Meister, creative commons license: 386 u.; H. Zell, creative commons license: 386 o.; Berthold Werner, creative commons license: 387; schwaebischer-bodensee.de: 388; Hedwig Storch, creative commons license: 389 o.; Flominator, creative commons license: 389 u.; Gerhard Schauber, creative commons license: 390 o.; Nicolas Richter und RenÇ Sinn, creative commons license: 390 u.; Ökologix, creative commons license: 391; Quelle selbst fotografiert, creative commons license: 392 u.; Tilman2007, creative commons license: 392 o.; ghesse, creative commons license: 393 o.; BenuterDallu, creative commons license: 393 u.; ruhrkunstmuseen.ruhr2010.de: 394 o.; Björn Appel, creative commons license: 394 u.; Elke Wetzig, creative commons license: 395; Corradox, creative commons license: 396 u.; baumkronenpfad.de: 396 o.; Raboe001, creative commons license: 397; Vincentz, creative commons license: 398; Mike aus dem Bayerwald, creative commons license: 399 o.; Lokilech, creative commons license: 399 u.; High Contrast, creative commons license: 400 u.; Ramessos, creative commons license: 400 o.; btr, creative commons license: 401; ruegen-aktuell.de: 402; Atamari, creative commons license: 403 u.; Mbdortmund, creative commons license: 403 o.; Alexander Dreyer, creative commons license: 404 o.; Michael Sch., creative commons license: 404 u.; Bubinator, creative commons license: 405; Thomas W. Fiege, creative commons license: 406; MatthiasKabel, creative commons license: 407 o.; Amrhingar, creative commons license: 407 u.; Corradox, creative commons license: 408; Volker Thies (Asdrubal), creative commons license: 409 u.; Michak, creative commons license: 409 o.; Steffen Prößdorf, creative commons license: 410 u.; wegscheid.de: 410 o.; bremerhaven.de: 411; stadtbild-deutschland.org: 412; Losch, creative commons license: 413 u.; Tiago Fioreze, creative commons license.eps: 413 o.; creative commons license: 414 u.; Andreas Praefcke, creative commons license: 414 o.; rmv.de: 415 o.; Martin Kraft, creative commons license: 415 u.; Niteshift (talk), creative commons license: 416; Lwl-Zeche-Nachtigall, creative commons license: 417 o.; Friedrich Böhringer, creative commons license: 417 u.; ugo. cn_panoramio.de: 418 o.; John N., creative commons license: 418 u.; UserNino barbieri, creative commons license: 419 u.; Schlauwiestrumpf, creative commons license: 419 o.; wsv.de: 420 o.; Kamahele, creative commons license: 420 u.; Heidas, creative commons license: 421; Mokka, creative commons license: 422 o.; Michael Wei·, creative commons license: 422 u.; toelzer-land.de: 423; Gras-Ober, creative commons license: 424 o.; Albion, creative commons license: 424 u.; mueritzeum.de: 425; Concord, creative commons license: 426 u.; WolfgangRieger, creative commons license: 426 o.; Alois Köppl, creative commons license: 427; landkreis-waldshut.de: 428; Clemens Schröder, creative commons license: 429 o.; Rainer Lippert, creative commons license: 429 u.; Rauf Guliyev, creative commons license: 430; Schmid Marco, Thanried-Stamsried, creative commons license: 431 o.; Brego, creative commons license: 431 u.; creative commons license: 432 o.; Joeb07, creative commons license: 432 u.; Janpol, creative commons license: 433; Dirk Schmidt, creative commons license: 434 o.; Markus Schulenburg, creative commons license: 434 u.; André Karwath, creative commons license: 435; creative commons license: 436 o.; Holger Weinandt, creative commons license: 436 u.; Ralfk, creative commons license: 437; Jürgen Lindert, creative commons license: 438; André Karwath aka Aka, creative commons license: 439; André Karwath aka Aka, creative commons license: 440; clemensfranz, creative commons license: 441 o.; Akinom, creative commons license: 441 u.; Mewes at de.wikipedia, creative commons license: 442 u.; Immanuel Giel, creative commons license: 442 o.